Sefer HaMidot

Rabbi Nachman
of Breslov

סֵפֶר הַמִּדוֹת

נַחַל נֹבֵעַ מְקוֹר חָכְמָה
רַבִּי נַחְמָן מִבְּרֶסְלָב

In Hebrew with an English translation
בלשון הקודש עם תרגום לאנגלית

There is no known book without mistakes. Therefore, I ask in every language of application if anyone has any questions, comments, clarifications, corrections, please send to: **book@simchatchaim.com**

All material used in this section may not be used for commercial purposes, but only for study and teaching.

To get this book or books and information Email me at:

book@simchatchaim.com

Copyright©All Rights Reserved to

www.simchatchaim.com

YB"S©All rights reserved to the Editor

First Edition 2023

לעילוי נשמת
חנה קילא בת צוייה
ד' סיון תשפ"ג
In Memory of
Carole Ann Katzovitz

ספר הֹמֻידֹות
Sefer HaMudot

בס"ד

ירפא **ה**מאציל **וי**ושיע **ה**בורא את כל חולי בני ישראל, וישלח להם רפואה שלימה, רפואת הנפש ורפואת הגוף, בכל אבריהם ובכל גידיהם לעבודתו יתברך.

בי"ב במנחם אב תשס"ה, הובהלתי לבית החולים, הרופאים לא נתנו לי סיכוי לחיות יותר מכמה שעות בגלל מספר תסבוכות. עם כל זאת בזכות התפילות של בני ישראל הקדושים, ברחמיו הרבים, ריחם עלי הקדוש ברוך הוא, ונשארתי בחיים.

עם כל זאת, הובחנה אצלי מחלה קשה בכליות, ונאמר לי שהצטרך למכונת דיאליזה. בשבילי זה היה שוק!!! אף פעם לא הייתי אצל רופא, או בבית חולים. כך בעל כרחי התחברתי למכונת דיאליזה, ומכונה זאת הייתה קשורה בי ככלב במשך שמונים חודשים בדיוק, כמניין יסוד, במשך 10-12 שעות ביום.

בשבת פרשת ויחי יעקב י"ב טבת תשע"ב, בזכות בני ישראל, שכולם אהובים כולם ברורים כולם גיבורים כולם קדושים... וכולם פותחים את פיהם באהבה שלוש פעמים ביום, ואומרים - ברוך אתה... רופא חולי עמו ישראל, וכללותם כל האברכים, תלמידי הישיבות, רבנים וחכמים, חסידים, מקובלים עם תינוקות של בית רבן, זקנים עם נערים, בחורים וגם בתולות, בארץ הקודש ובעולם.

ומצד שני בנות ישראל היקרות מפז, שהתפללו וקבלו עליהם כל מיני קבלות, מהפרשת חלה עד צניעות וכיסוי הראש, עם הרבנים, המנהלים, המורים, המורות והתלמידות של בית יעקב דטורונטו שכל יום התפללו, וכללו בתפילתם שבקעה את כל הרקיעים אותי, ונושעתי אני הקטן. הושתלה בי כליה. והתנתקתי ממכונת הדיאליזה.

אמר המלך דוד - לולי תורתך שעשעי אז אבדתי בעניי. מה שנתן לי חיות היא התורה הקדושה, בשעות הרבות שהייתי מחובר למכונת הדיאליזה (כ12 שעות ביום), ערכתי סדרתי, וכתבתי, פצחתי את ראשי התיבות וניקדתי [חלק מהספרים] במחשב את קונטרסים שלמדתי במשך שנים. וקונטרסים אלו הפכו לחיבורים, ואחרי התלבטויות ובקשות מבני גילי, החלטתי בעזרתו יתברך להדפיס קונטרסים אלו.

בברכה והצלחה בלימוד התורה הקדושה.
ובעיקר בפנימיות התורה, ותורת רבינו נחמן מברסלב

ורפואה שלימה לכל חולי ישראל.

היב"ש

Sefer HaMudot ספר המידות

תוכן הספר
CONTENTS

5.	הקדמה	75.	דיין
	Introduction		Judge
13.	הקדמה שניה	76.	דעת
	Second Introduction		Cognizance
21.	אבידה	83.	דרך
	Lost Article		Travel
21.	אהבה	86.	הוראה
	Love		Instruction
23.	אכילה	87.	הכנסת אורחים
	Eating		Hospitality
26.	אלמן	88.	המתקת דין
	Widower		Sweetening of Judgements
27.	אמונה	101.	הצלחה
	Faith		Success
35.	אמת	102.	הרהורים
	Truth		Thoughts
41.	ארץ ישראל	111.	הרחקת רשעים
	Land of Israel		Distancing the Wicked
42.	בגדים	114.	הריון
	Clothes		Pregnancy
45.	בושה	114.	התבודדות
	Shame		Seclusion
49.	בטחון	115.	התנשאות
	Trust		High Position
51.	בית	120.	וידוי דברים
	House		Confession
54.	בכייה	121.	ותרן
	Crying		Defers
54.	בנים	121.	זיפן
	Children		Forger
68.	ברכה	121.	זכות אבות
	Blessing		Ancestral Merit
68.	בשורה	122.	זכירה
	Tiding		Memory
69.	גאוה	123.	זקנים
	Arrogance		The Elderly
73.	גביבה וגזילה	123.	זריזות
	Theft		Zeal
		123.	חדושין דאוריתא

Sefer HaMudot / ספר המידות

Novelties of Torah		126.	חיתון
Marriage		128.	חלום
Dream		128.	חן
Favor		130.	חנפה
Flattery		130.	חקירה
Investigation		131.	טבע
Nature		131.	טהרה
Purity		132.	טלטול
Wandering		132.	יחוס
Lineage		133.	יראה
Fear of God		136.	ישועה
Salvation		139.	כבוד
Honor		142.	כישוף
Sorcery		142.	כעס
Anger		145.	לימוד
Learning		157.	ליצנות
Mockery		158.	לשון הרע
Slander		160.	מוהל
Circumciser		161.	ממון
Money		174.	מסור
Informer		174.	מפורסם
Famous		175.	מפלת
Miscarriage		176.	מריבה
Contention		191.	משיח
Messiah		191.	משקה
Beverages		191.	נגינה
Music		192.	נדה
Menstrual Impurity		194.	נהנה מאחרים
Deriving Benefit from Others		195.	ניאוף
Sexual Immorality		202.	ניבול פה
Test		203.	ניסיון
Trial		203.	נפילה
Falling		205.	נר תמיד
Memorial Lamp		205.	סגולה
Auspicious Action or Object		207.	סוד
Secret		207.	ספירת העומר
The Counting of the Omer		208.	ספר
Book		209.	פדיון
Redeeming Prisoners		212.	פוסק
Codifiers of the Law		213.	פחד
Fear		216.	פרישות
Abstinence		216.	עבירה
Sin		216.	עונש
Punishment		217.	עזות
Brazenness		218.	ענוה

Sefer HaMudot

ספר הַמִּידוֹת

Humility	עצבות	.221	
Depression	עצה	.224	
Advice	עצירות	.225	
Constipation	עצלות	.225	
Laziness	צדיק	.225	
Righteous	צדקה	.250	
Charity	קליפה	.259	
Spiritual Impurity	קללה	.260	
Curse	קנאה	.262	
Jealousy	קרי	.262	
Nocturnal Emission	קשוי לילד	.264	
Difficulty in Childbirth	ראיה	.265	
Vision	רחמנות	.267	
Mercy			
Healing	רפואה	.268	
Oath	שבועה	.269	
Sabbath	שבת	.270	
Bribery	שוחד	.271	
Slaughterer	שוחט	.271	
Sleep	שינה	.272	
Drunkenness	שכרות	.272	
Peace	שלום	.274	
Joy	שמחה	.276	
Officials	שרים	.278	
Chastisement	תוכחה	.278	
Prayer	תפילה	.281	
Repentance	תשובה	.291	

4

Sefer HaMidot

ספר המדות

הקדמה ראשונה לרבי נתן
Introduction

בזה הספר מבוארים כל המדות והנהגות על סדר א"ב. ונחלק לב' חלקים. והם מכונים אצלינו בשם א"ב ישן וא"ב חדש. החלק הא' הם ליקוטים נפלאים אשר לקט רבינו הטהור והקדוש בימי ילדותו. כל אשר השיגה יד חכמתו הגדולה. להבין דבר. מתוך דבר ואסף מכל ספרי קודש. כל אשר מצא בהם מה שנוגע למוסר ולהנהגות ומדות ישרות. וכתבם אצלו לזכרון. הן מה שנמצא מבואר בדברי רז"ל איזה מעלה של מדה טובה או להיפך גנות מדה רעה. הכל כאשר לכל היה מאסף על יד על יד. והעתיקם אצלו על סדר א"ב אצל כל מדה ומדה. למען יהי' לו לזכרון לראות בעיניו מעלת כל מדה ומדה והיפוכה. למען לכת בדרך טובים וארחות צדיקים נשמור. ונוסף לזה השיגה חכמתו הרמה דברים רבים יקרים ונפלאים. אשר אינם מבוארים בפירוש בדברי חז"ל. אך ברוב עוצם השגתו הבין דבר מתוך דבר. והשיג חידושים יקרים בעניני המדות מתוך הפסוקים ומתוך דברי רז"ל. אשר אינם מבוארים בדבריהם בפירוש. כ"א ברמז למשכיל כמותו.

This book elucidates all the traits and conduct arranged according to the aleph-bet/alphabet. It is divided into two sections which are known to us by the names "Aleph-Bet of Old" and "Aleph-Bet of New." The first part is a wondrous collection, collected by our pure and holy master in his childhood, all that his huge intellect perceived by understanding one matter from another; and he gathered from all the holy books, everything that he found in them pertaining to morals, conduct, and upright behavior - which he recorded to have by him for memory's sake. Whatever he found elucidated in the words of Our Sages of blessed memory, whether it be a virtue of a good trait, or the opposite - derision of a bad trait - everything in its entirety he would gather little by little and copy them by him in the order of the Aleph Bet by each and every trait, so that he should have them for remembrance, to see with his eyes the significance of each and every trait and its converse, in order to go in the ways of the good and guard the ways of the tzaddikim (based on Prov. 2:20). Moreover, his powerful intellect perceived many precious and wondrous matters which are not explicitly elucidated in the words of Our Sages OB"M; just by the sheer

Sefer HaMidot   ספר המדות

magnitude of his perception he understood one matter from another, and conceived precious novelty in the concepts of the traits from within the Scriptures and from within the words of Our Sages OB"M, which are not explicitly elucidated in their words, just hinted to - for a genius of his caliber.

והכל אסף וקבץ ביחד על סדר א"ב. וברבות הימים נמצא אצלו חיבור שלם על כל המדות. וצוה להעתיק הכל. ומפיו יקרא אלי. ואני כותב על הספר. למען לא ימוש ספר הזה מפינו. להגות בו תמיד. למען נחדל ממדות רעות. כי כ"א בראותו מסודר עוצם גנות מדה רעה וגודל הפסדה. והפגם הנורא המגיע על ידה. יחוס על נפשו. ויאזור מתניו לעמוד כנגדה. ויבקש ממי שהרחמים שלו. למלט נפשו מני שחת. להצילו מאותן המדות רעות או תאוות רעות וכיוצא בהן. וכן להיפך במדות טובות.

Everything he gathered and assembled together in the order of the Aleph Bet, and in the course of time there was found by him a complete compilation on all the traits, and he instructed to copy all of it, and from his mouth he read to me, and I transcribed in the book (according to Jer. 36:18), in order that this book should not desist from our mouths (Josh. 1:8) to speak and think it always, in order that we cease from bad traits. For everyone, when he sees arranged the utter derision of a bad trait and the great loss it causes, and the dreadful violation that is realized through it, he will have compassion on his soul, and he will gird his loins to stand up against it, and he will beseech from He to whom mercy is His, to escape with his soul from the abyss, to save him from those bad traits or bad desires or similar ones, and so in the converse regarding good traits.

גם משכיל על דבר ימצא טוב. עצות נכונות איך להזהר מאיזה מדה. ע"י שיהי' נשמר מהמידה הסמוכה אליה. כי הם שכנים זו לזו. וכ"א שומרת חברתה. כמבואר בסמוך בהקדמה ששמעתי מפיו הקדוש. ומעלת ספר זה. אין מן הצורך לבאר לכל בעל אמת החפץ באמת. ומתגעגע לאחוז בדרכי יושר. בודאי ימצא בו מרגוע לנפשו. אשרי שיאחז בו. אז טוב לו בזה ובבא. כי כל הספר הזה מיוסד על פסוקי תנ"ך ועל דברי חז"ל כלם נכחים למבין וישרים למוצאי דעת:

Furthermore, (Prov. 16:20 - Rashi) one who gives heart to

Sefer HaMidot סֶפֶר הַמִדוֹת

contemplate his words (to forge his way), will find good - true advice how to guard one's self from any particular vice, through making sure to be safe from the vice which is close (in the set up of the book, and it thus revealed that they are associated) to, for they are neighbors to each other, and each one guards her friend, as (this is) explained subsequently in the introduction that I heard from his holy mouth. The importance of this book, there is no need to explain, to anyone honest, who desires truth, and longs with cherishing to grasp the ways of propriety, certainly he will find in it a repose for his soul. Fortunate is he who takes hold of it, then it will be good for him in this (world) and in the coming (world), because this entire book is founded on verses of the Bible (Torah, Prophets, Scriptures) and on the words of Our Sages OB"M, all of them cogent to the understanding and straight, for those who have found cognizance (Proverbs 8:9).

הַחֵלֶק הב׳. הוא ג״כ כעין החלק הא׳ בצלמו ותבניתו אין ביניהם הבדל. כי הוא ג״כ ביאור מעלות מדות טובות. וגנות מדות רעות. וכיוצא בזה.
The second part is also similar to the first part, in form and arrangement, there is no (marked) difference between them, for it is also an elucidation of the virtue of good traits and the derision of bad traits and the like.

אוּלָם ההפרש ביניהם. כי העניינים המבוארים בחלק הא׳ על כל מדה ומדה. הם דברים המבוארים בספרים בפירוש. או עכ״פ ברמז. ומשכיל על דבר הרוצה להעמיק עיונו להבין דבר מתוך דבר. יוכל להבין ולהשיג. מהיכן הוציא הרב ענין זה. מאיזה פסוק או מאיזה מאמר חז״ל. כי כל הדברים המבוארים בא״ב הישן לא נפלאת היא ולא רחוקה היא מהמעיין. לבא עד תכונתו. להבין ולהשיג. מהיכן הענין נובע. אם אמנם. לולי הרב אשר האיר עינינו בדברים אלו לא היה בא על לב המעין להוציא דברי׳ אלו מתוך הספרי קודש. אך אחר אשר כבר גילה לעינינו דברים אלו. יוכל המשכיל אשר לבו שלם בספרי קודש. בספרי תנ״ך ואגדות רז״ל ושאר מפרשים. להבין ולהשיג. מקור הדברים.
Nevertheless, there is a difference between them, for the items elucidated in the first part, on each and every trait, they are matters which are elucidated in the holy books, explicitly

Sefer HaMidot   ספר המדות

or at least in allusion, so that someone who puts his heart to understand the matter, and who he who wants to study in depth to understand one matter from another, can understand and comprehend from where the Rav extracted this item, from which verse or from which teaching of Our Sages OB"M. For, all the matters elucidated in the Aleph Bet of Old are not remote and not distant (based on Deuteronomy 30:11) from the one studying them - to come to its property, to understand and comprehend from where the items effuses. Albeit, without the Rav, who illuminated our eyes with these matters, it would not have occurred to the reader to extract these matters from within the holy books. However, after he already opened our eyes to these matters, it is possible for the enlightened (reader), whose heart is complete with the holy books; with the Tanakh (acronym for: Bible, Prophets, Scriptures - 24 books in all), and with the Aggadot (lore) of Our Sages OB"M, and with the other commentaries, to understand and comprehend the relevant sources.

אולם העניינים המבוארים בחלק הב'. הם עניני השגות גבוהות ונוראות אשר השיג המחבר זצ"ל בימי גדלותו. וכל הדברים האלה גבהו משכל אנושי ונעלמו מעין כל. כי כל ענין וענין יש בו טעם נפלא ונורא מאד ונסמך על איזה מקרא או מאמר חז"ל ברמז נפלא ונעלם מאל. כדרכו הנפלא. כאשר יראה הרואה בעיניו. כי יש כמה וכמה עניינים המבוארים כאן בלי שום טעם וראי'. ובתוך החיבור הגדול של דרושים מבואר שם ענין שלם ודרוש נפלא ונורא על ענין זה באריכות גדול. וזה תמצא בכמה מקומות. כמו כן ילמד סתום מן המפורש. כי גם במקום אשר לא ביאר הענין בפירוש. גם שם השיגה ידו הגדולה השגה שלימה על זה אך לא רצה לבאר כל הענין מטעם הכמוס אתו.

In contrast to this, the issues elucidated in the second part are lofty and awesome conceptions perceived by the author OB"M, in the days of his greatness. All of these matters transcend human comprehension and are hidden from all eyes. For each and every item there is a very wondrous and awesome taam (reason, taste, cantillation, secret) and it is supported by some verse or teaching of Our Sages OB"M through a very wondrous and fabulous allusion, in his wondrous style, as the reader will see for himself. For there

Sefer HaMidot   ספר המדות

are many items elucidated here without (presentation of) any reason or proof, and within the major compilation of discourses (Likutay Moharan - A Collection of the Teachings of Rabbi Nachman) it is expatiated there, a complete matter, and a wondrous and awesome exposition on this item at great length, and this you will find in many places. So too one should learn the characteristics of the vague from what is explained, that also in the places that he did not explain the item explicitly, also there his masterful hand attained a complete conception of it (the item presented without elaboration), just, for some ulterior reason he did not want to provide the explanation of the item.

כי כל הדברים האלה. כולם הם דברים עליונים. וממקום קדוש יתהלכו. ממקור עליון ונורא מאד מאד. ואין בהם דבר אשר לא יהי' בו דרוש נפלא ונורא על מה אדני העניין הטבעו. טעמו של דבר וענינו. וסמיכות נפלא ועמוק ונסתר מאד בתוך תורה שבכתב או שבע"פ. ולא עלינו להרבות בעוצם שיח דברים אלו. כי כל המוסיף גורע. כי לא נעלם מעינינו. שפלות ערכינו. וגדולת אדונינו. הרב הקדוש בוצינא עילאה זצ"ל. ועוצם העלמו והסתרתו מעיני העולם. אי לזאת. עלינו לשום לפינו מחסום. הס כי לא להזכיר. לבלי לספר בעוצם שבחו הקדוש. לא דבר ולא חצי דבר. והמשכיל כעת ידום. אל אלקים ה' הוא יודע וישראל הוא ידע. אשרי המחכה ויגיע לימים אשר יש בהם חפץ. בעת אשר תצמח קרן ישראל אמת מארץ תצמח וכו'. שפת אמת תכון לעד כוננת לא כתיב אלא תכון. סמא דמלתא משתוקא. כל חד לפום מה דמשער בלבי'. יבין וישכיל עד היכן הדברים מגיעים.

For all these matters, all of them are supernal and from a holy place they traverse, from a very extremely awesome lofty source, and they do not contain a single matter which does not command an awesome and wondrous exposition on what its foundations were cast, the reason for the matter, its characteristics, and a very hidden, deep, and wondrous support from within the Written Torah or Oral Torah. It is not for us to elongate on the paramount praise of these matters, because all who add, detract. For it is not hidden from our eyes the lowliness of our worth - and the greatness of our master the holy Rav, supernal candelabra, OB"M, and his utter hiddenness and concealment from the eyes of the world (people), this being the case, we must put restraint to our

Sefer HaMidot

mouth, to be silent and not to mention, not to relate the magnitude of his holy praise, not a matter nor half a matter, and the enlightened will be silent now, Almighty G-d Hashem - He knows and Israel will know (based on Joshua 22:22). Fortunate is he who waits and reaches the days that have aspiration, at the time when the glory of Israel will rise, truth from the earth will rise (Psalms 85:12), a language of truth will be established forever (Proverbs 12:19), it does not say 'was established' but 'will be established' (Tikunay Zohar 63, pg. 95a). The medication for the matter - silence, everyone, according to the fathoms of his heart, will understand and comprehend the extent, to where these matters reach.

אולם באנו בדברים האלה להעיר לב המעיינים. להודיעם מהות הספר ומעשהו. וחל עלינו להודיע לגלות אזני אנשי שלומינו. אשר כבוד רבינו אור הנעלם זצוק"ל. הזהיר מאד לעסוק בזה הספר. ושלא ימוש מפינו. כי הוא חיינו. וכתבו בעצמו בכרך קטן מאד. ואמר שכוונתו כדי שיוכל כ"א לשאתו אצלו תמיד. כי המידות הם יסוד כל התורה כולה. ובזה יזכה נער את ארחו. לשמור ככל הכתוב בזה הספר. אז יצליח את דרכיו ואז ישכיל. כי זה עיקר עבודת האדם כל ימי חלדו. לברוח ממדות רעות ומתאוות רעות. ולאחוז במדות טובות והנהגות ישרות המבוארים בזה הספר.

Still, we come with these words, to arouse the hearts of the readers, to make known to them the nature of the book and its affairs. It is incumbent upon us to make known and reveal to the ears of our peers (the hasidim of Breslov), that our honorable master, the hidden light, of holy and blessed memory, warned strongly to engage in this book, and that it should not cease from our mouths, for it is our life. He himself wrote it in a very small volume and said that his intent was to enable each and every one to carry it with him always, because the traits are the foundation of the entire Torah - and with this a youth (or someone of that standing) will make his ways meritorious to heed everything that his written in this book, then he will bring success to his ways, and then he will be enlightened. For this is the main task of a person, all the days of his life, to flee from vice and bad desires, and to cling to virtue and upright conduct, that are

Sefer HaMidot   ספר המדות

elucidated in this book.

אשרי איש שישמע לדברים האלה לקיים ככל הכתוב בו: לעולם לא ימוט. וענתה בו צדקתו כיום מחר כי יבא על שכרו. במדה שאדם מודד בה מודדין לו. אשרי הבוחר בחיים ישלם ה' פעלו. אם ללצים הוא יליץ לא יעשר ולא יקום חילו. אוי לנפשו כי גמול ידיו יעשה לו. ולא יטה לארץ מנלו. טוב לפני האלקים ימלט ממנו מה רב טוב הצפון למולו. בשמחתו לא יתערב זר נפש עמל עמלה לו: תשתפך נפשינו אל ה' לשום חלקינו עמו להסתופף בצלו. ולא יאשמו כל החוסים בו עין לא ראתה אלקים זולתך יעשה למחכה לו:

Fortunate is the person who listens to these words, to fulfill all that is written herein. He will never slip (based on Psalms 112:6) and his righteousness will answer for him in the time to come (based on Beraishis 30:33), when he comes to receive his reward. In the measure that a person meets out - so (In that same measure) is he met with. Fortunate is one who chooses life - Hashem will repay his endeavors, if it is to scoffers He will scoff (Proverbs 3:34), he will not gain wealth and his wealth will not endure (Job 15:29), woe to his soul - for the retribution of his handiwork will be done to him (Isaiah 3:11), it will not be cast to the ground (but on their heads -Job 15:29), one who is good before G-d will escape from it (Ecclesiastes 7:26). How great is the goodness hidden away for him (based on Psalms 31:20), in his joy no stranger will take part (Proverbs 14:10), a laboring soul benefits from its labor (Proverbs 16:26, see also Tractate Sanhedrin 99b - he works here and his Torah works for him elsewhere). Let us pour out our souls to Hashem to put our portion with Him, to stand at the threshold of His shade, they will have no regrets - those who put their trust in Him (Psalms end of Chapter 34), no eye has seen (their reward) except for You G-d, what He will do for those who put their hope in Him (Isaiah 64:3).

דברי המעתיק. הנאנח והנדכה על הסתלקות פאר ראשינו גאון עוזנו מחמד עינינו. מה נאמר מה נדבר המקום ינחם אותנו: הק' נתן בא"א מוה' נפתלי הירץ ני' מנעמראב רבתי: חתן הרב הגאון המפורסים הצדיק מוה' דוד צבי זצ"ל אב"ד דפ"ק מאהלוב:

The words of the transcriber, whom is reduced to sighing and

Sefer HaMidot   ספר המדות

is crushed by the departure of the splendor of our heads, the majesty of our strength, the cherishing of our eyes, what can we say? May G-d (lit. the place - for G-d is the place of the world and not vice versa) comfort us very soon, the little one, Nussun, son of my master my father our teacher Rav Naftoli Hertz may his candle shine, from the greater Nemerov, son-in-law of the Rav, the genius, the famous, the tzadik, our teacher Rav Dovid Tzvi OB"M Chief of the Court of the Congregation of Muehluv.

Sefer HaMidot

הקדמה שנייה
Second Introduction

מה ששמעתי מפיו הקדוש.

בעניין המדות. דע, הנה בכל מדה ומדה יש בה כמה וכמה בחינות ועניינים, וכל מידה היא בחינת קומה שלמה. וע"כ כשחסר לאדם אחת מהמידה, אף שכל המידה היא שלימה אצלו, אף על פי כן מחמת החיסרון אחד שיש לאדם בהמידה, אזי נראה לו, כאלו כל המידה חסירה אצלו. כמו אצל האדם כשיש לו חסרון באבר אחד, אזי כל גופו מבולבל ומרגיש החסרון בכל הגוף, כמו כן כשחסר לאדם איזה חסרון בהמידה נראה לו, כאלו חסר כל המידה. והנה המידות הם שכנים אלו לאלו, על כן יכולה מידה אחת לעזור למידה אחרת שהיא שכינה אצלה, וכן באיברי המידה יש שכנים ויוכל אבר מידה זו לעזור לאבר מידה אחרת, כדוגמת מה שאמרו רז"ל: "אבר מחזיק אבר". דהיינו כשאוכל זה האבר מהבהמה יתחזק אבר האדם, כן אצל המידות יוכל לסייע חלק מידה זו, שהיא בחינת אבר המידה לאבר המידה השכינה אצלה. ועל כן כשאדם רוצה לילך בדרך הקודש, צריך לשבר כל המידות רעות ולזכות למידות טובות, וצריך לבקש ולחפש עצמו תמיד, ולחפש בכל מידה ומידה אם היא שלימה אצלו, וכשרואה איזה חסרון באיזה מידה, אזי יבקש לו עזר וסיוע מהמידה השכינה.

שייך לאלף בית החדש אות ד' דעת סימן א', המתחיל: דע כי לכל העולמות ולכל נברא יש קומה מיוחדת, למשל: מין אריה וכו' וההבדלים כולם הם רמוזים בתמונת האותיות בצירופיהם. והזוכה להבין את התורה וכו'.

נראה לי שזה עניין השיחה, ששמעתי מפיו הקדוש שבת קודש חנוכה תקס"ה מעניין הבריות של העולם, שכל התמונות והצורות של כל בני אדם - כולם נכללים בתיבת "אדם" הנאמר בתורה: נעשה אדם. כי בזה התיבה אדם, שאמר השם יתברך: נעשה אדם, בתיבה זו נכללים כל מיני התמונות של כל בי אדם שבעולם. וכן בתיבה "בהמה וחיה" הנאמר במעשי בראשית, בזה התיבה גם כן נכלל כל התמונות של כל בהמה וחיה וכן כל שאר הנבראים. והאריך בשיחה זו ואמר אז שיש חכמות אפילו בזה העולם, שיכולין לחיות בהם לבד בלי שום אכילה ושתיה, והאריך בשיחה זו הרבה ולא זכינו לכתבה.

שייך לאלף בית החדש אות ד' דעת סימן א' בסופו: וגם יודע התאחדותם, הינו: ראשיתם ותכליתם, כי בראשית ובתכלית הם באחדותם בלי הבדל.

אפשר שזה היה כונת רבנו, זכרונו לברכה, בהתורה המתחלת: לכו חזו מפעלות ה', בליקוטי תנינא סימן ל"ט, כי לכל דבר יש התחלה ותכלית וכו', עין שם היטב. ואפשר היה כונתו עניין הנ"ל, שצריכין לזכות לידע ולהשיג עניין הנ"ל, שבהתחלה ובתכלית הם באחדות בלי הבדל, כי זאת התורה לכו

Sefer HaMidot

חזו הנ"ל לא זכיתי להבינה היטב, בשעה ששמעתי מפיו הקדוש וגם כשראה התורה בכתב אמר, שבזאת התורה לא כונתי לדעתו. ואמר בזו הלשון: לא כך אמרתי, וגם אפילו לא כך היתה כונתי. ואפשר היתה כונתו ענין הנ"ל, וזה לא ביארתי שם בכתב, על כן אמר שלא כוונתי; וה' יודע נסתרות. שייך לאלף בית החדש שחיבר בימי ילדותו. על ידי זריזות בנקל להיות פרנס הדור בגשמיות או ברוחניות. וסימן לדבר: לך אל נמלה עצל, על זה כתיב: משם רועה אבן ישראל, דהיינו: פרנס, הינו: שהפרנסות, להיות פרנס, זה עומד על זריזות הנלמד מהנמלה, כי משם רועה אבן ישראל. וענין זה כבר נדפס באלף בית החדש, בלשון אחר אך בסגנון זה שמעתי זה הענין מפיו הקדוש.

אמר המעתיק - שמעתי איך נתגלגל הדבר שזכינו ברחמיו הגדולים שנמסר לנו הספר הקדוש הוא ספר המידות הזה מרבנו ז"ל. כי נתגלגל הזכות הזה על ידי זכאי הוא הרב רבי דוב חיהל'ס ז"ל, ובאמת היה איש זכאי, לאשר ששמעתי שנתקרב לרבינו ז"ל במסירות נפש ממש, כי הרב הנ"ל היה משמש בכתר הרבנות זמן הרבה בעיר לאדיזשין ברוסיה, ובזמן הזה היה כבר מקורב לרבנו ז"ל, ופתאום נתלהב ליבו לעזוב את המשרה של הרבנות ולתקוע אהלו באהלה של רבנו ז"ל בברסלב. ותיכף עשה מעשה, ועשה כרוז בבית הכנסת של עירו שהוא עוזב את הרבנות ושם דרכו עם כל בני ביתו לעיר ברסלב, אשר משכן כבוד רבנו ז"ל. ושם מצא מרגוע לנפשו שזכה לראות את רבנו ז"ל בכל יום. וגם היה דרכו בכל יום, לילך לרבנו ולספר לפניו סיפורי מעשיות וחידושי תורה שנמצא באיזה ספרים מקדמונים, ולפעמים הגביה רבנו ידו הקדושה ואמר על איזה חידושי תורה ששמע מהרב הנ"ל, שהוא באמת רוח הקודש, והיה זאת להרב הנ"ל למשיבת נפש לידע איזה דבורי תורה הם רוח הקודש, ורבנו ז"ל כיון מה שכיון כדרכו בקודש.

ופעם אחת, סיפר הרב רבי דב הנ"ל, לפי רבנו ז"ל, מעשה מראש ישיבה אחד, שהשיא את ביתו לבחור אחד מהישיבה שהיה למדן מופלג ועסק יום ולילה בתורה, ובלילה היה לומד בבית המדרש, והתחיל לבוא אליו מגיד השמים והיה לומד עימו בכל לילה. אך זה המגיד היה מן הסטרא אחרא ולא מן הקדושה [כי מסתמא נכשל באיזה דבר אשר על ידי זה היה כח להסטרא אחרא להתאחז בו] והאברך הזה לא גילה זאת לשום אדם ולא ידע שהמגיד הוא מן הסטרא אחרא.

פעם אחת, התחיל המגיד הנ"ל לפתות אותו שיבוא אל אשתו בימי נדתה, והוכיח לו כי מן השמים הוא, ועל ידי זה תתעבר אשתו עם נשמת משיח. והאברך האמין לו, והתחיל לדבר עם אשתו שתשמע אליו לזה, ואמר לה כי בא אליו מגיד מן השמים וציווה עליו שיעשה כן כי מן השמים הוא זה. אך אשתו הייתה יראת שמים מאוד, ואמרה שתשאל מקודם את אביה, ועשתה כן. ותספר לאביה זאת, ונבהל מאוד אביה מזה, כי הבין תיכף שהמגיד הוא

ספר המדות — Sefer HaMidot

מן הסטרא אחרא.

ויקרא תיכף לחתנו, ויאמר אליו, תדע שזה המגיד מן הסטרא אחרא. והסימן הוא, כי אצל מגיד דקדושה נרשמים כל א"ב על מצחו, והאותיות של שם הוי"ה ברוך הוא מאירים על מצחו. ואצל מגיד מן הסטרא אחרא נרשמים גם כן אותיות הא"ב על מצחו, אך האותיות של שם הוי"ה ברוך הוא אינם מאירים על מצחו, תדע שהוא מן הסטרא אחרא, ותזהר מאוד להישמר ממנו. ובטח ירצה להזיקך, על כן אני מוסר לך שמות וקמיעות, ואז לא יוכל להזיקך.

ויהי בלילה בא אליו המגיד, והאברך כשראה שאין מאירים אצלו אותיות של השם הוי"ה ברוך הוא, ידע שהוא מן הסטרא אחרא, ועשה ככל אשר צוה עליו חותנו וניצול ממנו.

ואדמו"ר זצ"ל כששמע המעשה הזאת נתלהב מאוד, ויאמר להרב רבי דב הנ"ל: אבל אצלנו ברוך השם מאירים כל אותיות הא"ב, ותיכף מסר אז לאנשיו להעתיק ספר הא"ב שלו: [דהיינו ספר המידות].

וזהו עניין הנאמרים באותיות הללו, והעניין למשל, כשחסר לו ענוה, ויש מידה אחרת המסוגלת לענוה, כגון בטחון, אז צריך לסייע לו על ידי בטחון לבוא לענווה, דהיינו לפעמים הבטחון הוא בקל לו יותר להשיגו ולהגיעו מענוה, ואזי יעשה הקל, ועל ידי זה יבוא להמידה, שהיא כבידה יותר אצלו. ולפעמים יש לו מידה האחרת, אלא שאינו משתמש עמה, וכשצריך לסייע לו מזו המידה למידה אחרת, צריך להתחיל להשתמש עמה. [פרוש, על פי המשל הנזכר, היינו מי שרוצה לבוא לענווה ורואה שהביטחון מסוגל לענווה, ובאמת כבר יש לו מדת הבטחון, רק שאינו משתמש עם זאת המידה של בטחון, אזי כשרוצה לזכות לענווה, צריך להתחיל להשתמש עם מידת הבטחון, וכן כל כיוצא בזה בשאר המידות והבן].

Now behold, this holy book had already been published once, and since it is cherished there was high demand, and there is not even one copy remaining. For many are the people who desire this book, that in such a compact volume includes all the traits as we as many other matters, and much advice to reach straight paths in serving the Creator. There is nothing in the world that you are deficient in, that this book does not address, as the reader will see with his own eyes. It is all founded on mountains of holiness, verses from the Bible, Prophets, and Scriptures, and the words of our Sages, may their memory be for blessing, in the Talmud, the Midrashim, the Zoharand the other holy books. Thus, we decided to print the book a second time, with many emendations and wondrous, new additions.

Sefer HaMidot   ספר המדות

This is to make known, that this book I transcribed letter by letter from his holy mouth. For by him OB"M, he had written - on small pages, all these things and more - possibly even twice as much. But because he did not desire to give over all of his words - which he had by him - written in a fashion similar to this, therefore he did not want to hand over his manuscript to me the way it was, to copy it. Rather, he attended to this personally, his honorable self. He read before me with his holy mouth, word for word, from within his writings (mentioned above), from his mouth he dictated to me, and I wrote in the book. It was heard from his mouth, that he said, that on the entry (lit. letter) of "healing" alone, he had many many pages written, it seems that he said - two hundred pages, but he did not want to give them over to the world.

Also, I heard from his holy mouth, that he told over before me, a long time before he gave over to me this Alphabet Book to transcribe, that he had by him certain writings on all the traits, and other matters - and they are the words of this book. He then (continued and) told me that he had perceived all the healings in the world (encoded) within the divisions of the Land of Israel described in the book of Joshua. For the names of all the cities which are written there along the dividing lines of the country, are permutations of the names of all the medications in the world, how they are called in all the languages. For, the Land of Israel is a complete spiritual structure, and the apportionment of the Land of Israel is according to the structure of man, that is that this section and border is the aspect of the head, and this section and border is the aspect of the right hand, and similarly all the twelve borders of the Land of Israel, which was apportioned to the tribes, all of them are according to the arrangement of the parts of the human structure, as this (concept) is brought down in the holy books. He (Rabbi Nachman) said, that by every border of the Land of Israel, there is written there the medical treatment necessary for that limb, which corresponds to this border, as explained above.

Sefer HaMidot   ספר המדות

All of this I already heard from his holy mouth, and I understood from his holy words that he attained all these understandings in his very childhood. But we did not merit to receive from him only what is written in this book, that which he looked and saw and weighed the matters with his holy intelligence, what should be given over to the world - which is the material he gave over to be copied as mentioned above, and what was necessary to hide from the world, that he deemed to have burned (as is described elsewhere).

Now behold, by him OB"M, there was written all these matters that are in this book with citations to the places from which he extrapolated these perceptions. However, when I copied them down from the dictation of his holy mouth, he gave me only to copy these things as they are, and he did not say where the sources were. But from the inference of his holy words, I understood that any man can find some sort of source or allusion for these items, from where they effuse, from which verse or adage of our Sages OB"M. Some of them are explicit adages in the words of our Sages OB"M, as the reader can see with his eyes. Several people have already toiled on many matters from this book and found where they are alluded to.

Now, as we work on printing it a second time, I was moved in spirit not to copy from these allusions and sources, not a full matter nor half a matter, for many reasons, and also because we still did not do justice to find allusions to all the matters, therefore mind was set not to present any of them. However, afterwards I reconsidered, for just because one cannot complete a mitzvah etc. (does that mean he should not do it at all?) everything that is in one's power to do, one should do. Therefore, I decided to present several sources for parts of the work that I or my peers had already found, an allusion as a source, where there is a hint to the matter at hand in the Torah; written or oral, and a meager few that I heard from his holy mouth, personally, as will be elucidated in its place. For there are many things that are written here in brevity, and in reality, he revealed on those matters a lengthy Torah (discourse) with wondrous and awesome explanation,

Sefer HaMidot

in his extremely wondrous style.

One who looks with truth will understand on his own, that after all this, even in the cases where we found the hint, it is just that, a hint and a support, but the actual substance of the issue, in the way he perceived it, is hidden from our eyes, for all his words are the words of the Living G-d, that he attained perception of each and every matter in the place that he perceived, and the verse is just an extraneous support, for there is nothing that isn't hinted to in the Torah, therefore if he did not draw up the shards and remove the mask of blindness which hovers over our eyes, and reveal to us these perceptions, we would not find the jewel, because it is not in our power to adjudicate and learn out by ourselves such things from verses and words of our Sages OB"M, only someone who merits to really sanctify himself until he merits to attain perception from above (is capable of such), and he who is wise will understand all of this on his own.

Also, I revised the format for these holy teachings, for the first Aleph-Bet book was published not in my presence, and the printer messed up, because he printed the second Aleph-Bet by itself and put it completely separate from the first one. This is not the way I would have it done. For even thought they are different in many ways as explained above, even still they should not be distanced one from another, since the both of them are good, and both address the nature of the traits, their virtues and their faults etc., certainly it is fitting to present together all the material relating to one trait. Such as the letter Aleph - Emess (Truth), it is proper and appropriate to compile together the material relating to the virtue of honesty and the derision of falsehood, even though the perceptions if the second Aleph-Bet very vastly surpass and surmount those of the first, as mentioned above, even still their inner intent are the aimed at the same thing, to reveal the derision of falsehood and the virtue of honesty in order that we strengthen ourselves with all our might not to speak dishonestly, just the truth in the name of G-d. It was for this that he revealed to us all the advantages achieved through honesty, and the converse, all the losses which come about

Sefer HaMidot   ספר המדות

through falsehood, and in what way one merits to truth, and so forth. So, it is with these matters - if their sources, where they were carved from, the places from which they effuse, are different one from another, for higher and higher is the guard etc (Ecclesiastes 5:7), even still they are all return to one place, so that we should merit to truth.

Therefore, I decided to present everything in order, so that everything together would be complete in one arrangement according to the alphabet. Just - I drew a line between the items of the first Aleph-Bet and the perceptions of the second Aleph-Bet, and I presented the second Aleph-Bet in small letters, in order for the reader to know to differentiate between it and the first Aleph-Bet. For I have already disclosed, that I heard from his holy mouth, that his his later words - those of the second Aleph-Bet greatly and vastly surpass and surmount the first ones, therefore I put a border between them, to differentiate and to distinguish.

The good Lord should lead us in the straight and true path, so that we may merit to learn and teach, observe, do and fulfill all these words written here, and to understand and comprehend all the paths of advice elucidated here next to each trait. Then we will have success in our way, and then we will be enlightened.

It should also be noted that many items of the second Aleph-Bet are found repeated. The reason for this is, for know brother, that the second book our master OB"M gave over to us in his holy handwriting, and by him the material was not written in alphabetical order, just in order of the perceptions, according to what he perceived each and every item in its place and time, but he instructed us to copy the material and arrange them, each and every item, according to the trait associated to it, in alphabetical order. He also charged us, explicitly, that everything that is relevant to two or three entries, that we should write them two or three times - (once) by every (applicable) trait, and so we did. For example, in the letter Lamed - Limud (learning, book two, item #4): Someone whose Torah learning etc. that his eating etc. through this his enemies are judged etc., this item is pertinent to (the entry)

Sefer HaMidot ספר המדות

Limud -Learning, and also related to Meriva - Conflict, and also relevant to letter Aleph - Achila - Eating, therefore it is written in all these places. From this learn out to the rest. For his holy intention was to facilitate for the reader, who desires to sanctify himself, to find what he seeks with ease. So that if he wants to know the segula (what is auspicious for) and the idea of any trait, he will be able to find with ease, according to the alphabetical arrangement, any matter that comes to his mind. As in the example above; sometimes a person wants to search to find a concept of learning, and sometimes he wants to find from a concept of holy eating etc., therefore it is worthy that it should be written in both places in order that he be able to find what he is looking for with ease, in the place that he is interested in, and so forth with the other traits. For this reason, the items are repeated in many places.

The blessed G-d should lead us in the truthful path, and just as we merited to arrange them so we should merit to fulfill them, until Israel returns to their habitat like doves to their windows, very soon, in our days, amen, so should be the Divine will.

Sefer HaMidot

ספר המדות לרבינו נחמן מברסלב
Sefer HaMidot

אבידה
Lost Article

א. מִי שֶׁמַּחֲזִיר אֲבֵדָה לִבְעָלִים, בַּכֹּחַ הַזֶּה מְגַיֵּר גֵּרִים.
Someone who returns a lost article to its owner, with this strength he makes converts.

אהבה
Love

חלק ראשון

א. כְּשֶׁאֵין אַהֲבָה בֵּין בְּנֵי אָדָם, עַל־יְדֵי זֶה הֵם הוֹלְכֵי רָכִיל, וְעַל־יְדֵי רְכִילוּת בָּאִים לְלֵיצָנוּת, וְעַל־יְדֵי לֵיצָנוּת הֵם דּוֹבְרִים שֶׁקֶר.
When there is no love between people, they go about gossiping. Through gossip, they come to mockery, and through mockery, they speak falsehood.

ב. עַל־יְדֵי שִׂנְאָה בָּא בַּהֲלוֹת, וְעַל־יְדֵי שִׂנְאָה בָּא שְׂרֵפָה.
Through hatred comes upheaval, and through hatred come fires. lit: things get burned.

ג. עַל־יְדֵי אַהֲבַת הַשֵּׁם יִתְבָּרַךְ נִשְׁמָר הַנֶּפֶשׁ מִכָּל פְּגָעִים רָעִים.
Through the love of the Lord, may He be blessed, the soul is guarded from all evil calamities.

ד. כְּשֶׁתָּשׁוּב בִּתְחִלָּה עַל עֲווֹנוֹתֶיךָ, תּוּכַל לָבוֹא לְאַהֲבַת הַשֵּׁם יִתְבָּרַךְ.
If you first repent from your sins, you can come to love of the Lord, Blessed be He.

ה. מִי שֶׁמִּתְפַּלֵּל עַל יִשְׂרָאֵל בִּמְסִירַת־נֶפֶשׁ, הַכֹּל אוֹהֲבִין אוֹתוֹ.
One who prays with self-sacrifice for the people of Israel is loved by all.

ו. עַל־יְדֵי אַהֲבָה בָּא הִתְחַזְּקוּת.
Through love, one is strengthened.

ז. כְּשֶׁתְּחַזֵּק אֶת הָאָדָם בַּעֲבוֹדַת הַשֵּׁם יִתְבָּרַךְ, הוּא יֹאהַב אוֹתְךָ.
If you strengthen a person in his service of GOD, blessed-be-He, he will love you.

Sefer HaMidot   ספר הַמִדוֹת

ח. עַל־יְדֵי אֲמִירַת הַלֵּל בְּקוֹל גָּדוֹל, זוֹכִים לְאַהֲבַת הַשֵּׁם יִתְבָּרַךְ.
Through saying Hallelin a loud voice, one merits to love of GOD, blessed-be-He.

ט. כְּשֶׁתְּהֵא נִזְהָר מִשִּׂנְאַת חִנָּם, אֲזַי כְּשֶׁיִּהְיֶה לְךָ אֵיזֶהוּ מִשְׁפָּט עִם אַלָּם שֶׁאֵינוֹ רוֹצֶה לְפַשֵּׁר עִמְּךָ, עַל־יְדֵי זֶה יִתְפַּשֵּׁר עִמְּךָ.
If you will be careful to avoid needless hatred, then when you have a legal case with a strongman who isn't willing to settle with you, through this he will settle with you.

י. מִי שֶׁנִּזְהָר מִשְּׁבוּעַת שֶׁקֶר, בְּוַדַּאי לֹא יַעֲבֹר עַל "לֹא תִקֹּם וְלֹא תִטֹּר".
One who is careful to avoid making a false oath, he certainly will not transgress the commandments not to take revenge and not to bear a grudge.

יא. הַשּׁוּם מְסֻגָּל לְאַהֲבָה.
Garlic is conducive [segula] to love.

יב. הָעוֹבֵד מֵאַהֲבָה – זְכוּתוֹ מָגֵן עַד אַלְפַּיִם דּוֹר.
One who serves out of love - his merit protects for two thousand generations.

יג. בְּמָקוֹם שֶׁעוֹשִׂין תְּנָאִים [תְּנַאי] אוֹ אֵיזֶה כְּרִיתוּת בְּרִית, הַשֵּׁם יִתְבָּרַךְ שָׁם הוּא.
In the place where an agreement or a covenant is made, the Lord, blessed is He, is present there.

חלק שני

א. כְּשֶׁהַצְּמָחִים גְּדֵלִים בִּמְלוֹאָם, עַל־יְדֵי זֶה אַהֲבָה בָּעוֹלָם.
When plants grow to completeness, through this there is love in the world.

ב. אַהֲבַת אִשָּׁה לְבַעְלָהּ לְבַעֲלָהּ נִכָּר בַּזְּבוּבִים וְיַתּוּשִׁים שֶׁבַּבַּיִת גַּם עַל־יְדֵי אַהֲבָתָם יְכוֹלִין לֵידַע כֹּחַ הַיֵּצֶר הָרָע אִם כְּבָר נֶחֱלָשׁ אִם לָאו.
The love of a woman for her husband can be discerned by the flies and mosquitoes in the house. Also, through their love, it is possible to know the power of the evil inclination, whether it has been weakened or not.

ג. חַכְמֵי הַדּוֹר שֶׁיֵּשׁ בֵּינֵיהֶם אַהֲבָה, שֶׁרוֹאִים זֶה עִם זֶה לִפְרָקִים, אֲזַי יֵשׁ כֹּחַ בְּיָדָם לָדוּן אֶת כָּל הָעוֹלָם וְדִינֵיהֶם דִּין, וְאֵין מִי שֶׁיְּשַׁנֶּה וִיבַטֵּל דִּינָם, כִּי הַקָּדוֹשׁ־בָּרוּךְ־הוּא אַב־בֵּית־דִּין שֶׁלָּהֶם.
Sages of the generation with love between them, that they see each other occasionally, then they have the power to judge the whole world, and their judgment stands, and no one

Sefer HaMidot   ספר המדות

can change or annul their judgment, for the Holy One Blessed be He is their Supreme Judge of their court.

ד. עַל־יְדֵי שִׂנְאַת־חִנָּם נִכְשָׁל בִּטְרֵפוֹת.
Through needless hatred, one comes to eat non-kosher food.

ה. עַל־יְדֵי תַּאֲוַת אֲכִילָה הוּא אוֹהֵב בֵּן אֶחָד יוֹתֵר מִשְּׁאָר בָּנָיו.
Through lust of eating, one comes to love one of his sons more than the others.

אכילה
Eating

חלק ראשון

א. מִמַּה שֶׁאַתָּה אוֹכֵל תְּשַׁיֵּר, כְּדֵי שֶׁיָּחוּל בִּרְכַּת הַשֵּׁם בִּמְזוֹנוֹתֶיךָ.
From what you eat, leave over, so that GOD's blessing may imbue your food.

ב. שֻׁלְחָנוֹ שֶׁל אָדָם מְטַהֵר לוֹ מִכָּל עֲווֹנוֹתָיו.
A man's proper conduct at his table purifies him from all his sins.

ג. שֻׁלְחָנוֹ שֶׁל אָדָם מְזַכֵּהוּ לוֹ לְעָלְמָא דְאָתֵי וּמְזַכֶּה לְפַרְנָסָה, וְהוּא רָשׁוּם לְטוֹב לְעֵילָא וּלְעֵילָא, וּמְזַכֶּה לֵהּ לְאִתּוֹסָפָא לֵהּ כֹּחַ וּגְבוּרָה בְּשָׁעָה שֶׁאִצְטָרִיךְ לֵהּ.
A man's proper conduct at his table merits him the World to Come, and merits livelihood, and that he is inscribed for good in the highest heights; and it merits him additional strength and might at the time he needs it.

ד. בַּעֲווֹן עִנּוּי הַדִּין וְעִוּוּת וְקִלְקוּל הַדִּין וּבִטּוּל תּוֹרָה בַּצֹּרֶת בָּא, וּבְנֵי־אָדָם אוֹכְלִים וְאֵינָם שְׂבֵעִים וְאוֹכְלִים לַחְמָם בַּמִּשְׁקָל.
Due to the sin of procrastinating justice, and distorting, and ruining judgment, and for neglect of Torah study, drought comes, and people eat without being satiated, and they eat their bread in measured rations.

ה. כְּשֶׁאוֹכֵל קְצָת, לִבּוֹ נִמְשָׁךְ יוֹתֵר אַחַר אֲכִילָה, מִמִּי שֶׁלֹּא אָכַל כְּלָל וְנִתְיָאֵשׁ מִלֶּאֱכֹל.
When one eats a little, he is [lit. his heart is] drawn more after food than one who has not eaten at all and has already given up on eating.

ו. מִפְּנֵי מַה נִּתְחַיְּבוּ יִשְׂרָאֵל כְּלָיָה מִפְּנֵי שֶׁנֶּהֱנוּ מִסְּעֻדָּה שֶׁל אוֹתוֹ רָשָׁע.
Why did the Jews become liable to annihilation? Because

Sefer HaMidot

they took part in the feast of that evil one [Achashverosh, in the story of Purim].

ז. מִזְבֵּחַ מֵזִיחַ גְּזֵרוֹת רָעוֹת וּמְכַפֵּר עֲווֹנוֹת וּמֵזִין וּמְחַבֵּב. וְהַשֻּׁלְחָן דּוֹמֶה לַמִּזְבֵּחַ.

The Altar of the Holy Temple dispels evil decrees, atones sins, nourishes and gives love. And the table [on which one eats] is similar to the Altar.

ח. הָאוֹכֵל בְּלֹא נְטִילַת יָדַיִם, כְּאִלּוּ בָּא עַל אִשָּׁה זוֹנָה, וְהַמְזַלְזֵל בִּנְטִילַת יָדַיִם, נֶעֱקָר מִן הָעוֹלָם.

One who eats without first washing his hands [in the way prescribed by halacha] is as if he had relations with a prostitute. And one who trivializes the ritual hand-washing is uprooted from the world.

ט. אֵין שׁוֹתִין מַיִם בִּפְנֵי רַבִּים.

One should not drink water in public.

חלק שני

א. מִי שֶׁיֵּשׁ לוֹ צֶלֶם־אֱלֹקִים, עַל־יְדֵי אֲכִילָתוֹ דָּבָר מִן הַחַי נִתְעַלֶּה וְכֵן לְהֵפֶךְ.

One who [manifests] the Image of GOD, through eating something that had life [like meat or fish] elevates it [/he himself is elevated], and so the reverse - [one without that Image degrades that food/ himself].

ב. אֲכִילַת הַדָּגִים מְעוֹרְרִין תַּאֲוַת הַזִּוּוּג.

Eating fish arouses sexual desire.

ג. עַל־יְדֵי בִּרְכַּת־הַמָּזוֹן נִתְוַדַּע הַשֵּׁם יִתְבָּרַךְ בָּעוֹלָם.

By saying Birkat HaMazon [the grace after the meal], the Blessed GOD becomes known in the world.

ד. עַל־יְדֵי בִּרְכַּת־הַמָּזוֹן נִתְיַשֵּׁב הַמַּלְכוּת מִן הַמְּרִיבוֹת וְהַמִּלְחָמוֹת.

By saying Birkat HaMazon [grace after meal], the government is settled from strife and wars.

ה. מִי שֶׁלִּמּוּדוֹ בַּתּוֹרָה בְּמֹחִין זַכִּים, שֶׁאֲכִילָתוֹ כָּל־כָּךְ בִּקְדֻשָּׁה, שֶׁנִּזּוֹן מָזוֹן שֶׁהַמַּלְאָכִים נִזּוֹנִין מִמֶּנּוּ, עַל־יְדֵי זֶה שׂוֹנְאָיו נִדּוֹנִין בְּחֶנֶק. וְסִימָן לַדָּבָר: "וַיְהִי בַיּוֹם הַשְּׁלִישִׁי בִּהְיוֹת הַבֹּקֶר", "וּבַבֹּקֶר הָיְתָה שִׁכְבַת הַטָּל", "וַיְהִי בְּאַשְׁמֹרֶת הַבֹּקֶר". פֵּרוּשׁ סִימָן זֶה שְׁמַעְתִּי מִפִּיו הַקָּדוֹשׁ, כִּי "וַיְהִי בַיּוֹם הַשְּׁלִישִׁי בִּהְיוֹת הַבֹּקֶר" נֶאֱמַר בְּמַתַּן־תּוֹרָה, שֶׁזֶּהוּ בְּחִינַת מַה שֶּׁמְּבֹאָר לְעֵיל, מִי שֶׁלִּמּוּדוֹ בְּמֹחִין זַכִּים. "וּבַבֹּקֶר הָיְתָה שִׁכְבַת הַטָּל" נֶאֱמַר בַּמָּן, שֶׁהוּא מָזוֹן שֶׁהַמַּלְאָכִים נִזּוֹנִין מִמֶּנּוּ, כְּמוֹ שֶׁאָמְרוּ רַבּוֹתֵינוּ, זִכְרוֹנָם לִבְרָכָה. "וַיְהִי בְּאַשְׁמֹרֶת הַבֹּקֶר" נֶאֱמַר בִּקְרִיעַת יַם־סוּף, שֶׁנִּטְבְּעוּ הַמִּצְרִים בַּיָּם, שֶׁזֶּהוּ בְּחִינַת חֶנֶק כְּמוֹ שֶׁאָמְרוּ

Sefer HaMidot   ספר המדות

רַבּוֹתֵינוּ, זִכְרוֹנָם לִבְרָכָה. וְלָמַד בֹּקֶר מְבַקֵּר, עַל־יְדֵי זֶה מָצָא [הַשָּׁגָה] הַנַּ"ל בְּתוֹךְ הַתּוֹרָה].

One who learns Torah with a clear mind, that his eating is so holy that he is nourished from the [same] food from which the angels are nourished, causes that his enemies be punished with strangulation. This is learned from Torah passages: "And it was on the third day, when it became morning…", "And in the morning there was a layer of dew…" "And it was in the watch of the morning…"

ו. מִי שֶׁאֵינוֹ מַרְגִּישׁ טַעַם בַּאֲכִילָתוֹ, יֵדַע שֶׁנִּתַּק מִמֶּנּוּ הַשֵּׁם יִתְבָּרַךְ.

One who does not taste anything when he eats, should know that the Blessed GOD has separated Himself from him.

ז. אֲכִילַת הַצַּדִּיקִים גְּדוֹלָה יוֹתֵר מֵהַקָּרְבָּנוֹת וּמִזִּוּוּגָן.

The eating of tzaddikim is higher than the sacrifices, and higher than their conjugal relations.

ח. הַדָּגִים שְׁמֵנִים בִּזְכוּת הַקָּרְבָּנוֹת.

The fish are fat in the merit of the sacrifices.

ט. מִי שֶׁכָּלַב נְשָׁכוֹ, בְּיָדוּעַ שֶׁרַחֲמֵי שָׁמַיִם מְסֻלָּקִין מִמֶּנּוּ, גַּם בְּיָדוּעַ שֶׁנִּכְשַׁל בְּמַאֲכָלוֹת אֲסוּרוֹת.

One who was bitten by a dog, it is certain that the mercies of Heaven are removed from him, and it is also certain that he has erred with eating forbidden foods.

י. מִי שֶׁנִּזְהָר מִמַּאֲכָלוֹת אֲסוּרוֹת, הוּא נִצּוֹל מֵחַיּוֹת רָעוֹת.

One who guards himself from forbidden foods, he is saved from wild animals.

יא. מִי שֶׁשּׂוֹנְאָיו נִתְרוֹמְמִים, הוּא נוֹפֵל לְתַאֲוַת אֲכִילָה.

One whose enemies are on the rise; he falls into the desires of food.

יב. עַל־יְדֵי תַּאֲוַת אֲכִילָה הוּא אוֹהֵב בֵּן אֶחָד יוֹתֵר מִשְּׁאָר בָּנָיו.

Through desires of food, one comes to love one of his children more than the others.

יג. לְ'כוּ לַ'חְמוּ בְ'לַחְמִי וּ'שְׁתוּ רָאשֵׁי־תֵּבוֹת לוּלָב; "בְּיַיִן" עִם הָאוֹתִיּוֹת גִּימַטְרִיָּא רָאשֵׁי־תֵּבוֹת שֶׁל אֶ'תְרוֹג הַ'דַס עֲ'רָבָה "מָסַכְתִּי" בְּחִינַת סֻכּוֹת. עַל־יְדֵי מִצְוַת נְטִילַת אַרְבָּעָה מִינִים וְעַל־יְדֵי סֻכָּה אָדָם זוֹכֶה לַאֲכִילָה וּשְׁתִיָּה וּמַלְבּוּשִׁים, וְגַם לְחִיּוּת הַנְּשָׁמָה; עַל־יְדֵי סֻכָּה זוֹכֶה לְמַלְבּוּשִׁים, בְּחִינַת "בְּשׁוּמִי עָנָן לְבוּשׁוֹ". עַל־יְדֵי עַרְבֵי נַחַל זוֹכֶה לִשְׁתִיָּה, עַל־יְדֵי הֲדַס זוֹכֶה לְחִיּוּת הַנְּשָׁמָה וְעַל־יְדֵי לוּלָב וְאֶתְרוֹג זוֹכֶה לַאֲכִילָה, כִּי יֵשׁ בָּהֶם פְּרִי, שֶׁהֵם מִינֵי מַאֲכָל.

Sefer HaMidot סֵפֶר הַמִדוֹת

"**Come** eat my food [bread] and drink..." - the initials of the Hebrew words in this verse spell Lulav [palm branch taken on Succos]. "...with wine..." with the four letters of the word, has the same gematria [numerical value] as the initials of Etrog, Hadas, Arava [citron, myrtle, willow]. [The word] "Masachti -I mixed..." - is an aspect of Sukkot [in that the words share the same root letters]. [Thus, we derive that] through the mitzvah of taking the Four Species and through [dwelling in] the Sukkah, a man merits to have food, drink, and clothing, and also that his soul will receive life-force. Through the sukkah one merits to have clothing, an aspect of "When I placed clouds as his garment." Through the willow one merits drinking, through the myrtle one merits to vitalize the soul, and through the lulav and the etrog one merits eating, for they have fruits, which are types of food.

יד. אֲכִילָה וּשְׁתִיָּה בָּא עַל־יְדֵי חֹק וּמִשְׁפָּט.
Food and drink come through law and justice.

טו. מַה כְּשֶׁאָדָם שׁוֹתֶה מַתְחִיל לְזַמֵּר וּלְנַגֵּן וְלֹא כֵן בַּאֲכִילָתוֹ, מֵחֲמַת שֶׁאָמְרוּ שִׁירָה עַל הַבְּאֵר, וְלֹא אָמְרוּ שִׁירָה עַל הַמָּן.
That when a man drinks, he begins to sing and play music, which is not so with eating, is because they sang [praise to GOD] about the [miraculous] well, but they did not say songs of praise about the manna.

אַלְמָן
Widower

חלק ראשון
א. מִי שֶׁמֵּתָה אִשְׁתּוֹ, יֹאמַר בְּכָל יוֹם פָּרָשַׁת אָשָׁם, עַד שֶׁיִּשָּׂא אִשָּׁה אַחֶרֶת.
One whose wife has died should recite daily the Torah passage describing the Guilt Offering [Usham], until he marries a different woman [This can be found in the Book of Vayikra, Chapters 5 and 7].

חלק שני
א. עַל־יְדֵי שֶׁקֶר דְּבָרָיו אֵינָם נִשְׁמָעִים, גַּם עַל־יְדֵי שֶׁקֶר מְאַלְמֵן, חַס וְשָׁלוֹם, כַּמָּה נָשִׁים.

Sefer HaMidot   ספר הַמִּדוֹת

Through falsehood, one's words are not heard. Also, through falsehood, one becomes a widower GOD forbid, from several women.

ב. כְּשֶׁמֵּתָה אִשְׁתּוֹ שֶׁל אָדָם, אֲזַי כְּאִלּוּ נֶחְסַר לוֹ עֶצֶם מֵעֲצָמָיו, אֲבָל הַצַּדִּיק, אַף־עַל־פִּי שֶׁאִשְׁתּוֹ מֵתָה, אֵינוֹ נֶחְסַר לוֹ עֶצֶם וְזֶהוּ: **אַלְמָן** – אוֹתִיּוֹת **א**'חַת **מ**'הֵנָּה **ל**'א **נ**'שְׁבָּרָה.

When a man's wife dies, it is as if he is missing one of his bones. But the tzaddik, even though his wife passed away, he is not deficient a bone. This is [hinted at in the word], the acronym for: "Not one of them is broken." [**a**'chas **m**'ayhem **l**'oe **n**'ishbara].

אמונה
Faith

חלק ראשון

א. צָרִיךְ לְהַאֲמִין בַּהַשֵּׁם יִתְבָּרַךְ בְּדֶרֶךְ אֱמוּנָה וְלֹא בְּדֶרֶךְ מוֹפֵת.

It is necessary to believe in Hashem, may He be Blessed, by way of faith and not by way of proof.

ב. עַל־יְדֵי עֲנָוָה תִּזְכֶּה לֶאֱמוּנָה.

Through humility, you merit faith.

ג. בִּרְאוֹתְךָ שִׁנּוּי מַעֲשֶׂה, אַל תֹּאמַר מִקְרֶה הוּא, אֶלָּא תַּאֲמִין כִּי זֶה הַשְׁגָּחַת הַשֵּׁם יִתְבָּרַךְ.

When you see something unusual happen, do not say it happened by chance. Rather, believe that this is the providence of Hashem, may He be Blessed.

ד. יֵשׁ דְּבָרִים שֶׁהֵם מְבִיאִים הֶזֵּק גָּדוֹל לָעוֹלָם. וְהַדָּבָר קָשֶׁה: לָמָּה נִבְרְאוּ? תֵּדַע, שֶׁבְּוַדַּאי יֵשׁ בָּהֶם צַד אֶחָד לְטוֹבָה.

There are things that cause great damage to the world. This is a difficult matter - why were they created, You should know that, certainly, they have one good aspect in them.

ה. מִי שֶׁיֵּשׁ לוֹ הֲנָאָה מִדִּבּוּר שֶׁל אֶפִּיקוֹרוֹס אֲפִלּוּ שֶׁאֵינוֹ מִדִּבְרֵי אֶפִּיקוֹרְסוּת, עַל־יְדֵי זֶה בָּא לְהִרְהוּרֵי עֲבוֹדָה־זָרָה.

Someone who enjoys the words of a heretic, even if the words are not heretical, through this, he comes to thoughts of idol worship.

ו. עַל־יְדֵי אֱמוּנָה הָאָדָם חָבִיב לְהַשֵּׁם יִתְבָּרַךְ כְּאִשָּׁה לְבַעְלָהּ.

Sefer HaMidot ספר הַמִּדוֹת

Through faith, a person is beloved to Hashem, may He be Blessed, as a wife is to her husband.

ז. מִי שֶׁאֵינוֹ מֵכִין אֶת לִבּוֹ, אֵינוֹ יָכוֹל לָבוֹא לֶאֱמוּנָה.
Someone who does not prepare his heart, is not able to come to faith.

ח. מִי שֶׁנֶּאֱבַד לוֹ אֵיזֶהוּ דָבָר, בְּיָדוּעַ שֶׁנָּפַל מֵאֱמוּנָתוֹ.
Someone who has lost something, it is certain that he fell from his faith.

ט. מִי שֶׁנֶּאֱבַד אֱמוּנָתוֹ מִמֶּנּוּ, יֵלֵךְ עַל קִבְרֵי יִשְׂרָאֵל וִיסַפֵּר הַחֲסָדִים, שֶׁעָשָׂה לוֹ הַקָּדוֹשׁ־בָּרוּךְ־הוּא.
Someone who lost his faith, should go to Jewish graves and tell over the loving-kindnesses that the Holy One, Blessed be He, did for him.

י. אֱמוּנָה תּוֹלָה בְּפֶה שֶׁל אָדָם.
Faith depends on a person's mouth.

יא. עַל־יְדֵי הַלִּמּוּד נִשְׁבָּרִים כָּל הַכְּפִירוֹת.
Through learning Torah, all the heresies are broken.

יב. עַל־יְדֵי אֱמוּנָה נִתְבָּרֵךְ.
Through faith, one is blessed.

יג. עַל־יְדֵי רִבּוּי אֲכִילָה נוֹפְלִים מֵאֱמוּנָה.
Through excessive eating, we fall from faith.

יד. כְּשֶׁתִּסְתַּכֵּל בַּשָּׁמַיִם כְּשֶׁהֵם זַכִּים וּבְהִירִים, תִּזְכֶּה לֶאֱמוּנַת חֲכָמִים.
When you gaze at the skies when they are clear and bright, you merit faith in the sages.

טו. כְּשֶׁנּוֹפֵל אֵיזֶה קֻשְׁיָא עַל הַשֵּׁם יִתְבָּרַךְ, אֲזַי תִּשְׁתֹּק, וְעַל־יְדֵי הַשְּׁתִיקָה מַחְשְׁבוֹתֶיךָ בְּעַצְמָם יָשִׁיבוּ לְךָ תֵּרוּץ עַל קֻשְׁיוֹתֶיךָ.
When some difficulty about Hashem, may He be Blessed, befalls you, then be silent. Through the silence, your thoughts will themselves provide you the answer to your question [See also Likutay Moharan vol. 2, Torah 7].

טז. כְּשֶׁמְּחָרְפִין אוֹתְךָ, וְאַתָּה שׁוֹתֵק, תִּזְכֶּה לְהָבִין תֵּרוּץ עַל קֻשְׁיוֹתֶיךָ וְתִזְכֶּה לְרוּחַ בִּינָה.
When they insult you, and you remain silent, you merit to understand an answer to your problem, and you merit the spirit of understanding.

יז. כְּשֶׁיֵּשׁ לָאָדָם מִתְנַגְּדִים לוֹמְדִים וַעֲשִׁירִים גְּדוֹלִים, דַּע, שֶׁזֶּה נַעֲשָׂה מֵחֲמַת שֶׁנָּפַל כַּמָּה פְּעָמִים מֵאֱמוּנָה.
When a person has learned and very wealthy opposers, know

Sefer HaMidot   ספר המדות

that this happened because he fell many times from faith.

יח. אֱמוּנָה חָשׁוּב כִּצְדָקָה.

Faith is considered like charity.

יט. עַל־יְדֵי אֱמוּנָה נִתְחַכֵּם.

Through faith, one become wise.

כ. מִתְּחִלָּה צָרִיךְ לְהַאֲמִין בְּהַשֵּׁם יִתְבָּרַךְ, וְאַחַר־כָּךְ יִזְכֶּה לְהָבִין אוֹתוֹ בַּשֵּׂכֶל.

At first, one needs to believe in Hashem, may He be Blessed, and afterwards, he merits to understand Him intellectually.

כא. זִוּוּגָא דְקֻדְשָׁא בְּרִיךְ הוּא עַל־יְדֵי נִשְׁמוֹת יִשְׂרָאֵל.

The mating of the Holy One, Blessed be He, is through the souls of Israel.

כב. הַפֶּשַׁע שֶׁל אָדָם מַכְנִיס כְּפִירָה לָאָדָם.

A person's intentional sin brings heresy in to a person.

כג. כְּשֶׁנּוֹפֵל מֵאֱמוּנָתוֹ יִבְכֶּה.

When one falls from his faith, he will weep.

כד. אֱמוּנָה בָּא עַל־יְדֵי שְׁתִיקָה.

Faith comes through silence.

כה. עַל־יְדֵי קִנְאָה אָדָם נוֹפֵל מֵאֱמוּנָתוֹ.

Through jealousy, a person falls from his faith.

כו. מִי שֶׁאֵין לוֹ אֱמוּנָה, בְּיָדוּעַ שֶׁמְּזַלְזֵל בְּדִבְרֵי־תוֹרָה.

Someone who does not have faith, it is certain that he belittles words of Torah.

כז. מִי שֶׁמְּנַקֶּה בְּכָל עֵת יָדָיו, עַל־יְדֵי זֶה מְזַכֶּה אֶת לִבּוֹ.

Someone who is constantly cleaning his hands, through this, he cleans his heart.

כח. כְּשֶׁאָדָם נוֹפֵל מֵאֱמוּנָה, יֵדַע שֶׁדָּנִין אוֹתוֹ לְמַעְלָה.

When a person falls from faith, he should know that they are judging him Above.

כט. כְּשֶׁנּוֹפֵל מֵאֱמוּנָתוֹ בָּא לִידֵי קֶרִי וְלִידֵי הִרְהוּרֵי אִשָּׁה וְלִידֵי הִרְהוּרֵי עֲבוֹדָה־זָרָה.

When one falls from his faith, he comes into the grip of an accidental emission, into the grip of thoughts of women, and into the grip of idolatrous thoughts.

ל. אֱמוּנָה בָּא עַל־יְדֵי צְדָקָה.

Faith comes through charity.

לא. עַל־יְדֵי אֱמוּנָה יָכוֹל לְהָבִין אֶת הַשֵּׁם יִתְבָּרַךְ.

Through faith, it is possible to understand Hashem, may He be Blessed.

Sefer HaMidot

לב. עַל־יְדֵי אֱמוּנָה יָכוֹל לָבוֹא לְבִטָּחוֹן.
Through faith, it is possible to come to trust.

לג. עַל־יְדֵי אֱמוּנָה הַקָּדוֹשׁ־בָּרוּךְ־הוּא יִסְלַח לְךָ [עַל] כָּל עֲווֹנוֹתֶיךָ.
Through faith, the Holy One Blessed be He will forgive you for all of your sins.

לד. לִפְעָמִים הַקָּדוֹשׁ־בָּרוּךְ־הוּא שׁוֹלֵחַ צַעַר לְאָדָם וּמַכָּה אוֹתוֹ וְאֵין מַפִּיל אוֹתוֹ לְחֻלְשָׁה, אֵין זֶה כִּי־אִם בִּשְׁבִיל אֱמוּנָה.
Sometimes, the Holy One Blessed be He sends suffering to a person and smites him, but does not cast him down into weakness. This is only for the sake of faith.

לה. עַל־יְדֵי שְׁבוּעַת שֶׁקֶר נוֹפֵל מֵאֱמוּנָה.
Through a false oath, one falls from faith.

לו. מִי שֶׁאֵין לוֹ אֱמוּנָה אֵינוֹ מְקַבֵּל מוּסָר.
Someone who lacks faith does not accept moral criticism.

לז. מִי שֶׁאֵין מַאֲמִין בְּדִבְרֵי הַצַּדִּיק לְסוֹף שֶׁאֵין נֶהֱנֶה מֵהַדָּבָר אַף־עַל־פִּי שֶׁהוּא רוֹאֶה.
Someone who does not believe in the words of the Tzadik, ultimately, he will have no benefit from the matter, even thought he sees [the matter come to pass].

לח. מִי שֶׁאֵין לוֹ אֱמוּנָה, בְּוַדַּאי חֻקּוֹת הַקָּדוֹשׁ־בָּרוּךְ־הוּא אֶצְלוֹ נִמְאָס.
Someone who lacks faith, it is certain that the decrees of the Holy One Blessed be He are despised by him.

לט. מָשִׁיחַ יָבוֹא בְּפֶתַע פִּתְאוֹם, וְעַל־יְדֵי זֶה מֵחֲמַת שִׂמְחָה יִפְחֲדוּ יִשְׂרָאֵל.
The Messiah will come quite suddenly. As a result, because of joy, Israel will be frightened.

מ. כְּשֶׁיָּבוֹא מָשִׁיחַ, אֲזַי כָּל הַשָּׂרִים שֶׁל מַעֲלָה וְשֶׁל מַטָּה יֶחֱלוּ, אֲבָל עַכְשָׁו כְּשֶׁיֵּשׁ עֲלִיָּה לְאֵיזֶה שַׂר, אֲזַי יִשְׂרָאֵל הֵם חוֹלִים.
When the Messiah comes, then all the ministers above and below will get sick. But now, when a minister ascends, Israel are sickened.

מא. לֶעָתִיד לָבוֹא כָּל אֶחָד הַצָּעִיר מֵחֲבֵרוֹ בַּשָּׁנִים יִהְיֶה יוֹתֵר לְמַעְלָה.
In the time to come, each one who is younger in years than his fellow, will be higher [See also Rabbi Nachman's Story Tales of Ancient Times, the Story of the Seven Beggars, the story of the blind beggar and what is explained there].

מב. לֹא חָרְבָה יְרוּשָׁלַיִם אֶלָּא בִּשְׁבִיל שֶׁחִלְּלוּ אֶת הַשַּׁבָּת, וּבִטְּלוּ קְרִיאַת־שְׁמַע, שַׁחֲרִית וְעַרְבִית, וּבִטְּלוּ תִּינוֹקוֹת שֶׁל בֵּית־רַבָּן, וְלֹא הָיָה לָהֶם בּשֶׁת־פָּנִים זֶה מִזֶּה, וְהִשְׁווּ קָטָן וְגָדוֹל, גַּם לֹא הוֹכִיחוּ זֶה אֶת זֶה, גַּם בִּזּוּ תַּלְמִידֵי־חֲכָמִים, גַּם

Sefer HaMidot   סֵפֶר הַמִּדּוֹת

פָּסְקוּ מִמֶּנָּה אַנְשֵׁי־אֲמָנָה.

Jerusalem was only destroyed because they profaned the Sabbath, nullified the recital of the Shema in the morning and evening, nullified [the Torah learning and prayer of the] young children [tinokos shel bais rabban], were not ashamed one from another, made the small and the great equal, and also did not rebuke each other, [and] also humiliated Torah scholars, [and] also men of faith desisted from her.

מג. אֵין יְרוּשָׁלַיִם נִפְדֵית אֶלָּא בִּצְדָקָה.

Jerusalem will only be redeemed through charity.

מד. מִלְחָמָה אַתְחַלְתָּא דִּגְאֻלָּה הוּא.

War is the beginning of the redemption.

מה. מִי שֶׁמְּגַדֵּל חֲזִירִים, הוּא מְעַכֵּב אֶת הַגְּאֻלָּה.

Someone who raises pigs, he holds back the redemption.

מו. לֹא יִבָּנֶה יְרוּשָׁלַיִם, עַד שֶׁיִּהְיֶה שָׁלוֹם בֵּין יִשְׂרָאֵל.

Jerusalem will not be rebuilt until there is peace among Israel [See also Likutay Moharan Torah 80].

מז. מַה שֶּׁיִּשְׂרָאֵל הוֹלְכִים בַּגָּלוּת מֵאֻמָּה לְאֻמָּה, הוּא סִימָן שֶׁיָּבוֹא מָשִׁיחַ.

The fact that Israel goes in exile from nation to nation is a sign that the Messiah will come.

מח. כְּשֶׁאֻמּוֹת מְחָרְפִין אוֹתָנוּ בְּיוֹתֵר זֶה סִימָן עַל מָשִׁיחַ.

When the nations exceedingly disgrace us, this is a sign of the Messiah.

מט. אֵין בֵּית־הַמִּקְדָּשׁ נִבְנֶה, עַד שֶׁיִּכְלֶה גַּאֲוָה.

The Holy Temple will not be built until arrogance ceases [See also Likutay Moharan Torah 57].

נ. עַל־יְדֵי אַחְדוּת שֶׁיִּהְיֶה בְּיִשְׂרָאֵל, יָבוֹא מָשִׁיחַ.

Through the unity that will exist in Israel, the Messiah will come.

נא. מָשִׁיחַ יָבוֹא בִּשְׁנַת בְּרָכָה.

The Messiah will come in a year of blessing.

נב. אֵין מָשִׁיחַ בָּא, עַד שֶׁיִּכְלוּ כָּל הַנְּשָׁמוֹת שֶׁבַּגּוּף.

The Messiah will not come until all the souls have left the [supernal] body.

נג. הַמַּשִּׂיא בִּתּוֹ לְתַלְמִיד־חָכָם, וְהַמַּנְהִגוֹ מִנְּכָסָיו, וְהָעוֹשֶׂה פְּרַקְמַטְיָא לְתַלְמִיד־חָכָם, זוֹכֶה לִתְחִיַּת הַמֵּתִים.

Someone who marries off his daughter to a Torah scholar, gives him to benefit from his wealth, and does business for a

Sefer HaMidot

סֵפֶר הַמִּדּוֹת

Torah scholar, merits the Resurrection of the Dead.

נד. מֵרוּחַ פִּיו שֶׁל הַשַּׁקְרָן נַעֲשָׂה יֵצֶר־הָרָע, וּכְשֶׁיָּבוֹא מָשִׁיחַ אֲזַי לֹא יִהְיֶה שֶׁקֶר, בִּשְׁבִיל זֶה לֹא יִהְיֶה יֵצֶר־הָרָע בָּעוֹלָם.

Someone who marries off his daughter to a Torah scholar, gives him to benefit from his wealth, and does business for a Torah scholar, merits the Resurrection of the Dead.

נה. מִי שֶׁהוּא אִישׁ אֱמֶת, הוּא יָכוֹל לְהַכִּיר בְּאַחֵר, אִם אַחֵר דּוֹבֵר אֱמֶת אִם לָאו.

Someone who is a man of truth, he can recognize in another person if the other person speaks truth or not.

נו. הַשֶּׁקֶר - לֹא יַסְכִּימוּ עָלָיו רַבִּים.

Falsehood - the majority will not agree to upon it.

נז. הַקָּדוֹשׁ־בָּרוּךְ־הוּא שׂוֹנֵא לָזֶה הָאִישׁ, הַמְדַבֵּר אֶחָד בַּפֶּה וְאֶחָד בַּלֵּב.

The Holy One Blessed be He hates the man who says one thing with his mouth and other in his heart.

נח. עָשִׁיר מְכַחֵשׁ – אֵין הַדַּעַת סוֹבְלוֹ, וְגַם הוּא נִבְזֶה בְּעֵינֵי עַצְמוֹ.

A deceitful wealthy person [who denies having the possessions of others] - the mind cannot bear him. He is also despised in his own eyes.

נט. תִּקּוּן לַפֶּה – שֶׁיִּתֵּן צְדָקָה.

To repair the mouth - give charity.

ס. עַל־יְדֵי הָאֱמֶת הָעוֹלָם נִשְׁמָר מִכָּל הֶזֵּקוֹת.

Through truth, the world is protected from all damages.

סא. עַל־יְדֵי חֲנֻפָּה בָּא לְשֶׁקֶר.

Through adulation, one comes to falsehood.

סב. מִי שֶׁנּוֹתֵן צְדָקָה – שְׂכָרוֹ שֶׁיִּזְכֶּה לֶאֱמֶת.

Someone who gives charity - his reward is that he will merit truth.

סג. עַל־יְדֵי שֶׁקֶר בְּוַדַּאי תִּשְׂנָא הָעֲנָוִים.

Through falsehood, you will certainly hate the humble.

סד. אָדָם נִכָּר עַל־יְדֵי מְשָׁרְתָיו, אִם הוּא אוֹהֵב שֶׁקֶר אִם לָאו.

A person can be recognized through his servants whether he loves falsehood or not.

סה. כְּשֶׁאֵין אֱמֶת אֵין חֶסֶד.

When there is no truth, there is no kindness.

סו. כְּשֶׁיֵּשׁ לְךָ שֶׁקֶר, אֲזַי כְּשֶׁהַקָּדוֹשׁ־בָּרוּךְ־הוּא רוֹצֶה לַעֲשׂוֹת לְךָ אֵיזֶה יְשׁוּעָה,אֲזַי הַשֶּׁקֶר מְגַלֶּה עֲווֹנוֹתֶיךָ,כְּדֵי שֶׁלֹּא יוֹשִׁיעַ לָךְ.

When you have falsehood, when the Holy One Blessed be

Sefer HaMidot

He wants to perform some salvation for you, then the falsehood reveals your sins, so that He will not save you.

סז. עַל־יְדֵי אֱמֶת הַקָּדוֹשׁ־בָּרוּךְ־הוּא פּוֹדֶה אוֹתְךָ מִכָּל הַצָּרוֹת.
Through truth, the Holy One Blessed be He redeems you from all suffering.

סח. טוֹב לָאָדָם שֶׁיָּמוּת, מִשֶּׁיִּחְיֶה וְיִהְיֶה שַׁקְרָן בְּעֵינֵי בְנֵי־אָדָם.
Better for a person to die, then to live and be considered a liar in the peoples' eyes.

חלק שני

א. לִפְעָמִים אָדָם בָּא לְאֵיזֶהוּ מָקוֹם, וְיֵשׁ לוֹ צַעַר בָּזֶה הַמָּקוֹם, יֵדַע שֶׁזֶּה הַמָּקוֹם הָיוּ בּוֹ אֲבוֹתָיו וְנָפַל לָהֶם אֵיזֶה כְּפִירָה, אוֹ בָּנָיו יָבוֹאוּ בַּמָּקוֹם הַזֶּה לְאֵיזֶה כְּפִירָה, וְעַל־יְדֵי זֶה הוּא סוֹבֵל עַכְשָׁו צַעַר בַּמָּקוֹם הַזֶּה.
Sometimes, a person comes to a certain place, and he suffers in that place. He should know that his forefathers were in this place, and some heresy befell them. Or, his children will come at this place to some heresy. Because of this, he bears suffering now in this place.

ב. עַל־יְדֵי חֲנֻפָּה בָּא לִידֵי כְּפִירָה.
Through adulation, one comes to heresy.

ג. אֵין הַקָּדוֹשׁ־בָּרוּךְ־הוּא עוֹשֶׂה מוֹפְתִים אֶלָּא לָזֶה שֶׁהוּא מַאֲמִין בִּשְׁנֵי עוֹלָמוֹת.
The Holy One Blessed be He does not perform wonders except for one who believes in two worlds.

ד. עַל־יְדֵי אֱמוּנָה נִתְבַּטְּלִין הַגְּזֵרוֹת, שֶׁאֻמּוֹת גּוֹזְרִין עָלֵינוּ.
Through faith, the decrees that the nations decree upon us are nullified.

ה. דַּע, שֶׁיֵּשׁ לְכָל עֵשֶׂב וְעֵשֶׂב כֹּחַ מְיֻחָד לִרְפֻאוֹת אֵיזֶה חוֹלַאַת מְיֻחֶדֶת, וְכָל זֶה אֵינוֹ אֶלָּא לְמִי שֶׁלֹּא שָׁמַר אֱמוּנָתוֹ וּבְרִיתוֹ, וְלֹא שָׁמַר אֶת עַצְמוֹ מִלַּעֲבֹר עַל "אַל תְּהִי בָז לְכָל אָדָם". אֲבָל מִי שֶׁיֵּשׁ לוֹ אֱמוּנָה בִּשְׁלֵמוּת, וְהוּא גַם־כֵּן שׁוֹמֵר הַבְּרִית וּמְקַיֵּם "אַל תְּהִי בָז לְכָל אָדָם", אֵין רְפוּאָתוֹ תּוֹלָה בְּחֶלְקֵי עֲשָׂבִים הַמְיֻחָדִים לְחוֹלַאתוֹ, אֶלָּא נִתְרַפֵּא בְּכָל מַאֲכָל וּמַשְׁקֶה בִּבְחִינַת "וּבֵרַךְ אֶת לַחְמְךָ" וְכוּ', וְאֵין צָרִיךְ לְהַמְתִּין עַד שֶׁיִּתְרַמּוּ עֲשָׂבִים הַמְיֻחָדִים לִרְפוּאָתוֹ.
Know, that each and every grass has a specific power to heal some specific sickness. This is only for someone who not does not guard his faith and his [organ of the] covenant, and does not guard himself from transgressing "do not disdain anyone". But someone who has perfect faith, and he also

33

Sefer HaMidot

guards his organ of the covenant and fulfills "do not disdain anyone", his healing does not depend on types of grasses which are specific to his illness. Rather, he is healed by all food and drink, in the aspect of "He will bless your bread...", and he does not need to wait until they provide specific grasses for his healing.

ו. עִקַּר הַיְשׁוּעָה הַבָּאָה אֵינָהּ אֶלָּא עַל־יְדֵי אֱמוּנָה, וּמִדַּת אֱמוּנָה הִיא לְפִי מַנְהִיגֵי הַדּוֹר.

The main salvation which is coming, is only through faith. And the attribute of faith is according to the leaders of the generation.

ז. כְּשֶׁהוֹלֵךְ מֵרַב לְרַב, אָז צָרִיךְ לְחַזֵּק אֱמוּנָתוֹ בְּאַחְדוּת הַשֵּׁם יִתְבָּרַךְ, כִּי הַלִּמּוּד מֵהַרְבֵּה מְלַמְּדִים מַזִּיק לֶאֱמוּנַת הַיִּחוּד. וְכֵן הָרַב שֶׁיֵּשׁ לוֹ אֱמוּנַת הַיִּחוּד, הוּא יָכוֹל לְהָאִיר לְכָל תַּלְמִיד וְתַלְמִיד לְפִי כֹּחוֹ, וְכָל תַּלְמִיד אֵינוֹ שׁוֹמֵעַ אֶלָּא מַה שֶּׁצָּרִיךְ לוֹ וְלֹא יוֹתֵר.

When one goes from master to master, then he needs to strengthen his faith in the Unity of Hashem, may He be Blessed. Because learning from many teachers damages faith in the Unity. So too, the master who has faith in the Unity, he is able to illuminate to each and every student according to his ability, and each student only hears what he needs, and no more.

ח. הַנֶּחָמָה בָּא עַל־יְדֵי אֱמוּנָה.

Consolation comes through faith.

ט. עַל־יְדֵי מְעוּט אֱמוּנָה נִתְרַבּוּ הַזְּבוּבִים בָּעוֹלָם.

Through the diminishment of faith, flies increase in the world.

י. מִי שֶׁשּׁוֹמֵר אֶת עַצְמוֹ מִלַּעֲבֹר עַל "לֹא תַחְמֹד", עַל־יְדֵי זֶה נִצּוֹל מִכַּעַס וְגַאֲוָה וּמֵחֶסְרוֹן אֱמוּנָה, הַבָּאָה עַל־יְדֵי כַּעַס וְגַאֲוָה.

Someone who guards himself from transgressing "do not covet", through this, he is saved from anger and arrogance and from a lack of faith which comes through anger and arrogance.

יא. עַל־יְדֵי שֶׁאֵין מוֹדִיעִין אֱלֹקוּתוֹ לְאֻמּוֹת הָעוֹלָם, עַל־יְדֵי זֶה אֻמּוֹת הָעוֹלָם מְסִיתִין וּמַדִּיחִין אֶת יִשְׂרָאֵל לֵילֵךְ בְּחָכְמוֹת חִיצוֹנִיּוֹת.

By not making GODliness known to the nations of the world, through this, the nations of the world incite and seduce Israel to follow superficial sciences.

Sefer HaMidot   ספר המדות

יב. עַל־יְדֵי קִלְקוּל אֱמוּנָה נִתְעוֹרְרִין דִּינִים, וְעַל־יְדֵי הִרְהוּרֵי עֲבוֹדָה זָרָה נִתְעוֹרְרִין דִּינֵי דִינִים, הַיְנוּ שֶׁדָּנִים אֶת הַדִּינִים שֶׁנִּדּוֹן כְּבָר, אִם נִדּוֹן כָּרָאוּי בְּלִי וַתְּרָנוּת.

Through spoiling of faith, judgments are aroused. And through thoughts of idol worship, judgments of judgments are aroused. That is, they judge the judgments that were judged already, as to whether they were judged properly and without leniency.

יג. שִׁכּוּל בָּנִים בָּא, חַס וְשָׁלוֹם, עַל מִי שֶׁמַּפִּיל אֶת חֲבֵרוֹ מֵאֱמוּנָה.

Bereavement of children comes, GOD forbid, to someone who cast down his fellow from faith.

יד. אִשָּׁה הַזְּהִירָה בְּחַלָּה – בָּנֶיהָ בַּעֲלֵי־אֱמוּנָה.

A woman who is careful about challah [piece taken from dough] - her children are faithful.

טו. עַל־יְדֵי אֱמוּנָה נִתְיַשֵּׁב הַדַּעַת.

Through faith, the mind is settled.

טז. עַל־יְדֵי תּוֹרָה בָּא לֶאֱמוּנָה, וְעַל־יְדֵי אֱמוּנָה בָּא לִקְדוּשׁ הַשֵּׁם.

Through Torah one comes to faith, and through faith, one comes to sanctify Hashem.

יז. מִי שֶׁאֵינוֹ יָכוֹל לִישֹׁן, יַעֲלֶה עַל מַחֲשַׁבְתּוֹ אֱמוּנַת תְּחִיַּת־הַמֵּתִים.

Someone who is not able to sleep, should arouse in his thought faith in the Resurrection of the Dead.

יח. קְטַנֵּי אֲמָנָה – קָשֶׁה לָהֶם לְהַשִּׂיג חִדּוּשִׁין דְּאוֹרַיְתָא.

Those of little faith - it is difficult for them to conceive original Torah ideas.

אמת
Truth

חלק ראשון

א. מִי שֶׁרוֹצֶה לְדַבֵּק אֶת עַצְמוֹ בְּהַשֵּׁם יִתְבָּרַךְ, עַד שֶׁיֵּלֵךְ בְּמַחֲשַׁבְתּוֹ מֵהֵיכָל אֶל הֵיכָל וְיִרְאֶה אֶת הַהֵיכָלוֹת בְּעֵינֵי הַשֵּׂכֶל, יִשְׁמֹר אֶת עַצְמוֹ מִלּוֹמַר שֶׁקֶר אֲפִלּוּ בְּטָעוּת.

One who wants to attach himself to the Blessed GOD, to the extent that he can traverse with his thoughts from heichal to heichal [chamber to chamber], and to see the heichalos [chambers] with the eyes of intellect, must guard himself

Sefer HaMidot   ספר המדות

from saying falsehood, even by mistake.

ב. מֻתָּר לְשַׁנּוֹת בִּדְבַר הַשָּׁלוֹם.
It is permissible to alter the truth for the sake of peace.

ג. כַּת שַׁקָּרִים אֵינָם מְקַבְּלִים פְּנֵי הַשְּׁכִינָה.
Those who are included in the grouping of liars cannot receive the Divine Presence.

ד. שָׁרֵי לְהוּ לְצַדִּיקַיָּא לִסְגוּיֵי בְּרַמָאוּתָא עִם רַמָּאֵי.
It is permissible for the tzadikim to act with conniving with a swindler.

ה. כָּל הַמּוֹסִיף גּוֹרֵעַ.
All who add, detract.

ו. עַל־יְדֵי שֶׁקֶר בָּאִים הִרְהוּרֵי עֲבוֹדָה־זָרָה.
Through falsehood come thoughts of idolatry [See also item - 28].

ז. עַל־יְדֵי אֱמֶת לֹא יָמוּת קֹדֶם זְמַנּוֹ הַקָּצוּב.
Through truth, one will not die before his allotted time.

ח. מֵרוּחַ פִּיו שֶׁל הַשַּׁקְרָן נַעֲשָׂה הַיֵּצֶר הָרָע, וּכְשֶׁיָּבוֹא מָשִׁיחַ אָז לֹא יִהְיֶה שֶׁקֶר, וּבִשְׁבִיל זֶה לֹא יִהְיֶה יֵצֶר הָרָע בָּעוֹלָם.
From the breath [of the mouth] of a liar, the evil inclination is created, and when the Messiah comes, [then] there will be no falsehood. Consequently, there will be no evil inclination in the world.

ט. מִי שֶׁהוּא אִישׁ אֱמֶת, אֲזַי הוּא מַכִּיר בְּאַחֵר, אִם אַחֵר דּוֹבֵר שֶׁקֶר אִם לָאו.
Someone who is a person of truth then he can discern in another, whether the other is lying or not.

י. הַסִּימָן שֶׁל הַשֶּׁקֶר – כְּשֶׁלֹּא יַסְכִּימוּ עָלָיו רַבִּים, וְהוּא מִשְּׁלֹשָׁה שֶׁהַקָּדוֹשׁ־בָּרוּךְ־הוּא שׂוֹנְאָן.
The indication of falsehood - when the many do not agree with it. It is one of the three things that the Holy One Blessed be He hates.

יא. עָשִׁיר מְכַחֵשׁ – אֵין הַדַּעַת סוֹבְלוֹ וְהוּא נִבְזֶה בְּעֵינֵי עַצְמוֹ.
A rich man who denies that he is holding onto someone else's money - the conscience cannot bear it, and he becomes despicable in his own eyes.

יב. תִּקּוּן לַפֶּה – שֶׁיִּתֵּן צְדָקָה.
A rectification for the mouth - that he should give charity [It is interesting to note that in the Hebrew alphabet the letter Peh - mouth, is followed by the letter Tzadik - the aspect of

Sefer HaMidot

charity].

יג. עַל־יְדֵי אֱמֶת הָעוֹלָם נִשְׁמָר מִכָּל הַזִּקוֹת.
Through truth, the world is protected from all harm.

יד. עַל־יְדֵי חֲנֻפָּה בָּא לְשֶׁקֶר.
Through adulation, one comes to falsehood.

טו. מִי שֶׁנּוֹתֵן צְדָקָה שְׂכָרוֹ שֶׁיִּזְכֶּה לָאֱמֶת.
One who gives charity his reward is that he will merit to truth.

טז. הַשַּׁקְרָן שׂוֹנֵא עֲנִיווּת.
A liar hates humility.

יז. אָדָם נִכָּר עַל־יְדֵי מְשָׁרְתָיו, אִם הוּא אוֹהֵב שֶׁקֶר כִּי זֶה בָּזֶה תָּלוּי. לִפְעָמִים מְשָׁרְתָיו נוֹפְלִים לַעֲבֵרוֹת עַל־יְדֵי שֶׁהוּא שַׁקְרָן, וְלִפְעָמִים הוּא נוֹפֵל לְשֶׁקֶר עַל־יְדֵי מְשָׁרְתָיו, שֶׁאֵינָם הֲגוּנִים.
A person is recognized through his servants, whether he loves falsehood, for each is dependent on the other. Sometimes his servants fall into sin through that which he is a liar, and sometimes he falls into falsehood through his servants, that aren't proper.

יח. כְּשֶׁאֵין אֱמֶת אֵין חֶסֶד. גַּם אֵינוֹ יָכוֹל לַעֲשׂוֹת [חֶסֶד] עִם בְּנֵי־אָדָם.
When there is no truth, there is no kindness, also he cannot do [kindness] with people.

יט. הַשֶּׁקֶר מְעַכֵּב אֶת הַיְשׁוּעָה, כִּי הַשֶּׁקֶר מְגַלֶּה עֲווֹנוֹתָיו, כְּדֵי שֶׁלֹּא יוֹשִׁיעוּ לוֹ.
Falsehood forestalls salvation, for falsehood exposes one's sins, in order that he not be saved.

כ. הָאֱמֶת הוּא פוֹדֶה מִכָּל הַצָּרוֹת.
The truth redeems from all troubles.

כא. טוֹב לָאָדָם שֶׁיָּמוּת, מִשֶּׁיִּחְיֶה וְיִהְיֶה שַׁקְרָן בְּעֵינֵי בְּנֵי־אָדָם.
It is better for a man to die, than to live and be considered a deceiver in peoples' eyes.

כב. כְּשֶׁיֵּשׁ אֱמֶת יֵשׁ שָׁלוֹם.
When there is truth, there is peace.

כג. מִי שֶׁרָחוֹק מֵאֱמֶת, רָחוֹק מִצְּדָקָה.
Someone who is far from truth is far from charity.

כד. עַל־יְדֵי אֱמֶת נִשְׁמָר אוֹת בְּרִית.
Through truth, the sign of the covenant, [referring primarily to sexual purity] is guarded.

כה. עַל־יְדֵי אֱמֶת יִזְכֶּה לְשֵׁם עוֹלָם.

Sefer HaMidot ספר הַמִדוֹת

Through truth, one merits to an everlasting name.

כו. אִישׁ וְאִשָּׁה שֶׁרְגִילִין לוֹמַר שֶׁקֶר, הַבָּנִים שֶׁלָּהֶם יִהְיוּ מִתְנַגְּדִים גַּם יִהְיוּ פּוֹגְמִים בַּבְּרִית.

A husband and wife who are accustomed to saying lies, their children will be opposers, and also will violators of the covenant [referring primarily to sexual infractions].

כז. הַשֶּׁקֶר בָּא עַל־יְדֵי שֶׁמְּקַבֵּל עַל עַצְמוֹ פַּחַד מִבְּנֵי־אָדָם.

Falsehood comes through accepting upon one's self fear of people.

כח. עַל־יְדֵי הַשֶּׁקֶר שׁוֹכְחִין אֶת הַקָּדוֹשׁ־בָּרוּךְ־הוּא.

Through falsehood, one forgets the Holy One, Blessed be He.

כט. מִי שֶׁאֵין לוֹ בִּטָּחוֹן, הוּא דוֹבֵר שְׁקָרִים, וְעַל־יְדֵי שְׁקָרִים אֵין יָכוֹל לִבְטֹחַ בֶּאֱמֶת.

Someone who does not have trust in GOD, he speaks lies, and through his falsehood, he cannot have real trust.

ל. לְפִי הָרִחוּק מֵאֱמֶת כֵּן מַחֲזִיק אֶת הַסוּר־מֵרָע לְשׁוֹטֶה.

According to one's distance from truth, so one perceives a person who shuns evil as a fool.

לא. מִי שֶׁרוֹצֶה לָסוּר מֵרָע, וְרוֹאֶה שֶׁאֵין אֱמֶת בָּעוֹלָם, עוֹשֶׂה עַצְמוֹ כְּשׁוֹטֶה.

One who wants to turn away from evil, and sees that there is no truth in the world, makes himself as a fool [because the world doesn't recognize the truth, they will see his turning away from evil as foolery].

לב. מִי שֶׁאֵינוֹ אוֹמֵר שֶׁקֶר, הַקָּדוֹשׁ־בָּרוּךְ־הוּא מוֹשִׁיעַ לוֹ בְּעֵת צָרָתוֹ גַּם בָּנִים יִהְיוּ לוֹ.

Someone who does not lie, the Holy One Blessed be He saves him in the time of his trouble. Also, he will have children.

לג. עַל־יְדֵי דִּבּוּר שָׁוְא בָּא מַכּוֹת בָּנִים.

Through pointless speech [/lies - the Hebrew word "shuv" can mean either. The emphasis of this word is on open and blatant falsehood], comes a smiting of the children.

לד. מִי שֶׁמְּקַשֵּׁר לַשָּׁוְא, בָּא לְשִׁכְחָה.

One who is connected to aimlessness comes to forgetfulness.

לה. עַל־יְדֵי שֶׁקֶר בָּא לְנִאוּף, וּמַחֲזִיק יְדֵי מְרֵעִים, שֶׁלֹּא יַחְזְרוּ בִּתְשׁוּבָה.

Through falsehood one comes to promiscuity, and strengthens the hand of evildoers, not to repent.

Sefer HaMidot

לו. עַל־יְדֵי שְׁקָרִים אֵין לוֹ רְפוּאָה אֲפִלּוּ בְּהַרְבֵּה רְפוּאוֹת.
Through falsehood, one will not be able to receive healing, even from many varied treatments.

לז. מִי שֶׁדּוֹבֵר כְּזָבִים נוֹפֵל בַּחֶרֶב. גַּם נַעֲשֶׂה שׁוֹטֶה.
One who speaks falsehood [the emphasis of this type of falsehood -'kuzuv' is not honoring an agreement]. falls by the sword, also he becomes a fool.

לח. עַל־יְדֵי יִרְאָה בָּא לָאֱמֶת.
Through fear of GOD, one comes to truth.

לט. מִי שֶׁשּׁוֹמֵר אֶת עַצְמוֹ מִשֶּׁקֶר, הוּא מְנַצֵּחַ תָּמִיד.
One who guards himself from falsehood, he is always victorious.

מ. מֻתָּר לְשַׁנּוֹת, כְּדֵי לְהַצִּיל אֶת עַצְמוֹ.
It is permissible to alter the truth in order to save oneself.

מא. מִי שֶׁאוֹהֵב כְּזָבִים, הוּא מְבַזֶּה אֶת הַצַּדִּיק גַּם הוּא בְּעַצְמוֹ נִתְבַּזֶּה.
One who loves falsehood, he disgraces the Tzaddik, and he also becomes disgraced.

מב. מִי שֶׁדּוֹבֵר כְּזָבִים, הוּא אוֹבֵד.
One who speaks falsehood, he is lost or destroyed.

מג. עַל־יְדֵי אֱמֶת נִצּוֹל מִלָּשׁוֹן־הָרָע גַּם תְּפִלָּתוֹ נִתְקַבֵּל. גַּם כְּשֶׁדָּנִים אוֹתוֹ לְמַעְלָה, דָּנִים אוֹתוֹ לְפִי זְכֻיּוֹת שֶׁלּוֹ.
Through truth, one is guarded from evil speech lushon hura, and his prayer is accepted. Also, when he is judged above, he is judged according to his merits.

מד. עַל־יְדֵי חֲלוֹמוֹת יֵדַע אָדָם אִם לִבּוֹ אֱמֶת עִם אֱלֹקָיו.
Through dreams, a person can know if his heart is true with his GOD.

מה. מִי שֶׁמְּקַיֵּם דִּבּוּרוֹ, יָכוֹל לַעֲשׂוֹת פְּעֻלּוֹת.
Someone who keeps his word can be enterprising make things happen.

מו. מִי שֶׁאֵין לוֹ גַּאֲוָה נִצּוֹל מִשֶּׁקֶר.
Someone who doesn't have arrogance is saved from falsehood.

מז. מִי שֶׁשּׁוֹמֵר אֶת עַצְמוֹ מִשְּׂחוֹק שֶׁל הִתּוּל, בְּיָדוּעַ שֶׁהוּא אִישׁ אֱמֶת.
Someone who guards himself laughter of ridicule, it is certain that he is a person of truth.

מח. מִי שֶׁהָיָה שַׁקְרָן מִגִּלְגּוּל הָעָבָר, עַל־יְדֵי זֶה כְּשֶׁנִּתְגַּלְגֵּל, נַעֲשָׂה אִטֵּר־יָד.
One who was a liar in a previous incarnation, through this,

Sefer HaMidot

when he was reincarnated, he was made to be left-handed.

מט. מִי שֶׁשּׁוֹמֵר אֶת עַצְמוֹ וְדוֹבֵר תָּמִיד אֱמֶת, כְּאִלּוּ עָשָׂה שָׁמַיִם וָאָרֶץ וְאֶת הַיָּם וְאֶת כָּל אֲשֶׁר בָּם.

One who guards himself and speaks truth at all times, it is as if he made the heavens and earth, and the sea and all that is in them.

נ. הַשֶּׁקֶר אֵינוֹ אֶלָּא בְּפִיו, אֲבָל לֹא בִּכְתָב.

Falsehood is only with one's mouth, but not in writing.

נא. דִּבְּרוּ תּוֹרָה וּנְבִיאִים וַחֲכָמִים בִּלְשׁוֹן הֲבַאי.

The Torah, the Prophets and the Sages spoke in the vernacular.

חלק שני

א. עַל־יְדֵי שֶׁקֶר דְּבָרָיו אֵינָם נִשְׁמָעִים. גַּם עַל־יְדֵי שֶׁקֶר מְאַלְמֵן, חַס וְשָׁלוֹם, כַּמָּה נָשִׁים.

Through falsehood, one's words are not heard. Also, through falsehood, several women can become widowed, GOD forbid.

ב. עַל־יְדֵי אֱמֶת נִתְגַּלֶּה יִחוּדוֹ בָּעוֹלָם.

Through truth, His unity is revealed in the world.

ג. כְּשֶׁאַתָּה רוֹאֶה שַׁקְרָן, תֵּדַע, שֶׁגַּם הַמַּנְהִיג שֶׁל הָאִישׁ הַזֶּה שַׁקְרָן.

When you see a liar, know that the leader of this person is also a liar.

ד. עַל־יְדֵי שֶׁקֶר בָּא לִידֵי גִלּוּי־עֲרָיוֹת וּשְׁפִיכוּת־דָּמִים, וְגַם מַכְשִׁיל אֶת הַכְּשֵׁרִים בְּגִלּוּי־עֲרָיוֹת וּשְׁפִיכוּת־דָּמִים, וּמַרְאֶה הֶתֵּר מִן הַתּוֹרָה.

Through falsehood, one comes to sexual immorality and spilling of blood, and also causes the upright people to fail in sexual immorality and spilling blood, and he shows permissibility from the Torah.

ה. מִי שֶׁאֵינוֹ מְשַׁנֶּה בְּדִבּוּרוֹ, הוּא יָכוֹל לְהַשְׁפִּיל הַגְּבוֹהִים וּלְהַגְבִּיהַּ הַשְּׁפָלִים.

Someone who does not alter the truth with his words [the terminology here is used frequently in the context of not honoring one's commitments], he is able to humble the high and raise up the lowly [This concept of humbling the high and raising the low is found also in the Story Tales of Ancient Times that Rabbi Nachman revealed, in the 4th story of the King Who Decreed Apostasy - the King's great success came from a statue that had certain powers which were contingent

Sefer HaMidot

ספר הַמִּדּוֹת

on the King raising the low and humbling the high, and when the King reneged on the special privilege of the Jew - which according to what we learn here, would possibly divest the king of the ability to humble the high and raise the low - shortly afterwards the King had his downfall, and he was not even successful therefore in humbling the Jew].

ו. מִי שֶׁאֵינוֹ מְדַבֵּר אֶחָד בַּפֶּה וְאֶחָד בַּלֵּב, אֵינוֹ מִתְיָרֵא מִטְבִיעַת מַיִם.

Someone who does not say one thing in his speech and another [lit. one thing] in his heart does not [need to] fear from drowning.

ז. הָאֱמֶת מֵבִיא שֹׂבַע.

The truth brings contentment and abundance.

ח. הַשִּׁלְשׁוּל וְהָעֲצִירוּת בָּא עַל־יְדֵי שֶׁקֶר.

Diarrhea and constipation come as a result of falsehood.

ט. עַל־יְדֵי אֱמֶת בָּא הַקֵּץ.

Through truth comes the Redemption.

ארץ ישראל
Land of Israel

חלק ראשון

א. עַל־יְדֵי יְשִׁיבַת אֶרֶץ־יִשְׂרָאֵל מַשִּׂיגִין הַשְׁגָּחַת הַשֵּׁם יִתְבָּרַךְ עַל הָעוֹלָם.

Through settling the Land of Israel, one perceives Divine Providence over the world.

ב. לְפִי הַחִדּוּשׁ שֶׁאָדָם מְחַדֵּשׁ בַּתּוֹרָה, כֵּן נִמְשָׁךְ לוֹ הֶאָרָה מִקְּדֻשַּׁת אֶרֶץ־יִשְׂרָאֵל.

According to the novelties a man derives from the Torah, he draws an illumination from the holiness of the Land of Israel.

ג. עַל־יְדֵי הִשְׁתּוֹקְקוּת שֶׁאָדָם מִשְׁתּוֹקֵק לְבִיאַת אֶרֶץ־יִשְׂרָאֵל, עַל־יְדֵי זֶה נִשְׁפָּע פַּרְנָסָה גְּדוֹלָה.

According to the longing one has to come to the Land of Israel, through this there is bountiful large income.

ד. מִי שֶׁהוּא מְפַרְנֵס אֶת הָרַבִּים, עַל־יְדֵי זֶה מַמְשִׁיךְ הַבְּרָכָה מֵאֶרֶץ־יִשְׂרָאֵל לְחוּץ לָאָרֶץ.

One who supports many people, through this he draws blessing from Israel to the rest of the world.

ה. מִי שֶׁמִּשְׁתּוֹקֵק לְאֶרֶץ־יִשְׂרָאֵל, עַל־יְדֵי זֶה מְעוֹרֵר הִשְׁתּוֹקְקוּת אֵצֶל אָבִיו

Sefer HaMidot   ספר המדות

וְאִמּוֹ, הַיְנוּ נִשְׁמוֹתֵיהֶם, וּבָאִים לְאֶרֶץ־יִשְׂרָאֵל, וְהַקָּדוֹשׁ־בָּרוּךְ־הוּא בָּא עִמָּם וּמְצַפִּים וּמִשְׁתּוֹקְקִים אֵלָיו.

One who longs for the Land of Israel arouses longing in his mother and father - meaning, in their souls - so they come to Israel, and the Holy One, Blessed be He comes with them, and they wait and long for him [to come to the Holy Land].

ו. עַל־יְדֵי הַמָּמוֹן שֶׁנּוֹתֵן לַעֲנִיֵּי אֶרֶץ־יִשְׂרָאֵל, עַל־יְדֵי זֶה מָמוֹנוֹ נִתְקַיֵּם בְּיָדוֹ.

Through the money one gives to the poor people that live in the Land of Israel, through this his wealth is maintained.

ז. מִי שֶׁיּוֹדֵעַ מֵאֶרֶץ־יִשְׂרָאֵל, שֶׁטָּעַם בֶּאֱמֶת טַעַם אֶרֶץ־יִשְׂרָאֵל, הוּא יָכוֹל לְהַכִּיר בְּאַחֵר, אִם הָיָה אֵצֶל צַדִּיק [אֲמִתִּי] עַל ראש־הַשָּׁנָה אִם לָאו. כִּי מִי שֶׁזּוֹכֶה לִהְיוֹת אֵצֶל צַדִּיק אֲמִתִּי עַל ראש־הַשָּׁנָה, אֲזַי בְּכָל מָקוֹם שֶׁהָאִישׁ הַזֶּה מִסְתַּכֵּל, נַעֲשָׂה אוֹתוֹ הָאֲוִיר בְּחִינַת אֲוִירָא דְּאֶרֶץ־יִשְׂרָאֵל, וְעַל־כֵּן מִי שֶׁיּוֹדֵעַ מִטַּעַם אֶרֶץ־יִשְׂרָאֵל, כָּל אֶחָד כְּפִי עֶרְכּוֹ, הוּא מְחֻיָּב לְהַרְגִּישׁ אֶרֶץ־יִשְׂרָאֵל, כְּשֶׁפּוֹגֵעַ וּמִתְוַעֵד יַחַד עִם זֶה הָאִישׁ, שֶׁהָיָה אֵצֶל צַדִּיק אֲמִתִּי עַל ראש־הַשָּׁנָה, כִּי עַל־יָדוֹ נַעֲשָׂה הָאֲוִיר בִּבְחִינַת אֶרֶץ־יִשְׂרָאֵל כַּנַּ"ל.

One who knows about the Land of Israel, who has truly tasted the taste of the Land of Israel, can recognize in another if he had been by a true tzaddik on Rosh HaShanaor not. For one whom merited being by a true tzaddik on Rosh HaShana, wherever he looks, the air of that place gains the aspect of the air of Israel. Therefore, anyone who knows the taste of the Land of Israel, each person according to his level, will without question sense the Land of Israel when he chances upon and meets with a man who had been by a true tzaddik on Rosh HaShana. For through such a man the air becomes the aspect of the air of the Land of Israel, as explained above.

בגדים
Clothes

חלק ראשון

א. בִּגְדֵי אָדָם מְרַמְּזִים עַל מִדּוֹתָיו שֶׁל אָדָם.

A person's clothes hint at his character traits.

ב. מִי שֶׁהוֹלֵךְ יָחֵף, בְּיָדוּעַ שֶׁהוּא חוֹטֵא.

Sefer HaMidot   סֵפֶר הַמִדוֹת

One who goes barefoot, it is certain that he sins.

ג. עַל־יְדֵי עַזּוּת־מֵצַח נֶעֱנָשׁ בִּבְגָדִים גַּם עַל־יְדֵי שְׁבוּעוֹת.
As a result of brazenness, one is punished through his clothes, also due to [false] oaths.

ד. מִי שֶׁאֵינוֹ נִזְהָר לְהִסְתַּכֵּל בְּעֶרְוַת אָבִיו, לְסוֹף שֶׁיֵּלְכוּ בָּנָיו "עָרוֹם וְיָחֵף".
One who is not careful not to look at his father's nakedness, in the end his children will go naked and barefoot.

ה. מִי שֶׁאוֹכֵל קֹדֶם, הַתְּפִלָּה הוּא נֶעֱנָשׁ בִּבְגָדִים.
One who eats before the prayer is punished through his clothes.

ו. עַל־יְדֵי גַּאֲוָה נֶעֱנָשׁ בִּבְגָדִים.
Due to arrogance, one is punished through his clothes.

ז. מִי שֶׁמֵּסִית אֶת חֲבֵרוֹ מִדֶּרֶךְ הַטּוֹבָה לְדֶרֶךְ הָרָעָה, עַל־יְדֵי זֶה אֵין לוֹ בַּמֶּה לִלְבֹּשׁ.
One who seduces his friend away from the right path to the wrong one, will consequently not have with what to clothe himself.

ח. מִי שֶׁהוּא עָרֵב בְּעַד עכו"ם, הוּא נֶעֱנָשׁ בִּבְגָדִים.
One who is a guarantor for a non-Jews is punished through his clothing.

ט. לֶעָתִיד הַקָּדוֹשׁ־בָּרוּךְ־הוּא יְהֵא נִפְרָע מֵאוֹתָם הַמְלֻבָּשִׁים מַלְבּוּשִׁים עכו"ם.
In the future, the Holy One Blessed be He will be avenged from those who dressed in the clothing of non-Jews.

י. מִי שֶׁהוֹלֵךְ בִּבְגָדִים קְרוּעִים מֵחֲמַת עֲנִיּוּת, תַּקָּנָתוֹ – הַבְּכִיָּה לִפְנֵי הַשֵּׁם יִתְבָּרַךְ.
One who goes in torn clothing due to poverty, his rectification is through weeping before the Blessed Lord.

יא. כָּל הַמְבַזֶּה בְּגָדִים, לְסוֹף אֵינוֹ נֶהֱנֶה מֵהֶם.
All who treat clothes with disrespect will end up not benefiting from them.

יב. מִי שֶׁעוֹשֶׂה מַלְבּוּשׁ לְעָנִי, עַל־יְדֵי זֶה נִצּוֹל מִבִּזְיוֹנוֹת.
One who makes a garment for a poor person will be saved from humiliations.

יג. מִי שֶׁהוּא נִזְהָר מִלְּבַיֵּשׁ שׁוּם אָדָם, זוֹכֶה לְמַלְבּוּשִׁים.
One who is wary not to embarrass any man merits garments.

חלק שני

א. עַל־יְדֵי סִפּוּרֵי־מַעֲשִׂיּוֹת שֶׁל צַדִּיקִים מַמְשִׁיכִין אוֹרוֹ שֶׁל מָשִׁיחַ בָּעוֹלָם,

Sefer HaMidot סֵפֶר הַמִּדּוֹת

וְדוֹחֶה הַרְבֵּה חֹשֶׁךְ וְצָרוֹת מִן הָעוֹלָם גַּם זוֹכֶה לִבְגָדִים נָאִים.

Through & telling stories of Tzaddikim, the light of Mashiach is drawn into the world, much darkness and troubles are dispelled from the world, and one also merit having attractive clothing.

ב. הָרָגִיל בִּקְלָלָה, עַל־יְדֵי זֶה לֹא יִהְיֶה לוֹ בְּגָדִים עַל שַׁבָּת.

One who is accustomed to cursing, through this he will not have clothes for Shabbat.

ג. מִי שֶׁמְּיַפֶּה תָּמִיד אֶת רַגְלָיו בִּלְבוּשִׁין נָאִים, לְמָשָׁל בְּמִנְעָלִים יָפִים בְּיוֹתֵר אוֹ בְּמִכְנָסַיִם, עַל־יְדֵי זֶה בָּא לִגְנֵבַת הַדַּעַת.

One who always beautifies his legs with fine garments, for example, wearing ostentatious shoes or pants, through this he comes to deceive others.

ד. הַמְזַלְזֵל בְּמִצְוַת צִיצִית, אֵינוֹ זוֹכֶה לִקְבוּרָה.

One who is negligent disrespectful in the commandment of tzitzit does not merit burial.

ה. הָעוֹשֶׂה בְּגָדִים לַחֲבֵרוֹ, יָכוֹל לְשַׁנּוֹת רְצוֹן חֲבֵרוֹ לְכָל מַה שֶּׁיִּרְצֶה, הֵן בְּגַשְׁמִי הֵן בְּרוּחָנִי.

One who makes clothing for his friend can change his friend's will in any way he wants, both materially and spiritually.

ו. כְּשֶׁאָדָם לוֹבֵשׁ לְבוּשׁ שֶׁל אָבִיו, עַל־יְדֵי זֶה בְּנָקֵל לוֹ לֵילֵךְ בְּמִדּוֹתָיו שֶׁל אָבִיו.

When a man dresses in his father's clothes, through this it is easy for him to practice his father's traits

ז. לְ'כוּ לַ'חֲמוּ בְ'לַחְמִי וּ'שְׁתוּ – רָאשֵׁי־תֵבוֹת לוּלָב; "בְּיֵין" עִם הָאוֹתִיּוֹת – גִּימַטְרִיָּא רָאשֵׁי־תֵבוֹת שֶׁל אֶ'תְרוֹג הַ'דַס עֲ'רָבָה; "מָסַכְתִּי" זוֹ בְּחִינַת סֻכּוֹת עַל־יְדֵי מִצְוַת נְטִילַת אַרְבָּעָה מִינִים וְעַל־יְדֵי סֻכָּה – אָדָם זוֹכֶה לַאֲכִילָה וּשְׁתִיָּה וּמַלְבּוּשִׁים וְגַם לְחִיּוּת הַנְּשָׁמָה; עַל־יְדֵי סֻכָּה זוֹכֶה לְמַלְבּוּשִׁים, בְּחִינַת "בְּשׂוּמִי עָנָן לְבוּשׁוֹ" עַל־יְדֵי עַרְבֵי נַחַל זוֹכֶה לִשְׁתִיָּה, עַל־יְדֵי הֲדַס זוֹכֶה לְחִיּוּת הַנְּשָׁמָה וְעַל־יְדֵי לוּלָב וְאֶתְרוֹג זוֹכֶה לַאֲכִילָה, כִּי יֵשׁ בָּהֶם פְּרִי, שֶׁהֵם מִינֵי מַאֲכָל.

"Come eat my food and drink…" - the initials of the Hebrew words in this verse spell **Lulav** palm branch. "…from the wine…" adding four for the letters of the word has the same gematria numerical value as the initials of Etrog, Hadas, Arava citron, myrtle, willow. The word "Masachti - I mixed…" - is an aspect of Sukkot [in that the words share the same root letters]. [Thus, we derive that] through the mitzvah

Sefer HaMidot   ספר הּמדות

of taking the Four Species and through [dwelling in] the Sukkah, a man merits to have food, drink and clothing, and also that his soul will receive life-force. Through the sukkah one merits to have clothing, an aspect of "When I put clouds as his garment." Through the willow one merits beverage, through the myrtle one merits to vitalize the soul, and through the lulav and the etrog one merits eating, for they have fruits, which are types of food.

בושה
Shame

א. מִי שֶׁמְּבַיֵּשׁ פְּנֵי חֲבֵרוֹ, נִתְאַלֵּם וְשׁוֹכֵחַ.
One who humiliates his friend becomes mute and forgets [In the location cited the person forgot his learning].

ב. מֻתָּר לְבַיֵּשׁ אֶת הָרַבָּנִים, שֶׁשּׂוֹכְרִין אֶת הָרַבָּנוּת לְשֵׁם גַּאֲוָה, וְרָאוּי לְבַזּוֹתָן וּלְהָקֵל בִּכְבוֹדָן, וְאֵין עוֹמְדִין בִּפְנֵיהֶם, וְאֵין קוֹרִין אוֹתָן רַבִּי, וְהַטַּלִּית שֶׁעָלָיו כְּמַרְדַּעַת שֶׁל חֲמוֹר.
It is permitted to embarrass the rabbis who lease the rabbinate for the sake of conceit, and it is appropriate to disgrace them, and to make light of their honor, and one should not stand for them, and they should not be called "Rabbi," and the prayer shawl on them is like a mule's saddle.

ג. טוֹב לְבַטֵּל תּוֹרָה מִלְּבַיֵּשׁ בֶּן יִשְׂרָאֵל.
It is better to annul one's Torah study than to humiliate a Jew.

ד. הַמְבַיֵּשׁ תַּלְמִיד־חָכָם אוֹ חֲבֵרוֹ בִּפְנֵי תַּלְמִיד־חָכָם הֲוֵי אֶפִּיקוֹרוֹס, גַּם נִקְרָא מְגַלֶּה פָּנִים בַּתּוֹרָה.
One who humiliates a Torah scholar, or one's friend in front of a Torah scholar, is an "apikohrus" [apostate]. He is also called one who is brazen faced against the Torah.

ה. כֻּתָּנֶת שֶׁל צַדִּיקִים מְכַפֶּרֶת עַל שְׁפִיכוּת־דָּמִים.
The garment of a righteous man atones for the spilling of blood.

ו. כְּשֶׁבְּנֵי־אָדָם מְחָרְפִין אוֹתְךָ, תִּתְעַנֶּה וְתִבְכֶּה.
When people insult you, fast and weep.

ז. כְּשֶׁבּוּשָׁה בָּא עָלֶיךָ, אֵין זֶה אֶלָּא בִּשְׁבִיל שֶׁתַּעֲשֶׂה תְּשׁוּבָה עַל הָעֲווֹנוֹת, שֶׁאַתָּה דָּשׁ בָּעֲקֵב.

Sefer HaMidot סֵפֶר הַמִּדּוֹת

When shame comes to you, it is only that you should repent for the sins that you commit carelessly [lit. tread on with your heel].

ח. גַּם בּוּשָׁה בָּא, כְּשֶׁאַתָּה מְשַׂמֵּחַ בְּצָרַת חֲבֵרֶיךָ.
Also, shame comes when you rejoice in the pain of your friend.

ט. תְּצַיֵּר לְפָנֶיךָ אוֹתִיּוֹת אֱמוּנָה, וּבָזֶה לֹא יָבוֹא עָלֶיךָ שׁוּם בּוּשָׁה.
Envision the letters of "Belief" [in Hebrew, Emunah, spelled אמונה] and through this there will not come upon you any shame.

י. מִי שֶׁנִּצְרָךְ לִלְווֹת עַל הַמַּשְׁכּוֹן, בְּיָדוּעַ שֶׁאֵלּוּ הַדְּבָרִים הַמְמֻשְׁכָּנִים הָיוּ נִבְזִים בְּעֵינָיו בְּגִלְגּוּל אַחֵר.
Someone who needs to give over a collateral to procure a loan, it is certain that these items which were pledged were contemptible in his eyes in another life.

יא. כְּשֶׁבָּא עַל אָדָם אֵיזֶה בּוּשָׁה, יְצַפֶּה לִישׁוּעָה.
When some shame comes upon a person, he should expect a salvation.

יב. מִי שֶׁרוֹצֶה לְהִתְבַּיֵּשׁ, יְצַיֵּר דְּמוּת שֶׁל אִמּוֹ.
One who wants to be shamed [Or feel ashamed] should envision the image of his mother.

יג. עַל־יְדֵי צְדָקָה לְשֵׁם שָׁמַיִם תָּבֹא לְמִדַּת בּוּשָׁה.
Through giving charity for the sake of Heaven, you will come to the trait of abashment.

יד. כְּשֶׁבָּא עַל אָדָם אֵיזֶה בּוּשָׁה, בְּיָדוּעַ שֶׁאֵין לוֹ בִּטָּחוֹן.
When shame comes upon a person, it is certain that he does not have the quality of trust in GOD.

טו. מִי שֶׁכּוֹרֶה בּוֹר, סוֹף שֶׁבָּא לִידֵי אֵיזֶה בִּזָּיוֹן, וְלִפְעָמִים הַדָּבָר גּוֹרֵם שֶׁנַּעֲשֶׂה שִׂיחָה בְּפִי בְנֵי־אָדָם.
One who digs a pit, in the end he will be shamed [to whatever degree], and sometimes the matter causes him to become the subject of gossip among people.

טז. עַל־יְדֵי בִּטָּחוֹן לֹא יָבוֹא עָלָיו בּוּשָׁה.
Through having trust in GOD, shame will not come upon him.

יז. מִי שֶׁגּוֹזֵל אֶת הֶעָנִי, בּוּשָׁה בָּאָה עָלָיו.
One who steals from the poor, shame comes upon him.

יח. כְּשֶׁאָדָם מְחָרֵף וּמְבַיֵּשׁ אוֹתְךָ, וְהוּא אֵינוֹ אוֹיֵב לְךָ, תִּשָּׂא וְתִסְבֹּל אֶת

Sefer HaMidot ספר המדות

הַבּוּשָׁה, כִּי זֶה מִן הַשָּׁמַיִם שֶׁיְּחָרֵף אוֹתְךָ. וּבְזֶה הַבִּזָּיוֹן תִּהְיֶה נִסְתָּר וְנֶחְבָּא מִן הַשָּׂטָן, שֶׁהוּא שׂוֹנֵא אוֹתְךָ וְהוּא מַגְדִּיל אֶת עַצְמוֹ תָּמִיד עָלֶיךָ וּמְקַטְרֵג עָלֶיךָ, וְעַל־יְדֵי זֹאת הַבּוּשָׁה שֶׁתִּסְבַּל מִמִּי שֶׁאֵינוֹ אוֹיֵב לְךָ, עַל־יְדֵי זֶה לֹא יַגְדִּיל עָלֶיךָ הַשּׂוֹנֵא הַשָּׂטָן.

When a person puts you down and embarrasses you, and he is not your enemy; carry and bear the shame, for it is certainly from Heaven that he should berate you. And by this shame, you will be hidden and concealed from the satan, who hates you and is always overbearing upon you and accusing you. Through this shame that you bear from one who is not your enemy, through this the enemy, the satan, will not overbearing on you.

יט. עַל־יְדֵי חֲנֻפָּה תִּהְיֶה בָּזוּי בֵּין הָאֻמּוֹת, וְהָאֻמּוֹת יְקַלְלוּ אוֹתְךָ וְיִקְצְפוּ עָלֶיךָ.
Through adulation, you will become an object of derision amongst the [gentile] nations, and the [gentile] nations will curse you and be enraged at you.

כ. כְּשֶׁאֶחָד מְבַזֶּה אוֹתְךָ אוֹ שׂוֹחֵק מִמְּךָ, בְּיָדוּעַ שֶׁאַתָּה בִּיַּשְׁתָּ אֶת אֲבוֹתָיו.
When someone humiliates you or laughs at you, it is certain that you humiliated his forefathers.

כא. כְּשֶׁהַכֹּל מְבַזִּין אוֹתְךָ וְעוֹשִׂין לְךָ צַעַר, תִּדֹּם וְלֹא תֵצֵא מִפֶּתַח בֵּיתְךָ.
When everyone is humiliating you and causing you pain, be silent and do not leave your house [lit. from the entrance of your house].

כב. כְּשֶׁמְּבַיְּשִׁין אוֹתְךָ, תִּתֵּן צְדָקָה.
When you are being humiliated, give charity.

כג. עַל־יְדֵי צְדָקָה תִּזְכֶּה לְמִדַּת בּוּשָׁה.
Through charity, you will merit to the quality of abashment.

כד. בִּזְיוֹן הַמֶּלֶךְ; הַקָּדוֹשׁ־בָּרוּךְ־הוּא נִפְרָע אֲפִלּוּ אֻמָּה, שֶׁבִּזְּתָה מֶלֶךְ אַחֵר שֶׁלֹּא מֵאֻמָּתָהּ.
Humiliation of a king: The Holy One Blessed be He punishes even a nation that humiliates a different king of a foreign nation.

כה. הַחוֹטֵא יִתְבַּיֵּשׁ בָּעוֹלָם הַבָּא בִּפְנֵי רַבּוֹתָיו [אֲבוֹתָיו].
A sinner will be humiliated in the World to Come before his teachers is rabbis. alternate text: forefathers.

כו. הַמְבַזֶּה תַּלְמִיד־חָכָם, אֵין לוֹ רְפוּאָה לְמַכָּתוֹ.
One who humiliates a Torah scholar will have no healing for his wounds.

Sefer HaMidot   ספר המדות

כז. נָכוֹן כַּאֲשֶׁר יִשְׁמַע מֵרֵעֵהוּ דָּבָר כָּזָב אַל יִקְפֹּץ וִיבַיְּשֵׁהוּ, אֶלָּא יִרְמֹז לוֹ בִּתְנוּעָה, כְּדֵי שֶׁיַּכִּיר כִּי לֹא כֵן הוּא.
It is proper that when hearing from a friend a falsehood not to jump and embarrass him, rather hint to him with a motion, so that his friend will recognize that it is not so.

כח. מִצְוָה לְפַרְסְמָם אֶת הָרְשָׁעִים.
It is a mitzva to publicize evildoers.

כט. הַמִּתְבַּיֵּשׁ לֹא בִּמְהֵרָה הוּא חוֹטֵא.
One who is abashed will not readily sin.

ל. מִי שֶׁאֵין לוֹ בּוּשָׁה, בְּיָדוּעַ שֶׁלֹּא עָמְדוּ רַגְלֵי אֲבוֹתָיו עַל הַר־סִינַי.
One who does not have the quality of abashment, it is certain that his forefathers did not stand on Mount Sinai.

לא. נֹחַ לוֹ לָאָדָם שֶׁיַּפִּיל עַצְמוֹ לְתוֹךְ כִּבְשַׁן הָאֵשׁ וְאַל יַלְבִּין פְּנֵי חֲבֵרוֹ בָּרַבִּים.
It is better [lit. easier or more comfortable] for a man to throw himself into a fiery furnace so as not to humiliate his fellowman in public.

לב. כְּשֶׁחֲבֵרְךָ מְבַיֶּשְׁךָ, תּוֹדֶה לִדְבָרָיו.
When your friend humiliates you, agree with his words.

לג. הַמַּלְבִּין פְּנֵי חֲבֵרוֹ בָּרַבִּים, כְּאִלּוּ שׁוֹפֵךְ דָּמִים וְיוֹרֵד לְגֵיהִנֹּם וְאֵינוֹ עוֹלֶה.
One who embarrasses [lit. whitens - because when a person is embarrassed the blood rushes out of his face] his fellowman in public, it is as if he spilled blood, and he descends to Hell and will not rise

לד. נֹחַ לוֹ לָאָדָם שֶׁיָּבוֹא עַל סָפֵק אֵשֶׁת אִישׁ וְאַל יַלְבִּין פְּנֵי חֲבֵרוֹ בָּרַבִּים, וְאֵין לוֹ חֵלֶק לָעוֹלָם הַבָּא.
It is better [lit. easier or more comfortable] for a man to have relations with a woman who might be married than to humiliate his fellowman.

לה. אַל תְּבַיֵּשׁ עִם שֶׁאִתְּךָ בַּתּוֹרָה וּמִצְוֹת, אֲבָל לְבַעַל־עֲבֵירָה מֻתָּר לְבַיְּשׁוֹ וּלְהוֹנוֹ בִּדְבָרִים.
Do not embarrass one of the nations who is committed as you are to the Torah and Commandments. However, it is permitted to humiliate a sinner, and to verbally abuse him.

לו. כָּל הַשְּׁעָרִים נִנְעֲלוּ חוּץ מִשַּׁעֲרֵי אוֹנָאָה.
All the gates of prayer are closed, save the gate of one verbally abused.

לז. הַכֹּל נִפְרָע בְּיַד שָׁלִיחַ חוּץ מֵאוֹנָאָה, וְאֵין הַפַּרְגּוֹד נִנְעָל בְּפָנָיו.
All things are punished by a messenger, except for verbal

Sefer HaMidot

ספר הׅמׅדוֹת

abuse, and the Curtain is not locked before it [that is they are very much in the so to speak Divine line of sight until GOD carries out retribution].

בטחון
Trust

חלק ראשון

א. מִי שֶׁיֵּשׁ לוֹ בִּטָּחוֹן, אֵין לוֹ שׁוּם פַּחַד.
One who has trust in GOD does not have any fear.

ב. עַל־יְדֵי בִּטָּחוֹן בָּא שָׁלוֹם.
Through trust in GOD comes peace.

ג. בִּטָּחוֹן בָּא עַל־יְדֵי יִרְאַת־שָׁמַיִם.
Trust in GOD comes through fear of Heaven.

ד. עַל־יְדֵי אֱמוּנָה יָבֹא לְבִטָּחוֹן.
Through faith, one will come to trust in GOD.

ה. מִי שֶׁאֵין לוֹ בִּטָּחוֹן, הוּא דוֹבֵר שְׁקָרִים.
One who doesn't have trust in GOD, he tells lies.

ו. עַל־יְדֵי שְׁקָרִים אֵינוֹ יָכוֹל לִבְטֹחַ בֶּאֱמֶת.
Through lies, one cannot have real trust in GOD.

ז. מִי שֶׁבָּטוּחַ בְּהַשֵּׁם יִתְבָּרַךְ, הַקָּדוֹשׁ־בָּרוּךְ־הוּא מַצִּילוֹ מִכָּל צָרוֹת וּבִפְרָט מֵהֲרִיגָה.
One who is confident in the blessed GOD, the Holy One Blessed be He saves him from all troubles, and especially from being murdered.

ח. עַל־יְדֵי בִּטָּחוֹן אֵין אָדָם צָרִיךְ לַחֲבֵרוֹ גַּם אֵין אָדָם מַכְלִימוֹ.
Through trust in GOD, a person does not need to come onto his friend. Also, no person will or can embarrass him.

ט. עַל־יְדֵי בִּטָּחוֹן אָדָם נִצּוֹל מִדְּאָגָה.
Through trust in GOD, a person is saved from worry.

י. עַל־יְדֵי בִּטָּחוֹן יִזְכֶּה לֵידַע שֵׁמוֹת הַקֹּדֶשׁ.
Through trust in GOD, one merits to know holy names.

יא. מִי שֶׁאֵין לוֹ מִדַּת הַבִּטָּחוֹן, יִשָּׁמֵר אֶת עַצְמוֹ שֶׁלֹּא לְבַיֵּשׁ שׁוּם אָדָם גַּם יִזָּהֵר לְהִתְפַּלֵּל בְּכַוָּנַת הַלֵּב.
One who does not possess the trait of trust in GOD, should guard himself not to embarrass any man, also he should be careful to pray with intention of the heart.

Sefer HaMidot

יב. מִי שֶׁיֵּשׁ לוֹ בִּטָּחוֹן, לֹא יִתְקַצְּרוּ יָמָיו.
One who has trust in GOD will not die before his time.

יג. מִי שֶׁאֵין לוֹ בִּטָּחוֹן, יָקוּם קֹדֶם אוֹר הַבֹּקֶר וְיֹאמַר בַּקָּשׁוֹת בְּקוֹל רָם.
One who does not have trust in GOD should rise before the dawn and say supplications aloud.

יד. עַל־יְדֵי שְׁתִיקָה יִזְכֶּה לְבִטָּחוֹן.
Through being silent, one will merit to trust in GOD.

טו. עַל־יְדֵי זְהִירָה מִלִּתֵּן תְּקִיעַת־כַּף יִזְכֶּה לְמִדַּת הַבִּטָּחוֹן. גַּם עַל־יְדֵי שֶׁלֹּא יִתְחַבֵּר עִם רְשָׁעִים.
Through being careful not to shake hands [to seal an agreement - the probable meaning here - as found in a parallel source cited - is that one should be careful not to make agreements with bad people or for bad purposes], one merits to the attribute of trust in GOD. Also, through not associating with the wicked.

טז. עַל־יְדֵי חֲנֻפָּה נֶאֱבָד הַבִּטָּחוֹן.
Through adulation, trust in GOD is lost.

יז. מֵי הַיַּרְדֵּן הֵם סְגֻלָּה לְבִטָּחוֹן.
The waters of the Jordan are a segulah [propitious] for trust in GOD.

יח. עַל־יְדֵי הַבִּטָּחוֹן הָאָדָם נִתְקָרֵב לְהַשֵּׁם יִתְבָּרַךְ.
Through trust in GOD, a person comes close to the blessed GOD.

יט. מִי שֶׁבּוֹטֵחַ בָּעַכּוּ"ם, דִּילֵהּ דִּילְהוֹן.
One who trusts in gentiles, what is his - is will be theirs.

חלק שני

א. כְּשֶׁעוֹשֶׂה אָדָם אֵיזֶהוּ דָּבָר בֶּאֱמוּנָה וְנִכְשָׁל בְּאֵיזֶה מִכְשׁוֹל, יִבְטַח שֶׁהַקָּדוֹשׁ־בָּרוּךְ־הוּא יַצִּילוֹ, וְהַקָּדוֹשׁ־בָּרוּךְ־הוּא הִזְמִין לוֹ אֶת הַמִּכְשׁוֹל כְּדֵי שֶׁיַּעֲשֶׂה דֶּרֶךְ כְּבוּשָׁה לְבָנָיו בְּזֹאת הַמִּכְשׁוֹל, שֶׁיִּנָּצְלוּ מִמֶּנּוּ.
When a person carries out an act with faith, and is ensnared by some type of hitch or violation of the Torah, he should trust that the Holy One, Blessed be He will save him, and the Holy One Blessed He set this pitfall for him, so that he would blaze a path for his descendents in this trapping, that they will be saved from it.

ב. מִי שֶׁנִּשְׁמָר מֵהַרְהוּרֵי עֲבוֹדָה זָרָה, זוֹכֶה בְּכָל פַּעַם לְבִטָּחוֹן עַד שֶׁאֵינוֹ דּוֹאֵג מַה יֹּאכַל לְמָחָר, וְהוּא בְּמַדְרֵגַת "בָּרוּךְ ה' יוֹם יוֹם", וְעַל־יְדֵי זֶה [הַקָּדוֹשׁ־

Sefer HaMidot ספר הַמִדוֹת

בָּרוּךְ־הוּא] לֹא הִבִּיט אָוֶן וְלֹא רָאָה עָמָל בּוֹ, וְכָל הַנּוֹגֵעַ בּוֹ כְּאִלוּ נוֹגֵעַ בְּבָבַת־עֵינוֹ.

One who guards himself from thoughts of idolatry, merits every time to attain trust in GOD, until he [attains such trust that he] does not worry what he will eat tomorrow [even though he has nothing for the next day, he trusts the GOD will provide]. This is the level of "Blessed is the Lord, day by day". Through this, the Holy One, Blessed be He does not see wrongdoing or evil in him, and all who harm [lit. touch] him, it is as if they harm [lit. touch] the pupil of GOD's eye so to speak.

בית
House

חלק ראשון

א. בַּיִת שֶׁאֵין דָּרִין בּוֹ – יִזָּהֵר מִלְהִכָּנֵס בְּתוֹכוֹ, כִּי הוּא מְקוֹם שֵׁדִים.
A house that is uninhabited - beware of entering it, for it is a place of demons.

ב. מָאן דְּבִישׁ לֵהּ בְּמָתָא דָא יֵלֵךְ לְמָתָא אַחֲרִיתָא.
One who has negative experiences in one place should go to another.

ג. כְּשֶׁהַבַּיִת מְזֻמָּן לִבְרָכָה, אֲזַי כְּשֶׁהַצַּדִּיק בָּא לַבַּיִת הַזֶּה גַּם הַבְּרָכָה בָּאָה.
When a house is fit to be blessed, then when the Tzaddik comes to the house, the blessing comes as well.

ד. יֵשׁ מָקוֹם מְזֻמָּן לְטוֹבָה וְהוּא־הַדִּין לְהֵפֶךְ.
There are places that are conducive to good fortune, and the opposite is true as well.

ה. לְעִנְיַן טוֹבוֹת וְרָעוֹת הַבָּאוֹת לָאָדָם קָרוֹב לְדֶרֶךְ הַטֶּבַע, הַכֹּל לְפִי הַזְּמַן וּלְפִי הַמָּקוֹם.
Relating to the issue of the good and bad that comes to a person in a fashion proximate to natural events, it is all according to the time and place.

ו. דְּפָרַע קִנְאָה מַחֲרִיב בֵּיתוֹ.
One who takes revenge out of jealousy destroys his house.

ז. מָקוֹם שֶׁאָדָם יוֹצֵא מִמֶּנּוּ אֵינוֹ מִתְאַוֶּה לְאוֹתוֹ מָקוֹם לַהֲנוֹת מִמֶּנּוּ.

Sefer HaMidot

ספר המדות

The place from where a man exited, he does not have desire for that place - to get from it pleasure.

ח. אִם עַם־הָאָרֶץ חָסִיד, אַל תָּדוּר בִּשְׁכוּנָתוֹ.
If there is an uneducated hassid one who is overly pious, do not dwell in his neighborhood.

ט. כָּל בַּיִת שֶׁנִּשְׁמָעִין בּוֹ דִּבְרֵי־תוֹרָה, שׁוּב אֵינוֹ נֶחֱרָב.
Any house in which words of Torah are heard will not be destroyed.

י. עִיר שֶׁיֵּשׁ בָּהּ מַעֲלוֹת וּמוֹרָדוֹת מַזְקִינִין בַּחֲצִי יְמֵיהֶם.
A city whose topography has major ascents and descents - its inhabitants grow old halfway through their lives.

יא. אִם נִשְׁפָּךְ בַּבַּיִת יַיִן כַּמַּיִם אִיכָּא בְּרָכָה.
If wine is poured out like water in a house, there is blessing.

יב. אַל תִּכָּנֵס לְבַיִת שֶׁיֵּשׁ בּוֹ צְלָמִים.
Do not enter a house with idols in it.

יג. מִי שֶׁרוֹצֶה לְהִכָּנֵס לְבַיִת לָדוּר בְּתוֹכוֹ, יֹאמַר הַתּוֹרָה כֻּלָּהּ וְאַחַר־כָּךְ יִכָּנֵס לָדוּר בְּתוֹכוֹ.
Someone who wants to enter a house to live in it, he should recite the Torah in its entirety the Five Books of Moses, and it can be divided between many people, and afterwards he can enter to live in it.

יד. מִי שֶׁאֵין לוֹ קַרְקַע, אֵינוֹ אָדָם.
Someone without land is not a man.

טו. יֵשׁ מָקוֹם הַגּוֹרֵם לַעֲבֹר עֲבֵרוֹת.
There are places which cause one to commit transgressions.

טז. כַּעַס וּזְנוּת שֶׁל אִשָּׁה מַחֲרִיב אֶת הַבַּיִת.
Anger and adultery of a woman destroy the house.

יז. כְּשֶׁנֶּחֱרָב אַסְקֻפַּת הַבַּיִת אוֹ פְּתָחֶיהָ הוּא סִימָן רָע לַבַּיִת.
When the threshold of a house, or its entrances are destroyed, it is an evil omen for the house.

חלק שני

א. לָדוּר בַּעֲלִיָּה הוּא טוֹב יוֹתֵר לַעֲבוֹדַת הַבּוֹרֵא מִלָּדוּר בְּבַיִת תַּחְתּוֹן.
Living on the upper floor of a house is more conducive to serving GOD than living in the bottom floor.

ב. לִפְעָמִים בִּנְיַן הַבַּיִת גּוֹרֵם לְאִשָּׁה שֶׁלֹּא תֵּלֵד, כְּשֶׁהָעֵצִים שֶׁבַּבִּנְיָן אֵינָם מֻנָּחִים כַּסֵּדֶר הַנִּתָּן לָהֶם מִשֵּׁשֶׁת יְמֵי בְּרֵאשִׁית, וְאָז הַבַּיִת נִקְרָא הָרוּס אֲפִלּוּ בְּבִנְיָנוֹ, וְהֶהָרוּס הַזֶּה בָּא וּמַזִּיק לְאִשָּׁה וְאֵינָהּ מוֹלֶדֶת.

Sefer HaMidot   סֵפֶר הַמִּדּוֹת

Sometimes the construction of the house prevents a woman from conceiving, as when the beams are not placed according to their order from the Six Days of Creation. In such a case, the house is as if it were destroyed, even though it is standing. This destruction comes and harms the woman, and she does not conceive.

ג. בְּפֶתַח בֵּיתוֹ שֶׁל אָדָם נִכָּר, אִם תַּמּוּ זְכוּת אֲבוֹתָיו אוֹ אִם חָלָה זְכוּת אֲבוֹתָיו.
At the entrance to a man's house, it is discernible if his ancestral merit has finished, or if his ancestral merit is effective.

ד. צָרִיךְ לְהִזָּהֵר בְּבִנְיְנֵי הַבַּיִת, שֶׁלֹּא יִהְיֶה בְּבִנְיָנוֹ עֵץ מֵאִילָנֵי הָעוֹשִׂין פֵּרוֹת.
One needs to be careful, in the building of a house, that it should not have in its construction wood from trees that produce fruit.

ה. הָעֵצִים שֶׁבַּבִּנְיָן, זָכָה אָדָם הֵם בִּבְחִינַת שְׂרָפִים עוֹמְדִים, וְעוֹמֵד הַבִּנְיָן זְמַן רַב, לֹא זָכָה – הַשְּׂרָפִים נִשְׂרָפִים, וְזֶהוּ הַשְּׂרֵפוֹת דִּשְׁכִיחֵי.
The lumber that is in a structure, if a man merits, it will be in the aspect of "fiery angels standing", and the structure will stand for a long time. If he does not merit - the fiery angels are burned, and thus the fires that abound.

ו. כְּשֶׁאָדָם בּוֹנֶה חוֹמָה וְנוֹפֵל כִּפָּתוֹ, יֵדַע שֶׁזֶּה סִימָן רַע, חַס וְשָׁלוֹם, לְזַרְעוֹ.
When a man builds a wall, and its capstone falls, he should know that this is an evil omen for his progeny.

ז. אֵין אָדָם נֶהֱנֶה אֶלָּא כְּשֶׁדָּר בַּמָּקוֹם שֶׁדָּרוּ אֲבוֹתָיו.
A man does not find satisfaction [lit. enjoy or benefit] unless he dwells in a place where his forefathers dwelled.

ח. סְגֻלָּה כְּשֶׁנִּכְנָס לְבַיִת חָדָשׁ לָגוּר, יַכְנִיס לְשָׁם חֶרֶב אוֹ סַכִּין אוֹ שְׁאָר כְּלֵי־זַיִן. וְסִימָן לַדָּבָר: בְּחָכְמָה יִבָּנֶה בַּיִת – כְּ'לֵי חָ'מָס מְ'כֵרוֹתֵיהֶם; חַרְבוֹתֵיהֶם, מְגוּרוֹתֵיהֶם.
It is a segulah [auspicious], when one moves into a new house to live, to bring in a sword, knife, or other weapon. A sign for this: "With wisdom the house will be built. "Wisdom" is the acronym for the passage, "Extorted trade are their weapons." "The word "their trade" from this passage shares two definitions, "their swords" and "their dwellings" [as both variations are explained in Rashi there]

ט. הַכִּפָּה שֶׁל בַּיִת הוּא סִימָן לַחֲבוּרָה אוֹ מִשְׁפָּחָה מַה שֶּׁיִּקְרֶה לָהֶם.
The cap of a house is a sign for the group or family,

53

Sefer HaMidot

concerning what will happen to them.

בכייה
Crying

א. מִי שֶׁאֵינוֹ יָכוֹל לִבְכּוֹת, יִסְתַּכֵּל עַל הָרָקִיעַ, כִּי הוּא גָּרַם בְּכִיָּה לַמַּיִם.
Someone who cannot cry should look at the sky, for it caused the water to cry.

ב. הַבְּכִיָּה מְבַטֵּל הִרְהוּרֵי זְנוּת.
Crying annuls promiscuous thoughts.

ג. סְגֻלָּה לְחוֹלֵי הַצַּוָּאר, שֶׁיִּבְכֶּה עַל חֻרְבַּן הַבֵּית־הַמִּקְדָּשׁ.
A segulah for healing sicknesses of the neck is to cry over the destruction of the Temple.

בנים
Children

חלק ראשון

א. כָּל הַבּוֹכֶה וּמִתְאַבֵּל עַל אָדָם כָּשֵׁר, זוֹכֶה לְגַדֵּל אֶת בָּנָיו.
Anyone who cries and mourns over an upright man merits to raise his children.

ב. צָרִיךְ לִשְׁמֹר אֶת הַתִּינוֹק, שֶׁלֹּא יֵלֵךְ בְּגִלּוּי הָרֹאשׁ.
One must guard a baby that it should not go [about] with an uncovered head.

ג. אֵין צָרִיךְ לָאָדָם לִדְאֹג עַל פַּרְנָסַת בָּנָיו, כִּי כְּשֶׁהֵם גְּדֵלִים – גָּדְלָה פַּרְנָסָתָם עִמָּהֶם.
A man does not need to worry about the income of his children. For as they grow, their income grows with them.

ד. מִי שֶׁמְּבַטֵּל אֶת חֲבֵרוֹ מִפְּרִיָּה וּרְבִיָּה, הוֹלֵךְ לִשְׁאוֹל בְּלֹא וָלָד.
One who causes his friend to abstain, even temporarily from the commandment of be fruitful and multiply [that is to engage in kosher relations with his wife, to bring children into the world], will go to Sheol childless.

ה. כָּל הַכּוֹפֶה אִשְׁתּוֹ לִדְבַר־מִצְוָה, הֲוֵי לָהּ בָּנִים שֶׁאֵינָם מְהֻגָּנִים.
One who forces his wife to have relations with him, even when it is a mitzva, will have children that are not proper

Sefer HaMidot   ספר הַמִדוֹת

upstanding.

ו. אִשָּׁה שֶׁדָּמֶיהָ מְרֻבִּים – צַעַר גִּדּוּל בָּנִים שֶׁלָּהּ יוֹתֵר בְּעִצָּבוֹן.

A woman who bleeds [menstrual blood] excessively, her pain in bringing children into the world is greater [this could also include and insinuate that her raising children is more straining].

ז. בַּת כֹּהֵן לְיִשְׂרָאֵל, בַּת תַּלְמִיד־חָכָם לְעַם־הָאָרֶץ – זֶרַע אֵין לָהּ.

A daughter of a Cohen [Priestly class] who marries an Israel [common class], and a daughter of a Torah scholar who marries one without education [lit. a person of the land], will not have children [lit. seed].

ח. הַתַּעֲנִית שֶׁל חֲמִישִׁי בְּשַׁבָּת מְסֻגָּל לְגִדּוּל בָּנִים.

Fasting on Thursdays is auspicious [segula] against the pain of having children [this includes having a safe pregnancy, childbirth, and raising the infant].

ט. צְנִיעוּת שֶׁבָּאִשָּׁה מְזַכָּה לָהּ לְבָנִים הֲגוּנִים.

The modesty of a woman merits her to have upstanding children.

י. עַל־יְדֵי שִׂמְחַת יוֹם־טוֹב וְעַל־יְדֵי הֲנָחַת תְּפִלִּין כָּרָאוּי, תֵּלֵד אִשְׁתּוֹ בָּנִים זְכָרִים.

Through the joy of the festivals, and through the proper donning of tefillin, one's wife will give birth to sons.

יא. לִפְעָמִים מִי שֶׁאֵין לוֹ בָּנִים, וּכְשֶׁמִּתְפַּלְּלִין עָלָיו שֶׁיִּהְיֶה לוֹ בָּנִים, הוּא מֵת.

Sometimes, when one does not have children, and others pray for him that he should have children, [according to the reference given by Rabbi Nachman of Tcherin, this has a connotation that the prayers are heeded and a child is born], he dies.

יב. בַּעֲוֹון נְדָרִים בָּנִים מֵתִים.

For the sin of, not upholding one's, vows children die.

יג. שִׁנּוּי מָקוֹם גּוֹרֵם לְבָנִים.

Change of habitat causes, the ability to have children.

יד. בָּנִים גְּדוֹלִים אֵינָם מֵתִים בַּעֲוֹון אֲבוֹתֵיהֶם, אֲבָל בְּמָקוֹם שֶׁיֵּשׁ חִלּוּל הַשֵּׁם אֲפִלּוּ גְּדוֹלִים מֵתִים.

Grown children do not die for the sins of their fathers. But in a place where the Name of GOD is profaned, even grown children die.

טו. דְּאָכְלָא בִּשְׂרָא וְשָׁתְיָא חַמְרָא, הֲוִי לַהּ בָּנִים בְּרִיאִים.

Sefer HaMidot   ספר הַמִּדוֹת

One who eats meat and drinks wine will have healthy children.

טז. הַמִּסְתַּכֵּל בַּעֲקֵבָהּ שֶׁל אִשָּׁה וּבְאִשְׁתּוֹ נִדָּה, הֲוֵי לָהּ בָּנִים שֶׁאֵינָם מְהֻגָּנִים.

One who looks at the heel of a woman, or at his wife when she

יז. הַדָּר עֶשֶׂר שָׁנִים בְּאֶרֶץ־יִשְׂרָאֵל וְאֵין לוֹ בָּנִים, יוֹצִיא, שֶׁמָּא לֹא זָכָה לְהִבָּנוֹת מִמֶּנָּה.

One who lives ten years in the land of Israel and does not have children should divorce his wife, lest he did not merit to [have his lineage] built by her.

יח. מַה יַּעֲשֶׂה אָדָם, וְיִהְיֶה לוֹ בָּנִים זְכָרִים, יִשָּׂא אִשָּׁה הַהוֹגֶנֶת לוֹ, וִיקַדֵּשׁ אֶת עַצְמוֹ בִּשְׁעַת תַּשְׁמִישׁ, וִיבַקֵּשׁ מִמִּי שֶׁהַבָּנִים שֶׁלּוֹ.

What should a man do to have male children? He should marry a woman who is fitting to him, sanctify himself at the time of marital relations, and ask for sons, from the One to whom all sons belong.

יט. כָּל הַמּוֹלִיד – בְּדוֹמֶה לוֹ הוּא מוֹלִיד.

Anyone who begets a child, brings forth a child similar to himself.

כ. יִשְׁמֹר אָדָם אֶת עַצְמוֹ, מִלִּקֹץ אֵיזֶה אִילָן בְּלֹא זְמַנָּהּ, כִּי זֶה מַזִּיק לְגִדּוּל בָּנִים.

A man should beware not to cut down a tree before its time, for this harm the raising of his children.

כא. כָּל הָרוֹדֵף צְדָקָה, זוֹכֶה לְבָנִים בַּעֲלֵי עֹשֶׁר, בַּעֲלֵי חָכְמָה, בַּעֲלֵי אַגָּדָה.

All who pursue [giving] charity, merit to have sons who are wealthy, wise, and proficient in the homiletic section of the Torah.

כב. מַה יַּעֲשֶׂה אָדָם וְיִהְיֶה לוֹ בָּנִים; יְפַזֵּר מְעוֹתָיו לַעֲנִיִּים, וִישַׂמַּח אֶת אִשְׁתּוֹ לִפְנֵי תַּשְׁמִישׁ.

What should a man do to have children? He should spread his wealth to the poor, and cheer his wife before relations with her.

כג. כְּשֵׁם שֶׁאָסוּר לַהֲרֹג אָדָם, כֵּן אָסוּר לָקֹץ אִילָן מַאֲכָל קֹדֶם זְמַנּוֹ.

Just as it is forbidden to murder a man, so it is forbidden to cut down a fruit tree before its time.

כד. יוֹאָב, שֶׁלֹּא הִנִּיחַ בֵּן כְּמוֹתוֹ – נֶאֱמַר בּוֹ מִיתָה, דָּוִד, שֶׁהִנִּיחַ בֵּן כְּמוֹתוֹ – נֶאֱמַר בּוֹ שְׁכִיבָה.

Yoav, who did not leave a son similar to him [in his stead],

Sefer HaMidot   ספר הַמִדוֹת

it is said of him that he died. David, who did leave a son similar to him in his stead, it is said of him that he layed to rest.

כה. בַּת תְּחִלָּה – לֹא שָׁלְטָה בָּהוּ עֵינָא בִּישָׁא.
One who has a daughter first, the evil eye will not have power over him.

כו. כָּל הַמְגַדֵּל יָתוֹם בְּתוֹךְ בֵּיתוֹ, כְּאִלּוּ יְלָדוֹ.
One who raises an orphan in his home is as if he gave birth to him.

כז. כָּל הַמְלַמֵּד בֶּן חֲבֵרוֹ תּוֹרָה, כְּאִלּוּ יְלָדוֹ.
One who teaches his friend's son Torah is as if he gave birth to him.

כח. אַרְבָּעִים יוֹם קֹדֶם יְצִירַת הַוָּלָד יִתְפַּלֵּל עַל אִשְׁתּוֹ, שֶׁתֵּלֵד זָכָר.
Forty days [of the beginning of a pregnancy, which is] before the creation of the fetus, one should pray that his wife will give birth to a son.

כט. מִי שֶׁמְהַרְהֵר בִּזְנוּת, גַּם אִשְׁתּוֹ בָּאָה לִידֵי הִרְהוּרִים, וּכְשֶׁאִשְׁתּוֹ מְהַרְהֶרֶת, עַל־יְדֵי זֶה הַקְּלִפּוֹת בָּאִין עָלֶיהָ בַּחֲלוֹם, וְעַל־יְדֵי זֶה הַבָּנִים שֶׁלָּהּ מֵתִים.
One who thinks about promiscuity, his wife also comes to have such thoughts. And when his wife has promiscuous thoughts, the husks [evil forces] come to her [have relations with her] in a dream, and through this her children die.

ל. מִי שֶׁמְזַנֶּה, אִשְׁתּוֹ מְזַנָּה עָלָיו.
One who is promiscuous causes that his wife will commit adultery on him.

לא. כָּל הַשּׂוֹרֵף תְּבוּאָתוֹ שֶׁל חֲבֵרוֹ, אֵינוֹ מַנִּיחַ בֵּן לְיָרְשׁוֹ.
One who burns his friend's crops will not leave a son to inherit him.

לב. אִשָּׁה שֶׁמְּשַׁכֶּלֶת בָּנֶיהָ, בִּשְׁעַת לֵדָה תַּנִּיחַ עַל רֹאשָׁהּ תַּפּוּחַ.
A woman who miscarriages - at the time of birth, place an apple on her head.

לג. כָּל הָעוֹשֶׂה דְּבַר־מִצְוָה וְלֹא גְּמָרוֹ, קוֹבֵר אִשְׁתּוֹ וּבָנָיו.
One who does a mitzvah [commandment or good deed] and does not finish it, buries his wife and children.

לד. הַנּוֹשֵׂא אִשָּׁה לְשֵׁם מָמוֹן – הָוְיָן לֵהּ בָּנִים שֶׁאֵינָם מְהֻגָּנִים, וּמַפְסִיד אֶת הַמָּמוֹן בִּזְמַן קָצָר.
One who marries a woman for the sake of money will have improper children, and will lose the money in a short time.

Sefer HaMidot   ספר הַמִדוֹת

לה. הָעוֹסֵק בְּתוֹרָה וּבִגְמִילוּת־חֲסָדִים, זוֹכֶה לְהַרְבֵּה בָּנִים.
One who is involved in learning Torah and acts of kindness will merit to have many children.

לו. אֵין הַבָּנִים מֵתִים בַּעֲוֹון הָאָבוֹת, אֶלָּא כְּשֶׁאוֹחֲזִים מַעֲשֵׂה אֲבוֹתֵיהֶם בִּידֵיהֶם.
Children do not die for the sins of their fathers, unless they grasp the deeds of their father's in their hands, that is continue in their path of sin.

לז. הַתַּשְׁמִישׁ יָפֶה לַנּוֹלָד, לְלַבְּנוֹ וּלְזָרְזוֹ וְלִהְיוֹת בַּעַל־צוּרָה וּבַעַל־כֹּחַ.
Marital relations during pregnancy are beneficial to the fetus to beautify it [literally: lighten it], make it more agile, and possessor of fine form and strength.

לח. מִי שֶׁאֵין לוֹ בָּנִים, יְקַבֵּל עַל עַצְמוֹ גָּלוּת.
One who does not have children should accept upon himself to go into exile.

לט. הַיּוֹרֵד לְאֻמָּנוּת חֲבֵרוֹ, כְּאִלּוּ בָּא עַל אֵשֶׁת רֵעֵהוּ.
One who goes down into his fellow's business, that is begins to compete with him is as if he committed adultery with his friend's wife.

מ. כְּשֶׁנִּמְסָר אָדָם בְּיַד שׂוֹנְאָיו, הֲוֵי כְּמוֹ שְׁכוּל בָּנִים.
When a man is delivered into the hands of his enemies, it is as if he lost his children.

מא. מִי שֶׁבָּא עַל הַכּוּתִית אוֹ זָכָר, אוֹ הִרְהֵר בַּעֲבוֹדָה זָרָה, לֹא יִהְיֶה לוֹ בֵּן תַּלְמִיד־חָכָם, וְאִם יְלַמֵּד בְּנוֹ תּוֹרָה יִהְיֶה שַׁכְחָן.
Someone who had sexual relations with a Kutaite woman [this was a large group that converted to Judaism, but in reality, kept serving idolatry] or a male, or had idolatrous contemplations, will not have a son who is a Torah scholar, and if his son does learn Torah, he will be forgetful.

מב. בָּנִים הַטּוֹבִים – רְפוּאָה גְּדוֹלָה לָאָבוֹת.
Good children are a great healing to their fathers.

מג. עַל־יְדֵי שֶׁקֶר הַבָּנִים מֵתִים.
Through falsehood, the children die.

מד. כָּל שֶׁאֵינוֹ פּוֹרֵשׁ מֵאִשְׁתּוֹ סָמוּךְ לְוִסְתָּהּ, אֲפִלּוּ הָוֵי לֵהּ בָּנִים כִּבְנֵי אַהֲרֹן־מֵתִים. וְכָל הַפּוֹרֵשׁ, הָוְיָן לֵהּ בָּנִים זְכָרִים וּרְאוּיִין לְהוֹרָאָה.
One who does not separate from his wife in anticipation of her days of impurity, even if he should have children like those of Aharon, they will die. In contrast, one who does separate from his wife at that time, he will have sons who are

Sefer HaMidot סֵפֶר הַמִּדּוֹת

fitting to be legal deciders.

מה. כָּל הַמַּבְדִּיל עַל הַיַּיִן בְּמוֹצָאֵי שַׁבָּת, הָוְיָן לֵהּ בָּנִים זְכָרִים וּרְאוּיִין לְהוֹרָאָה.

One who does havdalah on wine at the closing of the Shabbat will have male children who are fitting to be legal deciders.

מו. הַמְקַדֵּשׁ אֶת עַצְמוֹ בִּשְׁעַת תַּשְׁמִישׁ דֶּרֶךְ צְנִיעוּת, הָוְיָן לֵהּ בָּנִים זְכָרִים.

One who sanctifies himself in marital relations through conducting himself modestly will have sons.

מז. יִזָּהֵר מְאֹד שֶׁלֹּא יִינַק הַנּוֹלָד מֵאִשָּׁה רָעָה, כִּי חָלָב מְטַמֵּא וְחָלָב מְטַהֵר.

One should be very careful that one's child is not nursed by an evil woman. For milk contaminates and milk purifies.

מח. חַמִּין וְשֶׁמֶן מַבְרִין אֶת הַנּוֹלָד.

Bathing in hot water, and anointing one's self with oil give health to the fetus.

מט. מִי שֶׁאֵינוֹ עוֹצֵר אֶת עַצְמוֹ מִלְּהַטִּיל מַיִם, תְּפִלָּתוֹ שֶׁמִּתְפַּלֵּל עַל בָּנָיו נִשְׁמַעַת.

One who does not hold himself back from urinating, his prayers on behalf of his children will be heard.

נ. הַנּוֹלָד הוֹלֵךְ אַחַר צוּרַת אָב וָאֵם.

The fetus develops according to the form of the father and mother.

נא. קָשָׁה תַרְבּוּת רָעָה בְּתוֹךְ בֵּיתוֹ שֶׁל אָדָם יוֹתֵר מִמִּלְחֶמֶת גּוֹג־וּמָגוֹג.

Bad mannerism in a person's house is worse than the War of Gog and Magog [a war of immense proportions that, according to prophecy, will take place right before the Redemption].

נב. יַקְדִּים וְיַחְשִׁיךְ לְבֵית־הַכְּנֶסֶת, עַל־יְדֵי־זֶה יַאֲרִיךְ יְמֵי בָנָיו.

One should come to synagogue early and stay late, and his children will have longevity [lit. his children's days will be lengthened].

נג. אַל יְשַׁנֶּה אָדָם בְּנוֹ בֵּין הַבָּנִים.

One should not treat one son differently than his other sons.

נד. עַל־יְדֵי חֲנֻכָּה וְנֵר שַׁבָּת הָוֵי לֵהּ בָּנִים תַּלְמִידֵי־חֲכָמִים.

Through Channukah and the candles of Shabbat, one will have sons who will be Torah scholars.

נה. דְּרָחִים רַבָּנָן הָוֵי לֵהּ בְּנִין רַבָּנָן, דְּמוֹקִיר רַבָּנָן הָוֵי לֵהּ חַתְנוּתָא רַבָּנָן.

Whoever loves the sages will be given sons who become sages. Whoever honors sages are given sages as sons-in-law.

59

Sefer HaMidot

נו. בַּעֲווֹן נְדָרִים גַּם בַּעֲווֹן בִּטוּל תּוֹרָה גַּם בַּעֲווֹן מְזוּזָה גַּם בַּעֲווֹן צִיצִית גַּם בַּעֲווֹן שִׂנְאַת חִנָּם בָּנִים מֵתִים כְּשֶׁהֵם קְטַנִּים.

Through the sins of [not fulfilling] oaths, also for the sin desisting from Torah study, also for the sin of [faulty or lacking of] mezuzot, also for the sin of [faulty or lacking of] tzitzit, also for the sin of causeless hatred, children die when they are young.

נז. מִי שֶׁנּוֹתֵן מַעֲשֵׂר מִן מְעוֹתָיו, בָּנָיו נִצּוֹלִים מֵחֳלִי הַנִּקְרָא סַמְקָא.

One who gives ma'aser [tithe] of his money, his children are saved from the sickness of Samkah ["red"]

נח. תִּינוֹקוֹת שֶׁל בֵּית־רַבָּן נִתְפָּסִין עַל הַדּוֹר.

Small children [lit. infants of the house of their rabbi], retribution is exacted upon them, for the [sins of the] generation.

נט. עַל־יְדֵי הֲדַסִים בְּשַׁבָּת זוֹכֶה לְבָנִים תַּלְמִידֵי־חֲכָמִים.

Through smelling myrtle on Shabbat, one merits having children who will be Torah scholars.

ס. אִשָּׁה שֶׁמְּשַׁכֶּלֶת אֶת בָּנֶיהָ, הַסְּגֻלָּה לָזֶה, שֶׁתִּרְחַץ אֶת הַכַּלָּה קֹדֶם הַחֻפָּה.

A woman who miscarries her children, segulah [spiritual benefit/protection] for this, is for her to bathe a bride the wedding ceremony.

סא. לְפִי אֲכִילוֹתָיו שֶׁל אָדָם כֵּן בָּנָיו וּבְנוֹתָיו.

According to how a man eats, so will be his sons and daughters.

סב. מִי שֶׁבָּנָיו מֵתִים – אַל יְשַׁמֵּשׁ מִטָּתוֹ בַּחֹל, כִּי־אִם מִשַּׁבָּת לְשַׁבָּת.

One whose sons die should not have marital relations during the week, only from Shabbat to Shabbat.

סג. דְּרִיכַת הַקֶּשֶׁת בְּל"ג בָּעֹמֶר הוּא סְגֻלָּה לְבָנִים. גַּם הַתְּפִלָּה שֶׁמִּתְפַּלְּלִין לִפְנֵי הָעַמּוּד בִּנְגִינָה הוּא סְגֻלָּה לְבָנִים.

The drawing of a bow on Lag b'Omer is a segulah [spiritual benefit] for children. Also, praying before the pulpit with melody is a segulah for children.

סד. צָרִיךְ לְלַמֵּד אֶת הַתִּינוֹק דֶּרֶךְ־אֶרֶץ מִנְּעוּרָיו.

One must teach a child proper behavior ["derech eretz"] from a young age.

סה. הַשִּׁירוֹת וְהַתִּשְׁבָּחוֹת, שֶׁאוֹמְרִין קֹדֶם אוֹר הַיּוֹם, הוּא סְגֻלָּה לְבָנִים. גַּם לְאִשָּׁה שֶׁנֶּחְסַר חֲלָבָהּ. גַּם לְאִשָּׁה רָעָה שֶׁהִיא כַּעֲסָנִית.

The songs and praises that are said before dawn are a segulah

Sefer HaMidot

for children. It is also helpful for a woman deficient in her milk, and for an evil woman who is bad-tempered.

סו. מִי שֶׁהוּא מַקְטִין אֶת עַצְמוֹ בִּפְנֵי רַבּוֹ וְשׁוֹאֵל מִמֶּנּוּ כָּל הַסְּפֵקוֹת, אַף־עַל־פִּי שֶׁרַבּוֹ מְבַיֵּשׁ אוֹתוֹ, עַל־יְדֵי זֶה זוֹכֶה, שֶׁיּוֹצֵא מִמֶּנּוּ בֵּן שֶׁהוּא גָּדוֹל בַּתּוֹרָה יוֹתֵר מֵרַבּוֹ.

One who belittles himself before his rabbi by asking about all his doubts, even though his rabbi embarrasses him [for it] - through this, he will merit to have a child who is greater in Torah than his rabbi.

סז. מִי שֶׁמְּקַבֵּל אֶת הַיִּסּוּרִים בְּאַהֲבָה, זוֹכֶה לְזֶרַע שֶׁיַּאֲרִיכוּ יְמֵיהֶם.

One who accepts suffering with love will merit to have children who will live long.

סח. פְּעֻלּוֹת הַשֵּׁם נִמְשָׁכִין אַחַר הַשֵּׁם שֶׁל אָדָם, כִּי שְׁמָא גָּרִים.

The acts of GOD [lit. Hashem - the Name] follow after the name of a man, for a name has causative [power].

סט. מִי שֶׁמַּגְבִּיהַּ קוֹלוֹ כְּדֵי לְהִתְפָּאֵר בּוֹ, בָּאִים בָּנָיו לְשִׁבְיָה.

One who raises his voice in order to glorify himself, his children will be brought into captivity.

ע. מִי שֶׁאֵין לוֹ בָּנִים, יְהֵא רָגִיל בְּשֶׁמֶן.

One who doesn't have children should use oil regularly.

עא. וְלִפְעָמִים יַעֲקֹר דִּירָה וְיִחְיוּ בָּנָיו.

And sometimes one should uproot his dwelling, and his children will live.

עב. עַל־יְדֵי רְדִיפַת שָׁלוֹם מַצִּיל אֶת בָּנָיו מִמִּיתָה וּמִגָּלוּת.

Through pursuing peace, one saves his children from death and exile.

עג. מִי שֶׁעוֹשֶׂה אֵיזֶה דָּבָר, וְהַדָּבָר הוּא אַחַר־כָּךְ מִכְשׁוֹל לִבְנֵי־אָדָם, עַל־יְדֵי זֶה הַטּוֹבָה נִפְסָק מִזַּרְעוֹ.

Someone who does something, and afterwards it becomes a stumbling block for others, good is denied to his children.

עד. לִפְעָמִים מֵחֲמַת אַהֲבָה גְּדוֹלָה שֶׁבֵּין אִישׁ לְאִשְׁתּוֹ אֵינָהּ מוֹלֶדֶת.

Sometimes, because of the great love between a man and his wife, she does not conceive.

עה. לְרֹב הָעֲקָרוֹת כְּשֶׁהֵם נִפְקָדוֹת, מוֹלִידוֹת זָכָר.

Usually, when barren women conceive, they give birth to a son.

עו. עַל־יְדֵי אוֹנָאַת דְּבָרִים הַבָּנִים מֵתִים.

Through verbal abuse, children die.

Sefer HaMidot סֵפֶר הַמִּדּוֹת

עז. יֵשׁ כֹּחַ בְּיַד הַצַּדִּיק לְקַלֵּל אֶת הָאָדָם, שֶׁלֹּא יִהְיוּ לוֹ בָּנִים הֲגוּנִים.
A tzaddik possesses the power to curse a man, that his children will not be proper.

עח. מִי שֶׁהַצַּדִּיק נַעֲשָׂה אַכְסַנְיָה אֶצְלוֹ, נִתְבָּרֵךְ בְּבָנִים.
One who has the Tzaddik as a guest by him, is blessed with children.

עט. מִי שֶׁמִּשְׁתּוֹקֵק לַעֲשׂוֹת אֵיזֶה מִצְוָה וְאֵין זוֹכֶה לַעֲשׂוֹת אוֹתָהּ, עַל־יְדֵי זֶה יִזְכֶּה לְבָנִים, וּגְדֻלָּתוֹ מוֹרִישׁ לְבָנָיו, וּבָנָיו יִזְכּוּ לַעֲשׂוֹת הַמִּצְוָה הַזֹּאת.
One who longs to do a mitzvah [commandment or good deed], but does not merit to do it, through this longing he will merit having children who inherit his greatness, and eventually will do that mitzvah.

פ. מִי שֶׁמְּקַפֵּחַ פַּרְנָסָה, לְסוֹף שֶׁבָּנָיו מֵתִים.
One who deprives someone's livelihood, his children will eventually die.

פא. מַאגִינֶט סְגֻלָּה לְבָנִים.
A magnet is a segulah [spiritual benefit] for children.

פב. בָּנָיו שֶׁל אָדָם מֵתִים, כְּשֶׁעוֹסֵק בְּשֵׁמוֹת הַטֻּמְאָה אוֹ בִּכְשָׁפִים אוֹ שֶׁמַּאֲמִין בָּהֶם.
One's children die as a result of working with impure names, or sorcery, or believing in them.

פג. כְּשֶׁאִישׁ וְאִשָּׁה רוֹחֲצִים יְדֵיהֶם וְנוֹתְנִים צְדָקָה קֹדֶם הַתַּשְׁמִישׁ, בָּזֶה הֵם מְסִירִים אֶת רוּחַ הַטֻּמְאָה מֵהַיְלָדִים, שֶׁהֵם מוֹלִידִים.
When a man and his wife wash their hands and give charity before relations, through this they remove the spirit of impurity from the children they conceive.

פד. יֵשׁ אִשָּׁה שֶׁמְּגַדֶּלֶת נְקֵבוֹת, וְאֵינָהּ מְגַדֶּלֶת זְכָרִים.
There is woman who raise only girls and not boys.

פה. אֲמִירַת פָּרָשַׁת צִיצִית בִּמְסִירוּת־נֶפֶשׁ וּבְיִרְאָה גְּדוֹלָה גַּם הַלְבָּשַׁת עֲרוּמִים, עַל־יְדֵי זֶה זוֹכֶה לְבָנִים זְכָרִים.
Saying the scriptural passages about tzitzit with self sacrifice, and with great awe, and also clothing the naked, though this one merits one to have male children.

פו. שָׁנָה שֶׁיֵּשׁ בָּהּ בְּרָכָה, סִימָן שֶׁגַּם יִשְׂרָאֵל יִפְרוּ וְיִרְבּוּ.
A year in which there is blessing in the produce, this is an indication that the Jews will be fruitful and have many children.

פז. אִשָּׁה שֶׁעוֹסֶקֶת בִּכְשָׁפִים, בָּנֶיהָ מֵתִים וְנַעֲשֵׂית אַלְמָנָה.

Sefer HaMidot   ספר הַמִדוֹת

A woman who deals in witchcraft, her children die and she becomes a widow.

פח. מֵינֶקֶת שֶׁנֶּחְסַר חֲלָבָהּ – הַסְּגֻלָּה לָזֶה שֶׁיִּתְאַבֵּל בַּעְלָהּ עַל יְרוּשָׁלַיִם.
A nursing woman whose milk is deficient, the segula auspicious act for this is for her husband to mourn over Jerusalem.

פט. מַכּוֹת בָּנִים בָּא עַל־יְדֵי שָׁוְא, גַּם הַמָּקוֹם גּוֹרֵם.
Violence [lit. beatings] comes upon one's sons through falsehood. Location can also be a cause.

צ. מִי שֶׁמְּשַׂמֵּחַ חָתָן וְכַלָּה, יִזְכֶּה שֶׁתֵּלֵד אִשְׁתּוֹ זְכָרִים.
One who gives joy to a bride and groom will merit that his wife will birth sons.

צא. גַּם עַל־יְדֵי הַזְהָרוֹת נֵרוֹת.
Also, through being careful with candles, one merits sons.

צב. שָׁנָה שֶׁיֵּשׁ הַרְבֵּה גְשָׁמִים, סִימָן שֶׁנּוֹלָדִים בְּזֶה הַשָּׁנָה הַרְבֵּה זְכָרִים.
A year with abundant rain is a sign that in that year, many sons will be born.

צג. אִישׁ וְאִשְׁתּוֹ שֶׁהֵם מְקַלְּלִים אֶת עַצְמָם, אֵין מְגַדְּלִין אֶת בְּנֵיהֶם.
A man and his wife who curse each other will not raise their children.

צד. סְגֻלָּה לְגַדֵּל בָּנִים: תִּזְרַע אֵיזֶה מִין תְּבוּאָה, וּכְשֶׁתִּקְצֹר אוֹתָהּ, תִּתֵּן אוֹתָהּ לַעֲנִיִּים, וְאַתָּה לֹא תֵהֱנֶה מִמֶּנָּה.
A segulah for raising children: Plant any type of crop, and when you harvest it, give it to the poor - do not benefit from it yourself.

צה. מִי שֶׁמַּטִּיל אֵימָה יְתֵרָה עַל דּוֹרוֹ, אֵין מִתְקַיְּמִין לוֹ בָּנִים חַכְמֵי לֵב.
One who casts excessive fear upon his generation, will not uphold wise [literally: wise of heart] children.

צו. מִי שֶׁאֵין לוֹ רַחֲמָנוּת עַל בָּנָיו, בְּיָדוּעַ שֶׁאֵין לוֹ חֵלֶק בְּשֵׂכֶל דִּקְדֻשָּׁה.
One who does not have mercy on his children, it is certain known that he does not possess a portion of the holy intelligence.

צז. כְּשֶׁאֵינוֹ חוֹזֵר עַל לִמּוּדוֹ [וְשׁוֹכֵחַ] עַל־יְדֵי זֶה הַבָּנִים מֵתִים.
When he does not review his learning [and forgets it], through this the children die.

צח. עַל־יְדֵי זְנוּת אֵין מְגַדְּלִים בָּנִים.
Through sexual immorality, one will not raise children.

צט. שֵׁם אֱלוֹ"הַּ – שְׁמִירָה לְבָנִים.

Sefer HaMidot סֵפֶר הַמִּדּוֹת

The name Elo-kah, one of names of GOD, gives protection to children.

ק. מִי שֶׁמִּשְׁתַּדֵּל שֶׁיִּהְיֶה פַּרְנָסָה לְדוֹרְשֵׁי הַשֵּׁם, עַל־יְדֵי זֶה יִזְכֶּה שֶׁלֹּא יֵצְאוּ בָּנָיו לְתַרְבּוּת רָעָה.

One who strives to assure an income to people who seek GOD, will merit that his children not go off [develop, turn out] into bad ways.

קא. עַל־יְדֵי אֱמוּנַת צַדִּיקִים הַבָּנִים חַיִּים וְקַיָּמִים.

Through faith in the tzaddik, one's children live and prosper.

קב. כְּשֶׁנִּזְכָּר בָּא לְעוֹלָם – חֶסֶד בָּא לְעוֹלָם.

When a male child comes into the world, kindness comes to the world.

קג. מִי שֶׁמְּצַעֵר אֶת אָבִיו וְאִמּוֹ – עַל־יְדֵי זֶה אֵינוֹ זוֹכֶה לְגַדֵּל זְכָרִים.

One who causes his father and mother pain will not merit to raise sons.

קד. מִי שֶׁרוֹדֵף שָׁלוֹם – עַל־יְדֵי זֶה יִזְכֶּה לִרְאוֹת בָּנִים לְבָנָיו.

One who pursues peace, through this he will merit seeing his childrens' children.

קה. קִלְקוּל הַדֶּלֶת אוֹ הַחַלּוֹן זֶה סִימָן לְחֻלְשַׁת בָּנִים.

Breakage to a door or a window is a sign of weakness in one's children.

קו. הַמַּחֲלֹקֶת זֶה סִימָן רַע לְבָנִים, וְשָׁלוֹם זֶה סִימָן טוֹב לְבָנִים.

Contention is a bad sign for [having] children and peace is a good sign.

קז. הַבָּנִים שׁוֹטִים, כְּשֶׁאֲבִיהֶם כַּעֲסָן.

Children will be fools when their father is bad tempered.

קח. עַל־יְדֵי כִּבּוּד אָב תִּזְכֶּה לְבָנִים זְכָרִים.

Through respecting [your] father, you will merit having male children.

חלק שני

א. מִי שֶׁיֵּשׁ לוֹ צַעַר גִּדּוּל בָּנִים, יִקְרָא בְּכָל יוֹם מַעֲשֵׂה בְרֵאשִׁית. גַּם עַל־יְדֵי הַקְּרִיאָה נִצּוֹל מֵעֲלִילוֹת שֶׁל גְּזֵלָה.

One who suffers in the raising of his children [this includes having children], should read the Biblical passages describing the Creation, everyday. Also, throug this reading, one is saved from the accusations of being a thief.

ב. סְגֻלָּה לְבָנִים, לְהַקְטִין אֶת עַצְמוֹ.

Sefer HaMidot   ספר המדות

A segulah for having children is humbling oneself.

ג. מַטָּע הַכֶּרֶם מַזִּיק לְגִדּוּל וְלָדוֹת.

Planting a vineyard is damaging to the growth of fetuses.

ד. הִשְׁתַּדְּלוּת בְּפִדְיוֹן־שְׁבוּיִים מְסֻגָּל לְהוֹלָדָה.

Endeavoring to free captives is a segulah for giving birth.

ה. אֲמִירַת הַמַּעֲמָדוֹת טוֹב לְבָנִים.

The saying of the ma'amadot is helpful for having children.

ו. אִשָּׁה שֶׁבָּנֶיהָ מֵתִים בַּחֹלִי הַנִּקְרָא סַמְקָא, הַיְנוּ זְדוּשִׁין, תִּרְחַץ אוֹתָם בְּשֶׁמֶן, וְהַשֶּׁמֶן הַזֶּה תַּדְלִיק אוֹתוֹ אַחַר־כָּךְ בִּטְבִילַת מִצְוָה.

A woman whose children die from the disease called samkah- that is, zedushin- should wash them in oil, and then burn this oil afterwards while performing a ritual immersion.

ז. מִי שֶׁקָּמִים עָלָיו רַבִּים וְחוֹלְקִים עָלָיו עַל אֱמוּנָתוֹ וְהוּא עוֹמֵד כְּנֶגְדָּם וְטוֹעֵן כְּנֶגְדָּם דְּבָרִים הַנִּתְקַבְּלִים, עַל־יְדֵי זֶה זוֹכֶה לְבָנִים רַבִּים, וְהָעוֹלָם נִתְמַלֵּא מִזַּרְעוֹ.

One against whom many arise to challenge him on account of his faith; and he stands up against them and makes well-received counter-claims, through this he will merit having many children, and the world will be filled with his seed.

ח. הֵא הַנַּעֲשָׂה מִכֶּסֶף, מְסֻגָּל לִפְרִיָּה וּרְבִיָּה.

The letter hey [fifth letter of the Hebrew alphabet] made out of silver, is a segulah for propagation [See also Likutay Moharan Torah 53].

ט. לִפְעָמִים בִּנְיַן הַבַּיִת גּוֹרֵם לְאִשָּׁה שֶׁלֹּא תֵלֵד, כְּשֶׁהָעֵצִים שֶׁבְּבִנְיָנָן אֵינָם מֻנָּחִים כְּסֵדֶר הַנָּתַן לָהֶם מִשֵּׁשֶׁת יְמֵי בְרֵאשִׁית, וְאָז הַבַּיִת נִקְרָא הָרוּס אֲפִלּוּ בְּבִנְיָנוֹ, וְהָהֶרוּס הַזֶּה בָּא וּמַזִּיק לְאִשָּׁה וְאֵינָהּ מוֹלֶדֶת.

Sometimes the construction of the house prevents a woman from birthing, as when the beams are not placed according to their order from the Six Days of Creation. In such a case, the house is as if it were destroyed, even though it is standing. This destruction comes and harms the woman, and she does not give birth.

י. צָרִיךְ לַחֲזֹר אַחַר מוֹהֵל צַדִּיק וִירֵא־שָׁמַיִם, כִּי כְּשֶׁהַמּוֹהֵל אֵינוֹ טוֹב, יָכוֹל לִהְיוֹת שֶׁלֹּא יִהְיֶה מוֹלִיד, חַס וְשָׁלוֹם, הַנִּמּוֹל עַל־יָדוֹ. גַּם עַל־יְדֵי שֶׁהַמּוֹהֵל אֵינוֹ טוֹב, עַל־יְדֵי זֶה בָּא הַתִּינוֹק, חַס וְשָׁלוֹם, לִידֵי חֳלִי נוֹפֵל.

One must look for a mohel who is righteous and GOD fearing. For when the mohel is not fitting, it can happen that the child, when he is grown, will not be able to have children

Sefer HaMidot

[lit. cause birth]. Also, when the mohel is not fitting, the child can, GOD forbid, come to suffer from "falling disease" often translated as epilepsy.

יא. מִי שֶׁיֵּשׁ לוֹ בֵּן עוֹסֵק בַּתּוֹרָה, כְּאִלּוּ לֹא מֵת.

A deceased person who has a son involved in studying the Torah, is as if he never died.

יב. הֶחָלָב שֶׁל צַדֶּקֶת הוּא טוֹב לַתִּינוֹק לְיִרְאַת־שָׁמַיִם וְגַם נוֹתְנוֹת לוֹ מֶמְשָׁלָה בָּעוֹלָם הַזֶּה.

The milk of a righteous woman is good for a child's [lit. baby's] fear of Heaven, and also gives him dominion over this world.

יג. שִׁכּוּל בָּנִים בָּא, חַס וְשָׁלוֹם, עַל מִי שֶׁמַּפִּיל אֶת חֲבֵרוֹ מֵאֱמוּנָה.

Death of one's children, GOD forbid, comes through causing one's friend to fall away from his faith.

יד. כְּשֶׁיֵּשׁ שָׁלוֹם מַלְכוּת, עַל־יְדֵי זֶה נוֹלָדִים בְּיִשְׂרָאֵל בַּעֲלֵי הוֹרָאָה.

When there is peace in a country's government, the Jews give birth to master teachers.

טו. מִי שֶׁשּׁוֹמֵר אֶת עַצְמוֹ גַּם אֶת הָעֵת וְהַזְּמַן שֶׁמְּזַוֵּג, שֶׁלֹּא יִהְיֶה לֹא הוּא וְלֹא הָעֵת וְהַזְּמַן חַם בְּיוֹתֵר וְלֹא קַר בְּיוֹתֵר, עַל־יְדֵי זֶה בָּנָיו הַנּוֹלָדִים יִהְיוּ חֲכָמִים גְּדוֹלִים.

One who guards himself in, as well as the season and time of, sexual relations, that they are balanced - that is to say, that neither he nor the season is too hot or too cold - through this, the children born to him will be great sages.

טז. מִי שֶׁהוּא שׁוֹלֵט בְּיִצְרוֹ, בָּנָיו אֵינָם יוֹצְאִים לְתַרְבּוּת רָעָה, וְעַל־יְדֵי זֶה מָמוֹנוֹ נִתְבָּרֵךְ, וְעַל־יְדֵי זֶה לֹא יָבוֹא לִידֵי נִסָּיוֹן.

One who has control over his desires causes that his children will not be drawn to evil ways, that his money is blessed, and that he will not be put to a test.

יז. אֲפִלּוּ אִשָּׁה צַדֶּקֶת כְּשֶׁהִיא אֵינָהּ מְיֻחֶסֶת, עַל־יְדֵי זֶה מוֹלֶדֶת בָּנִים שֶׁאֵינָם הֲגוּנִים.

Even a woman who is righteous, but not of respected lineage, will have unworthy children.

יח. בִּזְמַן שֶׁהַדָּגָן רַב בָּעוֹלָם, זֶה סִימָן לְלֵדַת זְכָרִים, וּבִזְמַן שֶׁהַיַּיִן רַב בָּעוֹלָם, זֶה סִימָן לְלֵדַת נְקֵבוֹת.

In a time of abundant grain in the world, it is a sign that males will be born. In a time of abundant wine, it is a sign for the birth of females.

Sefer HaMidot

יט. מִי שֶׁאֵין לוֹ בֵּן זָכָר, יַרְגִּיל אֶת עַצְמוֹ לְהָבִיא מַתָּנוֹת לְתַלְמִידֵי־חֲכָמִים, וְיֹאמַר פָּרָשָׁה שֶׁל בִּכּוּרִים וְגַם יִלְמַד גְּמָרָא הַרְבֵּה וִימַעֵט בְּלִמּוּד אַגָּדָה, כִּי לִמּוּד אַגָּדָה הוּא מְסֻגָּל לְבָנוֹת.

One who does not have a son should accustom himself to bring gifts to Torah scholars, and say the section of Torah verses about the first-fruit offering. Also, he should increase his study of Talmud, and minimize his study of Aggadah, for studying Aggadah is a segulah for having girls.

כ. עַל־יְדֵי לִמּוּד פּוֹסְקִים, עַד שֶׁיֵּדַע לְהוֹרוֹת הוֹרָאוֹת, עַל־יְדֵי זֶה גּוֹרֵם פְּקִידָה לְכַמָּה עֲקָרוֹת.

By learning the codes of Jewish law until one is able to render halachic decisions, one causes a number of barren women to conceive.

כא. לִפְעָמִים עַל־יְדֵי תְּפִיסָה נִצּוֹל מִכִּלָּיוֹן בָּנִים.

Sometimes, through being held in prison, one is saved from being barren of children.

כב. עַל־יְדֵי צְדָקָה זוֹכֶה לְבָנִים.

Through charity one merits to have children.

כג. סְגֻלָּה לְמַקְשָׁה לֵילֵד, שֶׁתִּתְלֶה עַל צַוָּארָהּ מַפְתֵּחַ שֶׁל הַבֵּית־עָלְמִין. גַּם הַמַּפְתֵּחַ הַזֶּה מְסֻגָּל לַעֲקָרָה.

A segulah for a woman who is having difficulty giving birth is to hang the keys to the cemetery from her neck. This is also a segulah for becoming pregnant.

כד. הַבָּנִים מֵתִים, חַס וְשָׁלוֹם, עַל־יְדֵי רְאִיַּת קֶרִי.

Children die, GOD forbid, by seeing a seminal emission.

כה. יֵשׁ עֵצִים הַמּוֹנְעִים הַהוֹלָדָה וְהַגִּדּוּל בָּנִים כְּשֶׁעוֹשִׂין מִטָּה, וְיֵשׁ עֵצִים הַגּוֹרְמִין הַהוֹלָדָה וְהַגִּדּוּל בָּנִים.

There are trees which, when their wood is used to make one's bed, hinder birth and raising children. Conversely, there are trees which promote birth and raising children.

כו. מִי שֶׁבָּנָיו מֵתִים כְּשֶׁהֵם קְטַנִּים, תַּעֲשֶׂה לוֹ אִמּוֹ כֻּתֹּנֶת, וְהוּא יֵלֵךְ בּוֹ תָּמִיד עַד שֶׁיִּגְדַּל.

One who has had children die at a young age should have his living child's mother makes a coat that he should wear always, until he matures.

כז. כְּשֶׁיִּשְׂרָאֵל פָּרִים וְרָבִים, אֲזַי הָאֻמּוֹת מְחַדְּשִׁין עָלֵינוּ גְּזֵרוֹת.

When the Jews are fruitful and multiply, the non-Jewish nations make new harsh decrees upon us.

Sefer HaMidot

כח. הַסְּגוּפִים מוֹעִילִים לְהוֹלָדָה.
Self-mortification is helpful for giving birth.

כט. הַקּוֹצִים מְסֻגָּלִים [מוֹעִילִים] לְהוֹלָדָה.
Thorns are fortuitous for giving birth.

ל. מִי שֶׁנּוֹלַד מָהוּל, בְּיָדוּעַ שֶׁכֹּחַ הַמְדַמֶּה שֶׁלּוֹ טוֹב וְיָפֶה.
Someone who is born circumcised, it is certain that his imagination is good and pleasant.

ברכה
Blessing

א. הַמִּתְבָּרֵךְ צָרִיךְ לִתֵּן לַמְבָרֵךְ אֵיזֶה מַתָּנָה.
The one who is blessed should give the one who blessed him a gift.

ב. אַל תְּהִי בִּרְכַּת גּוֹי קַלָּה בְּעֵינֶיךָ.
The blessing of a non-Jew should not be insignificant in your eyes.

ג. מִי שֶׁמְּקָרֵב אֶת הָרְחוֹקִים לַעֲבוֹדַת הַשֵּׁם יִתְבָּרֵךְ הַבְּרָכוֹת מְסוּרִים בְּיָדוֹ.
One who brings those who are far, close to the service of the Blessed Lord, the blessings are given over to his hands. is empowered to grant blessings.

בשורה
Tiding

חלק ראשון

א. מִי שֶׁהוּא רָגִיל לוֹמַר בְּשׂוֹרוֹת טוֹבוֹת, הוּא נִתְלַבֵּשׁ מִבְּחִינַת אֵלִיָּהוּ.
One who is accustomed to saying good tidings, he is enclothed with an aspect of Eliyahu [Elijah].

ב. אַל תְּבַשֵּׂר בְּשׂוֹרָה רָעָה, כִּי מֵחֲמַת בְּשׂוֹרָה רָעָה מֵתוּ כַּמָּה נְפָשׁוֹת.
Do not bear bad tidings, for due to bad tidings numerous people have passed away.

ג. הָעוֹשֶׂה מִצְוָה כְּמַאֲמָרָהּ – אֵין מְבַשְּׂרִין אוֹתוֹ בְּשׂוֹרוֹת רָעוֹת, וְהַקָּדוֹשׁ־בָּרוּךְ־הוּא גּוֹזֵר וְהוּא מְבַטֵּל.
One who fulfills a commandment 'as it was said' There are different interpretations as to what this demand. The

Sefer HaMidot

ספר המדות

Maharsha explains that it means - for the sake of Heaven. The Maharal explains it means - in completion, exactly as it was commanded, evil tidings do not come to him, and the Holy One, Blessed be He, decrees, and he annuls.

ד. הַמְבַשֵּׂר בְּשׂוֹרוֹת רָעוֹת, נוֹפֵל לְמֹחִין דְּקַטְנוּת.
One who bears evil tidings falls into small-mindedness.

חלק שני

א. מִי שֶׁהוּא רָגִיל לְבַשֵּׂר בְּשׂוֹרוֹת טוֹבוֹת, עַל־יְדֵי זֶה לֹא יִכְאֲבוּ לוֹ רַגְלָיו.
One who is accustomed to bear good tidings, through this his feet will not hurt him.

גאוה
Arrogance

א. אֵין מָשִׁיחַ בָּא, עַד שֶׁיִּכְלֶה [כָּל] גַּאֲוָה מִן הָעוֹלָם.
The Messiah will not come until all the arrogance in the world ceases.

ב. עַל־יְדֵי גַאֲוָה בָּא לִידֵי תַּאֲוַת מִשְׁכַּב־זָכָר גַּם בָּא לִידֵי כַּעַס, גַּם לִפְעָמִים אֵין אִשָּׁה מִתְעַבֶּרֶת מֵחֲמַת שֶׁהִיא מְקַשֶּׁטֶת וְהִיא בַּעֲלַת־גַּאֲוָה.
Through arrogance, one comes to homosexual desires, also one comes to anger. Also, sometimes a woman cannot conceive because she overly adorns herself and is arrogant.

ג. עַל־יְדֵי גַאֲוָה בָּא רָעָב לָעוֹלָם.
Through arrogance, famine comes to the world.

ד. עַל־יְדֵי גַאֲוָה בָּא לְשִׁכְרוּת וְהוּא הַדִּין לְהֶפֶךְ.
Through arrogance, one comes to drunkenness and vice-versa.

ה. עַל־יְדֵי גַאֲוָה בָּא לְפַחַד.
Through arrogance, one comes to be frightened.

ו. סְגֻלָּה לְבַטֵּל גַּאֲוָה, לִתֵּן צְדָקָה.
A segula [auspicious] to annul arrogance, is to give charity.

ז. מִי שֶׁנּוֹהֵג רַבָּנוּת בְּעַל־כָּרְחָם בְּגַאֲוָה, הַקָּדוֹשׁ־בָּרוּךְ־הוּא מְעוֹרֵר עָלָיו שׂוֹנְאִים.
One who arrogantly imposes rabbinical authority, God arouses enemies against him.

ח. מִי שֶׁלִּבּוֹ רָם עָלָיו, יֵדַע שֶׁהַשָּׁעָה מַצְלַחַת עָלָיו.

Sefer HaMidot   סֵפֶר הַמִדוֹת

One who experiences an uplifted heart, should know that the hour [time] is successful for him.

ט. מִי שֶׁמּוֹשִׁיעַ לַעֲנִיִּים, יֵשׁ בּוֹ כֹּחַ בְּהִסְתַּכְּלוּת עַל בַּעֲלֵי-גַאֲוָה לְהַשְׁפִּיל אוֹתָם.
One who saves poor people has power in his gaze on arrogant people to humble them.

י. מִי שֶׁהוֹלֵךְ בַּשּׁוּק וְנוֹפֵל, בְּיָדוּעַ שֶׁהוּא גַּדְלָן.
One who walks in a public marketplace and falls, for certain he has a large ego.

יא. סְגֻלָּה לְבַטֵּל גַּאֲוָה, שֶׁיִּשְׁתַּתֵּף בְּצָרָתָן שֶׁל יִשְׂרָאֵל.
Conducive to overcoming arrogance: to take part in the suffering of the Jews.

יב. עָנִי שֶׁהָרָשָׁע רוֹדֵף אוֹתוֹ תֵּדַע שֶׁהֶעָנִי הוּא בַּעַל-גַּאֲוָה.
A poor man who is pursued by a wicked man; know that the poor man is haughty.

יג. עַל-יְדֵי גַּאֲוָה נוֹפֵל מֶאֱמוּנָתוֹ.
Pride causes a loss of faith.

יד. עַל-יְדֵי גַּאֲוָה נִסְגָּר הַלֵּב וְעֵינֵי הָאָדָם מִלְהַבִּיט בְּפִלְאוֹת [בִּפְעוּלַת] הַשֵּׁם יִתְבָּרַךְ, לְיִרְאָה מִלְּפָנָיו.
Pride blocks one's heart and eyes from perceiving the Blessed God's wonders and from experiencing awe before Him.

טו. אֵין לְהִתְגָּאוֹת בְּהַשָּׂגוֹת גְּדוֹלוֹת אוֹ בְּמַעֲשִׂים טוֹבִים, כִּי הַכֹּל עַל-יְדֵי הַצַּדִּיק שֶׁבַּדּוֹר, וְהוּא אֵצֶל הַצַּדִּיק כְּעֵט אֵצֶל סוֹפֵר.
One should not find cause to be haughty due to brilliant perceptions or good deeds, for it all comes by way of the tzadik of the generation and one is merely by the tzadik like a pen by a scribe.

טז. אֲכִילָה וּשְׁתִיָּה מֵבִיא לְגַאֲוָה.
Eating and drinking bring to arrogance.

יז. תִּקּוּן לְגַאֲוָה – שֶׁיִּתְעַנֶּה.
A rectification for arrogance is that one should fast.

יח. סְגֻלָּה לְגַאֲוָה – שֶׁיִּסְתַּכֵּל עַל הַשָּׁמַיִם.
Conducive to [overcoming] arrogance; to look at the sky.

יט. מַבְהִילִין אֶת הָאָדָם בַּחֲלוֹמוֹת, כְּדֵי לְהָסִיר מִמֶּנּוּ גַאֲוָה שְׁקוּעָה, שֶׁהוּא מְכֻסָּה מִמֶּנּוּ, שֶׁאֵינוֹ מַכִּיר בָּהּ.
A to order in nightmares by spooked A person is remove to order in nightmares by spooked person is embedded arrogance, which is concealed from him, which he

Sefer HaMidot סֵפֶר הַמִדּוֹת

doesn't discern.

כ. כָּל הַמִּתְיַהֵר – חָכְמָתוֹ וּנְבוּאָתוֹ מִסְתַּלֶּקֶת.
Anyone who is conceited; his wisdom and prophecy [possibly: intuition] depart.

כא. דַּל גֵּאֶה – אֵין הַדַּעַת סוֹבְלוֹ. גַּם הוּא בְּעַצְמוֹ מִתְחָרֵט לְאַחַר זְמַן וְנִבְזֶה בְּעֵינֵי עַצְמוֹ.
An arrogant pauper is unbearable to the intellect. He, too, eventually has regret and is despised in his own eyes.

כב. אִי אֶפְשָׁר לְגֵאֶה לְהַשְׁפִּיל דַּעְתּוֹ וּבָא לִידֵי שִׁכְחָה.
An egotist [someone beautiful] is unable to humble his self-regard and will come to forgetfulness.

כג. יָהִיר – בַּעַל־מוּם הוּא.
A conceited person is, considered physically, handicapped.

כד. לְפִי צֹרֶךְ הָעִנְיָן יֵשׁ הֶתֵּר בַּדָּבָר לַעֲשׂוֹת דָּבָר, הַנִּרְאֶה כְּאִלּוּ מִתְגָּאֶה.
Depending upon the necessity of the matter, it may be permissible to act in a way which appears arrogant.

כה. מִי שֶׁיֵּשׁ בּוֹ גַּסּוּת, לְסוֹף נִכְשָׁל בְּאֵשֶׁת־אִישׁ; וְהוּא כְּעוֹבֵד עֲבוֹדָה זָרָה; וּכְאִלּוּ כּוֹפֵר בָּעִקָּר; וּכְאִלּוּ בָּא עַל עֲרָיוֹת כֻּלָּם; וּכְאִלּוּ בָּנָה בָּמָה; וּמִתְמַעֵט מַחֲשִׁיבוּתוֹ וְאֵינֶנּוּ; וְרָאוּי לְגַדְּעוֹ כַּאֲשֵׁרָה; גַּם אֵין עֲפָרוֹ נִנְעֶרֶת; וּשְׁכִינָה מְיַלֶּלֶת עָלָיו.
An arrogant person will eventually commit adultery. He is like an idolater, like one who denies the essentials of faith, like one who committed all forms of incest, and like one who built an alter for idolatry. His importance diminishes to nothing, he deserves to be chopped down like the idolatrous Asherah tree. His remains will not be stirred for the resurrection and the Shekhinah wails over him.

כו. הַכּוֹבַע שֶׁל צַדִּיק – סְגֻלָּה לְהָסִיר הַגַּאֲוָה.
Wearing a Tzaddik's hat is conducive to removing arrogance. hence the Nanach beanie.

כז. עַל־יְדֵי אֱמוּנָה יִהְיֶה לְךָ כֹּחַ לְשַׁבֵּר אֶת עַצְמְךָ מִגַּאֲוָה, וְתִמְשֹׁל עַל מִדַּת גַּאֲוָה.
Through faith, you will be able to break yourself from pride, and rule over the vice of arrogance.

כח. בַּעַל־גַּאֲוָה – מַחְשְׁבוֹתָיו אֵין מַצְלִיחִין.
An arrogant person, his thoughts [plans] are unsuccessful.

כט. כְּשֶׁנִּזְדַּמֵּן לְךָ עֲבֵרָה בְּלִי דַעַת – בְּוַדַּאי יֵשׁ לְךָ גַּאֲוָה, וּבָזֶה מַרְאִין לְךָ, שֶׁעֲדַיִן אֵין אַתָּה צַדִּיק.

Sefer HaMidot ספר המדות

When you happen upon a transgression without awareness, it is certain that you have arrogance, and through this accidental sin, Heaven is showing you that you are not yet a tzaddik.

ל. כְּשֶׁבָּא לְךָ אֵיזֶה גַדְלוּת, תִּדְאַג מִפֻּרְעָנוּת.
When any conceit comes to you, be concerned from calamity befalling you.

לא. עָנִי שֶׁהוּא שְׁפַל־רוּחַ, אַף־עַל־פִּי שֶׁאֵינוֹ נוֹתֵן צְדָקָה, הוּא טוֹב מֵעָשִׁיר בַּעַל־גַּאֲוָה, אַף־עַל־פִּי שֶׁנּוֹתֵן צְדָקָה.
A poor man of humble spirit, even though he doesn't give charity, he is better than a prideful rich man, even though he gives charity.

לב. כְּשֶׁנּוֹפֵל לְךָ גַדְלוּת, תְּצַיֵּר לְפָנֶיךָ דְּמוּת אָבִיךָ.
When pride falls upon you, visualize before you your father's image.

לג. גַּאֲוָה הוּא סִימָן עַל שֶׁבֶר, חַס וְשָׁלוֹם.
Arrogance is a sign of or for downfall, God forbid.

לד. גַּאֲוָה בָּא עַל־יְדֵי שֶׁלֹּא תִּקַּנְתָּ חַטַּאת נְעוּרִים.
Arrogance is a result of your not having rectified the sins of youth.

לה. מִי שֶׁיֵּינוֹ מַחֲמִיץ, בְּיָדוּעַ שֶׁהוּא בַּעַל־גַּאֲוָה.
One who's wine sours, it is certain that he is haughty.

לו. מִי שֶׁיֵּשׁ לוֹ גַּאֲוָה, מְדוֹרוֹ אֵינוֹ מִתְקַיֵּם.
One who is haughty, his dwelling place will not endure.

לז. מִי שֶׁיֵּשׁ בּוֹ גַּאֲוָה, אֵין אֲנִי וָהוּא יְכוֹלִין לָדוּר בָּעוֹלָם. וַאֲפִלּוּ רוּחַ קַמְעָא עוֹכַרְתּוֹ; וְאֵין תְּפִלָּתוֹ נִשְׁמַעַת; וְאֵין לוֹ רְפוּאָה; וּבָא לִידֵי עֲנִיּוּת שֶׁל תּוֹרָה; וְאִשְׁתּוֹ מְבַזָּה אוֹתוֹ.
One who has arrogance, I God and he cannot dwell together in the world. Even a slight breeze troubles him. His prayer goes unheeded. He does not have healing. He becomes impoverished in Torah, and his wife denigrates him.

לח. מִי שֶׁמַּלְבִּישׁ אֶת עַצְמוֹ בְּמַלְבּוּשׁ שֶׁל תַּלְמִיד־חָכָם וְהוּא אֵינוֹ תַּלְמִיד־חָכָם, אֵין מַכְנִיסִין אוֹתוֹ בִּמְחִצָּתוֹ שֶׁל הַקָּדוֹשׁ־בָּרוּךְ־הוּא.
One who dons the garb of a Torah scholar and he is not a Torah scholar, will not be brought into God's partition.

לט. גַּאֲוָה מְעַכֶּבֶת אֶת מָשִׁיחַ וּמַטְרִיד אֶת הָאָדָם מִן הָעוֹלָם.
Pride holds back the coming of Messiah, and confounds a person from the world.

72

Sefer HaMidot ספר הַמִּדּוֹת

מ. הַפָּסוּק: "אִם יַעֲלֶה לַשָּׁמַיִם שִׂיאוֹ", וְהַפָּסוּק – "כִּי לֹא לְעוֹלָם חֹסֶן", הֵם מְסֻגָּלִים לְשַׁבֵּר אֶת הַגַּאֲוָה.

The verse - "If his height rises to the sky, and his head reaches the clouds, he will be eternally destroyed like dung, those that look upon him will say, where is he". And the verse - "For refuge is not forever, and is the crown of wealth lasting for generations" are conducive to breaking haughtiness.

גניבה וגזילה
Theft

חלק ראשון

א. מִי שֶׁנִּפְתָּה לִבּוֹ לִגְזֹל וְכֵיוָן שֶׁהִתִּיר לְעַצְמוֹ גְּזֵלַת חֲבֵרוֹ, הֲרֵי הוּא מוּכָן לְכָל חֵטְא וְעָוֹן, וְאֵין תַּקָּנָה לַהֲסִירוֹ מִדַּרְכּוֹ הָרָעָה.

One whose heart is tempted to steal openly, since he has permitted himself to steal from his fellow, he is poised to commit any sin, and there is no remedy to turn him away from his evil way.

ב. בַּעֲוֹון הַגָּזֵל הַגּוּבַאי עוֹלֶה וְרָעָב הֲוָה וּבְנֵי-אָדָם אוֹכְלִין בְּשַׂר-בְּנֵיהֶם.

Through the sin of stealing, the locusts arise, and there is famine, and people eat the flesh of their children.

ג. מִי שֶׁאֵינוֹ מְהַנֶּה אֶת אֲחֵרִים מִמָּמוֹנוֹ, עַל-יְדֵי זֶה גַּזְלָנִים בָּאִים עָלָיו.

Someone who does not benefit others with his money, through these robbers come upon him.

ד. הַגּוֹזֵל אֶת חֲבֵרוֹ שָׁוֶה פְּרוּטָה, כְּאִלּוּ נוֹטֵל נִשְׁמָתוֹ וְנִשְׁמַת בָּנָיו וּבְנוֹתָיו וַאֲפִלּוּ גְּרָמָא.

One who steals the worth of a penny from his fellow, it is as if he takes away his soul, and the soul of his sons and daughters, and even if he stole indirectly.

ה. מִי שֶׁלֹּא חָס עַל מָמוֹן חֲבֵרוֹ, בְּיָדוּעַ שֶׁהוּא גַּנָּב.

Someone who does not have regard for his friend's money, it is certain that he is a thief.

ו. אוֹנָאַת מָמוֹן מֻתָּר לְהַנְאוֹת אֶת עוֹבֵד-אֱלִילִים.

Ona'at mamon [monetary wrong] overreaching, that is the seller overcharging or the buyer underpaying by one-fifth or one-sixth, is permissible if one overreaches a heathen.

ז. מִי שֶׁקּוֹפֵץ יָדוֹ מִצְּדָקָה, גַּזְלָנִים בָּאִים עָלָיו.

Sefer HaMidot   ספר הּמִדוֹת

Someone who clenches his hand shut from giving charity, robbers come upon him.

ח. מִי שֶׁשָּׂם בִּטְחוֹנוֹ עַל הַגּוֹיִים לְסוֹף לוֹקְחִין מִשֶּׁלּוֹ בְּעַל־כָּרְחוֹ.
One who puts his trust in gentiles, in the end they take from him by force.

ט. עַל־יְדֵי הַדַּיָּנִים וְהַמְלַמְּדִים שֶׁאֵינָם טוֹבִים גַּם שׁוֹחֲטִים, עַל־יְדֵי זֶה הַשּׂוֹנְאִים אוֹכְלִים פַּרְנָסָתָם שֶׁל יִשְׂרָאֵל.
Through judges and teachers of children, that aren't good, also butchers, through this the enemies consume the livelihood of the Jewish people.

י. מִי שֶׁמְּעָרֵב מַשְׁקָיו בְּמַיִם, גַּנָּבִים בָּאִים עָלָיו.
One who dilutes his beverage with water, thieves come upon him. [This refers to a shopkeeper who has the beverage for sale, and is not a directive never to dilute beverages, this can be learned from the placement of this adage under theft, and also from the fact that this is a topic discussed in the Talmud].

יא. מִי שֶׁנּוֹטֵל חֵלֶק מִגְּנֵבָה, לְסוֹף שֶׁיִּתְגַּלֶּה הַדָּבָר.
Someone who takes a portion from a robbery, in the end the matter will be exposed.

יב. עִיר שֶׁיֵּשׁ בָּהּ גַּנָּבִים, בְּיָדוּעַ שֶׁהָרַב אוֹהֵב שֹׁחַד.
A city in which there are thieves, it is certain that the Rabbi likes bribery.

יג. עַל־יְדֵי דְּבָרִים בְּטֵלִים בָּאִים גַּנָּבִים.
Through empty words and conversation, thieves come.

יד. מֻתָּר לִגְנֹב דַּעַת הַבְּרִיּוֹת, כְּדֵי לְהַצִּיל נֶפֶשׁ מִיִּשְׂרָאֵל.
It is permissible to deceive others in order to save a Jewish soul.

טו. מִי שֶׁמְּבַיֵּשׁ פְּנֵי חֲבֵרוֹ, לְסוֹף שֶׁמְּקִים עֵדוּת שֶׁקֶר, כְּדֵי שֶׁיִּגְזֹל מָמוֹן.
Concerning one who humiliates his friend, in the end he will give false testimony, in order to steal money.

טז. מִי שֶׁיֵּשׁ לוֹ בִּטָּחוֹן מִנְּעוּרָיו, הוּא נִצּוֹל מִגַּזְלָנִים.
One who has trust in GOD from his early years is saved from robbers.

יז. עַל־יְדֵי שְׁמִיעַת דִּבְרֵי שְׁטוּת, הַגַּנָּבִים בָּאִים.
Through hearing foolish words, thieves come.

יח. עַל־יְדֵי שֶׁקֶר גַּנָּבִים בָּאִים.
Through falsehood, thieves come.

Sefer HaMidot

סֵפֶר הַמִּדּוֹת

חלק שני

א. עַל־יְדֵי גְּנֵבַת דַּעַת בָּא, חַס וְשָׁלוֹם, חֳלִי הָרֵאָה וְחָזֶה.

Through deception, comes - GOD forbid - sickness of the lungs and chest.

ב. עַל־יְדֵי גְּנֵבַת דַּעַת בָּא לִידֵי הִרְהוּרֵי זְנוּת עִם גּוֹיָה.

Through deception, come thoughts of promiscuity with a gentile woman.

ג. עַל־יְדֵי גְּנֵבָה מַפְסִיד אֶת הַדַּעַת.

Through theft, one loses cognizance.

ד. הַגְּנֵבָה מַזִּיק לָעֵינַיִם.

Theft harms the eyes.

ה. עַל־יְדֵי אֲמִירַת תִּקּוּן־חֲצוֹת נִצּוֹל מִגַּנָּבִים.

Through saying Tikkun Chatzot [midnight rectification] one is saved from thieves.

ו. מִי שֶׁיֵּשׁ לוֹ צַעַר גִּדּוּל בָּנִים, יִקְרָא בְּכָל יוֹם מַעֲשֵׂה בְרֵאשִׁית, גַּם עַל־יְדֵי הַקְּרִיאָה נִצּוֹל מֵעֲלִילוֹת שֶׁל גְּזֵלָה.

Someone who has pain raising children [This Hebrew term can refer to not having children at all, perhaps due to miscarriages, or to the travails of raising healthy children, safe from illness, death, or misconduct] should read the [passage in the Torah describing the] Story of Creation every day. Also, through this reading he is saved from being accused of stealing.

דַּיָּן
Judge

א. כָּל דַּיָּן שֶׁדָּן אֱמֶת – דִּינָיו אֵינָם בְּטֵלִים וְנִתְקַיְּמִים אֲפִלּוּ שֶׁלֹּא בִּרְצוֹן בַּעֲלֵי הַדִּינִים.

Any judge who judges truthfully - his judgments will not be annulled, and they prevail even against the will of the litigants.

ב. עַל־יְדֵי שֶׁהַדִּין־תּוֹרָה הוֹלֵךְ וְנִתְמַעֵט, עַל־יְדֵי זֶה הַפַּרְנָסָה נִתְמַעֶטֶת, וְכֵן לְהֶפֶךְ.

As a result of Torah law or resolutions of a Torah court weakening, through this livelihood shrinks, also the opposite is true. The commentators do not provide a citation, so I

Sefer HaMidot   ספר המדות

suggest the opening verse of the Book of Judges [Shoftim].

ג. עַל־יְדֵי הַעֲמָדַת דַּיָּנִים שֶׁאֵינָם הֲגוּנִים בָּאִים הִרְהוּרֵי עֲבוֹדָה זָרָה.
Through the appointment of judges who are unworthy, come idolatrous thoughts.

ד. עַל־יְדֵי חִתּוּן עִם תַּלְמִיד־חָכָם עַל־יְדֵי זֶה נִתְמַנִּים דַּיָּנִים כְּשֵׁרִים.
Through marrying a Torah sage, worthy judges are appointed.

ה. עַל־יְדֵי דַּיָּנִים כְּשֵׁרִים הַתּוֹרָה חֲבִיבָה בָּעוֹלָם.
Through proper judges, the Torah is beloved in the world.

ו. עַל־יְדֵי הַבִּזְיוֹנוֹת שֶׁמְּבַזִּין אֶת הַדַּיָּנִים, הַתְּבוּאָה – נִשְׁתַּלַּח בָּהּ מְאֵרָה.
Due to the insults which the judges are insulted, the crops - plagues or curse fall upon it.

ז. עַל־יְדֵי הַבִּזְיוֹנוֹת שֶׁמְּבַזִּין דַּיָּנֵי יִשְׂרָאֵל, עַל־יְדֵי זֶה הַיֹּקֶר הֹוֶה בָּעוֹלָם.
Through the insults which judges of Israel are insulted, through this inflation occurs in the world.

ח. כְּשֶׁאֵיזֶהוּ רָשָׁע נִתְגַּדֵּל, אֲזַי קָשֶׁה לְחַדֵּשׁ אֵיזֶהוּ סְבָרָה בַּפּוֹסְקִים. גַּם דִּבְרֵי הַדַּיָּנִים אֵינָם נִשְׁמָעִים בְּאָזְנֵי הַבַּעֲלֵי־דִינִים.
When an evil person becomes great, it becomes hard to deduce novel reasoning in Torah law, and also the words of judges are not accepted or coherent by the litigants.

ט. הִתְחַדְּשׁוּת הַמִּסִּים וְאַרְנוֹנִיּוֹת הוּא עַל־יְדֵי הַדַּיָּנִים.
The renewal of national and local taxes is through the judges. This is regarding a spiritual relation between the two, rather than a simplistic description of the work of the judge.

דעת
Cognizance

חלק ראשון

א. פְּעָמִים הַקָּדוֹשׁ־בָּרוּךְ־הוּא מֵבִיא עַל הָאָדָם דְּבָרִים, כְּדֵי שֶׁיָּבִין מֵהַדְּבָרִים רַחֲמָנוּתוֹ וֶאֱלֹקוּתוֹ יִתְבָּרַךְ.
Sometimes GOD brings things upon a person, so that through them the person will understand His mercy and GOD liness.

ב. מִי שֶׁמֹּחוֹ מְבֻלְבָּל, יִהְיֶה רָגִיל בִּתְפִלַּת חֲבַקּוּק הַנָּבִיא.
Someone whose mind is confused should frequently say the prayer of Habakuk

Sefer HaMidot   ספר הַמִדוֹת

ג. גַּם לִמּוּד שַׁ"ךְ [שִׂפְתֵי־כֹהֵן] סְגֻלָּה לָזֶה גַּם אֲכִילַת חִטִּים.
Also [for a confused mind], it is a segulah to learn "Sifte Cohen" [Cohen's Lips - commentary on the Shulchan Aruch - Code of Jewish Law], also eating wheat.

ד. מְזוֹנוֹתָיו שֶׁל אָדָם מוֹלִידִין טֶבַע בָּאָדָם לְפִי טִבְעָם.
People's food conceive character in a person according to their, the foods' character.

ה. טַעַם דָּגָן מֵבִיא דַּעַת לָאָדָם.
The taste of wheat brings cognizance [da'as] to man.

ו. חַמְרָא וְרֵיחָנֵי פַּקְחִין.
Wine and fragrance tune up one's cognizance.

ז. עַל־יְדֵי הַמַּחֲלֹקֶת אֵין הַדַּעַת מְיֻשֶּׁבֶת.
Dissension causes the mind to be unsettled.

ח. אָדָם מִצְטַעֵר מִדָּבָר, הַנִּרְאֶה לָעֵינַיִם יוֹתֵר מֵהַצַּעַר, שֶׁמִּצְטַעֵר מֵהַיְדִיעָה.
A person suffers more from what he sees with his eyes than the pain that he feels from information.

ט. הָעוֹסֵק בַּתּוֹרָה וּבִגְמִילוּת־חֲסָדִים, זוֹכֶה לַהֲבָנָה.
One who engages in the study of Torah and doing of kindness merits understanding.

י. עַל־יְדֵי פַּת שַׁחֲרִית נִתְחַכֵּם.
Through eating bread in the morning [pas shacharis], one becomes wise.

יא. הַקָּדוֹשׁ־בָּרוּךְ־הוּא מַשְׁרֶה נְבוּאָתוֹ עַל נָבִיא שֶׁל שְׁלִיחוּת בְּהֶפְסֵק, אֲפִלּוּ אֵינוֹ חָכָם.
The Holy One, Blessed be He, emanates temporary prophecy to a prophet sent on a mission, even if he is not a sage.

יב. הַחֲכָמִים יְכוֹלִים לְהַשִּׂיג בְּחָכְמָה דְּבָרִים הַרְבֵּה שֶׁאֵין בְּשֵׂכֶל הַטֶּבַע לְהַשִּׂיג.
The sages can grasp with wisdom many concepts that natural intelligence cannot conceive.

יג. הָרוֹצֶה לְהַחְכִּים יַדְרִים.
One who wants to become wise should turn south, when praying - Rash"i.

יד. כְּשֶׁאָדָם רוֹצֶה לֵידַע אֵיךְ לְהִתְנַהֵג בְּאֵיזֶה דָּבָר, יִפְתַּח סֵפֶר וְיָבִין אֵיךְ לְהִתְנַהֵג.
When a person wants to know what to do in a given situation, he should open up a holy book, and he will understand what to do.

טו. שֶׁמֶן־זַיִת מְפַקֵּחַ הַלֵּב.

77

Sefer HaMidot

סֵפֶר הַמִדּוֹת

Olive oil tunes up the cognizance of the heart.

טז. מִי שֶׁהוֹלֵךְ בִּתְמִימוּת, נַעֲשָׂה מַשְׂכִּיל.
One who goes in simplicity becomes intelligent.

יז. מִי שֶׁיֵּשׁ לוֹ אֱמוּנָה, זוֹכֶה אַחַר־כָּךְ לַעֲבֹד אֶת הַשֵּׁם בְּדַעַת גָּדוֹל.
One who has faith, merits afterward to serve GOD with great cognizance.

יח. עַל־יְדֵי יִרְאָה תִּזְכֶּה לְדַעַת.
Through awe, one merits to cognizance.

יט. עַל־יְדֵי הַכָּרַת צַדִּיקִים תִּזְכֶּה לְבִינָה וָדַעַת.
Through being acquainted with righteous people, one merits to understanding and cognizance.

כ. מִי שֶׁהוּא הַצְנֵעַ־לֶכֶת — מַחְשְׁבוֹתָיו צְלוּלִים.
One who conducts himself with modesty has mental clarity.

כא. מַה שֶּׁרוֹאֶה עַיִן, יוֹתֵר נָקֵל לְהָבִין אוֹתוֹ הַדָּבָר.
What is seen with the eye, that thing is easier to understand.

כב. מִי שֶׁיִּשְׁמֹר אֶת עַצְמוֹ מִבִּשּׁוּלֵי עַכּוּ"ם וּמִנֶּסֶךְ, זוֹכֶה לְחָכְמָה וּמֵבִין בְּכָל סֵפֶר.
One who guards himself from food cooked by a non-Jew and wine impurified by a non-Jew, merits wisdom, and understands every book he studies.

כג. מִי שֶׁיֵּשׁ לוֹ גַּאֲוָה, לֹא יִזְכֶּה לְהָבִין מֶמְשֶׁלֶת הַשֵּׁם יִתְבָּרַךְ עַל הַכֹּל.
One who is arrogant does not merit to understand GOD's dominion over everything.

כד. כְּשֶׁאֵין אַתָּה עוֹשֶׂה חֶסֶד, עַל־יְדֵי זֶה אֵין לְךָ דַּעַת.
When you don't do kindness, through this you don't have cognizance.

כה. כְּשֶׁאַתָּה עוֹשֶׂה שׁוּם הֶזֵּק, יָדִיעַ לֶהֱוֵי לָךְ שֶׁפָּגַמְתָּ בַּדַּעַת.
If you do any damage, you should know that you violated your cognizance.

כו. מִי שֶׁנִּתְגַּלָּה לוֹ אֵיזֶהוּ שֵׂכֶל, בְּיָדוּעַ שֶׁיִּתְרוֹמֵם בִּמְהֵרָה אֵיזֶהוּ הִתְרוֹמְמוּת.
When a certain understanding is revealed to a person, it is certain that he will soon be raised some height.

כז. כְּשֶׁעוֹשֶׂה תְּשׁוּבָה בְּכָל לֵב, הַקָּדוֹשׁ־בָּרוּךְ־הוּא נוֹתֵן לִבּוֹ לָדַעַת תַּאֲוָתוֹ וּרְצוֹנוֹ.
When one repents with all his heart, GOD grants his heart to know His desire and will.

כח. מִי שֶׁלֹּא תִּקֵּן עֲווֹנוֹתָיו, אֵינוֹ יָכוֹל לֵידַע אֶת הַקָּדוֹשׁ־בָּרוּךְ־הוּא.
One who has not rectified his sins, cannot have a relationship

Sefer HaMidot ספר המדות

with GOD, and know GOD.

כט. עַל־יְדֵי אֱמֶת תִּזְכֶּה לָדַעַת דֶּרֶךְ הַשֵּׁם.

Through truth, you merit to know the ways of GOD.

ל. גַּם עַל־יְדֵי הַכְנָסַת־אוֹרְחִים.

Also, through hosting guests.

לא. כְּשֶׁתַּעֲשֶׂה חֶסֶד שֶׁל אֱמֶת עִם צַדִּיקִים, תִּזְכֶּה לָדַעַת, שֶׁכָּל הַדְּרָכִים הֵן תְּפִלָּה הֵן אֲכִילָה הֵן שְׁאָר תַּעֲנוּגִים כֻּלָּם הֵם דֶּרֶךְ הַשֵּׁם.

When you do kindness of truth or truthful kindness to the righteous, you merit to know that all the ways - of prayer, of eating, and of all the other pleasures - are all the Way of GOD.

לב. עַל־יְדֵי רִנָּה שֶׁל שִׂמְחָה תִּהְיֶה בַּר־דַּעַת.

Through joyous singing, one will be a cognizant person.

לג. מִי שֶׁמְּשַׁלְּמִין לוֹ רָעָה תַּחַת טוֹבָה, הַקָּדוֹשׁ־בָּרוּךְ־הוּא מְרַחֵם עָלָיו וְנוֹתֵן לוֹ שֵׂכֶל גָּדוֹל בַּעֲבוֹדַת הַבּוֹרֵא.

One who is repaid with evil for the good he did, the Holy One, Blessed is He, has mercy on him and grants him great intelligence in the service of the Creator.

לד. לְפִי הַגְדָּלַת מַעֲשִׂים טוֹבִים שֶׁל אָדָם כֵּן הַקָּדוֹשׁ־בָּרוּךְ־הוּא מַעֲמִיק מַחְשְׁבוֹתָיו שֶׁל אָדָם, הַיְנוּ שֶׁנּוֹתֵן לוֹ מֹחַ גָּדוֹל.

According to the measure with which a man increases doing good deeds, so the Holy One, blessed is He, deepens his intelligence, that is, He gives him a great mind.

חלק שני

א. דַּע, כִּי לְכָל הָעוֹלָמוֹת וּלְכָל נִבְרָא יֵשׁ לוֹ קוֹמָה מְיֻחֶדֶת וּבִנְיָן מְיֻחָד. לְמָשָׁל מִין הָאַרְיֵה – קוֹמָתוֹ נִבְדָּל מִמִּין הַצֹּאן הֵן בְּכֹחוֹ וְהֵן בְּבִנְיַן אֵיבָרָיו, [וְהֵן בְּקוֹלוֹ] וְכֵן בְּמִין הָאַרְיֵה [בְּעַצְמוֹ] יֵשׁ הֶבְדֵּל בֵּין כָּל אֶחָד וְאֶחָד, וְכֵן בְּכָל הַנִּבְרָאִים הַהֶבְדֵּלִים הֵן כֻּלָּם רְמוּזִים בִּתְמוּנַת הָאוֹתִיּוֹת וּבְצֵרוּפֵיהֶם. וְהַזּוֹכֶה לְהָבִין אֶת הַתּוֹרָה, יוּכַל לְהָבִין רְמִיזוֹת כָּל הַהֶבְדֵּלִים שֶׁבֵּין כָּל הַנִּבְרָאִים וְגַם יֵדַע הִתְאַחֲדוּתָם, הַיְנוּ רֵאשִׁיתָם וְתַכְלִיתָם כִּי בְּרֵאשִׁית וּבְתַכְלִית הֵם בְּאַחְדוּת בְּלִי הֶבְדֵּל.

Know, that every world and every creation have its own unique structure and unique construction. For example, the lion's profile is different than that of the sheep: in its strength, and in the structure of its limbs, and its voice. Also, within the species of the lion itself, there is a distinction between each one. Further, in all the created beings, their differences

Sefer HaMidot   ספר המדות

are all encoded in the image of the letters and their permutations. One who merits understanding the Torah can understand the code of all the differences between the creations, and will also know their unification - that is, their origins and purposes and beginnings and endings. For in origin and purpose or beginning and end, they are united without differentiation.

ב. דַּע, לְפִי גֹדֶל יְדִיעַת הַתּוֹרָה וְטִבְעֵי הָעוֹלָם כֵּן נִמְסָר וְנִשְׁתַּעְבֵּד הָעוֹלָם תַּחְתָּיו. וּלְפִיכָךְ הָיוּ נִכְנָעִים הָאֲרָיוֹת תַּחַת דָּנִיֵּאל, כִּי דָּנִיֵּאל הָיָה חָכָם גָּדוֹל, וְכָל רָז לֹא אָנִיס לֵהּ, וְהָיָה יוֹדֵעַ טֶבַע הָאַרְיֵה, וְהַטֶּבַע מִתְנַהֶגֶת בִּידִיעַת הַתּוֹרָה, וְהִיא תַּחַת יַד הַיְדִיעָה. [אָמַר הַמַּעְתִּיק: שָׁמַעְתִּי מִפִּי מוֹרֵנוּ וְרַבֵּנוּ הָרַב רַבִּי נָתָן, זֵכֶר צַדִּיק לִבְרָכָה, שֶׁזֶּה הָאוֹת ב' שַׁיָּךְ לָאוֹת א' הַקָּדוּם לוֹ, לְמַה שֶּׁמְּבֹאָר שָׁם: "וְהַזּוֹכֶה לְהָבִין אֶת הַתּוֹרָה – יוּכַל לְהָבִין רִמְזוֹת כָּל הַהֶבְדֵּלִים וְכוּ', שֶׁזֶּה הוּא בְּחִינַת כָּל טִבְעֵי הָעוֹלָם", וְעַל זֶה סוֹבֵב הוֹלֵךְ סִימָן ב': "דַּע, לְפִי גֹדֶל יְדִיעַת הַתּוֹרָה וְטִבְעֵי הָעוֹלָם", הַיְנוּ כְּפִי שֶׁזּוֹכֶה לְהָבִין צֵרוּפֵי אוֹתִיּוֹת הַתּוֹרָה; כִּי כְּפִי גֹדֶל הֲבָנָתוֹ בְּאוֹתִיּוֹת הַתּוֹרָה וּבְצֵרוּפֵיהֶם וְכוּ' כְּמוֹ כֵן גְּדוֹלָה יְדִיעָתוֹ בְּטִבְעֵי הָעוֹלָם וְהָבֵן. וְעַיֵּן בְּלִקּוּטֵי הֲלָכוֹת "יוֹרֶה-דֵּעָה" הִלְכוֹת מִילָה הֲלָכָה ה' אוֹת כ"ג וְאוֹת כ"ד מִשָּׁם עַד גְּמַר הַהֲלָכָה, עַיֵּן שָׁם בְּאוֹר נִפְלָא בָּזֶה, וְיִנְעַם לְךָ לָעַד. וְהָאֱמֶת, שְׁמִי שֶׁמַּבִּיט בְּעַיִן טוֹבָה, בְּעַיִן אֲמִתִּי, בְּלֵב יָשָׁר, אֵין קָשֶׁה לוֹ כְּלָל; אַדְרַבָּא, רוֹאֶה מִזֶּה נִפְלָאוֹת גְּדֻלַּת הַשֵּׁם וְצַדִּיקָיו הָאֲמִתִּיִּים. וּלְהַמִּתְנַגְּדִים הַדּוֹבְרִים עַל צַדִּיק עָתָק, הַמַּבִּיטִים מֵעִקָּרָא בִּסְפָרָיו הַקְּדוֹשִׁים בְּרַע עַיִן לְחַפֵּשׂ וּלְבַקֵּשׁ עֲלִילָה, לֹא יַסְפִּיק שׁוּם בֵּאוּר. כִּי אַחַר כָּל הַדְּבָרִים וְהָאֱמֶת הָאֵלֶּה יְחַפֵּשׂ וִיבַקֵּשׁ תּוֹאֲנָה וַעֲלִילָה, לְדַבֵּר עַל הַצַּדִּיק הַנַּ"ל וְתַלְמִידָיו, זְכוּתָם יָגֵן עָלֵינוּ, עָתָק בְּגַאֲוָה וָבוּז, אַךְ אַף-עַל-פִּי-כֵן לֹא יָכֹלְתִּי לְהִתְאַפֵּק מִלְּהַצִּיג מַה שֶּׁשָּׁמַעְתִּי מְעַט בָּזֶה, וְקַשְׁיָא קָאֵי, וְעַד אַרְגִּיעָה לְשׁוֹן שָׁקֶר וֶאֱמֶת ה' לְעוֹלָם, וְיַצִּילֵנוּ מֵחֶרֶב פִּיפִיּוֹת; כַּאֲשֶׁר עַד הֵנָּה עֲזָרוּנוּ רַחֲמָיו יִתְבָּרַךְ, כֵּן אַל יַעַזְבֵנוּ לָנֶצַח, אָמֵן כֵּן יְהִי רָצוֹן. וְעַיֵּן גַּם-כֵּן בְּלִקּוּטֵי א' סִימָן יט בַּתּוֹרָה "תְּפִלָּה לַחֲבַקּוּק" וְתָבִין קְצָת וְעַיֵּן שָׁם גַּם-כֵּן סִימָן יז.

Know, that according to greatness of one's knowledge of the Torah and of the natural world, so the world is placed and committed in his charge. Thus, the lions were subdued under Daniel, for Daniel was a great sage, and no secret was concealed from him, and he knew the nature of the lion. Nature acts according to the wisdom of the Torah, and it is under the power of that wisdom. [Transcriber's note: I heard from our Teacher, Rabbi Natan, may the memory of the tzadik be for blessing, that this paragraph - 2, is connected to the one above it - 1, to what is explained there, "One who

Sefer HaMidot   ספר המדות

merits understanding the Torah can understand the code of all the differences between the creations etc." because this is the aspect of all the natural phenomena of the world, and building on this comes article 2, "Know, that according to the greatness of one's knowledge of the Torah and of the natural world," that is according to how much one merits to understand the permutations of the letters of the Torah, because according to the greatness of his understanding of the letters of the Torah and their permutations etc. so too will be the greatness of his knowledge of the nature of the world, understand this. Refer to Likutey Halachot, Yoreh Deah, Laws of Circumcision, Law 5, article 23 and 24, until the end of the chapter. See there a wondrous explanation of this, and it will forever pleasant for you. The truth is, whoever looks with a good eye, with a true eye, with a straight heart, does not have any problems with this. The opposers somehow took this entry and tried to use it for bad ends, on the contrary, from here can be seen the wondrous greatness of GOD and his true tzadikim. [The opposers who speak against the venerated tzadik, who from the start look at his books with a bad eye, seeking and searching to make a libel, no explanation would be sufficient. For after all these words and truth, he will search and seek to accuse and wrong, to speak against the above mentioned tzadik and his students, may their merit protect us, venerated, with haughtiness and scoffing. Even still I was unable to hold back from presenting what I heard a little about this, and the truth endures, whereas lies are ephemeral, and GOD is forever true, and will save us from double edged sword, just like His Mercy, Blessed is He, helped us until now, amen so should be His Will. Also see Likutey Moharan, I:19 in the Teaching of "The Prayer of Chabakuk", and you will understand a little, and also see teaching 17].

ג. עַל־יְדֵי הַהַשָּׂגָה שֶׁהָאָדָם מַשִּׂיג, שֶׁהַקָּדוֹשׁ־בָּרוּךְ־הוּא הוּא אֶחָד וְאֵין שֵׁנִי לוֹ, עַל־יְדֵי זֶה מַכְרִיחַ אֶת מַלְאֲכֵי מָרוֹם, שֶׁיִּגָּלְמוּ בְגֻלָם וְלֵילֵךְ בִּשְׁלִיחוּתוֹ.

Through the comprehension a person reaches, that the Holy One, Blessed is He, is One, and that there is no other beside Him, through this he forces the angels of heaven to form into

Sefer HaMidot סֵפֶר הַמִּדּוֹת

a golem and embark to do his bidding.

ד. כְּשֶׁבָּא לָאָדָם הִרְהוּרֵי עֲבוֹדָה זָרָה וְהוּא מְבַטֵּל אוֹתָם בְּמַחֲשֶׁבֶת אֱמוּנָתוֹ, אֲזַי נַעֲשֶׂה מֵהִרְהוּרָיו בְּחִינַת טַל שֶׁל בְּרָכָה. גַּם עַל-יְדֵי זֶה הַמֹּחַ שֶׁלוֹ נִתְקַיֵּם וְאֵין נִתְבַּלְבֵּל לְעוֹלָם, אֲפִלּוּ כְּשֶׁנִּתְיַגֵּע הַמֹּחַ, עַל-יְדֵי שֶׁמְּשׁוֹטֵט בְּאֵיזֶה עִיּוּן עָמֹק, אֲזַי הַקָּדוֹשׁ-בָּרוּךְ-הוּא מַזְמִין לוֹ מַחֲשָׁבוֹת הַנּוֹתְנִים נַיְחָא לְמֹחוֹ.

When thoughts of idol worship come to a person, and he nullifies them by thinking of his faith in GOD, then his thoughts become an aspect of dew of blessing. Also, through this, his mind has fortitude and does not ever become confused; even when the mind becomes tired from pondering some deep concept, then the Holy One, Blessed be He, arranges for him thoughts which relax his mind.

ה. עַל-יְדֵי מְפַרְנְסֵי עֲנִיִּים נִצּוֹלִין הָמוֹן-עַם מִן הַמַּגֵּפָה בִּזְכוּתָם, גַּם בִּזְכוּתָם מֹחִין דְּגַדְלוּת קוֹדְמִין לְמֹחִין דְּקַטְנוּת.

Through the merit of those who sustain the poor, the masses are saved from plagues. Also, in their merit, expanded consciousness precedes constricted consciousness [This is the secret of the first night of Passover, as discussed at great length in the holy Nanach books, especially Likutay Halachos].

ו. אֲפִלּוּ בְּהוֹלְלוּת וְסִכְלוּת יֵשׁ חָכְמָה.

Even in wantonness and foolishness there is wisdom.

ז. הַקּוֹל הַיּוֹצֵא מִבַּר-דַּעַת שֶׁבִּקְדֻשָּׁה מְסֻגָּל לְיִרְאָה.

The voice that emanates from a holy intelligent person is a segula [conducive] to awe.

ח. עַל-יְדֵי בִּלְבּוּל הַדַּעַת נִתְקַלְקֵל הַיִּרְאָה. גַּם עַל-יְדֵי בִּלְבּוּל הַדַּעַת מֶמְשַׁלְתּוֹ נוֹפֶלֶת.

Through confusion of the mind, one's sense of awe is damaged. Also, through confusion of the mind, one's dominion falters.

ט. חַכְמֵי הַדּוֹר הֵם כַּנְפֵי הַדּוֹר, לְפִי חָכְמָתָם כֵּן הִתְקָרְבוּת הַדּוֹר וְהַשָּׂגָתָם אוֹ לְהֵפֶךְ, הַיְנוּ הִתְרַחֲקוּת, חַס וְשָׁלוֹם, מֵהַשֵּׁם יִתְבָּרַךְ. וְלֶעָתִיד לֹא יִצְטָרְכוּ לְהַשִּׂיג אֱלֹקוּתוֹ עַל-יְדֵי חָכָמוֹת, כִּי יְקֻיַּם בָּנוּ: "וְלֹא יִכָּנֵף עוֹד מוֹרֶךָ" וְכוּ'.

The sages of the generation are the clothing of the generation. According to their wisdom, so too will be the drawing close to GOD and the spiritual perception of the generation. Or the opposite - that is, becoming distanced from GOD, Blessed is He, GOD forbid. In the future, there

Sefer HaMidot   ספר המדות

will be no need to attain GODliness through smarts, for there will the fulfillment of the verse "your teachers will no longer enclothe you..." [Yeshiyahu 30:20].

י. מִי שֶׁרוֹצָה לְהַעֲמִיק וּלְעַיֵּן בְּשִׂכְלוֹ בְּאֵיזֶה עִנְיָן, צָרִיךְ לְקַשֵּׁר אֶת שִׂכְלוֹ לְבֵית־הַמִּקְדָּשׁ. וְסִימָן לַדָּבָר: "אֶשָּׂא דֵעִי לְמֵרָחוֹק" "וַיַּרְא אֶת הַמָּקוֹם מֵרָחוֹק".

One who wants to have deep comprehension and contemplate some issue, needs to attach his intellect to the Holy Temple. A sign for this can be learned from the verses, "I raise my cognizance to the distance", and "and he saw the place meaning the site of the Temple in the distance."

יא. עַל־יְדֵי אֱמוּנָה נִתְיַשֵּׁב הַדַּעַת.

Through faith, the mind is settled.

יב. עַל־יְדֵי גֵּרִים נִתּוֹסַף הַדַּעַת בָּעוֹלָם.

Through converts, cognizance is increased in the world.

יג. אֲפִלּוּ הַנְּבִיאִים אֵינָם יוֹדְעִים אֶלָּא מַה שֶׁהַקָּדוֹשׁ־בָּרוּךְ־הוּא מְגַלֶּה לָהֶם.

Even the prophets only know what the Holy One, Blessed is He, reveals to them.

יד. מִי שֶׁהוּא גִּבּוֹר, אֵין בּוֹ כָּל־כָּךְ דַּעַת.

One who is a man of great physical might does not have much cognizance.

טו. הַפְּסִיעָה גַסָּה מְבַלְבֶּלֶת אֶת הַמַּחֲשָׁבָה מִלְעַיֵּן.

Large steps confuse the mind from in-depth study.

טז. עַל־יְדֵי גְנֵבָה מַפְסִיד אֶת הַדַּעַת.

Through stealing, one loses cognizance.

יז. כְּשֶׁעַבְיוּת שֶׁל זֶה בָּא לְתוֹךְ מַחֲשֶׁבֶת חֲבֵרוֹ וְעַבְיוּת שֶׁל חֲבֵרוֹ לְתוֹךְ מַחֲשַׁבְתּוֹ שֶׁל זֶה, מִזֶּה נַעֲשָׂה תִּקְרַת הָעוֹלָם.

When the coarseness of one comes into the thoughts of his friend, and the coarseness of the friend come into his thoughts, from this is created the ceiling of the world.

דרך
Travel

חלק ראשון

א. מִי שֶׁרוֹצֶה לַעֲבֹר עַל הַיָּם, יוֹלִיךְ עִמּוֹ אֵיזֶה צִפּוֹר וְאֵיזֶה דַּג הַיָּם, וְזֶה סְגֻלָּה לַעֲבֹר אֶת הַיָּם בְּשָׁלוֹם.

Sefer HaMidot   סֵפֶר הַמִּדּוֹת

One who wants to cross the sea, should take with him a bird and an ocean fish, and this is propitious [segula] to cross the sea peacefully and safely.

ב. וּמִי שֶׁמְשַׂמֵּחַ אֶת עַצְמוֹ בְּשִׂמְחַת חָתָן וְכַלָּה, כְּשֶׁיּוֹצְאִין מִן הַחֻפָּה, אֵינוֹ נִזּוֹק בַּדֶּרֶךְ.

One who cheers himself with the joy of a groom and bride as they exit the marriage canopy, will not be hurt on the way [his travels].

ג. בְּשָׁעָה שֶׁבַּעֲלֵי־עֲגָלָה מַטְרִיחִין אֶת עַצְמָן בַּעֲגָלָה וּבְסוּסִים תִּתְפַּלֵּל תְּפִלַּת הַדֶּרֶךְ.

In the hour that the wagon drivers busy themselves with the carriage and with the horses, say the Wayfarer's Prayer.

ד. סְגֻלָּה לְמִי שֶׁהוֹלֵךְ עַל הַיָּם, יִשָּׂא עִמּוֹ סִיד וְיִנָּצֵל.

A segula [propitious] for someone who is traveling on the sea, he should take plaster or lime with him, and he will be saved.

ה. מִי שֶׁמֵּכִין פַּרְנָסָה לַצַּדִּיקִים, מֻבְטָח שֶׁיִּשָּׁמֵר אוֹתוֹ הַשֵּׁם הֵן בַּדֶּרֶךְ הֵן בַּיָּם.

Someone who arranges parnassa [income or livelihood] for the tzadikim is assured that GOD will protect him, both on the road and on the sea.

ו. מִי שֶׁרוֹכֵב עַל סוּס, יוֹלִיךְ עִמּוֹ "הוֹשַׁעְנוֹת".

Someone riding on a horse should take with him Hoshanot [one of the four species taken on Succot].

ז. כְּשֶׁתִּרְצֶה לֵילֵךְ בַּדֶּרֶךְ, תְּקַשֵּׁר אֶת עַצְמְךָ קֹדֶם בְּמִדַּת הַבִּטָּחוֹן, וְעַל־יְדֵי זֶה לֹא יִגֹּף רַגְלֶךָ.

When you want to travel, bind yourself first with the trait of trust in GOD, and through this, you will not stumble [lit. your feet will not be smitten].

ח. כְּשֶׁתֵּלֵךְ בַּדֶּרֶךְ, תִּתֵּן קֹדֶם לִצְדָקָה.

When you set out on a journey, give to charity first.

ט. כָּל הַדְּרָכִים שֶׁאָדָם הוֹלֵךְ בָּהֶן הַכֹּל מֵהַשֵּׁם יִתְבָּרַךְ וְהֵם רְצוֹן הַשֵּׁם. אֲבָל אֵין לְךָ אָדָם שֶׁיָּבִין אֶת דַּרְכּוֹ אֶלָּא מִי שֶׁהוּא עָנָו.

All the ways that a person traverses, it is all from the blessed GOD and they are the will of GOD. However, there is no one who can understand his way except for someone who is humble.

י. כְּשֶׁתִּשָּׂא אֶצְלְךָ אֲבָנִים הַנִּמְצָאִים עַל־פְּנֵי הַשָּׂדֶה, תִּנָּצֵל מֵחַיּוֹת רָעוֹת.

When you carry with you stones that are found across the

Sefer HaMidot   ספר המדות

field, you will be saved from wild animals.

יא. תְּפִלָּה שֶׁל יוֹנָה הַנָּבִיא הִיא סְגֻלָּה לוֹמַר עַל הַיָּם.
The prayer of Yonah the Prophet is propitious to say on the sea.

יב. עַל־יְדֵי לְוָיָה הָאָדָם נִשְׁמָר מִכָּל הֶזֵּק בַּדֶּרֶךְ.
Through accompanying a guest on his way out, the person, the guest is protected from all harm on the way.

יג. מִי שֶׁאֵין לוֹ לְוָיָה, יַעֲסֹק בַּתּוֹרָה.
One who has no one to accompany him on his journey, should engage in learning Torah.

יד. הָאָדָם קוֹנֶה מְקוֹם הִלּוּכוֹ.
A person acquires the place where he goes.

חלק שני

א. עַל־יְדֵי וִדּוּי דְּבָרִים גּוֹרְמִין, שֶׁהַקָּדוֹשׁ־בָּרוּךְ־הוּא מַזְמִין מְלַמְּדֵי תִּינוֹקוֹת שֶׁלּוֹמְדִים בֶּאֱמוּנָה.
Through confession, one cause that the Holy One Blessed is He brings teachers of small children that teach faithfully.

ב. גַּם גּוֹרְמִין שֶׁנִּתְתַּקְּנִים הַדְּרָכִים מִמִּכְשׁוֹלוֹת.
Also, one causes the roads to be repaired from stumbling blocks.

ג. סַכָּנַת הַדְּרָכִים בָּא עַל־יְדֵי פְּגַם הַבְּרִית, וְסִימָן לַדָּבָר: "אָרְחִי וְרִבְעִי זֵרִיתָ" וְכוּ'.
Danger on the roads comes as a result of sexual impurity [lit. violation of the covenant]. A hint for this from the Torah: "my going and resting you have encompassed etc." these Hebrew words can also be translated as my seed you have scattered - thus hinting that by the scattering of one's seed, that is sexual impurity, one's travel will be endangered.

ד. עַל־יְדֵי נְסִיעַת הַדְּרָכִים הָאָדָם נַעֲשָׂה מֵבִין.
Through traveling the ways, a man gains the ability of understanding [the Hebrew word here is "mavin" - very similar to the English usage].

ה. בְּלַיְלָה שֶׁיֵּשׁ לְךָ פַּחַד בִּשְׁעַת שֵׁנָה, אַל תֵּלֵךְ בַּדֶּרֶךְ בַּיּוֹם.
On a night that you have a nightmare [lit. fear at the time of sleep], do not travel in the day.

ו. הַדְּרָכִים מְבִיאִים אֶת הָאָדָם לְלָשׁוֹן הָרַע, עֲבוֹדָה זָרָה, גִּלּוּי־עֲרָיוֹת וּשְׁפִיכַת־דָּמִים, וְאִלּוּ הָעֲבֵרוֹת מַפְסִידִין אֶת הַפַּרְנָסָה.

Sefer HaMidot   ספר הַמִדוֹת

Traveling The roads brings a person to evil speech [lushon hura], idolatry, promiscuity, and spilling blood, and these sins diminish one's livelihood.

ז. הַפְּסִיעָה גַסָּה מְבַלְבֶּלֶת אֶת הַמַּחֲשָׁבָה מִלְּעַיֵּן.
Broad steps confuse the intellect from in depth study.

הוראה
Instruction

א. הַמּוֹרֶה הוֹרָאוֹת שֶׁהוּא נִכְנָע לִפְנֵי גְּדוֹלִים מִמֶּנּוּ, עַל־יְדֵי זֶה הַקָּדוֹשׁ־בָּרוּךְ־הוּא שׁוֹמְרוֹ, שֶׁלֹּא יִכָּשֵׁל בִּדְבַר הוֹרָאָה.
Someone who rules legal Jewish law decisions and he is submissive to those greater than him, through this the Holy One Blessed He will guard him that he should not stumble in a matter of a legal decision.

ב. מְקוֹם הַהוֹרָאָה הִיא מוֹעֶלֶת לְיִרְאָה.
A place of hora'ah is conducive to fear of GOD.

ג. כְּשֶׁאֵרַע לְאָדָם טְרֵפָה בְּבֵיתוֹ עַל־יְדֵי תַּעֲרֹבֶת אָסוּר בְּהֶתֵּר, וְאֵין בַּהֶתֵּר לְבַטֵּל אֶת הָאָסוּר, זֶה מַרְאִין לוֹ, שֶׁפָּגַם בְּאֵיזֶהוּ יִחוּד וְזִוּוּג עֶלְיוֹן, כִּי הַיִחוּד וְהַזִּוּוּג הוּא בְּחִינַת בִּטּוּל הָאָסוּר בְּהֶתֵּר בִּבְחִינַת: "מוֹצִיא אֲסִירִים בַּכּוֹשָׁרוֹת".
When food in a person's house becomes non-kosher through the mixing of the forbidden with the permitted, and there is not enough of the permitted to annul the forbidden, this is a sign, he is being shown from Above, that the person has caused a blemish in some supernal unification and conjugation. For the unification and conjugation is the aspect of the forbidden being annulled in the permitted, the aspect of GOD returns individual's home. He frees those imprisoned [asirim] in auspicious times [kosherot]."

ד. כְּשֶׁיֵּשׁ שָׁלוֹם מַלְכוּת, עַל־יְדֵי זֶה נוֹלָדִים בְּיִשְׂרָאֵל בָּנִים בַּעֲלֵי הוֹרָאָה.
When there is peace with the government, through this there is born in Israel the Jewish people children who develop into instructors of the halacha.

ה. מִי שֶׁמַּחֲמִיר לַאֲחֵרִים וּמֵקֵל לְעַצְמוֹ וְאוֹמֵר עַל מַה שֶׁלֹּא שָׁמַע שֶׁשָּׁמַע, עַל־יְדֵי זֶה אֵינוֹ זוֹכֶה לִרְאוֹת בִּיפִי הַמֶּלֶךְ, כִּי הַקְּלִפָּה שֶׁל אֱדוֹם שֶׁהוּא יִרְאָה רָעָה, מַחְשִׁיךְ מְאוֹר עֵינָיו מִלְהִסְתַּכֵּל בִּיפִי פְּנֵי הַמֶּלֶךְ.
One who is strict with others and lenient with himself, and

Sefer HaMidot   ספר המדות

claims he heard things he did not hear; through this he does not merit to see the beauty of the King. For the klipa [evil force] of Edom, which is bad fear, darkens the light of his eyes so that he cannot gaze upon the beauty of the countenance of the King.

ו. עַל־יְדֵי נְאוּף נוֹפֵל לִתְפִיסָה אוֹ לָחֱלִי כְּאֵב רַגְלַיִם. גַּם תַּלְמִיד שֶׁלֹּא הִגִּיעַ לְהוֹרָאָה וּמוֹרֶה נוֹפֵל לָזֶה. גַּם מַזִּיקִין שׁוֹלְטִין עָלָיו.

Through promiscuity, one falls into captivity, or sickness of pain in his feet. Also, a student who has not reached the level of giving [legal-halacha] instruction and instructs, falls to this. Also, destructive forces dominate him.

הכנסת אורחים
Hospitality

חלק ראשון

א. מִי שֶׁאֵין מַכְנִיס אוֹרְחִים, בָּזֶה מַחֲזִיק יְדֵי מְרֵעִים, שֶׁלֹּא יַחְזְרוּ בִּתְשׁוּבָה.

One who does not take in guests strengthens the hand of evildoers, that they will not return in repentance.

ב. עִיר שֶׁאֵין בָּהּ הַכְנָסַת אוֹרְחִים בָּאִים לִידֵי גִלּוּי עֲרָיוֹת, וְעַל־יְדֵי גִלּוּי עֲרָיוֹת בָּא עֲלֵיהֶם הֲרִיגָה.

A city that does not practice hospitality comes to sexual immorality, and through that it comes to murder.

ג. הַכְנָסַת אוֹרְחִים מְזַכָּה אֶת הָאִשָּׁה לְבָנִים.

Hospitality merits a woman to have sons.

ד. הַכְנָסַת אוֹרְחִים כְּהַכְנָסַת שַׁבָּת.

Receiving guests is comparable to receiving the Shabbat.

ה. הַמְאָרֵחַ תַּלְמִיד־חָכָם בְּתוֹךְ בֵּיתוֹ – מַעֲלֶה עָלָיו הַכָּתוּב כְּאִלּוּ הִקְרִיב תְּמִידִין.

One who hosts a Torah scholar in his home, it is considered as if he had offered the daily burnt offerings.

ו. גְּדוֹלָה הַכְנָסַת אוֹרְחִים מֵהַשְׁכָּמַת בֵּית־הַמִּדְרָשׁ וְהַקְבָּלַת פְּנֵי שְׁכִינָה.

Receiving guests is greater than coming early to the house of worship or welcoming the Divine Presence.

ז. כֵּיוָן דְּלָא שְׁכִיחֵי רַבָּנָן גַּבַּיְהוּ כְּכוּתִיִּים דָּמֵי.

Those who have no rabbis in their surroundings are comparable to Cutiim [Samaritans].

Sefer HaMidot   ספר הֲמִדוֹת

חלק שני

א. עַל־יְדֵי הַכְנָסַת־אוֹרְחִים אֵימָתוֹ מֻטֶּלֶת עַל הַבְּרִיּוֹת.

Through practicing hospitality, fear of GOD rests upon all beings.

ב. סְגֻלָּה לְהַחֲזִיר לְאִשָּׁה וִסְתָּהּ עַל־יְדֵי הַכְנָסַת־אוֹרְחִים.

Receiving guests is a segulah for returning a woman to her fertility cycle.

ג. עַל־יְדֵי קְדֻשַּׁת הַשֵּׁם יִתְבָּרַךְ הַהִתְנַשְּׂאוּת שֶׁל רָאשֵׁי־הַדּוֹר בְּתֹקֶף וָעֹז, וְעַל־יְדֵי זֶה נֶחְשָׁב בְּעֵינֵי כֹל הַמִּצְוָה שֶׁל הַכְנָסַת־אוֹרְחִים, וְעַל־יְדֵי זֶה הַלּוֹמְדִים זוֹכִים שֶׁהֲלָכָה כְּמוֹתָם.

Through sanctifying GOD's name, the leadership of the heads of the generation gains power and might. Through this, the commandment of hospitality gains importance in the eyes of all, and through this the scholar's merit that the law is decided according to their opinion.

המתקת דין
Sweetening of Judgements

חלק ראשון

א. בְּשָׁעָה שֶׁמְּשַׁגְּרִין עַל הָאָדָם אֶת הַיִּסּוּרִין, מַשְׁבִּיעִין עֲלֵיהֶם שֶׁלֹּא יֵלְכוּ אֶלָּא בְּיוֹם פְּלוֹנִי וְלֹא יֵצְאוּ אֶלָּא בְּיוֹם פְּלוֹנִי וּבְשָׁעָה פְּלוֹנִית וְעַל־יְדֵי סַם פְּלוֹנִי. אֲבָל "תְּשׁוּבָה תְּפִלָּה וּצְדָקָה" מְבַטְּלִין הַשְּׁבוּעָה.

At the time when suffering is sent upon a person, it is sworn not commence [lit. go or embark] except on a specific day, and not to desist [lit. leave] except on a specific day and a specific hour, and through a specific medication. However, repentance, prayer and charity annul the oath.

ב. חֲלִישׁוּת הַדַּעַת, הַיְנוּ עַצְבוּת עַל־יְדֵי זֶה בָּא רַע מַזָּל, וְעַל־יְדֵי רַע מַזָּל מִדַּת הַדִּין שׁוֹלֵט.

Being disheartened [lit. weakness of the mind], that is to say, depression, draws bad fortune upon one, and when one's fortune is bad, the aspect of harsh judgment dominates.

ג. פָּרָשַׁת חֹשֶׁן – תִּקּוּן לְדִינִים.

The scriptural verses about the Choshen [breast plate worn by the high priest] is a tikun [rectification or remedy] for dinim.

Sefer HaMidot סֵפֶר הַמִּדּוֹת

ד. כְּשֶׁיֵּשׁ לָאָדָם צַעַר, יִתֵּן צְדָקָה, וְהַצְּדָקָה הֲרֵי כְּמוֹ שֶׁנּוֹתֵן שָׂכָר לָדוּן, וְעַל־יְדֵי זֶה הַדִּינִים נִמְתָּקִים, כִּי הַנּוֹטֵל שָׂכָר לָדוּן – דִּינָיו בְּטֵלִים.

When a person has pain, he should give charity. For the charity is like he's paying for the judgment, and through this the dinim [defined at the beginning of this entry] are lightened [lit. sweetened]. Because someone who takes payment to judge, his rulings are void.

ה. עַד הֵיכָן תַּכְלִית הַיִּסּוּרִין.

What is the extent of suffering.

ו. כָּל שֶׁעָבְרוּ עָלָיו אַרְבָּעִים יוֹם בְּלֹא יִסּוּרִין, קִבֵּל עוֹלָמוֹ וּפֻרְעָנִיּוּת מְזֻמֶּנֶת לוֹ.

Anyone who has gone forty days without suffering, he has received his world [that is he cashed in all the pleasantness that was destined for him], and disasters are prepared for him.

ז. הַמּוֹכִיחַ אֶת חֲבֵרוֹ לְשֵׁם שָׁמַיִם, מוֹשְׁכִין עָלָיו חוּט שֶׁל חֶסֶד.

One who chastises his fellow for the sake of Heaven, a thread of kindness is extended upon him.

ח. שְׁלֹשָׁה דְּבָרִים מַזְכִּירִין עֲווֹנוֹתָיו שֶׁל אָדָם: קִיר נָטוּי וְעִיּוּן תְּפִלָּה וּמוֹסֵר דִּין עַל חֲבֵרוֹ.

Three things call attention to one's sins: A leaning wall when one passes under it, prayer with concentration. when this is brought on by one's reliance and anticipation to see the prayers answered, and one who brings prosecution on his friend [when one asks Heaven to bring retribution on someone, this arouses question of his own good standing].

ט. אַרְבָּעָה דְּבָרִים מְקָרְעִין גְּזַר־דִּינוֹ שֶׁל אָדָם: צְדָקָה, צְעָקָה, שִׁנּוּי־הַשֵּׁם, שִׁנּוּי־מַעֲשֶׂה.

Four things tear up the bad edict on a man: Charity, crying out, changing one's name, and changing one's deeds.

י. צְעָקָה מוֹעִיל לְיָחִיד דַּוְקָא קֹדֶם גְּזַר־דִּין.

Crying out helps an individual specifically before the edict.

יא. גְּזַר־דִּין שֶׁיֵּשׁ עִמּוֹ שְׁבוּעָה אֲפִלּוּ לְצִבּוּר אֵינוֹ מִתְקָרֵעַ.

A Heavenly decree that is accompanied by an oath, even for a group, cannot be torn.

יב. עַל־יְדֵי הַתַּעֲנִית שֶׁבִּשְׁנֵי רְעָבוֹן נִצּוֹל מִמִּיתָה מְשֻׁנָּה.

Through fasting in years of famine, one is saved from a strange death.

יג. כְּשֶׁנִּגְזָר עַל אָדָם אֵיזֶהוּ דִּין, נִגְזָר הַדִּין עָלָיו דַּוְקָא בְּמָקוֹם מְסֻיָּם, וְעַל־יְדֵי

Sefer HaMidot סֵפֶר הַמִדּוֹת

זֶה יָכוֹל לְהַצִּיל [עַצְמוֹ] בְּשִׁנּוּי מָקוֹם.

When some decree is decreed on a person, it is decreed on him specifically for a certain place. Through this he can save himself with a change of place.

יד. מִי שֶׁיֵּשׁ לוֹ כְּאֵב עֵינַיִם אוֹ כְּאֵב מֵעַיִם, בְּיָדוּעַ שֶׁדִּינִין שׁוֹרִין עָלָיו.

One who has pain in his eyes or stomach pains, it is certain that dinim see title of this entry rest upon him.

טו. צָרִיךְ לְהוֹדִיעַ צַעֲרוֹ לָרַבִּים, וְרַבִּים יְבַקְשׁוּ עָלָיו רַחֲמִים.

One should make his suffering known to the public, and the public will ask in prayer for mercy on his behalf.

טז. כְּשֶׁיֵּשׁ אֵיזֶהוּ דִין עַל יִשְׂרָאֵל, חַס וְשָׁלוֹם, אֲזַי הַקָּדוֹשׁ־בָּרוּךְ־הוּא מוֹדִיעַ לַצַּדִּיקִים, כְּדֵי שֶׁיִּתְפַּלְלוּ עַל יִשְׂרָאֵל, וּמִי שֶׁאֵינוֹ מִתְפַּלֵּל עֲלֵיהֶם, הַקָּדוֹשׁ־בָּרוּךְ־הוּא כּוֹעֵס עָלָיו.

When there is some din judgement or contention on the Jewish People, GOD forbid, the Holy One Blessed He notifies the tzadikim, so that they should pray for Israel, and whomever does not pray for them, the Holy One Blessed He is angry with them.

יז. כְּשֶׁרוֹאֶה אָדָם, שֶׁדִּינִין שׁוֹרִין עָלָיו, יְסַפֵּר מְשׂוֹנְאָיו וְיַצְדִּיק אוֹתָם.

When a man sees that dinim are weighing on him, he should talk about his enemies and justify them.

יח. עַל־יְדֵי הַעֲמָדַת דַּיָּנִים כְּשֵׁרִים נִתְבַּטֵּל הַצָּרוֹת.

Through the appointing of kosher judges, hardships are annulled.

יט. מִי שֶׁנָּדַר, וְלֹא שִׁלֵּם נִדְרוֹ, הַקָּדוֹשׁ־בָּרוּךְ־הוּא מֵבִיא עָלָיו יִסּוּרִין. וּכְשֶׁשּׁוֹתֵק נֶחְשָׁב לוֹ, כְּאִלּוּ שִׁלֵּם נֶדֶר.

One who made a vow and did not fulfill his vow, the Holy One Blessed He brings suffering upon him. When he is silent [in response], it is considered as if he has fulfilled his vow, some understand this to mean that it is as if he fulfilled the original vow, for this is the progression of this adage. However, if this were the case the text should have been 'his vow' - which in Hebrew is a simple one letter suffix, the actual text is, 'a vow'.

כ. הַמְקַבֵּל יִסּוּרִים בְּאַהֲבָה – כְּאִלּוּ הִקְרִיב קָרְבָּן.

One who accepts suffering with love, it is considered as if he offered a sacrifice.

כא. כְּשֶׁאָדָם הוֹלֵךְ וְנוֹפֵל, סִימָן שֶׁנִּפְקַד לְמַעְלָה לְאֵיזֶה כִּשָּׁלוֹן.

Sefer HaMidot

סֵפֶר הַמִּדּוֹת

When a man is walking and falls, it is a sign that he was met out from Above for a failure.

כב. עַל־יְדֵי טְבִילַת מִקְוֶה נִתְבַּטֵּל הַצָּרוֹת וִישׁוּעָה בָּאָה.

Through immersing in a mikveh, suffering is annulled and salvation comes.

כג. כְּשֶׁגּוֹזְרִין אֵיזֶה [גְּזַר] דִּין עַל הָאָדָם, קֹדֶם שֶׁיּוֹדְעִין מִזֶּה בְּנֵי־אָדָם הוּא בְּנָקֵל לְהִתְהַפֵּךְ.

When some harsh decree is passed on a man, before people know about it, it is easily overturned.

כד. מִי שֶׁנּוֹפֵל מֵאֱמוּנָתוֹ, יֵדַע שֶׁדָּנִין אוֹתוֹ לְמַעְלָה.

One who becomes weak in [lit. falls from] his faith should know that he is being judged from Above.

כה. מִי שֶׁדִּינִין שׁוֹרִין עָלָיו, יִסְתַּכֵּל בְּכָל פַּעַם עַל הַשָּׁמַיִם.

One who has dinim upon him should look frequently [lit. every time] upon the heavens.

כו. מִי שֶׁמּוֹרֶה דֶּרֶךְ הַטּוֹב לָרְשָׁעִים, הַקָּדוֹשׁ־בָּרוּךְ־הוּא מַצְדִּיק אוֹתוֹ בַּדִּין.

One who shows the good path to evildoers, the Holy One Blessed He justifies him in judgment.

כז. עַל־יְדֵי אֱמֶת הַקָּדוֹשׁ־בָּרוּךְ־הוּא עוֹשֶׂה עִמּוֹ חֶסֶד, שֶׁאֵינוֹ מְלֻבָּשׁ בְּדִין.

Through Truth, the Holy One Blessed He does with him kindness that is not dressed in din.

כח. מַה שֶׁהַקָּדוֹשׁ־בָּרוּךְ־הוּא מַסְתִּיר פָּנָיו מִמְּךָ, הוּא מֵחֲמַת כְּפִירוּת שֶׁיֵּשׁ בָּךְ.

That which the Holy One Blessed He hides His Countenance from you, it is because of the blasphemy that is within you.

כט. עַל־יְדֵי בִּטָּחוֹן נִמְתָּק הַדִּין וְנִמְשָׁךְ הַחֶסֶד.

Through trust in GOD, the judgment is sweetened and kindness is drawn forth.

ל. עַל־יְדֵי אֱמוּנָה תּוּכַל לְדַבֵּר וּלְהַנְהִיג אֶת הַשֵּׁם יִתְבָּרֵךְ לִרְצוֹנְךָ.

Through faith, you can direct the blessed GOD to do your will.

לא. עַל־יְדֵי צְדָקָה מְהַפֵּךְ הַמִּשְׁפָּט וְהַדִּין לְמִדַּת חֶסֶד.

Through charity, one transforms judgment and din to the attribute of kindness.

לב. מִי שֶׁאֵין לוֹ אֱמוּנָה, בְּיָדוּעַ שֶׁהַקָּדוֹשׁ־בָּרוּךְ־הוּא סִלֵּק חַסְדּוֹ מִמֶּנּוּ.

Someone who does not have faith, it is certain that the Holy One Blessed He has removed His kindness from him.

לג. כְּשֶׁהַחֶסֶד [כְּשֶׁדִּינִים שׁוֹרִין וְהַחֶסֶד] יָקָר וְאֵינוֹ בַּנִּמְצָא, תֵּדַע שֶׁבְּכִיָּה מוֹעִיל לָזֶה. [שָׁמַעְתִּי מִפִּיו הַקָּדוֹשׁ בִּשְׁעַת כְּתִיבָתִי זֹאת לְפָנָיו, שֶׁרָמַז דָּבָר זֶה הוּא

Sefer HaMidot

בַּפָּסוּק "מַה יָּקָר חַסְדְּךָ אֱלֹקִים", פֵּרוּשׁ – מַה יָּקָר חַסְדְּךָ – הַיְנוּ כְּשֶׁהַחֶסֶד יָקָר וְאֵינוֹ בַּנִּמְצָא, דְּהַיְנוּ שֶׁדִּינִין שׁוֹרִין, חַס וְשָׁלוֹם, אֲזַי הַפְּעֻלָּה לָזֶה – וּבְנֵי אָדָם בְּ'צֵל כְּ'נָפֶיךָ יֶ'חֱסָיוּן – רָאשֵׁי־תֵבוֹת בֶּכִי, כִּי בְּכִיָּה מוֹעִיל לָזֶה כַּנַּ"ל].

When harsh decrees prevail, and kindness is rare [lit. precious] and not found, know that crying is helpful for this. [I heard from his holy mouth, at the time when I transcribed this before him, that a hint for this is in the verse: "How precious is Your kindness, GOD" - Explaining as follows, when kindness is rare precious, and unavailable, that is dinim prevail GOD forbid, then the action to be taken for this: the continuation of the verse - "And people in the shadow of Your wings take refuge." The initials [of the last three words] spell out "crying", because crying helps for this, as previously stated].

לד. עַל־יְדֵי דַּעַת נִמְשָׁךְ חֶסֶד.
Through cognizance, kindness is drawn forth.

לה. עַל־יְדֵי צְדָקָה שֶׁבּוֹתְנִין לְאָדָם הָגוּן, תִּזְכֶּה לְהַמְשִׁיךְ חֶסֶד גַּם לְאוֹהֲבֶךָ.
Through giving charity to an upright man, you will merit to draw kindness also to your friends.

לו. מִי שֶׁאֵינוֹ מְקַבֵּל תּוֹכָחָה, יִסּוּרִין בָּאִין עָלָיו.
Someone who does not accept rebuke, suffering comes upon him.

לז. לְהַמְתָּקַת הַדִּינִין תֹּאמַר קַפִּיטְל ל"ט [לַמְנַצֵּחַ עַל יְדוּתוּן].
To sweeten dinim, recite Tehillim Psalms, Chapter 39.

לח. מִי שֶׁמְּחַזֵּק אֶת עַצְמוֹ קֹדֶם הַתְּפִלָּה וְעוֹשֶׂה הֲכָנָה גְדוֹלָה, אַף־עַל־פִּי שֶׁאַחַר־כָּךְ אֵינוֹ מִתְפַּלֵּל כָּרָאוּי, עַל־יְדֵי זֶה יִסּוּרִין בְּדֵלִין מִמֶּנּוּ.
Someone who strengthens himself before prayer and prepares himself thoroughly [lit. large], even if afterwards he does not pray appropriately, through this suffering separates from him.

לט. לְהַמְתָּקַת הַדִּינִין, תַּגִּיד [תִּלְמַד] מִשְׁנָיוֹת "זְרָעִים".
To sweeten dinim, say learn Mishnayot of Zeraim [The first of the six sections of the mishna].

מ. לִפְעָמִים הַקָּדוֹשׁ־בָּרוּךְ־הוּא מְכַלֶּה הַצָּרוֹת עַל הָאָב, כְּדֵי שֶׁיִּהְיֶה שָׁלוֹם לִבְנוֹ.
Sometimes the Holy One Blessed He expends all the suffering on the father, so that his son will have peace.

מא. עַל־יְדֵי נֶדֶר נִתְעַכֵּב הַחֵמָה שֶׁל הַשֵּׁם יִתְבָּרַךְ.

Sefer HaMidot ספר המדות

Through making a vow, the fury of the blessed GOD is forestalled.

מב. לְהַמְתָּקַת הַדִּינִין תֹּאמַר קַפִּיטְל ע"ז.
To sweeten dinim, say Tehillim, Psalms Chapter 77.

מג. מִי שֶׁמְּקַשֵּׁר אֶת עַצְמוֹ בַּלַּיְלָה לְמִדַּת אֱמוּנָה, נִמְתָּק מֵעָלָיו הַדִּין.
Someone who attaches himself at night to the quality of faith, the din upon him is sweetened.

מד. עַל־יְדֵי גַּאֲוָה נִסְתַּלֵּק הַחֶסֶד לְמַעְלָה.
Through arrogance, kindness departs rising above to the heaven.

מה. עַל־יְדֵי תִּקּוּן חֲצוֹת נִמְתָּק הַדִּין.
Through saying Tikkun Chatzot [Midnight Rectification - special regiment of prayers said at midnight], the judgment is sweetened.

מו. כְּשֶׁתִּהְיֶה נֵעוֹר כָּל הַלַּיְלָה, בָּזֶה אַתָּה נִצּוֹל מִדִּינִים.
When you stay awake the whole night, by this you are saved from dinim.

מז. עַל־יְדֵי הַצָּרוֹת שֶׁבָּאִין עַל אָדָם, יָכוֹל לְהַשִּׂיג וּלְהָבִין אֶת עֲווֹנוֹתָיו.
By the troubles that are not upon man, he can attain and understand his iniquities.

מח. עַל־יְדֵי שֶׁבָּא אֶל הַצַּדִּיק, בִּיאָתוֹ בְּעַצְמָהּ יְכוֹלָה לְהַמְתִּיק הַדִּינִין.
Through that which one comes to the Tzaddik, the coming in its own right can sweeten the dinim.

מט. גַּם הַמָּעוֹת שֶׁנּוֹתְנִין לַצַּדִּיק, הַנְּתִינָה בְּעַצְמָהּ מַמְתִּיק הַדִּין.
Also, the money that is given to the Tzaddik, the giving itself sweetens the din.

נ. עַל־יְדֵי עַצְבוּת חוֹשְׁבִים עָלָיו לְמַעְלָה לְרַע לוֹ.
Due to depression, thoughts are aligned in Heaven for his detriment.

נא. עַל־יְדֵי לִמּוּד תּוֹרָה יָשׁוּבוּ הַמְקַטְרְגִים אָחוֹר.
Through learning the Torah, accusers will retreat.

נב. כְּשֶׁהוֹלֵךְ וְנוֹפֵל לִפְעָמִים, נִגְזַר עָלָיו לָמוּת, וְעַכְשָׁו נִתְבַּטֵּל עַל־יְדֵי הַנְּפִילָה.
When one who goes and falls occasionally, he had been decreed to die, and now it is annulled through the falling

נג. עַל הַגְּזֵרוֹת רָעוֹת, שֶׁאוּמּוֹת גּוֹזְרִין עַל יִשְׂרָאֵל, יֹאמְרוּ קַפִּיטְל ס"ב.
For the evil decrees that the nations decree on Israel, they should say Tehillim, Psalms Chapter 62.

Sefer HaMidot   ספר הּמִדוֹת

נד. עַל־יְדֵי יְשִׁיבָה בְּמִקְוֶה תַּחַת הַמַּיִם, עַד שֶׁלֹּא יוּכַל לְהַחֲזִיק בְּעַצְמוֹ הָרוּחַ וְהַנְּשִׁימָה, נִמְתָּק הַדִּין.

Through staying in a mikva under the water, until one can no longer hold his breath, the din is sweetened.

נה. לִפְעָמִים הַיַּיִן מְעוֹרֵר דִּין.

Sometimes wine arouses din.

נו. הַנּוֹתֵן פִּתּוֹ לְמִי שֶׁאֵין בּוֹ דֵּעָה יִסּוּרִין בָּאִין עָלָיו.

One who gives his bread to someone lacking cognizance, suffering comes upon him.

נז. מִי שֶׁאֵין בּוֹ דֵּעָה, לְסוֹף גּוֹלֶה.

Someone without cognizance eventually is exiled.

נח. בַּת דִּינָא בָּטֵל דִּינָא.

A judgment that was forestalled overnight, the judgment is annulled.

נט. הַלּוֹמֵד תּוֹרָה לִשְׁמָהּ, מֵשִׂים שָׁלוֹם בְּפָמַלְיָא שֶׁל מַעְלָה וּבְפָמַלְיָא שֶׁל מַטָּה.

One who learns Torah for the sake of Heaven, sets peace in the Upper Tribunal and in the Lower Tribunal.

ס. הַקּוֹרֵא פָּסוּק בִּזְמַנּוֹ, מֵבִיא טוֹבָה לָעוֹלָם.

One who reads a scriptural verse in its time [The time or circumstances alluded to in the verse] brings good to the world.

סא. יֵשׁ עִתִּים וּמְקוֹמוֹת מְזֻמָּנִים לְטוֹבָה וְהוּא הַדִּין לְהֵפֶךְ.

There are times and places destined for good, and the opposite is also true.

סב. לִפְעָמִים מִתְעַכֵּב הַדִּין עַל־יְדֵי רֹאשׁ הַדּוֹר וְלִפְעָמִים עַל־יְדֵי הַדּוֹר.

Sometimes a decree is forestalled by the Leader of the Generation, and sometimes by the people of the generation.

סג. עַל־יְדֵי הַשּׂוֹנְאִים יָכוֹל לֵידַע הַדִּין שֶׁלְּמַעְלָה.

Through one's enemies, one can know the decree of Above.

סד. כְּשֶׁאָדָם מְסַפֵּר לַחֲבֵרוֹ צַעֲרוֹ, צָרִיךְ הַשּׁוֹמֵעַ לְהַחֲכִים בִּשְׁעַת הַשְּׁמִיעָה, שֶׁלֹּא יָבוֹא עָלָיו הַצַּעַר הַזֶּה.

When a man tells his suffering to a friend, the listener must act wisely at the time of hearing, so that the same suffering will not come upon him.

סה. הָעוֹסֵק בַּתּוֹרָה בַּלַּיְלָה, הַקָּדוֹשׁ־בָּרוּךְ־הוּא מוֹשֵׁךְ עָלָיו חוּט שֶׁל חֶסֶד בַּיּוֹם.

One who studies Torah in the night, the Holy One Blessed He draws upon him a thread of kindness in the day.

Sefer HaMidot   ספר המדות

סו. צָרִיךְ לִתֵּן מָמוֹן עַל פִּדְיוֹן.

One must give money for a pidyon [lit. redemption. Money is given to a tzaddik who redeems the contributor from any judgments].

סז. כָּל זְמַן שֶׁתּוּכַל לְהִנָּצֵל עַל־יְדֵי מָמוֹן, אַל תְּשַׁמֵּשׁ בִּתְפִלּוֹת.

As long as you can be saved through money, do not use prayers.

סח. כְּשֶׁיֵּשׁ פְּלֻגְתָּא לְמַעֲלָה בְּאֵיזֶה דָּבָר, הֵם סוֹמְכִין אֶת עַצְמָן עַל הַצַּדִּיק שֶׁבָּעוֹלָם הַזֶּה.

When there is a disagreement Above on some matter, they rely [lit. support themselves] on the opinion of the Tzaddik in this world.

סט. בְּשָׁעָה שֶׁדָּנִים אֶת הָאָדָם לְמַעֲלָה, דָּנִין שְׁמוֹ, וְלִפְעָמִים הַשְּׁלוּחִים מַחֲלִיפִין בְּשֵׁם אַחֵר, וְעַל־יְדֵי זֶה בָּא הַמָּוֶת אוֹ הַצָּרָה עַל אָדָם אַחֵר.

In the moment when a person is being judged above, they judge his name. Sometimes the messengers switch it with another name, and through this the decree of death or hardship comes on someone else.

ע. מִי שֶׁאֵינוֹ מְבַקֵּשׁ רַחֲמִים עַל דּוֹרוֹ, עַל־יְדֵי זֶה נֶעֱנָשׁ.

Someone who does not pra [lit. ask for mercy for his generation, through this he is punished.

עא. מִי שֶׁיֵּשׁ לוֹ חוֹלֶה אוֹ צַעַר בְּבֵיתוֹ, יֵלֵךְ אֵצֶל הֶחָכָם וִיבַקֵּשׁ עָלָיו רַחֲמִים אוֹ שֶׁיְּבָרֵךְ אוֹתוֹ.

Someone who has a sick person or pain in his house should go to a Torah sage, that he should pray [lit. ask] for mercy on his behalf, or that he [the Torah sage] should bless him.

עב. כְּשֶׁשּׁוֹמְעִין שֶׁאֶחָד מְקַטְרֵג עַל יִשְׂרָאֵל צְרִיכִין הַשּׁוֹמְעִין לְלַמֵּד בְּפִיהֶם זְכוּת עַל יִשְׂרָאֵל וּצְרִיכִין לִטְרֹחַ כְּדֵי לִמְצֹא זְכוּת.

When it is heard that someone is making accusations on the Jewish people, those who hear should speak aloud of the merits of Israel as show a meritorious interpretation of the actions that brought on the accusation], and it is necessary to strive to find merit.

עג. כְּשֶׁהַקָּדוֹשׁ־בָּרוּךְ־הוּא רוֹאֶה, שֶׁמְּקַנְּאִין לִכְבוֹדוֹ, עַל־יְדֵי זֶה מֵשִׁיב חֲרוֹן אַפּוֹ.

When the Holy One Blessed He sees that people are zealous for His honor, through this He retracts His anger.

עד. עִקַּר הַפִּדְיוֹן אוֹ הַתְּפִלָּה אֵינוֹ אֶלָּא בַּיּוֹם.

Sefer HaMidot   ספר המדות

The primary pidyon or prayer is only in the in the day.

עה. אֵין הַכֹּל כְּשֵׁרִין לַעֲשׂוֹת פִּדְיוֹן.
Not everyone is fitting to make a pidyon [redemption].

עו. מִי שֶׁרוֹצֶה לְהַמְתִּיק דִּינִים, אַל יִשְׁתֶּה יַיִן כָּל הַיּוֹם.
One who wants to sweeten dinim should not drink any wine the whole day.

עז. בַּעֲנָוָה מְרַצִּין אֶת הַקָּדוֹשׁ־בָּרוּךְ־הוּא.
With humility, one can find favor with the Holy One Blessed He.

עח. כְּשֶׁיֵּשׁ דִּין יִתְפַּלֵּל בְּהִתְלַהֲבוּת.
When there is a din, pray with fervor.

עט. בִּנְיַן הַבַּיִת שֶׁל אֲבָנִים הוּא סַכָּנַת מִיתָה.
Building a stone house entails danger of death.

פ. הַצְּדָקָה מַמְתִּיק הַדִּין.
Charity sweetens harsh judgment.

פא. הַמִּקְוֶה מַמְתִּיק הַדִּין.
The immersing in a mikva sweetens harsh judgment.

פב. אַחַר הַגְּזַר־דִּין צָרִיךְ לְהַלְבִּישׁ אֶת הַתְּפִלָּה בְּסִפּוּרֵי מַעֲשִׂיּוֹת.
After the passing of a decree, one needs to enclothe the prayer within stories.

פג. עַל־יְדֵי פְּתִיחַת סֵפֶר תּוֹרָה נִמְתָּק הַדִּין וְנִתְיַשֵּׁב עַל מְקוֹמוֹ.
Through the opening of a Torah scroll, judgment is sweetened, and it is settled in its place.

פד. עַל־יְדֵי הַשְּׁתִיקָה נִמְתָּק הַדִּין.
Through silence, the judgment is sweetened.

פה. הַצּוֹם וְשַׂק הֵם סְגֻלָּה לְבַטֵּל גְּזֵרָה.
Fasting and sackcloth are conducive to annul an edict.

פו. לְהַמְתִּיק הַדִּין תֹּאמַר הַפָּרָשָׁה שֶׁל אַחַת־עֶשְׂרֵה יְרִיעוֹת עִזִּים [שְׁמוֹת כו,לו], וּקְטֹרֶת [שְׁמוֹת ל'] וְאַחַת־עֶשְׂרֵה בְּרָכוֹת שֶׁבֵּרַךְ מֹשֶׁה אֶת הַשְּׁבָטִים [דְּבָרִים לג] וּמֶרְכָּבָה שֶׁל יְחֶזְקֵאל [יְחֶזְקֵאל א'].
To sweeten the judgment, say the Torah portion concerning the eleven goatskin curtains [that served as roof for the Tabernacles - Shemot 26:7-14, 36:14-19], and the Ketoress [incense, there were 11 fragrances in the Ketoress - Shemot 30:34-38], the eleven blessings that Moshe gave to the tribes [Devarim 33:6-25], and the Chariot of Yehezkel.

פז. וּפָרָשַׁת נְדָרִים [בְּמִדְבַּר ל'] וּמִשְׁנָיוֹת שֶׁל מַסֶּכֶת שְׁבוּעוֹת.
And the portion about vows [Bamidbar 30] and mishnayot

Sefer HaMidot   ספר הַמִדוֹת

of the Tractate of Shavuot.

פח. עַל־יְדֵי הַכְנָעָה מְבֻטָּל הַדִּין.
Through submission before GOD, a decree is annulled.

פט. עַל־יְדֵי שִׁיר־הַשִּׁירִים נִמְתָּקִים הַדִּינִים.
Through the Song of Songs, decrees are annulled.

צ. מִי שֶׁאֶפְשָׁר לוֹ לַעֲסֹק בַּתּוֹרָה, וְאֵינוֹ עוֹסֵק, יִסּוּרִין בָּאִין עָלָיו.
One who is able to engage in Torah, and does not, suffering comes upon him.

צא. מַסֶּכֶת אֹהָלוֹת מְסֻגָּל לְהַמְתִּיק הַדִּין.
The Tractate Ohalot [Tents - dealing with the parameters of impurity] is conducive to annulling decrees.

צב. מִי שֶׁמְּגַדֵּל כֶּלֶב, מְעוֹרֵר דִּין.
One who raises a dog arouses din.

צג. לִפְעָמִים הַקָּדוֹשׁ־בָּרוּךְ־הוּא מַפִּיל אֶת הָרָשָׁע לְאֵיזֶהוּ צָרָה, שֶׁיֵּלֵךְ אֵצֶל הַצַּדִּיק וִיבַקְּשׁוֹ לְהִתְפַּלֵּל עָלָיו.
Sometimes, the Holy One Blessed be He pushes a wicked person down into some hardship, in order that he go to the Tzaddik and ask that he [the Tzadik] pray on his behalf.

צד. הַמְתָּקַת הַדִּינִים הוּא עַל־יְדֵי הַגּוֹרָל כְּמוֹ לַעֲזָאזֵל. [פֵּרוּשׁ דָּבָר זֶה שָׁמַעְתִּי מִפִּיו הַקָּדוֹשׁ בְּשָׁעַת כְּתִיבָתִי לְפָנָיו, שֶׁיִּקַּח שְׁנֵי מַטְבְּעוֹת וְיַפִּיל עֲלֵיהֶם גּוֹרָל, גּוֹרָל אֶחָד לַה' וְגוֹרָל אֶחָד לַעֲזָאזֵל. וְהַמַּטְבֵּעַ שֶׁעָלְה עָלֶיהָ הַגּוֹרָל לַה' יִתֵּן אוֹתָהּ לִצְדָקָה, וְהַשְּׁנִיָּה שֶׁעָלְה עָלֶיהָ הַגּוֹרָל לַעֲזָאזֵל יַשְׁלִיךְ אוֹתָהּ לְאִבּוּד, וְעַל־יְדֵי זֶה נִמְתָּק הַדִּינִים].
Sweetening the dinim is through casting lots, as with [the goat sent] to Azazel on Yom Kippur. The explanation of this matter I heard from his [Rabbi Nachman] holy mouth, at the time when I wrote this before him: That one should take two coins, and cast upon them lots - one lot "to GOD", and one lot "to Azazel". The coin that on it came up the lot "to GOD" should be given to charity, and the second one that on it came up "to Azazel" should be thrown away or destroyed, and through this the judgment is sweetened.

צה. לִפְעָמִים צַדִּיק הַדּוֹר בְּכַעֲסוֹ, שֶׁיִּכְעַס עָלֶיךָ מַמְתִּיק דִּינִים.
Sometimes when the Tzaddik of the Generation with his anger that he is angry at you, he sweetens judgments.

צו. כְּשֶׁקָּם מֶלֶךְ חָדָשׁ בָּאֻמּוֹת אוֹ שַׂר חָדָשׁ, אֲזַי הַדִּין נִתְעוֹרֵר.
When a new king arises among the nations or a new minister, then the din is aroused.

Sefer HaMidot

צז. עַל־יְדֵי קַשְׁיוּת עֹרֶף כְּנֶגֶד הַתְּשׁוּבָה, מֵבִיא עַל עַצְמוֹ שֶׁבֶר גָּדוֹל בְּאֵין מַרְפֵּא.
Through being stiff-necked against repentance, one brings on himself a great breakdown which has no healing.

צח. לֹא טוֹב לִשְׁנֵי בְנֵי־אָדָם שֶׁשְּׁמוֹתֵיהֶן שָׁוִים, שֶׁיָּדוּרוּ בְּדִירָה אֶחָת.
It is not good for two people with the same name to dwell in the same home [lit. in one home].

צט. עַל־יְדֵי עַצְבוּת מְעוֹרֵר הַדִּין.
Through depression, one arouses harsh judgment.

ק. עַל־יְדֵי הַבּוּשָׁה נִמְתָּק הַדִּין.
Through abashment the din is sweetened.

קא. צָרִיךְ לְהוֹדִיעַ צַעֲרוֹ לָרַבִּים.
One should make known his suffering to the public.

קב. כְּשֶׁנִּתָּן רְשׁוּת לַמַּשְׁחִית, אֵין מַבְחִין בֵּין צַדִּיק לְרָשָׁע, וְלֹא עוֹד אֶלָּא שֶׁמַּתְחִיל מֵהַצַּדִּיק.
When authority is given to a destructive angel, he doesn't differentiate between the righteous and the evil. Furthermore, he even starts with the righteous.

קג. שִׁנּוּי מָקוֹם קוֹרֵעַ גְּזַר־דִּין.
A change of place tears up an edict.

קד. עַל־יְדֵי הָרַחֲמָנוּת מַמְתִּיק הַדִּין.
Through having mercy, one sweetens the din.

קה. לִפְעָמִים אָדָם מֵת מֵחֲמַת פַּחַד אוֹ מִיתָה אַחֶרֶת פִּתְאוֹמִית, תַּאֲמִין שֶׁזֶּה הָעֵת וְהַזְּמַן שֶׁלּוֹ.
Sometimes a man dies from fear or some other sudden death, believe that this was his appointed time.

קו. עַל־יְדֵי הַשִּׁפְלוּת יוּכַל לְבַטֵּל גְּזַר־דִּין.
Through a lowly bearing, one can annul a harsh decree.

קז. עַל־יְדֵי שִׁמּוּשׁ צַדִּיקִים נִמְתָּק הַדִּין.
Through attending to tzaddikim, the judgment is sweetened.

קח. בִּזְכוּת בִּקּוּר־חוֹלִים אֵין מֵת מִתּוֹךְ יִסּוּרִין.
In the merit of visiting the sick, one will not die as a culmination of suffering.

קט. כֵּיוָן שֶׁהִגִּיעַ מִדַּת־הַדִּין שֶׁל מַעְלָה עַל הָאָדָם, אַף־עַל־פִּי שֶׁעֲדַיִן אֵינָם שׁוֹלְטִין עָלָיו, יָכוֹל לְהַרְגִּישׁ אֶת מִדַּת־הַדִּין עַל־יְדֵי הַזְּבוּבִים שֶׁבַּבַּיִת.
When the measure or attribute of din of Above reaches a man, even if it has not begun to take prevail over him, one can sense the measure or attribute of din through the flies that

Sefer HaMidot   ספר המדות

are in the house.

חלק שני

א. מִי שֶׁעוֹסֵק לְהַמְתִּיק דִּינִים, עַל־יְדֵי זֶה בְּנָקֵל לוֹ לְקַדֵּשׁ הַשֵּׁם בְּלִי מוֹנֵעַ גַּם עֵינָיו אֵינָם כֵּהוֹת.

One who works to sweeten judgments, through this it will be easy for him to sanctify GOD's name, without prevention. Also, his eyes will not become dim.

ב. עַל־יְדֵי הַצָּרוֹת נַעֲשׂוּ עֲטָרוֹת.

Through suffering, crowns are made.

ג. מִי שֶׁמְּקַבֵּל יִסּוּרִים בִּשְׁבִיל לְהָקֵל יִסּוּרִים מֵעַל יִשְׂרָאֵל, עַל־יְדֵי זֶה יִזְכֶּה לְרוּחַ־הַקֹּדֶשׁ.

One who accepts suffering in order to lessen the suffering of the Jewish people, through this he will merit Divine Inspiration.

ד. פָּרָשִׁיּוֹת הַמּוֹעֲדִים הַכְּתוּבִים בְּפָרָשַׁת פִּינְחָס – מְסֻגָּלִים בִּקְרִיאָתָם לְבַטֵּל דִּינִים, וּמְסֻגָּלִים לְזַכּוֹת בְּדִינֵי עַכּוּ"ם.

The portions on the festivals written in the [Torah] portion of Pinchas is conducive [segula] in through reading them to annul dinim, and they are conducive to triumph under the gentile legislation.

ה. עַל־יְדֵי צְדָקָה מַמְתִּיק הַדִּין שֶׁל עָתִיד לָבוֹא, הַיְנוּ יוֹם הַדִּין שֶׁל עָתִיד לָבוֹא.

Through charity, one sweetens the judgments of the Time to Come, that is, of the Day of Judgment in the Time to Come.

ו. מִי שֶׁיּוֹדֵעַ, כְּשֶׁרוֹאֶה, אֵינָהוּ דִּין עַל יִשְׂרָאֵל, לַהֲפֹךְ אֶת הַדִּין עַל אֶחָד מֵאֻמּוֹת בִּבְחִינַת "וְאֶתֵּן אָדָם תַּחְתֶּיךָ", עַל־יְדֵי זֶה [כָּל] הַנִּבְרָאִים מַחֲזִירִים כֹּחָם וְנִכְלָלִים בּוֹ בָּזֶה הָאִישׁ, כְּדֵי לְחַדֵּשׁ כֹּחָם, גַּם עַל־יְדֵי זֶה נִפְתָּח הַשַּׁעַר שֶׁל מִינֵי מְשָׁלִים בָּעוֹלָם.

One who knows, when he sees a din on Israel, to flip the din onto another nation, in the aspect of "and I will put a man in your place", through this all the creations return their power and become included in him - in this man, in order to renew their power. Also, through this the gate of various parables is opened in the world.

ז. אֵלּוּ גּוֹמְלֵי־חֲסָדִים, הָעוֹשִׂים חֶסֶד וְלִפְעָמִים גּוֹרְמִים עִם הַחֶסֶד לְרָעָה וְעוֹשִׂים עַצְמָן כְּאִלּוּ אֵינָם רוֹאִים הָרָעָה, הַצּוֹמַחַת מֵחַסְדָּם, וְזֶהוּ בְּחִינַת הָאַזְהָרָה שֶׁהִזְהִיר לַכֹּהֲנִים בִּבְחִינַת חֶסֶד "שֶׁלֹּא יַפְסִיעוּ פְּסִיעָה גַּסָּה", עַל־יְדֵי

Sefer HaMidot ספר המדות

זֶה גּוֹרְמִים שֶׁהַדִּין שֶׁלְּמַעְלָה, חַס וְשָׁלוֹם, אֵינוֹ בִּמְתִינוּת. וְכֵן לְהֶפֶךְ, כְּשֶׁמְּדַקְדְּקִים בְּחַסְדָּם, שֶׁלֹּא יַצְמִיחַ רָעָה, עַל-יְדֵי זֶה הַדִּין בִּמְתִינוּת.

Those benefactors of kindness, who do kindness and sometimes cause - through the kindness they do - something bad, and they pretend they do not see the bad which resulted from their kindness. This is the aspect of the warning given to the Cohanim [priests] - who are the aspect of kindness - not to take large steps [end of the portion of Yisro, Shemos]. Through this, they cause the Judgment Above to be without deliberation. Also, the opposite: When they take particular care in their kindness, that evil should not result from it, through this the Judgment Above is with deliberation.

ח. מִי שֶׁבּוֹעֵט בְּיִסּוּרִין, כְּאִלּוּ אוֹמֵר לָאֵל: סוּר מִמֶּנִּי.

One who rebels [lit. kicks] against suffering is as if he says to GOD, "Leave me!"

ט. כְּשֶׁאָדָם לוֹמֵד עַד שֶׁנִּתְיַגֵּעַ, בָּזֶה מַמְתִּיק דִּינִים וּמְעוֹרֵר רַחֲמִים, גַּם עַל-יְדֵי זֶה מְעוֹרֵר רַחֲמִים אֵצֶל אָבִיו בַּקֶּבֶר.

When a man learns until he is exhausted, through this he sweetens judgments and arouses mercy. Also, through this, he arouses mercy for [lit. by] his father in the grave.

י. לְפַיֵּס מִדַּת הַדִּין אֵינוֹ בְּיָדַיִם רֵיקָנִיּוֹת.

Appeasement of the Measure or attribute, of Judgment is not [can not be accomplished] with empty hands [meaning, it is necessary to spend money, whether it be charity, expenses for a mitzva, or destroying expensive items that are heretical].

יא. מִי שֶׁכְּלָבוֹ נְשָׁכוֹ, בְּיָדוּעַ שֶׁרַחֲמֵי הַשֵּׁם מְסֻלָּקִים מִמֶּנּוּ, גַּם בְּיָדוּעַ שֶׁנִּכְשַׁל בְּמַאֲכָלוֹת אֲסוּרוֹת.

One who was bitten by a dog, it is certain that GOD's mercy has been withdrawn from him. Also, it is certain that he has transgressed with eating forbidden foods.

יב. לִפְעָמִים מַסְתִּירִין אֶת הָאָדָם מִמִּדַּת-הַדִּין, בָּזֶה שֶׁהַצַּדִּיק מַגְבִּיהַּ וּמִתְפָּאֵר אֶת עַצְמוֹ עַל [וּמַשְׁפִּיל אֶת] זֶה הָאָדָם.

Sometimes a man is hidden from the Measure or attribute of Judgment, with this that the Tzaddik exalts and glorifies himself over the man and casts him down.

Sefer HaMidot

ספר המדות

הצלחה
Success

חלק ראשון

א. כָּל הַמּוֹצִיא מַעְשְׂרוֹתָיו כָּרָאוּי, אֵינוֹ מַפְסִיד כְּלוּם.
Anyone who gives his tithes properly does not lose anything [to the tithing].

ב. תִּתְחַבֵּר לְמַצְלִיחַ וְתַצְלִיחַ.
Join a successful person, and you will be successful.

ג. אֵין הַבְּרָכָה מְצוּיָה אֶלָּא בְּדָבָר הַסָּמוּי מִן הָעַיִן.
Blessing abounds only on something that it is hidden from sight.

ד. הַצְלָחָה – סִיַּעְתָּא דִשְׁמַיָּא הִיא.
Success - assistance from Heaven brings it is.

ה. מִי שֶׁנִּפְסְקָה לוֹ הַהַצְלָחָה וְאֵינוֹ מַצְלִיחַ, לֹא בִּמְהֵרָה יַצְלִיחַ.
Someone whose success has ceased and is not successful will not come to success quickly.

ו. תֵּכֶף לְתַלְמִידֵי־חֲכָמִים בְּרָכָה בְּמַעֲשֵׂה יְדֵיהֶם.
Immediately after Torah scholars there is blessing in the work of their hands.

ז. עֵסֶק הַתּוֹרָה הִיא סְגֻלָּה לְהַצְלָחָה.
Engagement in Torah is a segulah for success.

ח. מִי שֶׁאֵינוֹ מְשַׁיֵּר פַּת עַל שֻׁלְחָנוֹ, אֵינוֹ רוֹאֶה סִימַן בְּרָכָה לְעוֹלָם.
Someone who does not leave over bread on his table never sees the sign of blessing.

ט. כֵּיוָן שֶׁלֹּא הִזְכִּיר אֶלָּא צַד אֶחָד הַטּוֹב וְלֹא הַהֵפֶךְ, אֵין זֶה נָחוּשׁ.
Since he only mentioned the one good side and not the reverse, this is not considered divining [The Torah forbids one to make readings of occurrences to decide what the future holds and how to proceed, whether or not to do something or in which direction to go. However, one is permitted to make for himself a one-sided sign of success, that such and such an occurrence will be a sign of success].

י. בַּיִת, תִּינוֹק וְאִשָּׁה הֵם סִימָן לְהַצְלָחָה.
A house, child, and wife are omens for success.

יא. מִי שֶׁמְּגָרֵשׁ אֶת אִשְׁתּוֹ, אֵינוֹ מַצְלִיחַ.
Someone who divorces his wife will not be successful.

יב. מִי שֶׁהַשָּׁעָה מַצְלַחַת לוֹ, לִבּוֹ רָם גַּם אֵימָתוֹ מֻטֶּלֶת עַל הַבְּרִיּוֹת.

Sefer HaMidot ספר המדות

Someone whom the hour is fortunate for him, his heart is exalted, also the fear of him is cast on everyone.

יג. מִי שֶׁאֵינוֹ מְדַבֵּר דְּבָרִים בְּטֵלִים, מַצְלִיחַ בְּכָל מַעֲשָׂיו.
Someone who does not speak unnecessary words is successful in everything he does.

יד. מִי שֶׁאוֹמֵר תָּמִיד אֱמֶת, הוּא מַצְלִיחַ.
Someone who always speaks the truth, he is successful.

טו. עַל־יְדֵי וִדּוּי תַּצְלִיחַ.
Through confession, you will be successful.

טז. הַצְלָחָה בָּא, לְמִי שֶׁמַּאֲכִיל תַּלְמִיד־חָכָם עַל שֻׁלְחָנוֹ.
Success comes to one who feeds a Torah scholar on his table. that is hosts him or possibly even, supports him. See also above.

יז. כְּשֶׁאֵין לְךָ אֱמֶת, אֲזַי נִטָּל מִמְּךָ הַהַצְלָחָה וְנִתָּן לָאֻמּוֹת.
When you do not have truth, success is taken from you and given to the gentiles [lit. the nations]

יח. לְהַצְלָחָה תִּשְׁמַע כְּשֶׁהַצַּדִּיק אוֹמֵר יִחוּד הַשֵּׁם, הַיְנוּ שְׁמַע יִשְׂרָאֵל.
For success, listen when the Tzaddik recites the unification of GOD's Name, that is Shimma Yisroel [Hear Israel, GOD who is our GOD, GOD will be GOD for everyone, GOD is One]

יט. עַל־יְדֵי אֱמוּנַת חֲכָמִים בָּא הַצְלָחָה.
Through faith in the sages comes success.

חלק שני

א. מִי שֶׁהוּא שָׂמֵחַ תָּמִיד, עַל־יְדֵי זֶה הוּא מַצְלִיחַ.
One who is always happy, through this he is successful.

ב. צָרִיךְ לְכַבֵּד לָזֶה שֶׁהַשָּׁעָה מְשַׂחֶקֶת לוֹ.
One must honor someone to whom the hour is fortunate.

ג. מִי שֶׁהוּא מַצְלִיחַ, הַזְּמַן בְּיָדוֹ.
A successful person the [determination of success of the] time is in his hands.

הרהורים
Thoughts

חלק ראשון

א. עַל־יְדֵי עֲנָוָה יִנָּצֵל מֵהִרְהוּרֵי עֲבוֹדָה זָרָה.

Sefer HaMidot ספר המדות

Through humility, one is saved from thoughts of idol worship.

ב. כְּשֶׁאַתָּה מִתְפַּלֵּל וְנוֹפֵל לְךָ הִרְהוּרֵי עֲבוֹדָה זָרָה תְּכַוֵּן בְּשֵׁם "אֱלֹקֵינוּ".
When you are praying and thoughts of idol worship befall you, concentrate on the name "Elo-hainu".

ג. מַחֲשָׁבוֹת טוֹבוֹת בָּאִים עַל־יְדֵי וִדּוּי, שֶׁמִּתְוַדִּים לִפְנֵי הַתַּלְמִיד־חָכָם.
Good thoughts come through confession that is confessed before a Torah scholar.

ד. מִי שֶׁמְּסַפֵּר מַעֲשִׂיּוֹת שֶׁאָרְעוּ לַצַּדִּיקִים, עַל־יְדֵי זֶה נִמְשָׁכִין לוֹ מַחֲשָׁבוֹת טוֹבוֹת.
Someone who tells stories that happened to righteous men, through this, good thoughts are drawn to him.

ה. מִי שֶׁיֵּשׁ לוֹ מַחֲשָׁבוֹת רָעוֹת, יָדִין אֶת כָּל בְּנֵי־אָדָם לְכַף זְכוּת תָּמִיד.
Someone who has bad thoughts, should judge everyone favorably always.

ו. עַל־יְדֵי דִּמְעָה נִמְאָסִים כָּל הַתַּאֲווֹת.
Through tears, all lusts become despicable.

ז. מִי שֶׁאֵינוֹ מַאֲמִין בַּצַּדִּיק, עַל־יְדֵי זֶה אֵין לִבּוֹ נָכוֹן עִם הַשֵּׁם יִתְבָּרַךְ.
Someone who does not believe in the Tzadik, as a result, his heart is not right with Hashem, may He be Blessed.

ח. הַחֲגוֹרָה שֶׁחָגוּר בָּהּ אֵיזֶה צַדִּיק – כְּשֶׁתַּחְגֹּר בָּהּ הוּא סְגֻלָּה לְבַטֵּל הִרְהוּרִים.
The belt that a Tzadik was girded with - when you gird yourself with it, it is conducive [segula] to nullify evil thoughts.

ט. עַל־יְדֵי שֶׁקֶר נִתְחַלֵּל הַבְּרִית קֹדֶשׁ.
Through falsehood, the holy covenant [male's sexuality] becomes desecrated.

י. מִי שֶׁמְּקַדֵּשׁ אֶת עַצְמוֹ וְעוֹלֶה עַל מַחֲשַׁבְתּוֹ הִתְפָּאֲרוּת, כְּשֶׁיְּשַׁבֵּר הַהִתְפָּאֲרוּת, יַשִּׂיג וְיִקְנֶה הַתּוֹרָה.
Someone who sanctifies himself, and pride arises in his mind, when he breaks the pride, he attains and acquires the Torah.

יא. הַצְּעָקָה מְבַטֵּל אֶת הַפְּנִיּוֹת.
Crying out nullifies ulterior motives.

יב. עַל־יְדֵי לִמּוּד אַרְבָּעָה "שֻׁלְחָן־עָרוּךְ" יִתְבַּטֵּל הַפְּנִיּוֹת.
Learning the four sections of the Shulchan Aruch [Code of Jewish Law] nullifies ulterior motives.

יג. כְּשֶׁתַּחֲשֹׁב אֵיזֶה תּוֹרָה שֶׁחִדַּשְׁתָּ, הוּא סְגֻלָּה לְבַטֵּל הַמַּחֲשָׁבוֹת זָרוֹת.

Sefer HaMidot ספר המדות

Thinking about some Torah thought that you innovated is conducive to nullifying alien thoughts.

יד. מִי שֶׁיֵּשׁ לוֹ מַחֲשָׁבוֹת רָעוֹת, יְדַבֵּר לְעַצְמוֹ דְּבָרֵי בִּזְיוֹנוֹת.
Someone who has bad thoughts should speak disgraceful words to himself.

טו. אֲכִילָה וּשְׁתִיָּה מַטְרִידוֹת אֶת הַמַּחֲשָׁבָה.
Eating and drinking disturb the thought process.

טז. עַל־יְדֵי כַּעַס בָּא הִרְהוּרֵי עֲבוֹדָה זָרָה.
Through anger comes thoughts of idol worship.

יז. כְּשֶׁמְּבַזֶּה אֶת הַמּוֹעֲדוֹת, בָּא לְהִרְהוּרֵי עֲבוֹדָה זָרָה.
When one disparages the Festival holy days, he comes to having thoughts of idol worship.

יח. מִי שֶׁיּוֹשֵׁב בֵּין אַנְשֵׁי נִאוּף אוֹ בְּמָקוֹם שֶׁהָיָה בּוֹ נִאוּף, עַל־יְדֵי זֶה בָּא לְהִרְהוּרִים רָעִים.
One who sits among lewd people or in a place where there was lewdness, through this, he comes to evil thoughts.

יט. אֵין הַיֵּצֶר הָרָע תָּאֵב אֶלָּא לְדָבָר שֶׁהוּא אָסוּר לוֹ.
The evil inclination only craves something forbidden to him.

כ. הַתַּאֲווֹת – מְלֻבָּשׁ בָּהֶם חֶסֶד הַשֵּׁם יִתְבָּרַךְ.
Lusts - the loving-kindness of Hashem, may He be Blessed, is clothed in them.

כא. עַל־יְדֵי מְחִילַת עֲווֹנוֹת תִּזְכֶּה לְבַר־לֵבָב.
Through pardoning of sins, you merit a clean heart.

כב. עַל־יְדֵי הָרַחֲמָנוּת יִתְבַּטֵּל מִמְּךָ הַתַּאֲווֹת.
Through compassion, lusts will be nullified from you.

כג. עַל־יְדֵי עֵינַיִם הַלֵּב מִתְאַוֶּה.
Through the eyes, the heart craves.

כד. עַל־יְדֵי תַּאֲווֹת הַלֵּב אִי אֶפְשָׁר שֶׁלֹּא יִדְבַּק בְּךָ מְאוּמָה.
Through the lusts of the heart, it is impossible that something impure will not cling to you.

כה. לְהִרְהוּרֵי זְנוּת סְגֻלָּה, שֶׁיִּשְׁתֶּה סַם הַמְשַׁלְשֵׁל.
Regarding thoughts of promiscuity, it is conducive to drink a laxative.

כו. הַתְּפִלָּה שֶׁהִיא בְּכַוָּנַת הַלֵּב הִיא פּוֹתַחַת כָּל הַפְּתָחִים שֶׁל מַעְלָה.
Prayer with heartfelt concentration opens all the openings Above.

כז. מִי שֶׁיֵּשׁ לוֹ הִרְהוּרֵי עֲבוֹדָה זָרָה, אַל יִשָּׂא אֶצְלוֹ שׁוּם זָהָב.
Someone who has thoughts of idol worship should not carry

Sefer HaMidot

with him any gold.

כח. עַל־יְדֵי שִׁכְרוּת בָּא הִרְהוּרֵי עֲבוֹדָה זָרָה.
Through drunkenness, thoughts of idolatry come.

כט. עַל־יְדֵי אַהֲבַת נָשִׁים הַכָּבוֹד נִטָּל מִמְּךָ. גַּם אִשְׁתְּךָ אֵינָהּ קוֹלֶטֶת הַזֶּרַע וּמַפֶּלֶת, וּבִשְׁעַת הַלֵּדָה הַתִּינוֹק מֵת.
Through love for women, honor is taken away from you. Also, your wife does not grasp the seed, and miscarries, and at the time of birth, the child dies.

ל. עַל־יְדֵי הַמַּחֲלֹקֶת בָּאִים הִרְהוּרֵי עֲבוֹדָה זָרָה. גַּם בַּיִת שֶׁיֵּשׁ בּוֹ מַחֲלֹקֶת יִהְיֶה בֵּית עֲבוֹדָה זָרָה.
Through strife comes thoughts of idol worship. Also, a house in which there is strife will be a house of idol worship.

לא. כְּשֶׁבָּאִים לְאָדָם מַחֲשָׁבוֹת זָרוֹת, יַגְבִּיהַּ קוֹלוֹ כְּאִלּוּ הוּא בּוֹכֶה, וּבָזֶה יָסוּרוּ מִמֶּנּוּ הַמַּחֲשָׁבוֹת זָרוֹת.
When foreign thoughts come to a person, he should raise his voice as if he were crying, and through this, the foreign thoughts will depart from him.

לב. עַל־יְדֵי שְׁבוּעוֹת וּקְלָלוֹת בָּאִים מַחֲשָׁבוֹת רָעוֹת.
Through oaths and curses come bad thoughts.

לג. עַל־יְדֵי בִּטָּחוֹן לֹא יָבוֹאוּ לְךָ מַחֲשָׁבוֹת רָעוֹת.
Through having trust in GOD, evil thoughts will not come to you.

לד. חֲרִיקַת הַשִּׁנַּיִם הוּא סְגֻלָּה לְבַטֵּל מַחֲשָׁבוֹת רָעוֹת.
Grinding the teeth is conducive [segula] to nullifying evil thoughts.

לה. לְפִי הַמָּקוֹם שֶׁבַּתְּפִלָּה כֵּן הַנִּיצוֹצוֹת הַקְּדוֹשִׁים מַלְבִּישִׁים אֶת עַצְמָם בִּפְנִיּוֹת וּבָאִים לְאָדָם כְּדֵי לְתַקְּנָם.
According to the place in the prayer, so do the holy sparks clothe themselves in distractions and come to a person in order to be rectified.

לו. מַסֶּכֶת יָדַיִם הִיא סְגֻלָּה לְבַטֵּל מַחֲשָׁבוֹת רָעוֹת.
Learning Tractate Yadayim [hands] is conducive [segula] to nullifying bad thoughts.

לז. מִי שֶׁתְּפִלָּתוֹ אֵינָהּ אֶלָּא בִּשְׁבִיל הַשְּׁכִינָה, לֹא יָבוֹא לוֹ מַחֲשָׁבוֹת זָרוֹת.
Someone whose prayer is only for the sake of the Divine Presence, will not have foreign thoughts come to him.

לח. עַל־יְדֵי שָׁלוֹם נִתְרוֹמֵם שְׁמוֹ יִתְבָּרַךְ.
Through peace, His Name, may He be Blessed, is elevated.

Sefer HaMidot סֵפֶר הַמִדוֹת

לט. כְּשֶׁאִישׁ אוֹ אִשָּׁה חוֹשְׁבִים בִּשְׁעַת תַּשְׁמִישׁ בְּאֵיזֶה גּוֹי אוֹ בְּגוֹיָה, וְהַמַּחֲשָׁבָה הִיא בְּאַהֲבָה לְאֵיזֶה גּוֹי אוֹ גּוֹיָה, אֲזַי הַוָּלָד הַנּוֹלָד מִזֶּה הַתַּשְׁמִישׁ נִשְׁתַּמֵּד.

When a man or woman thinks at the time of marital relations about some non-Jewish man or woman, and the thought is with love for that non-Jewish man or woman, then the child who is born from these relations will abandon the Jewish faith.

מ. הַצִּיצִית הֵם גָּדֵר לְעֶרְוָה.

The ritual fringes are a fence, safeguard for lewdness.

מא. עַל־יְדֵי בִּקּוּר־חוֹלִים נִצּוֹל מִיֵּצֶר הָרָע.

Through visiting the sick, one is saved from the evil inclination.

מב. אֵין יֵצֶר הָרָע שׁוֹלֵט אֶלָּא בְּמָה שֶׁעֵינָיו רוֹאוֹת.

The evil inclination does not rule except on what his eyes see.

מג. בֶּן עֶשְׂרִים שָׁנָה וְלֹא נָשָׂא אִשָּׁה, כָּל יָמָיו בְּהִרְהוּרֵי עֲבֵרָה.

Someone who reaches twenty years old and has not married a woman, all of his days he will have thoughts of sin.

מד. מִי שֶׁעָבַר עֲבֵרָה, וְאַחַר־כָּךְ מְהַרְהֵר בָּהּ לַעֲשׂוֹת עוֹד אַף־עַל־פִּי שֶׁלֹּא עָשָׂה, נִפְרָעִין עַל הַהִרְהוּר.

Someone who commits a sin and afterwards thinks about doing more, even though he doesn't do it, is punished for the thought.

מה. לִדְחוֹת אֶת הַיֵּצֶר הָרָע יֹאמַר: רַחֲמָנָא נִגְעַר בֵּהּ בַּשָּׂטָן.

To push away the evil inclination, say, "The Merciful One berates the Satan [Rachamana nigahr bey baSatan]."

מו. הַחֶמְדָּה וְהַמַּחֲשָׁבָה רָעָה הָעוֹלָה עַל הַלֵּב פִּתְאוֹם, שֶׁאֵין בִּרְשׁוּת הָאָדָם לְהִמָּנַע מִמֶּנָּה, אֵין נֶעֱנָשִׁין עָלֶיהָ, אֶלָּא כַּאֲשֶׁר יְהַרְהֵר וְחוֹזֵר וּמְהַרְהֵר.

The coveting and evil thoughts which arise in the heart suddenly, which are not in a person's power to prevent, one is not punished for them, unless one repeatedly thinks about them.

מז. לְרֹב מִדּוֹת הָרָעוֹת טוֹב לְהַקִּיז דָּם.

For most bad character traits, it is good to bloodlet.

מח. עַל־יְדֵי אֲכִילַת דָּגִים נִתְרַבָּה הַתַּאֲוָה.

Through eating fish, lust is increased.

מט. מִי שֶׁאוֹכֵל בִּזְכוּת אָבוֹת, נוֹפְלִים לוֹ הִרְהוּרֵי עֲבוֹדָה זָרָה.

Someone who eats through the merit of his forefathers,

Sefer HaMidot

thoughts of idol worship befall him.

נ. עַל־יְדֵי מִשְׁכַּב־זָכָר בָּא לִידֵי הִרְהוּרֵי עֲבוֹדָה זָרָה.
Through homosexuality comes thoughts of idol worship.

נא. הַמְהַרְהֵר בְּכוּתִית, בָּא לִידֵי הִרְהוּרֵי עֲבוֹדָה זָרָה.
One who thinks [sexually] about a Cuthean [non-Jewish] woman, comes to thoughts of idol worship.

נב. הַמִּסְתַּכֵּל בָּעֶרְוָה, קַשְׁתּוֹ נִנְעֶרֶת.
One who looks at nakedness, his hardness becomes aroused.

נג. הַמְבַזֶּה אֶת הַמּוֹעֲדוֹת, כְּאִלּוּ עוֹבֵד עֲבוֹדָה זָרָה.
One who belittles the Festival holy days, it is as if he worships idols.

נד. מִי שֶׁיֵּשׁ לוֹ אֱמוּנָה, הַקָּדוֹשׁ־בָּרוּךְ־הוּא מֵגֵן עָלָיו, שֶׁלֹּא יָבוֹא לִידֵי הִרְהוּר וְאָזִיל לְהַהוּא עָלְמָא בְּלֹא חֵטְא, וְהַקָּדוֹשׁ־בָּרוּךְ־הוּא מְסַיֵּעַ לוֹ.
Someone who has faith, the Holy One, Blessed be He, protects him from coming into the grip of bad thoughts, and he proceeds to That World to ComeAt the time that they are involved in Torah and acts of kindness, their evil urge is placed under their control. without sin, and the Holy One, Blessed be He, helps him.

נה. בִּזְמַן שֶׁעוֹסְקִים בַּתּוֹרָה וּבִגְמִילוּת־חֲסָדִים, יִצְרָם מָסוּר בְּיָדָם.
At the time that they are involved in Torah and acts of kindness, their evil urge is placed under their control.

נו. מִי שֶׁיֵּשׁ לוֹ הֲנָאָה מִדָּבָר אֶפִּיקוֹרְסוּת, לְסוֹף שֶׁיָּכְפוּ אוֹתוֹ לַעֲבוֹדָה זָרָה.
Someone who has enjoyment from something heretical, he will eventually be compelled to idol worship.

נז. כְּשֶׁיִּמְנַע עַצְמוֹ מֵעֲבֵרוֹת וִיבַקֵּשׁ כַּפָּרָה, זֶה יִגְרֹם שֶׁאֲפִלּוּ בַּמַּחֲשָׁבָה לֹא יֶחֱטָא.
When someone holds himself back from sins and seeks atonement, this causes that he will not even sin in thought.

נח. הַבָּא עַל הַכּוּתִית, הוּא מַמְשִׁיךְ עַל עַצְמוֹ הַזֻּהֲמָה, וְאַחַר־כָּךְ כְּשֶׁבָּא עַל אִשְׁתּוֹ וְהוֹלִיד וָלָד, הַוָּלָד יִהְיֶה מוּמָר.
Someone who has relations with a Cuthean [non-Jewish] woman, draws down filth unto himself. Afterwards, when he has relations with his wife and bears a child, the child will be an apostate.

נט. אַבְנֵט – תִּקּוּן עַל הִרְהוּרִים.
A sash is a remedy for bad thoughts.

ס. מִי שֶׁיֵּשׁ לוֹ הִרְהוּרֵי נָשִׁים, בְּטוּלָם – עַל־יְדֵי שֶׁלֹּא יִגְנֹב דַּעַת הַבְּרִיּוֹת.

Sefer HaMidot

Someone who has thoughts of women, the way to nullify them is by not deceiving people.

סא. גַּם עַל־יְדֵי צְדָקָה.

Also, through charity.

חלק שני

א. כְּשֶׁבָּא לָאָדָם הִרְהוּרֵי עֲבוֹדָה זָרָה, וְהוּא מְבַטֵּל אוֹתָם בְּמַחֲשֶׁבֶת אֱמוּנָתוֹ, אֲזַי נַעֲשֶׂה מֵהִרְהוּרָיו בְּחִינַת טַל שֶׁל בְּרָכָה. גַּם עַל־יְדֵי זֶה הַמֹּחַ שֶׁלּוֹ נִתְקַיֵּם וְאֵין נִתְבַּלְבֵּל לְעוֹלָם, אֲפִלּוּ כְּשֶׁנִּתְיַגַּע הַמֹּחַ עַל־יְדֵי שֶׁמְּשׁוֹטֵט בְּאֵיזֶה עִיּוּן עָמֹק, אֲזַי הַקָּדוֹשׁ־בָּרוּךְ־הוּא מַזְמִין לוֹ מַחֲשָׁבוֹת הַנּוֹתְנִים נַיְחָא לְמֹחוֹ.

When thoughts of idol worship come to a person, and he nullifies them by thinking of his faith in GOD, then his thoughts become an aspect of dew of blessing. Also, through this, his mind has fortitude and does not ever become confused; even when the mind becomes tired from pondering some deep concept, then the Holy One, Blessed be He, arranges for him thoughts which relax his mind.

ב. מִי שֶׁנִּשְׁמָר מֵהִרְהוּרֵי עֲבוֹדָה זָרָה, זוֹכֶה בְּכָל פַּעַם לְבִטָּחוֹן עַד שֶׁאֵינוֹ דּוֹאֵג מַה יֹּאכַל לְמָחָר, וְהוּא בְּמַדְרֵגַת "בָּרוּךְ ה' יוֹם יוֹם", וְעַל־יְדֵי זֶה הַקָּדוֹשׁ־בָּרוּךְ־הוּא, לֹא הִבִּיט אָוֶן וְלֹא רָאָה עָמָל בּוֹ, וְכָל הַנּוֹגֵעַ בּוֹ כְּאִלּוּ נוֹגֵעַ בְּבַת־עֵינוֹ.

Someone who guards himself from thoughts of idol worship merits to have constant faith [confidence in GOD], to the extent that he does not worry what he will eat tomorrow, and he is on the level of "Blessed is Hashem day after day." Through this, the Holy One, Blessed be He, perceives no wrongdoing and sees no iniquity in him, and anyone who touches him, it is as if he touched the pupil of His eye.

ג. לְהִרְהוּרֵי עֲבוֹדָה זָרָה יַעֲלֶה עַל מַחֲשַׁבְתּוֹ וִיקַבֵּל עַל עַצְמוֹ, שֶׁיַּעֲסֹק בִּגְמִילוּת־חֲסָדִים וְעַל־יְדֵי זֶה יִתְבַּטֵּל מֵהִרְהוּרֵי עֲבוֹדָה זָרָה.

Regarding thoughts of idol worship, one should rouse in one's mind and one should accept upon himself to get involved in acts of kindness, and through this, he will be nullified from thoughts of idol worship.

ד. עַל־יְדֵי הִרְהוּרֵי עֲבוֹדָה זָרָה נְשִׁימָתוֹ מִתְקַצֶּרֶת, וְאֵינוֹ נֶהֱנֶה מִבְּשׂוֹרוֹת טוֹבוֹת.

Through thoughts of idol worship, one's breath becomes shortened, and he derives no pleasure from good news.

Sefer HaMidot

ה. כְּשֶׁבָּאִין לְאָדָם הִרְהוּרֵי עֲבוֹדָה זָרָה, יֵדַע שֶׁדָּנִין אוֹתוֹ לְמַעְלָה.

When thoughts of idol worship come to a person, he should know that they are judging him Above.

ו. לִמּוּד הַפּוֹסְקִים מְבַטְּלִים הִרְהוּרֵי עֲבוֹדָה זָרָה.

Studying codifiers of Torah law nullifies thoughts of idol worship.

ז. עַל־יְדֵי הַעֲמָדַת דַּיָּנִים שֶׁאֵינָם הֲגוּנִים בָּא הִרְהוּרֵי עֲבוֹדָה זָרָה.

Through the establishment of unqualified judges, comes thoughts of idol worship.

ח. כְּשֶׁבָּאִין לְאָדָם הִרְהוּרֵי עֲבוֹדָה זָרָה, יֵדַע שֶׁיָּבוֹא לִידֵי אֵיזֶהוּ חוֹלַאַת אוֹ לִידֵי אֵיזֶהוּ עֲלִילָה מֵהַשַּׂר.

When thoughts of idol worship come to a person, he should know that he will come to some illness or some accusation from a governing official.

ט. עַל־יְדֵי הִרְהוּרֵי עֲבוֹדָה זָרָה לְסוֹף נִצְרָךְ לִידֵי הִשְׁתַּמְּשׁוּת בַּשֵּׁמוֹת הַקְּדוֹשִׁים.

Through thoughts of idol worship, one will ultimately need to make use of holy names.

י. עַל־יְדֵי מַעֲשֵׂר נִתְבַּטְּלִים הִרְהוּרֵי זְנוּת.

Through tithing, thoughts of promiscuity are nullified.

יא. לִפְעָמִים עוֹלֶה בְּמַחֲשַׁבְתּוֹ שֶׁל אָדָם, וְחוֹשֵׁב בְּאֵיזֶהוּ חוֹלַאַת, וְזֶה סִבָּה מֵאֵת הַשֵּׁם יִתְבָּרַךְ, כְּדֵי שֶׁיִּזְכֹּר אֶת עַצְמוֹ לְתַקֵּן הַמַּחֲשָׁבָה רָעָה, שֶׁהַחוֹלַאַת בָּאָה עַל־יָדוֹ.

Sometimes, it will arise in a person's thought that he will think about some illness. This is caused by Hashem, may He be Blessed, in order that he should remind himself to fix the evil thought which is the cause of that illness.

יב. הִרְהוּרֵי עֲבוֹדָה זָרָה וְהִרְהוּרֵי זְנוּת וּשְׁפִיכוּת־דָּמִים וְלָשׁוֹן־הָרָע, הֵם בָּאִים עַל מִי שֶׁרָגִיל בִּנְדָרִים, אֲבָל נִתְבַּטְּלִים עַל־יְדֵי הַמַּנְהִיג שֶׁבָּעִיר, הַמְסַדֵּר הַגְּבִיּוֹת וְהַמִּסִּים עַל כָּל אֶחָד וְאֶחָד לְפִי עֶרְכּוֹ שֶׁיּוּכַל לִסְבֹּל.

Thoughts of idol worship, thoughts of immorality, bloodshed and evil speech come to someone who is accustomed to making vows, but they become nullified by the leader of the city, who arranges the fines and taxes upon each person, according to the amount that each one can handle.

Sefer HaMidot

יג. כְּשֶׁאָדָם יוֹצֵא לַשּׁוּק וּמִתְיָרֵא, שֶׁלֹּא יָבוֹא לִידֵי הִרְהוּר עַל־יְדֵי רְאִיָּה, שֶׁיִּרְאֶה נָשִׁים יָפוֹת, יֹאמַר הַפָּסוּק: "הֵן אֶרְאֶלָּם צָעֲקוּ" וְכוּ', וְעַל־יְדֵי זֶה יִנָּצֵל מֵרְאוֹת.

When a person goes out to the market and is fearful lest he come to evil thoughts from what he sees, that he might see attractive women, he should recite the verse, "Behold, their brave ones angels cried out … angel of peace cried bitterly". Through this, he will be saved from seeing.

יד. מִי שֶׁיֵּשׁ לוֹ הִרְהוּרֵי עֲבוֹדָה זָרָה, יֵדַע שֶׁיַּד אֻמּוֹת הָעוֹלָם יִשְׁלֹט בּוֹ.

Someone who has thoughts of idol worship, should know that the hand of the nations of the world will reign upon him.

טו. בְּעִיר שֶׁיֵּשׁ שָׁם יְרִידִים וְיוֹמָא דְּשׁוּקָא גְּדוֹלִים, שָׁם הִרְהוּרֵי עֲבוֹדָה זָרָה בְּיוֹתֵר, וְהַסְּגֻלָּה לָזֶה שֶׁיַּעֲסֹק בְּיוֹמָא דְּשׁוּקָא בַּתּוֹרָה, וְלֹא יָבוֹאוּ לוֹ הִרְהוּרֵי עֲבוֹדָה זָרָה.

In a city that has fairs and big market days, there you will find many thoughts of idol worship. A segula for this is to toil in Torah on market days, and thoughts of idol worship will not come to him.

טז. כְּשֶׁמְּבַטֵּל הִרְהוּרֵי עֲבוֹדָה זָרָה, עַל־יְדֵי זֶה מוֹחֲלִין לוֹ כָּל עֲווֹנוֹתָיו.

When one nullifies thoughts of idol worship, through this, all of his sins are forgiven.

יז. הִסְתַּכְּלוּת לְמִזְרָח מְבַטֵּל הִרְהוּרֵי זְנוּת.

Gazing to the east nullifies promiscuous thoughts.

יח. הַבְּכִיָּה מְבַטֵּל הִרְהוּרֵי זְנוּת.

Crying nullifies promiscuous thoughts.

יט. בִּטּוּל הִרְהוּרֵי עֲבוֹדָה זָרָה, עַל־יְדֵי הִתְלַהֲבוּת.

The nullification of thoughts of idol worship comes through [holy] enthusiasm.

כ. עַל־יְדֵי גְּנֵבוּת דַּעַת בָּא לִידֵי הִרְהוּרֵי זְנוּת עִם גּוֹיָה.

Through deception, one comes to thoughts of promiscuity with a non-Jewish woman.

כא. מִי שֶׁבָּא לוֹ הִרְהוּרֵי זְנוּת עִם בַּת אֵל נֵכָר, בְּיָדוּעַ שֶׁיִּהְיֶה לוֹ אֵיזֶהוּ נְפִילָה אוֹ חוֹלַאַת יָבוֹא עַל אִשְׁתּוֹ וּבָנָיו.

One who has thoughts of having relations with a gentile girl, it is certain that he will experience some downfall, or his wife and children will get sick.

כב. עַל־יְדֵי הִרְהוּרֵי עֲבוֹדָה זָרָה שׂוֹנְאִים בָּאִים וְנִתְרוֹמְמִים עַל אָדָם.

Sefer HaMidot

ספר המדות

Through thoughts of idol worship, enemies come and become elevated over a person.

כג. לְבַטֵּל הִרְהוּרֵי זְנוּת, יְצַיֵּר דְּמוּת אָבִיו. עֵצָה עַל הִרְהוּרִים, לִכְעֹס עַל אֵיזֶה דָּבָר, וְרֶמֶז: "רִגְזוּ וְאַל תֶּחֱטָאוּ" [שָׁמַעְתִּי מֵרַבֵּנוּ, זִכְרוֹנוֹ לִבְרָכָה, בְּפֵרוּשׁ, שֶׁהַכַּוָּנָה לִרְגֹּז וְלִכְעֹס עַל עַצְמוֹ. וְזֶה מְרֻמָּז בְּדִבְרֵי רַבּוֹתֵינוּ, זִכְרוֹנָם לִבְרָכָה: לְעוֹלָם יַרְגִּיז אָדָם יֵצֶר טוֹב עַל יֵצֶר הָרַע שֶׁנֶּאֱמַר; "רִגְזוּ" וְכוּ', הַיְנוּ לִרְגֹּז וְלִכְעֹס עַל עַצְמוֹ, אֲבָל חָלִילָה לִכְעֹס מַמָּשׁ, כִּי עֲוֹן הַכַּעַס חָמוּר מְאֹד כַּיָּדוּעַ.] גַּם סְגֻלָּה, לִנָּתֵק מִמְּקוֹמוֹ וְלֵילֵךְ לְמָקוֹם אַחֵר, גַּם טוֹב לִקְפֹּץ מִמְּקוֹמוֹ.

To nullify promiscuous thoughts, one should imagine the image of his father. Good advice regarding evil thoughts is to get mad about something. This is alluded to in the verse, "Rage and do not sin". I heard from our master, of blessed memory, that the intent is to rage and get angry at oneself. This is hinted at in the words of our rabbis, of blessed memory: A person should always enrage his good inclination over his evil inclination, as it is written, "Rage..", that is, to rage and get angry at oneself. But not to, GOD forbid, actually get angry, because the sin of anger is extremely grave, as is known. It is also a segula [conducive] to uproot from one's place and and go to another place. It is also good to jump from one's place.

הרחקת רשעים
Distancing the Wicked

חלק ראשון

א. כְּשֶׁהַצַּדִּיק בָּא לְבֵית הָרָשָׁע, הַבַּיִת נִתְבָּרֵךְ, וְדַוְקָא שֶׁהַבַּיִת מְזֻמָּן לִבְרָכָה.

When a tzaddik comes to the house of a wicked person, the house is blessed, but this is only when the house is fit to receive blessing.

ב. הַרְחֵק מֵרְשָׁעִים, כְּדֵי שֶׁלֹּא תִּתָּפֵס בְּעָנְשָׁם.

Keep far away from the wicked, so that you will not be caught up in their punishment.

ג. בִּשְׁבִיל אֵיבָה מַרְאִין אֵיזֶה קֵרְבוּת לָרְשָׁעִים.

Due to enmity, one may come to display friendliness to the wicked.

Sefer HaMidot

ספר המדות

ד. לִפְעָמִים כְּשֶׁעוֹשִׂין. אֵיזֶה טוֹבָה לְרָשָׁע גָּמוּר, בָּזֶה עוֹשִׂין נַחַת רוּחַ לַקָּדוֹשׁ בָּרוּךְ הוּא.

Sometimes, when one does a favor for a totally wicked person, it gives satisfaction to the Holy Blessed One.

ה. אָסוּר לְסַפֵּר בְּשִׁבְחָן, אֲבָל מָקוֹם שֶׁיָּבוֹא מִשִּׁבְחָן שֶׁבַח לַצַּדִּיק מֻתָּר לְסַפֵּר קְצָת.

It is forbidden to relate their praise [evildoers]. However, in a case in which praising them will also result in praise for a tzaddik, it is permitted to relate a little.

ו. מִי שֶׁמְּלַמֵּד זְכוּת עַל רָשָׁע, גַּם הוּא נִקְרָא רָשָׁע.

One who judges a wicked one favorably is also called wicked.

ז. אֲפִילוּ עוֹשֶׂה אֵיזֶהוּ דָּבָר כַּדָּת וְכַדִּין, אֵין אָנוּ סוֹמְכִין עָלָיו.

Even when an evildoer does some act according to the religious law, we do not depend on him.

ח. מִי שֶׁעָרַב בְּעַד רָשָׁע, נוֹפֵל לִידֵי תַּאֲוַות נִיאוּף גַּם נוֹפֵל לְחֻלְשָׁה.

One who was a guarantor for an evildoer, falls into sexual lust, and also becomes weak.

ט. רָשָׁע שֶׁשָּׁכַח אֶת הַשֵּׁם יִתְבָּרַךְ לְגַמְרֵי, בְּיָדוּעַ שֶׁלֹּא יֵצֵא מִמֶּנּוּ זֶרַע כָּשֵׁר.

An evildoer who has forgotten GOD completely, it is certain that no upright descendants will issue forth from him.

י. כְּשֶׁנּוֹפֵל שׂוֹנְאוֹ שֶׁל הַקָּדוֹשׁ בָּרוּךְ הוּא בְּיָדְךָ, אַל תְּרַחֲמֵהוּ.

When an enemy of GOD fall into your hands, do not have mercy on him.

יא. כְּשֶׁלֹּא תְּחַבֵּר אֶת עַצְמְךָ לְשַׁקְרָנִים, הַיְדוּעִים לְךָ, עַל יְדֵי זֶה תִּזְכֶּה לְהָבִין אֶת הַצְּבוּעִים.

When you do not attach yourself to liars, that are known to you, through this you will merit to discern the hypocrites.

יב. מִי שֶׁשּׂוֹנֵא אֶת הַמְּסִיתִים, בְּוַדַּאי לֹא יִדְבַּק בּוֹ דִּבְרֵיהֶם.

One who hates enticers missionaries, their words will certainly have no influence [literally - stick] on him.

יג. עַל יְדֵי לִמּוּד תּוֹרָה נַעֲשֶׂה רִחוּק בֵּין הָרְשָׁעִים הַמְקֹרָבִים.

Through learning Torah, distance is created between the wicked who are drawing close.

יד. מִי שֶׁמְּרַחֵק אֶת עַצְמוֹ מֵרְשָׁעִים, הַקָּדוֹשׁ בָּרוּךְ הוּא עוֹשֶׂה לוֹ יְשׁוּעָה.

One who distances himself from the wicked, the Holy Blessed One brings him a salvation.

טו. הַפִּזּוּר שֶׁיֵּשׁ בֵּין הָרְשָׁעִים סִימָן לִישׁוּעָה.

Sefer HaMidot

סֵפֶר הַמִּדּוֹת

The scattering of the wicked from each other is a sign of salvation.

טז. תַּרְחִיק מִלָּדוּר בְּבַיִת, שֶׁדָּר בּוֹ רָשָׁע.
Avoid living in a house in which an evildoer lived.

יז. אַל תְּדַבֵּר עִם הַמַּסִּיתִים אֲפִילוּ לְהוֹכִיחָם וּלְקָרְבָם.
Do not speak to enticers missionaries, even to chastise them or bring them close to repent.

יח. הִתְחַבְּרוּת רְשָׁעִים מַזִּיק לַעֲבוֹדַת הַשֵּׁם יִתְבָּרַךְ.
Associating with the wicked is damaging to the service of GOD.

יט. נָאֶה וּמִתְקַבֵּל לִקְדוֹשֵׁי ה', שֶׁיַּעֲשׂוּ מָסָךְ וּמָגֵן, עַד. שֶׁמִּמֶּנּוּ יִבְרַח כָּל אִישׁ מֵצִיק וְרָשָׁע.
It is appropriate and fitting for the holy servants of GOD to make a screen and shield, to the point that every afflicting and evil person will flee from it.

חלק שני

א. מִי שֶׁאֵינוֹ מֵבִין רִשְׁעַת הָרְשָׁעִים הַצְּבוּעִים, הוּא מְתָעָב.
One who does not understand the wickedness of hypocritical evildoers is abhorrent.

ב. הַצְּבוּעִים גּוֹרְמִים כְּאֵב עֵינַיִם לַהֲמוֹן עָם, הַטּוֹעִים בָּם.
Hypocrites cause eye pain to the errant masses who are fooled by them.

ג. צָרִיךְ אָדָם לִשְׁמֹר אֶת עַצְמוֹ, מִלִּנְשֹׁק אֶת עַצְמוֹ עִם רְשָׁעִים, כִּי עַל יְדֵי הַנְּשִׁיקָה נַעֲשֶׂה בֵּינֵיהֶם הִתְקַשְּׁרוּת גַּם לְאַחַר מִיתָה.
A man needs to guard himself from kissing evildoers, for the kiss creates a bond between them even after death.

ד. יֵשׁ בְּנֵי אָדָם שֶׁהֵם מִינִים וְאֶפִּיקוֹרְסִים גְּדוֹלִים, אֲבָל הֵם אֵינָם מְגַלִּים אֶפִּיקוֹרְסוּת, וְאֵין בֶּן אָדָם יוֹדֵעַ לִשְׁמֹר אֶת עַצְמוֹ, אֲבָל עַל יְדֵי מִדַּת הַצְּנִיעוּת אָדָם נִצּוֹל מֵאֵלּוּ הָאֶפִּיקוֹרְסִים.
There are those who are great apostates and heretics, but they do not reveal their heresy, and one is unaware of the need to guard himself. However, through the attribute of conducting oneself modesty, a person is saved from these heretics.

ה. הָרְשָׁעִים אֵינָם מְבַלְבְּלִים אוֹתָנוּ מֵעֲבוֹדָתֵנוּ בַּעֲבֵרוֹת שֶׁעוֹבְרִים, כְּמוֹ שֶׁמְּבַלְבְּלִים אוֹתָנוּ בְּמִצְווֹת שֶׁהֵם עוֹשִׂים, בִּשְׁבִיל זֶה: גּוֹי שֶׁשָּׁבַת חַיָּב מִיתָה.

Sefer HaMidot

סֵפֶר הַמִּדּוֹת

The wicked do not confuse us in our holy service through their sins that they transgress, as they do through the good deeds they do. It is for this reason that a non-Jew who observes the Shabbat is liable to the death penalty.

הריון
Pregnancy

חלק ראשון

א. עַל־יְדֵי שְׁקָרִים אִשָּׁה יֵשׁ לָהּ צַעַר בַּהֵרָיוֹן.
Through falsehood, a woman has suffering in pregnancy.

ב. סְגֻלָּה לְהֵרָיוֹן – שֶׁתִּשָּׂא אֶצְלָהּ עֵץ קָטָן מִגַּג קֶבֶר שֶׁעַל הַצַּדִּיק אוֹ מַגְנֵט וְלִתֵּן צְדָקָה.
It is beneficial [segula] for a pregnancy - that she carry on herself a small piece of wood from the roof over the grave of a tzaddik, or a magnet, and to give charity.

ג. דָּגִים קְטַנִּים מַפְרִין וּמַרְבִּין.
Small fish cause one to be fruitful and multiply.

ד. עֻבָּרוֹת וּמֵינִיקוֹת לֹא יֹאכְלוּ שׁוּמִין וּבְצָלִים.
Pregnant and nursing women should not eat garlic and onions.

ה. אִשָּׁה שֶׁשְּׂנוּאִין מַעֲשֵׂי רְשָׁעִים בְּעֵינֶיהָ, עַל־יְדֵי זֶה נִפְקֶדֶת.
A woman to whom the deeds of the wicked are hateful in her eyes will, as a result of this, become pregnant.

ו. הַמְקַבֵּל גָּלוּת עַל עַצְמוֹ, הוּא סְגֻלָּה לְהֵרָיוֹן.
Accepting exile upon oneself is conducive [segula] to pregnancy.

ז. אֲכִילַת בְּשַׂר בְּהֵמָה דַּקָּה וּשְׁתִיַּת שֶׁמֶן־זַיִת הִיא סְגֻלָּה לְהֵרָיוֹן.
Eating the meat of small animals and drinking olive oil are conducive to pregnancy.

חלק שני

א. אִשָּׁה שֶׁאֵינָהּ יְכוֹלָה לְהִתְעַבֵּר, תַּבִּיט עַל הַסַּכִּין שֶׁל מִילָה אַחַר הַמִּילָה.
A woman who cannot conceive should look at the circumcision knife after the circumcision.

התבודדות

Sefer HaMidot　　　ספר המדות

Seclusion

חלק ראשון

א. מִי שֶׁמִּתְבּוֹדֵד אֶת עַצְמוֹ וּבוֹדֵל אֶת עַצְמוֹ מִבְּנֵי־אָדָם, מְזַדְּקְקִין עָלָיו מִלְמַעְלָה.

One who isolates himself and separates himself from others, they attend to him from Above.

ב. עַל־יְדֵי הִתְבּוֹדְדוּת וּמַפְנֶה לִבּוֹ לְבַטָּלָה בָּא לְכַעַס.

Through isolating oneself and setting one's heart wantonly, one comes to anger.

חלק שני

א. הַשִּׂיחָה שֶׁאָדָם מֵשִׂיחַ בֵּינוֹ לְבֵין קוֹנוֹ, הַשִּׂיחָה הַזֹּאת נַעֲשֵׂית אַחַר־כָּךְ גְּאֻלָּה וִישׁוּעָה לְבָנָיו.

The conversation that one conducts privately between him and his Creator, this conversation is made afterwards into a redemption and salvation for his children.

התנשאות
High Position

חלק ראשון

א. מִי שֶׁמַּטִּיל אֵימָה יְתֵרָה עַל הַצִּבּוּר שֶׁלֹּא לְשֵׁם שָׁמַיִם, אֵינוֹ רוֹאֶה בֶּן תַּלְמִיד־חָכָם.

One who instills inordinate dread upon the public not for the sake of Heaven, does not see that is will not have a son as a Torah scholar.

ב. הַמַּתְחִיל בְּדָבָר מִצְוָה וְאֵינוֹ גוֹמְרָהּ, מוֹרִידִין אוֹתוֹ מִגְּדֻלָּתוֹ.

One who begins a matter of a mitzvah and does not finish it, he is brought down from his high position.

ג. כְּשֶׁהַקָּדוֹשׁ־בָּרוּךְ־הוּא נִפְרָע מִשּׂוֹנְאֵי יִשְׂרָאֵל, מְמַנֶּה לָהֶם פַּרְנָסִים שֶׁאֵינָם טוֹבִים.

When the Holy One, Blessed is He, takes retribution upon the enemies of Israel, He appoints for them directors who are not good.

ד. מְנַשְּׂאִין אֶת בֶּן צַדִּיק, כְּשֶׁאֵינוֹ הוֹלֵךְ בְּדֶרֶךְ יָשָׁר, כְּדֵי שֶׁיֵּלֵךְ בְּדֶרֶךְ יָשָׁר.

Sefer HaMidot   ספר המדות

The son of a righteous man is lifted to high position when he does not go in a straight path, in order that he should go in a straight path.

ה. עַל־יְדֵי הַצְּדָקָה מִתְנַשֵּׂא.
Through giving charity, one rises.

ו. אֵין אָדָם עוֹלֶה לִגְדֻלָּה אֶלָּא־אִם־כֵּן מוֹחֲלִין לוֹ כָּל עֲווֹנוֹתָיו.
A man does not rise to high position unless he is forgiven for all his sins.

ז. כְּשֶׁמְּנַשְּׂאִין אֶת אָדָם חָשׁוּב, אֵין מוֹרִידִין אוֹתוֹ.
When Heaven raises an important man, they do not bring him down.

ח. עַל־יְדֵי חָכְמָה וְשִׁפְלוּת וּמְעֹרָב בֵּין הַבְּרִיּוֹת, דְּבוּרוֹ נִתְקַיֵּם לְמַעְלָה.
Through wisdom, humility, and being social, one's words are fulfilled above.

ט. כְּשֶׁרוֹצִים לְנַשֵּׂא אֵיזֶה צַדִּיק וּלְפַרְסְמוֹ אוֹתוֹ, אֲזַי הַקָּדוֹשׁ־בָּרוּךְ־הוּא שׁוֹלֵחַ מַחֲלֹקֶת בֵּין הָרְשָׁעִים.
When Heaven wants to raise a righteous man and publicize him, Heaven sends discord between the evil people.

י. כְּשֶׁאֶחָד מְבַזֶּה אוֹתְךָ, וְאַתָּה מְקַבֵּל בְּשִׂמְחָה, עַל־יְדֵי זֶה תִּזְכֶּה לְכָבוֹד וְהִתְנַשְּׂאוּת בְּשִׂמְחָה.
When someone humiliates you, and you accept it happily, through this you will merit respect and joyous eminence.

יא. מִי שֶׁאֵינוֹ מְקַבֵּל תּוֹכָחָה, עַל־יְדֵי זֶה אֵינוֹ נִתְגַּדֵּל.
One who does not accept rebuke, through this he does not grow.

יב. הִתְנַשְּׂאוּת בָּא לְמִי שֶׁמְּחַזֵּר תָּמִיד עַל לִמּוּדוֹ.
High position comes to one who constantly reviews his learning.

יג. הִתְנַשְּׂאוּת בָּא עַל־יְדֵי תּוֹכָחָה.
High position comes through rebuke.

יד. מִי שֶׁה' אֱלֹקָיו, עִמּוֹ יִהְיֶה לוֹ עֲלִיָּה.
One who Hashem his GOD is with him, he will have an ascent.

טו. עַל־יְדֵי שִׁנּוּי הַשֵּׁם נִשְׁתַּנֶּה הַמַּזָּל.
Through a change of name comes a change in fortune.

טז. עַל־יְדֵי הַנְּסִיעָה שֶׁנּוֹסְעִים מִכְּפָר לִכְפָר וּמֵעִיר לָעִיר, דְּבָרָיו אֵינָם נִשְׁמָעִים.

Sefer HaMidot ספר המדות

Through the traveling one does from village to village and from city to city, his words are not heard and accepted.

יז. מִי שֶׁמְּלַמֵּד זְכוּת עַל יִשְׂרָאֵל, זוֹכֶה לַעֲלִיָה גְדוֹלָה.

One who judges Israel favorably merits to a great ascent.

יח. מִי שֶׁיֵּשׁ לוֹ הִתְנַשְּׂאוּת וְיָרֵא שֶׁלֹּא יִצְטָרֵךְ לָמוּת מֵחֲמַת שֶׁהִגִּיעַ עֵת שֶׁל חֲבֵרוֹ לְקַבֵּל אֶת הַהִתְנַשְּׂאוּת הַזֹּאת, יָנוּס מֵהִתְנַשְּׂאוּת הַזֹּאת, אוֹ לַעֲשׂוֹת תַּחְבּוּלָה שֶׁיָּנוּס חֲבֵרוֹ מֵהָעִיר הַזֹּאת.

One who has high position, and fears lest he need die because his friend's time has come to receive this high position, he should flee from this high position, or he should employ a scheme that his friend should flee from this city.

יט. כְּשֶׁבְּנֵי־אָדָם בָּאִים אֵצֶל אֶחָד וְאוֹמְרִים לוֹ: לַמְּדֵנוּ דֶרֶךְ הַשֵּׁם, בְּיָדוּעַ שֶׁיִּתְנַשֵּׂא.

When people come to one and say to him, "Teach us the Way of GOD", it is certain that he will have high position.

כ. אֵין אָדָם נַעֲשָׂה מְפֻרְסָם אֶלָּא־אִם־כֵּן הַקָּדוֹשׁ־בָּרוּךְ־הוּא מוֹפִיעַ עָלָיו מִלְמַעְלָה.

A man does not become famous, unless the Holy One Blessed is He appears upon him from above.

כא. הַהִתְנַשְּׂאוּת בָּא עַל־יְדֵי הַבִּטָּחוֹן שֶׁבִּשְׁעַת צָרָה.

High position comes through having trust in GOD in time of trouble.

כב. מִי שֶׁיֵּשׁ לוֹ שֵׂכֶל, בְּוַדַּאי יָרוּם בִּמְהֵרָה.

Someone with intelligence will certainly ascend to greatness quickly.

כג. כְּשֶׁהַצַּדִּיק נִתְרוֹמֵם, אֲזַי הָעוֹלָם תְּמֵהִים עָלָיו.

When the tzadik is raised to great height, everyone is in wonderment over him.

כד. מִי שֶׂשּׂוֹנֵא גֶּזֶל, עוֹלֶה לִגְדֻלָּה.

One who hates theft rises to greatness.

כה. עַל־יְדֵי חָכְמָה אוֹ הַצְלָחָה נַעֲשָׂה מְפֻרְסָם.

Through wisdom or success, one becomes famous.

כו. אָדָם שֶׁאֻמּוֹת הָעוֹלָם נוֹתְנִין לוֹ מַתָּנוֹת, יֵדַע שֶׁהִתְנַשְּׂאוּת שֶׁלּוֹ נְכוֹנָה מֵאֵת הַשֵּׁם יִתְבָּרַךְ.

A man to whom the nations of the world give him gifts, should know that his high position has been prepared correct or established by the blessed GOD.

כז. עַל־יְדֵי אֲמִירַת תְּהִלִּים נִתְרוֹמֵם.

Sefer HaMidot   ספר הַמִּדוֹת

Through saying Tehillim, one is elevated on high.

כח. כְּשֶׁנִּתְנַשֵּׂא אָדָם, הֲרֵי כְּאִלּוּ הַיּוֹם נוֹלָד.
When a man attains high position, it is if he was newborn.

כט. עַל־יְדֵי זְכִירַת שֵׁמוֹת עֲבוֹדָה זָרָה אֵינוֹ מִתְנַשֵּׂא.
Due to mentioning names of idolatry, one does not rise or gain high position.

ל. עַל־יְדֵי לִמּוּד אַגָּדָה בַּלַּיְלָה מִתְנַשֵּׂא.
Through learning Aggadah [non legal lore of the Talmud and Medrash] at night, one rises.

לא. הִתְנַשְּׂאוּת בָּא עַל־יְדֵי שְׂשׂוֹנְאִים שֶׁקֶר.
Eminence comes about through hating falsehood.

לב. עַל־יְדֵי אַהֲבַת צַדִּיקִים מִתְנַשֵּׂא.
Through loving the righteous tzadikim, one rises.

לג. עַל־יְדֵי עַבְדוּת בַּדַּעַת, לֹא כְּמִצְוַת אֲנָשִׁים מְלֻמָּדָה, בְּוַדַּאי יִתְנַשֵּׂא.
High position comes through spoken words or statements, insights, maxims, or the like.

לד. הִתְנַשְּׂאוּת בָּא עַל־יְדֵי דִּבּוּרִים.
Also, through submission before GOD.

לה. גַּם עַל־יְדֵי הַכְנָעָה.
Also, through submission before GOD.

לו. עַל־יְדֵי קִדּוּשׁ־הַשֵּׁם הָאָדָם נִתְרוֹמֵם.
Through sanctifying the name of GOD, one is raised high.

לז. הִתְנַשְּׂאוּת בָּא עַל־יְדֵי רַחֲמָנוּת.
High position comes through having mercy.

לח. עַל־יְדֵי אֱמוּנָה הוּא מוֹשֵׁל עַל בַּעֲלֵי־גַאֲוָה.
Through faith, one rules over the arrogant.

לט. מִי שֶׁמַּעֲמִיד דַּיָּן שֶׁאֵינוֹ הָגוּן, לַסּוֹף שֶׁיִּפּוֹל בְּיַד שׁוֹפְטֵי אֱמוֹת.
One who appoints a judge who is not worthy will in the end be judged by [lit. fall into the hand of] gentile judges.

מ. עַל־יְדֵי תּוֹכָחָה לְשֵׁם שָׁמַיִם זוֹכֶה לְהִתְנַשְּׂאוּת.
Through giving rebuke for the sake of Heaven, one merits to high position.

מא. עַל־יְדֵי בִּנְיַן שְׁבוּנֶה בְּאֶרֶץ יִשְׂרָאֵל, זוֹכֶה לְהִתְנַשְּׂאוּת.
Through building a house in the Land of Israel, one merits to high position.

מב. עַל־יְדֵי כְּבוֹד הַתּוֹרָה זוֹכֶה לְהִתְנַשְּׂאוּת.
Through giving respect to the Torah, one merits to high position.

Sefer HaMidot   ספר המדות

מג. לָאו בְּכָל עֵת יָכוֹל אָדָם לְהַנְהִיג נְשִׂיאוּתוֹ, כִּי לִפְעָמִים בָּא עֵת, שֶׁאֵין לָעֵת הַזֹּאת חַיּוּת כִּי־אִם מִנָּשִׂיא אַחֵר.

Not always can a man rule his domain for sometimes there comes a time which this time has vitality only from a different president.

מד. מִי שֶׁנִּשָּׂא אוֹתוֹ הַקָּדוֹשׁ־בָּרוּךְ־הוּא, תִּנְהַג בּוֹ כָּבוֹד וְתֵלֵךְ אֶצְלוֹ.

Someone whom the Holy One Blessed is He has elevated, accord him respect and go to or be by him.

מה. הִתְנַשְּׂאוּת שֶׁל הָאָדָם הִיא טוֹבַת הַשָּׁעָה.

The ascent of a man is a goodness of the hour.

חלק שני

א. מִי שֶׁנִּכְנָס בִּתְחוּמוֹ שֶׁל חֲבֵרוֹ, גְּדֻלָּתוֹ נִתְמַעֵט.

One who infringes his friend's territory, his greatness is diminished.

ב. אֵין הַקָּדוֹשׁ־בָּרוּךְ־הוּא נוֹתֵן גְּדֻלָּה לְאָדָם, עַד שֶׁבּוֹדְקוֹ בְּדָבָר קָטָן.

The Holy One Blessed is He does not give greatness to a man until He tests him with something small.

ג. עַל־יְדֵי בִּלְבּוּל הַדַּעַת נִתְקַלְקֵל הַיִּרְאָה. גַּם עַל־יְדֵי בִּלְבּוּל הַדַּעַת מֶמְשַׁלְתּוֹ נוֹפֶלֶת.

Through confusion of the mind, fear of GOD is ruined. Also, through confusion of the mind, one's dominion falls.

ד. עַל־יְדֵי זְרִיזוּת זוֹכֶה לִהְיוֹת רוֹעֶה נֶאֱמָן. וְסִימָן לַדָּבָר: לֵךְ אֶל נְ׳מָ׳לָ׳ה׳ עָצֵל וּכְתִיב: מִשָּׁם רוֹעֶה אֶבֶן יִשְׂרָאֵל.

Through zeal, one merits to be a faithful leader [lit. shepherd]. A hint for this is in the passage, "Go to the ant, lazy one", and it is also written "From there the shepherd of the stone of Israel" the end letters of the words in this passage spell "ant".

ה. כְּשֶׁנּוֹתְנִין מָמוֹן לְהַשַּׂר בִּשְׁבִיל אֵיזֶהוּ הִתְמַנּוּת, שֶׁיַּעֲבִיר אֶת חֲבֵרוֹ וִימַנֶּה אוֹתוֹ, זֶהוּ כְּמוֹ כִּשּׁוּף.

When one bribes an official to be appointed to a position, that someone else should be removed and he should be appointed, this is like witchcraft.

ו. הִרְהוּרֵי עֲבוֹדָה זָרָה וְהִרְהוּרֵי זְנוּת וּשְׁפִיכַת־דָּמִים וּלְשׁוֹן הָרָע, הֵם בָּאִים עַל מִי שֶׁרָגִיל בִּנְדָרִים, אֲבָל נִתְבַּטְּלִים עַל־יְדֵי הַמַּנְהִיג שֶׁבָּעִיר, הַמְסַדֵּר הַגְּבִיּוֹת וְהַמַּסִּים עַל כָּל אֶחָד וְאֶחָד לְפִי עֶרְכּוֹ, שֶׁיּוּכַל לִסְבֹּל.

Sefer HaMidot

ספר המידות

Thoughts of idolatry, and promiscuous thoughts, and spilling blood, and slander come upon one who is accustomed to swearing oaths. However, they are annulled through the city's leader, who sets the collections and taxes on each person according to his worth, that he can bear.

ז. כְּשֶׁאֵיזֶה רָשָׁע נִתְגַּדֵּל, אֲזַי קָשֶׁה לְחַדֵּשׁ אֵיזֶהוּ סְבָרָה בַּפּוֹסְקִים. גַּם דִּבְרֵי הַדַּיָּנִים אֵינָם נִשְׁמָעִים בְּאָזְנֵי הַבַּעֲלֵי־דִינִים.

When an evil person becomes great, it is difficult to bring out a new explanation in the rulings of the authorities of the halacha [Jewish law]. Also, the words of judges are not heard by the litigants.

ח. אָדָם כָּשֵׁר צָרִיךְ לְהַקְטִין אֶת עַצְמוֹ, כְּשֶׁרוֹאֶה מֶמְשֶׁלֶת הָרָשָׁע.

A kosher man must humble himself when he sees the sovereignty of an evildoer.

ט. מִי שֶׁנּוֹטֵל שְׂרָרָה לְעַצְמוֹ, עַל־יְדֵי זֶה בִּתּוֹ נַעֲשֵׂית זוֹנָה.

One who appropriates a position of authority for himself, through this his daughter becomes a prostitute.

י. מִי שֶׁמַּנִּיחַ צָרְכֵי צִבּוּר וְעוֹסֵק בְּצָרְכֵי עַצְמוֹ, כְּאִלּוּ לוֹקֵחַ שֹׁחַד.

One who leaves the needs of the community and engages in his own needs, is as if he takes bribery.

יא. עַל־יְדֵי וִדּוּי דְבָרִים זוֹכֶה לְהִתְנַשְּׂאוּת.

Through confession, one merits to high position.

יב. עַל־יְדֵי קְדֻשַּׁת הַשֵּׁם יִתְבָּרַךְ, הַהִתְנַשְּׂאוּת שֶׁל רָאשֵׁי הַדּוֹר בְּתֹקֶף וָעֹז, וְעַל־יְדֵי זֶה נֶחְשָׁב בְּעֵינֵי כֹל הַמִּצְוָה שֶׁל הַכְנָסַת אוֹרְחִים, וְעַל־יְדֵי זֶה הַלּוֹמְדִים זוֹכִים שֶׁהֲלָכָה כְּמוֹתָם.

Through the sanctity of the blessed GOD's name, the rule of the leaders of the generation has full power and might, and through this the mitzva of hospitality is highly regarded in everyone's eyes, and through this those that study the Torah merit that the Halacha [final legal ruling on a matter of the Torah] is like them.

וִדּוּי דְבָרִים
Confession

א. עַל־יְדֵי וִדּוּי דְבָרִים גּוֹרְמִים שֶׁהַקָּדוֹשׁ־בָּרוּךְ־הוּא מַזְמִין מְלַמְּדֵי תִּינוֹקוֹת, שֶׁלּוֹמְדִין בֶּאֱמוּנָה.

Sefer HaMidot

סֶפֶר הַמִּדּוֹת

Through confession, this causes The Holy Blessed One to bring teachers of children who teach faithfully.

ב. גַּם גּוֹרְמִים, שֶׁנִּתְקָנִים הַדְּרָכִים מִמִּכְשׁוֹלוֹת.
This also elicits fixing of the roads from obstacles.

ג. עַל־יְדֵי וִדּוּי דְּבָרִים זוֹכִים לְהִתְנַשְּׂאוּת.
Through confession, one merits to leadership to be elevated.

ד. מִי שֶׁאֵינוֹ מִתְוַדֶּה עַל עֲווֹנוֹתָיו, מוֹרָא בָּא עָלָיו.
One who does not confess his sins, fallen fear comes upon him.

וַתְרָן
Defers

א. מִי שֶׁהוּא וַתְרָן, אֵין עֲווֹנוֹתָיו יְכוֹלִין לְהַכְרִיעַ זְכִיּוֹתָיו.
One who is willing to defer to others, his sins will not be able to outweigh his merits.

זִיּוּף
Forger

א. עַל־יְדֵי זִיּוּף בָּא לְעֹנֶשׁ בֵּית הָאֲסוּרִים.
Through forger comes the punishment of incarceration.

ב. עַל־יְדֵי זִיּוּף הוּא מִתְחַבֵּר עִם הַמִּתְנַגְּדִים.
Through forgery, one becomes connected to the opposers of chasidus.

זְכוּת אָבוֹת
Ancestral Merit

חֵלֶק רִאשׁוֹן
א. עַל־יְדֵי טְבִילַת מִקְוֶה מַזְכִּירִין זְכוּת אָבוֹת.
Through immersing in a ritual bath, one's ancestral merit is remembered.

חֵלֶק שֵׁנִי
א. עַל־יְדֵי מַפְלְגֵי וְחָרִיפֵי הַדּוֹר מְאִירִין אֶת הַיִּרְאָה, וְעַל־יְדֵי הַיִּרְאָה מִתְנוֹצֵץ זְכוּת אָבוֹת, וְעַל־יְדֵי הִתְנוֹצְצוּת הָאָבוֹת נִתְעוֹרֵר תְּשׁוּבָה בָּעוֹלָם.

Sefer HaMidot   ספר המדות

Brilliant, ingenious people of the generation inspire awe; through that awe, ancestral merit sparkles, and through the sparkling of ancestral merit, repentance is aroused in the world.

ב. בְּפֶתַח בֵּיתוֹ שֶׁל אָדָם נִכָּר, אִם תַּמּוּ זְכוּת אֲבוֹתָיו אוֹ אִם חָלָה זְכוּת אֲבוֹתָיו.
At the entrance to a man's house, it is discernible if his ancestral merit has finished, or if his ancestral merit is effective.

ג. הַגּוֹמֵל חֲסָדִים, אֵין צָרִיךְ לִזְכוּת אָבוֹת.
One who does acts of kindness does not need ancestral merit.

זכירה
Memory

א. מִי שֶׁמְּבַיֵּשׁ פְּנֵי חֲבֵרוֹ, נַעֲשָׂה שִׁכְחָן.
One who embarrasses his friend becomes forgetful.

ב. עַל־יְדֵי דְּאָגָה בָּא שִׁכְחָה.
Through worry comes forgetfulness.

ג. עַל־יְדֵי לִמּוּד בְּפֶה מָלֵא בָּא זְכִירָה.
Through learning aloud, one comes memory.

ד. עַל־יְדֵי צַעַר בָּא שִׁכְחָה.
Through suffering one comes to forgetfulness from the heart, I was like a lost vessel - this can be translated and understood - I was like a vessel that loses-forgetsl.

ה. כְּשֶׁתְּצַיֵּר לְפָנֶיךָ צוּרַת אָבִיךָ וְאִמְּךָ, תָּבוֹא לִזְכִירָה.
By picturing before you the image of your father and mother, you will come to memory.

ו. עַל־יְדֵי מִצְוֹת מַעֲשִׂיּוֹת הָאָדָם נִתָּר מִמִּדַּת שִׁכְחָה וְנִקְשָׁר בְּמִדַּת זְכִירָה.
Through carrying out practical commandments, one is released from the measure of forgetfulness and is connected to the quality of memory.

ז. עַל־יְדֵי נְאוּף מְאַבֵּד הַזִּכָּרוֹן.
Through promiscuity, one destroys the memory.

ח. עַל־יְדֵי כְּזָבִים בָּא שִׁכְחָה.
Through falsehood comes forgetfulness.

ט. מִי שֶׁאֵין לוֹ זִכָּרוֹן, יַחֲזִיר אֶת בְּנֵי־אָדָם בִּתְשׁוּבָה.

Sefer HaMidot   ספר המדות

Someone without memory should bring people back in repentance.

י. מִי שֶׁאֵין לוֹ זִכָּרוֹן, בְּיָדוּעַ שֶׁלֹּא תִקֵּן חַטֹּאות נְעוּרִים.
Someone without memory, it is certain that he has not repaired the sins of his youth.

יא. מִי שֶׁהוּא שַׁכְחָן, יִתֵּן צְדָקָה.
A forgetful person should give charity.

יב. מִי שֶׁאֵין לוֹ זִכָּרוֹן, יְקַדֵּשׁ אֶת עַצְמוֹ בִּקְדֻשָּׁה גְדוֹלָה.
Someone without memory should sanctify himself with great holiness.

יג. עַל־יְדֵי שִׁפְלוּת תִּזְכֶּה לְזִכָּרוֹן.
Through lowliness, you will merit to memory.

יד. עַל־יְדֵי עַצְבוּת בָּא שִׁכְחָה.
Through sadness comes forgetfulness.

טו. הַמַּצְנִיעַ תַּלְמוּדוֹ בִּצְנִיעָה, אֵינוֹ מְשַׁכֵּחַ.
One who keeps his learning hidden does not forget.

זקנים
The Elderly

א. זְקֵנִים מַעֲמִידִים אֶת יִשְׂרָאֵל וַעֲצָתָם טוֹבָה לָנוּ.
The elders uphold Israel, and their advice is good for us.

ב. לְפִי הַזְּקֵנִים שֶׁבַּדּוֹר כֵּן הַפַּרְנָסָה.
According to the elderly of the generation, so is the income.

ג. אִם הַזְּקֵנִים אֵינָם חֲכָמִים סִימָן לַדָּבָר – שֶׁעִקַּר חֲשִׁיבוּתָם הוּא אֵצֶל נָשִׁים הַיְלָדוֹת.
If the elders are not wise, a sign of the matter is that their main esteem is by young women.

זריזות
Zeal

א. עַל־יְדֵי זְרִיזוּת זוֹכֶה לִהְיוֹת רוֹעֶה נֶאֱמָן, וְסִימָן לַדָּבָר: לֵךְ אֶל נְ'מָ'לָ'ה' עָצֵל, וּכְתִיב: מֹשֶׁ'ה' רוֹעֶ'ה' אֶבֶ'ן' יִשְׂרָאֵ'ל'.
Through zeal, one merits to be a faithful shepherd- leader of people. An indication of this matter: "Go to the ant [nemalla],

Sefer HaMidot ספר המדות

lazy one" and the verse: "From there, the Shepherd, the Rock of Israel" [the last letters of this second verse spell out nemalla- ant, thus showing that the function of Shepherd is built on this quality of zeal].

חדושין דאוריתא
Novelties of Torah

א. לְפִי הַחִדּוּשׁ שֶׁאָדָם מְחַדֵּשׁ בַּתּוֹרָה, כֵּן נִמְשָׁךְ לוֹ הֶאָרָה מִקְדֻשַּׁת אֶרֶץ־יִשְׂרָאֵל.

According to the novel interpretation that a person innovates in Torah, so is it drawn to him light - meaning inspiration and excitement, from the holiness of the Land of Israel.

ב. עַל־יְדֵי אַסְמַכְתּוֹת נִשְׁפָּע פַּרְנָסָה גְּדוֹלָה לָעוֹלָם. וְזֶה כִּי יֵשׁ כַּמָּה דְּבָרִים, שֶׁלֹּא מָצִינוּ לוֹ מִקְרָא מִן הַתּוֹרָה, וְטָרְחוּ חֲכָמֵינוּ, זִכְרוֹנָם לִבְרָכָה, לִמְצֹא לָהֶם אַסְמַכְתָּא בְּעָלְמָא.

Through "asmachtos" [lit. supports, this is a term used by the Talmud when a rabbinic ordinance is provided with some sort of basis from Scripture - this is explained in the continuation of this adage], abundant livelihood is bestowed upon the world. This is because there are many things for which we do not find an explicit verse from the Torah and our sages, of blessed memory, labored to find for them some sort of support So too in the matter of a livelihood, even if money wasn't explicitly promised, in the merit of the asmachtos, some type of basis is found to provide it.

ג. עַל יְדֵי חִדּוּשִׁין דְּאוֹרַיְתָא נִתְגַּלֶּה הַשְׁגָּחַת הַשֵּׁם יִתְבָּרַךְ יוֹתֵר לִבְנֵי־אָדָם.

Through novel Torah interpretations, the Providence of Hashem, may He be blessed, is more revealed to people.

ד. כְּשֶׁאֶחָד מִבְּנֵי־יִשְׂרָאֵל נִתְפָּס בַּתְּפִיסָה, עַל־יְדֵי זֶה לְפִי בְּחִינָתוֹ נִסְתְּמוּ מַעְיְנוֹת הַחָכְמָה מֵחַכְמֵי הַדּוֹר, וּלְהֶפֶךְ כְּשֶׁיּוֹצֵא מֵהַתְּפִיסָה.

When one of the children of Israel is incarcerated, through this, according to his aspect, the wellsprings of wisdom are concealed from the wise of the generation. The opposite is true when he is released from the incarceration.

ה. עַל־יְדֵי הַחִדּוּשִׁין דְּאוֹרַיְתָא נִתּוֹסֵף גֵּרִים.

Sefer HaMidot ספר המדות

Through novel Torah interpretations, there are additional converts.

ו. כְּשֶׁאָדָם רוֹצֶה לְהַשִּׂיג לְהַשִּׂיג אֵיזֶהוּ הַשָּׂגָה בַּתּוֹרָה, אֲזַי נִתְעוֹרֵר עָלָיו קִטְרוּג גָּדוֹל, וְאָז הוּא בְּסַכָּנָה גְּדוֹלָה וְצָרִיךְ לְהִתְלַבֵּשׁ אֶת עַצְמוֹ בִּקְלַסְתֵּר פָּנִים שֶׁל אַבְרָהָם וְאָז נִצוֹל מֵהַקִּטְרוּג.

When a person wants to attain any conception in Torah, then great accusation is aroused upon him. He is then in great danger, and needs to clothe himself in the visage of Abraham. He will then be saved from the accusation.

ז. מְחַדְּשֵׁי אוֹרַיְתָא צְרִיכִים לִלְמֹד קֹדֶם הַחִדּוּשׁ פּוֹסְקִים וְגַם אַחַר־כָּךְ. וְהַלִּמּוּד פּוֹסְקִים הוּא הַשְּׁמִירָה שֶׁל הַחִדּוּשִׁין, שֶׁלֹּא יִגַּע בָּהֶן זָר. גַּם כְּשֶׁרוֹצֶה לַעֲשׂוֹת צְדָקָה צָרִיךְ לַעֲשׂוֹת כֵּן כְּמוֹ בְּחִדּוּשִׁין.

Torah innovators need to learn Torah codifiers before the innovation, and also afterwards. The study of the codifiers is a protection for the innovations, so that no stranger may touch them. Also, when a person wants to do charity, it is necessary to act the same way as with the innovations.

ח. הַחִדּוּשִׁין דְּאוֹרַיְתָא וְהַצְּדָקָה, כָּל אֶחָד מְעוֹרֵר אֶת חֲבֵרוֹ.

Novel Torah interpretations and charity - each one arouses one's friend.

ט. לְפִי הַחִדּוּשִׁין דְּאוֹרַיְתָא כֵּן נִתְחַדֵּשׁ חִדּוּשִׁין בְּמַעֲשֵׂה בְרֵאשִׁית.

According to the novel Torah interpretations, so are novelties innovated in the work of Creation.

י. לָאו כָּל הַחִדּוּשִׁין שֶׁאָדָם מְחַדֵּשׁ בַּתּוֹרָה מֻתָּר לוֹ לִכְתֹּב, כִּי יֵשׁ שֶׁלֹּא נִתַּן לִכְתֹּב אַף־עַל־פִּי שֶׁנִּתְּנוּ לִדְרֹשׁ. וּמִי שֶׁיּוֹדֵעַ אֵיזֶהוּ לִכְתֹּב וְאֵיזֶהוּ לֹא, הוּא יוֹדֵעַ וּמַכִּיר יְהוּדִי אֶחָד בֵּין אֶלֶף [אֲלָפִים] מִן הָאֻמּוֹת.

Not every novel interpretation that a person innovates in Torah is permitted for him to write. For some are not given to write, even though they are given to expound. Someone who knows which are to be written, and which not, he will know and recognize one Jew among a thousand [thousands] gentiles [lit. from the nations].

יא. צָרִיךְ אָדָם לִשְׁמֹר מִלּוֹמַר דִּבְרֵי תוֹרָה בְּעֵת וּבְמָקוֹם שֶׁאֵינָם נִשְׁמָעִים, וַאֲפִלּוּ בְּעֵת וּבְמָקוֹם שֶׁנִּשְׁמָעִים, צָרִיךְ לִשְׁקֹל אוֹתָם כַּמָּה יֹאמַר, שֶׁלֹּא יִהְיֶה בִּבְחִינַת "כָּל רוּחוֹ יוֹצִיא כְסִיל". כִּי עַל־יְדֵי זֶה מֵבִיא חוֹלַאַת שֶׁקּוֹרִין "גֶישְׁוִויל֗יקֶץ", כִּי הַחוֹלַאַת הַזֹּאת בָּא עַל־יְדֵי הִתְגַּבְּרוּת הַמַּיִם שֶׁבָּדָם, וְזֶה "לַעֲשׂוֹת לָרוּחַ מִשְׁקָל וּמַיִם תִּכֵּן בְּמִדָּה".

Sefer HaMidot

A person needs to be careful not to speak words of Torah at a time and place when they will not be heard. Even at a place and time when they will be heard, it is necessary to weigh how many of them to say, so that he will not be in the aspect of "a fool emits all of his spirit". Because, through that, he brings about a disease called "geshvilleks" - swelling. Because this disease comes about through an overwhelming amount of water in the blood. And this is, "to make a weight for the spirit, and water He established in measure."

יב. עַל־יְדֵי חִדּוּשִׁין דְּאוֹרַיְתָא זוֹכֶה לְטַלִּית נָאָה.

Through novel Torah interpretations, one merits a nice tallit - prayershawl.

יג. הַצַּדִּיק מִתְיַגֵּעַ אֶל אֵיזֶהוּ חֵפֶץ אוֹ עַל אֵיזֶהוּ דְּבַר תּוֹרָה לְהַשִּׂיגָהּ, וְאַחַר־כָּךְ בָּא זֶה הַדָּבָר לְאָדָם פָּחוּת בְּלִי יְגִיעָה וְעָמָל, וְכָל זֶה כִּי כְּבָר הַפֶּתַח פָּתוּחַ.

The Tzadik toils towards some desire or some matter of the Torah to attain it. Afterwards, this thing comes to a lesser person without toil or labor. All this is because the door had already been opened.

יד. כְּשֶׁאֵיזֶהוּ רָשָׁע נִתְגַּדֵּל, אֲזַי קָשֶׁה לְחַדֵּשׁ אֵיזֶהוּ סְבָרָא בַּפּוֹסְקִים. גַּם דִּבְרֵי הַדַּיָּנִים אֵינָם נִשְׁמָעִים בְּאָזְנֵי הַבַּעֲלֵי־דִינִים.

When some wicked person becomes great, then it becomes difficult to innovate any reasoning in the [works of the] Torah codifiers. Also, the words of the judges are not acceptable in the ears of the litigants.

טו. כְּשֶׁמְגַלֶּה אֵיזֶהוּ טַעַם מִטַּעֲמֵי הַתּוֹרָה, עַל־יְדֵי זֶה רוּחַ הַבְּרִיּוֹת נוֹחָה הֵימֶנּוּ.

When one reveals a reason from the reasons of the Torah This term has an inference to the esoteric mechanism of the Kabbala, through this, the spirit of the people [lit. creations] are pleased or comfortable with him.

טז. קְטַנֵּי אֲמָנָה – קָשֶׁה לָהֶם לְהַשִּׂיג חִדּוּשִׁין דְּאוֹרַיְתָא.

Those of little faith, it is difficult for them to conceive novel Torah interpretations.

חיתון
Marriage

Sefer HaMidot   ספר הַמִדוֹת

א. מִי שֶׁקָּשֶׁה לוֹ לִמְצֹא זִוּוּגוֹ יֹאמַר בְּכַוָּנָה שִׁירַת הַיָּם.

One who has difficulty finding his soulmate should say the Song at the Sea with concentration.

ב. קִדּוּשׁ לְבָנָה – סְגֻלָּה שֶׁיִּמְצָא אָדָם אֶת זִוּוּגוֹ. וְסִימָן לַדָּבָר: "**לְבָנָה**" – **ב**ְּ'תוּלָה **נ**ִ'שֵּׂאת לַ'יּוֹם הָ'רְבִיעִי.

Kiddush Levanah - the Blessing over the New Moon. is a segula [conducive] to finding one's soulmate. A sign for this: The Hebrew word for moon - LiVaNA is the acronym for: "A virgin is married on Wednsday."

ג. עַל־יְדֵי חִתּוּן עִם תַּלְמִיד־חָכָם בָּאִים טוֹבוֹת וּבְרָכוֹת לָאָדָם.

By making a marriage to a Torah scholar, benefits and blessings come to a person.

ד. עַל־יְדֵי חִתּוּן עִם תַּלְמִיד־חָכָם נִצּוֹל מֵעֹנֶשׁ הַבָּא, עַל־יְדֵי שֶׁיָּעַץ עֵצוֹת רָעוֹת עַל חֲבֵרוֹ.

By making a marriage to a Torah scholar, one is saved from the punishment that comes through giving advice to do evil against a friend.

ה. עַל־יְדֵי חִתּוּן עִם תַּלְמִיד־חָכָם עַל־יְדֵי זֶה נִתְמַנִּים דַּיָּנִים כְּשֵׁרִים.

Through making a marriage to a Torah scholar, through these worthy judges are appointed.

ו. מִי שֶׁקָּשֶׁה לוֹ לִמְצֹא זִוּוּגוֹ, יַרְגִּיל אֶת עַצְמוֹ לִקְרוֹת בְּקָרְבְּנוֹת הַנְּשִׂיאִים.

One who has difficulty in finding his soulmate should accustom himself to reciting the passages about the sacrifices of the Princes of the Twelve Tribes.

ז. הַשִּׁדּוּךְ שֶׁדּוֹבְרִים אַף־עַל־פִּי שֶׁאֵינוֹ נִגְמָר הַשִּׁדּוּךְ בְּעַצְמוֹ, גַּם זֶה מִן הַשָּׁמַיִם, וְהַשִּׁדּוּךְ לְחוּד עוֹשֶׂה רֹשֶׁם בּוֹ וּבָהּ.

A proposed match which is spoken about, even though the actual match is not completed, this is also from Providence, and the proposal itself has an impact on him and her.

ח. הַכִּסּוּי שֶׁמְּכַסִּין פְּנֵי הַכַּלָּה קֹדֶם הַחֻפָּה יֵשׁ לָהּ כֹּחַ הַהוֹלָדָה.

The shroud which is used to cover the face of the bride before the marriage rites has the power of fertility.

ט. עַל־יְדֵי הַתְּפִלָּה יָכוֹל לְשַׁנּוֹת זִוּוּגוֹ הַנִּכְרָז בַּשָּׁמַיִם.

Through prayer, one can change his soulmate that was announced in Heaven.

Sefer HaMidot

י. מִי שֶׁשּׁוֹמֵר אֶת עַצְמוֹ מִלָּלוּן וְגַם לָדוּר שְׁנֵי זוּגוֹת בְּבַיִת אֶחָד, עַל־יְדֵי זֶה זוֹכֶה לַחֲתָנוּתָא כַּהֲנִים וּבְנֵי־אָדָם חֲשׁוּבִים גְּדוֹלִים.

One who is careful not to spend the night or to live in a house; two couples in one house, through this he merits to have son-in-laws who are Cohanim priests and or very important.

יא. כְּשֶׁאָדָם נוֹשֵׂא אִשָּׁה אַחַר מִיתַת אִשָּׁה הָרִאשׁוֹנָה, אִשְׁתּוֹ הָרִאשׁוֹנָה מִצְטַעֶרֶת בַּקֶּבֶר.

When a man marries a woman after the death of his first wife, his first wife is anguished in the grave.

חלום
Dream

חלק ראשון

א. לַחֲלוֹם רָע תֹּאמַר בַּבֹּקֶר: הַחֲלוֹמוֹת שָׁוְא יְדַבֵּרוּ.

For a bad dream, say in the morning, "The dreams speak vainly."

ב. לַחֲלוֹם טוֹב תֹּאמַר בְּלָשׁוֹן תְּמִיהָה: וְכִי חֲלוֹמוֹת שָׁוְא יְדַבֵּרוּ וְהָא כְּתִיב: "בַּחֲלוֹם אֲדַבֶּר בּוֹ".

For a good dream, say in a tone of wonderment, "Could it be that dreams speak vainly, when it is written 'In a dream I speak to him,'" describing the way GOD communicates with prophets.

ג. הַצָּנוּעַ בְּבֵית־הַכִּסֵּא – חֲלוֹמוֹתָיו מְיֻשָּׁבִין עָלָיו.

One who conducts himself modestly in the lavatory his dreams will be settled.

ד. עַל־יְדֵי הַדִּבּוּר רָע עַל אֵיזֶה צַדִּיק מֵת מַרְאִין לוֹ חֲלוֹמוֹת מַבְהִילִין.

Through speaking disparagingly about a tzaddik who has passed away one is shown nightmares.

ה. מִי שֶׁרוֹאֶה חֲלוֹמוֹת מַבְהָלִין, זֶה סִימָן לְבֵן אוֹ תַּלְמִיד שֶׁיַּקְדִּים תַּבְשִׁילוֹ בָּרַבִּים.

One who sees nightmares, it is a sign that a son or student will turn heretic in public [lit. burn the food he is cooking].

חלק שני

א. מִי שֶׁרוֹצָה שֶׁיִּתְקַיְּמוּ חֲלוֹמוֹתָיו, יִכְתֹּב אוֹתָם בְּפִנְקָסוֹ וְאֶת הַיּוֹם וְאֶת הַשָּׁעָה וְאֶת הַמָּקוֹם.

Sefer HaMidot סֵפֶר הַמִדּוֹת

One who wants his dreams to be realized should write them in his ledger, and the day, the hour, and the place.

חֵן
Favor

חלק ראשון

א. עַל־יְדֵי צְדָקָה זוֹכֶה לְחֵן.
Through charity one attains favor.

ב. עַל־יְדֵי שִׁפְלוּת זוֹכֶה לְחֵן.
Through humility one attains favor.

ג. לְחֵן יַכְנִיס אוֹרְחִים.
To find favor, one should be a host to guests.

ד. גַּם יִשְׁמֹר אֶת עַצְמוֹ מִמַּאֲכָלֵי אִסּוּר, וְיִשְׁמֹר אֶת פִּיו מִדִּבּוּר אָסוּר.
Also, one should guard oneself from forbidden foods and guard one's mouth from forbidden speech.

ה. מִי שֶׁמְּפַזֵּר מְעוֹתָיו בִּשְׁבִיל לִקְנוֹת לְעַצְמוֹ רַב לִלְמֹד מִמֶּנּוּ, עַל־יְדֵי זֶה יִמְצָא חֵן.
One who expends money to acquire a rabbi from whom to learn, through this he will find grace.

ו. כְּשֶׁתַּעֲבִיר עַל מִדּוֹתֶיךָ, תִּמְצָא חֵן.
When you defer, you will find grace.

ז. עַל־יְדֵי תּוֹכָחָה תִּשָּׂא חֵן.
Through giving rebuke, you will find grace.

ח. שֶׁמֶן־זַיִת מְסֻגָּל לְחֵן.
Olive oil is a segulah auspicious for grace.

ט. סְגֻלָּה לְחֵן תִּכְתֹּב עַל קְלָף: כֶּסֶף וְזָהָב חֶסֶד וֶאֱמֶת אַלּוּף.
A segulah for finding grace is to write on parchment, "Silver and gold kindness and truth champion."

י. עַל־יְדֵי הַיִּרְאָה מִתַּלְמִיד־חָכָם תִּזְכֶּה לְחֵן.
By the awe you have for a Torah scholar, you merit to grace.

יא. דְּבּוּרִים הַיּוֹצְאִים בְּנִיחוּתָא נִתְקַבְּלִים אֵצֶל בְּנֵי־אָדָם.
Words that are spoken [lit. come out] calmly are accepted by people.

יב. יֵשׁ דָּגִים שֶׁהֵם מְסֻגָּלִים לְחֵן.

Sefer HaMidot   ספר המדות

There are fish which are conducive to grace.

יג. עֵסֶק הַתּוֹרָה בַּדֶּרֶךְ נוֹתֶנֶת חֵן.

Learning Torah while traveling gives one grace.

חלק שני

א. כְּשֶׁאָדָם בָּא לְעִיר לָדוּר, יִשְׁלַח בָּשָׂר לַעֲנִיֵּי הָעִיר, וְעַל־יְדֵי זֶה יִשָּׂא חֵן בְּעֵינֵי שָׂרֵי הָעִיר.

When a man comes to a city to live, he should send meat to the poor of the city, and through this he will find grace in the eyes of the city's officials.

חנפה
Flattery

חלק ראשון

א. עַל־יְדֵי הַחֲנֻפָּה בָּא לִידֵי נִבּוּל־פֶּה, וְהוּא הַדִּין לְהֵפֶךְ.

Through adulation, one comes into the grip of foul language, and the opposite is also true.

ב. עַל־יְדֵי חֲנֻפָּה נַעֲשֵׂית אִשְׁתּוֹ אַלְמָנָה וּבָנָיו יְתוֹמִים וְאֵין מְרַחֵם עֲלֵיהֶם.

Through adulation, one's wife becomes a widow, and his children orphans, and no one has compassion on them.

ג. עַל־יְדֵי חֲנֻפָּה בָּא פַּחַד.

Through adulation comes fright.

ד. מִי שֶׁהוֹלֵךְ בַּשּׁוּק וְנוֹפֵל, בְּיָדוּעַ שֶׁיֵּשׁ בּוֹ חֲנֻפָּה.

Someone who walks in the marketplace and falls, it is certain that he has adulation in him.

ה. עַל־יְדֵי חֲנֻפָּה בָּא כְּאֵב־לֵב.

Through adulation comes heartache.

ו. מִי שֶׁבִּטְחוֹנוֹ עַל אֲחֵרִים, בָּא לִידֵי חֲנֻפָּה.

Someone who relies on others, comes into the grip of adulation.

ז. מִי שֶׁשּׁוֹמֵר אֶת עַצְמוֹ מֵחֲנֻפָּה, עַל־יְדֵי זֶה בָּא לוֹ יְשׁוּעָה.

One who guards himself from adulation, through this, salvation comes to him.

ח. מֻתָּר לְהַחֲנִיף לָרְשָׁעִים בָּעוֹלָם־הַזֶּה.

It is permitted to adulate wicked people in this world.

ט. עַל־יְדֵי חֲנֻפָּה נִתְעוֹרֵר הַדִּין.

Through adulation, judgment is aroused.

Sefer HaMidot

ספר המדות

י. גַּם תְּפִלָּתוֹ אֵינוֹ נִשְׁמַעַת וּמָאוּס בְּעֵינֵי כֹל.
Also, one's prayer is not heard, and one becomes repulsive in everyones' eyes.

חלק שני

א. עַל־יְדֵי חֲנֻפָּה בָּא לִידֵי כְּפִירָה.
Through adulation, one comes into the grip of heresy.

חקירה
Investigation

א. עַל־יְדֵי הַחֲקִירוֹת בְּעוֹלָם הַתֹּהוּ, הַיְנוּ מַה לְמַעְלָה מַה לְמַטָּה וְכוּ', עַל־יְדֵי זֶה גּוֹרֵם קְלָלָה, וְהַשּׁוֹמֵר אֶת עַצְמוֹ מֵחֲקִירוֹת הָאֵלּוּ גּוֹרֵם בְּרָכָה.
Contemplation of the world of chaos - that is, what is above and what is below... [concepts beyond our grasp] - causes curse. Conversely, one who guards himself from these investigations causes blessing.

ב. עַל־יְדֵי הַחֲקִירָה בְּמַה לְמַעְלָה וּמַה לְמַטָּה וְכוּ', עַל־יְדֵי זֶה מְזוֹנוֹתָיו בְּיְגִיעָה רַבָּה.
Due to speculating about what is above and below... one's sustenance comes with great effort.

ג. הַמַּעֲמִיק בְּעִיּוּנוֹ בְּמַעֲשֵׂי מֶרְכָּבָה, נִסְתַּלֵּק קֹדֶם זְמַנּוֹ.
One who delves deeply into the subject of the Chariot - "merkava" a mystical Kabbalistic concept of the Divine Presence, passes away before his time.

טבע
Nature

א. בְּרִיאוּת הַגּוּף וְחַיָּיו וְטִבְעוֹ שֶׁל אָדָם, הַכֹּל הוֹלֵךְ לְפִי טֶבַע וְחַיֵּי וּבְרִיאוּת אָבִיו וְאִמּוֹ.
Bodily health, one's life, and a person's nature all go according to the nature, life, and health of one's father and mother.

ב. מִי שֶׁשַּׁעֲרוֹתָיו מְרֻבִּין שֶׁלֹּא עַל־פִּי הַטֶּבַע, זֶה עָלוּל לִנְזָקִים הַרְבֵּה וְלִפְגָעִים רָעִים מֵהַסִּטְרָא־אַחֲרָא, סְגֻלָּתוֹ שֶׁיִּקְרָא הַפָּרָשָׁה שֶׁקּוֹרִין בְּיוֹם־כִּפּוּר.

Sefer HaMidot סֶפֶר הַמִדוֹת

Someone whose hair is unnaturally abundant; this may lead to great damages and bad injuries from the Other Side. It is conducive for him to recite the section [of the Torah] that is read on Yom Kippur.

טהרה
Purity

א. אִשָּׁה כְּשֵׁרָה מְטַהֶרֶת הַבַּיִת מִצָּרַעַת.
A kosher woman cleanses the house from leprosy.

טלטול
Wandering

א. עַל־יְדֵי הַטִּלְטוּל זוֹכִין לְשֵׁם טוֹב.
Through wandering, one merits a good name.

ב. עַל־פִּי רֹב הַיְרֵאִים – פַּרְנָסָתָם בָּא עַל־יְדֵי טִלְטוּלִים.
For the most part, the GOD fearing - their livelihood comes through having to go from place to place.

ג. לִפְעָמִים הַצַּדִּיק בָּא לְטִלְטוּלִים, כְּדֵי שֶׁיָּבוֹא לָעוֹלָם הַבָּא וְיִזְכֹּר כָּל הַמְּקוֹמוֹת שֶׁהָיָה בָּהֶם, וְעַל־יְדֵי זֶה יָבוֹאוּ טוֹבוֹת לְאֵלּוּ הַמְּקוֹמוֹת.
Sometimes the Tzaddik comes to wander, so that when he comes to the World to Come, he will remember all the places he had been, and through this, good will come to those places.

ד. לָאו בְּכָל מָקוֹם אָדָם זוֹכֶה לְסַגֵּל תּוֹרָה וּמַעֲשִׂים טוֹבִים. בִּשְׁבִיל זֶה הַקָּדוֹשׁ־בָּרוּךְ־הוּא מְסַבֵּב סִבּוּבִים, שֶׁיֵּצֵא זֶה הָאָדָם מִמָּקוֹם הַזֶּה לְמָקוֹם אַחֵר.
Not in every place does a person merit to have fortunate attainment of Torah and good deeds. For this reason, the Holy One Blessed He brings about circumstances causing the person to leave one place and go to another.

ה. לִפְעָמִים נִתְחַיֵּב אָדָם אֵיזֶהוּ גָּלוּת וְנִתְחַלֵּף לוֹ עַל אֵיזֶהוּ חוֹלַאַת.
Sometimes a person is obliged to suffer exile, and it is switched for him to some sickness.

יחוס

Sefer HaMidot

ספר המדות

Lineage

א. אֵין כֹּחַ הַקְּלָלָה חָל עַל מְיֻחָס.
The force of a curse does not affect one with respected lineage.

ב. אֲפִלּוּ אִשָּׁה צַדֶּקֶת כְּשֶׁהִיא אֵינָהּ מְיֻחֶסֶת, עַל־יְדֵי זֶה מוֹלֶדֶת בָּנִים שֶׁאֵינָם מְהֻגָּנִים.
Even a righteous woman, if she does not have respected lineage, through this she will have children who are not upright.

ג. קָשֶׁה לִפְנֵי הַקָּדוֹשׁ־בָּרוּךְ־הוּא לְהַעֲבִיר וּלְבַטֵּל גְּדוֹלֵי הַיִּחוּס.
It is difficult for the Holy One Blessed be He to cast away and annul those with respected lineage.

יראה
Fear of God

חלק ראשון

א. מִי שֶׁאֵינוֹ חָכָם בְּעֵינֵי עַצְמוֹ, יָכוֹל לָבוֹא לְיִרְאָה.
Someone who is not wise in his own eyes is able to come to fear of GOD.

ב. מִי שֶׁמְּקָרֵב אֶל הַזָּקֵן וְסוֹבֵל כַּעֲסוֹ, עַל־יְדֵי זֶה זוֹכֶה לְיִרְאָה.
Someone who draws close to an elder and withstands his anger, through this he merits fear of GOD.

ג. כְּשֶׁנִּזְדַּמֵּן לְיָדוֹ אֵיזֶה גְּמִילוּת־חֶסֶד, וְאֵינוֹ גוֹמֵל, עַל־יְדֵי זֶה נוֹפֵל מִיִּרְאָתוֹ.
When someone has the opportunity to do kindness and he does not bestow it, through this, he falls from his fear of GOD.

ד. מִי שֶׁמְּמַעֵט בְּשִׂיחָה, יִזְכֶּה לְיִרְאָה.
Someone who minimizes conversation will merit fear of GOD.

ה. מִי שֶׁמְּדַבֵּר וּמֵסִית אֶת חֲבֵרוֹ לְיִרְאַת־שָׁמַיִם, כָּל הַדִּבּוּרִים שֶׁמּוֹצִיא מִפִּיו, בְּשָׁעָה שֶׁמְּדַבֵּר עִם חֲבֵרוֹ, נַעֲשָׂה מִמֶּנּוּ סֵפֶר.
Someone who speaks and motivates his friend to fear of Heaven, all the words that leave his mouth at the time that he speaks with his friend get made into a book.

ו. מִי שֶׁיֵּשׁ בּוֹ יִרְאַת־שָׁמַיִם דְּבָרָיו נִשְׁמָעִין.

Sefer HaMidot   ספר הַמִדוֹת

Someone who has fear of Heaven, his words are heard.

ז. בִּכְיָה עַל מִיתַת אָדָם כָּשֵׁר הִיא חֲשׁוּבָה כְּמוֹ יִרְאַת־שָׁמַיִם.
Crying over the death of a kosher person is considered like fear of Heaven.

ח. יִרְאַת־הַשֵּׁם תּוֹסִיף לָאָדָם יוֹתֵר מִמַּה שֶׁמַּזָּלוֹ מְחַיֵּב וְהוּא הַדִּין לְהֵפֶךְ.
Fear of Hashem increases for a person beyond what his mazal fortune mandates, and the opposite is also true.

ט. עַל־יְדֵי שִׁמּוּשׁ צַדִּיקִים יָבוֹא לְיִרְאַת־שָׁמַיִם וְהוּא הַדִּין לְהֵפֶךְ.
Through serving righteous people, one comes to fear of Heaven, and the opposite is also true.

י. הַבּוּשָׁה מֵבִיא לִידֵי יִרְאַת־חֵטְא.
Shame leads to fear of sin.

יא. זְכוּת הַיִּרְאָה עַד אֶלֶף דּוֹר.
The merit of fear of GOD lasts for a thousand generations.

יב. מִי שֶׁאֵינוֹ מַנִּיחַ בֵּן אוֹ תַּלְמִיד, זֶה נִקְרָא לֹא יְרֵא־אֱלֹקִים.
Someone who does not leave behind a son or a student, this is called "not fearing Elo-him".

יג. הַכִּסּוּי שֶׁל הָרֹאשׁ מֵבִיא לִידֵי יִרְאָה.
Covering the head brings one to fear of GOD.

יד. אָדָם שֶׁהֲמוֹן עַם מִתְבָּרְכִין בּוֹ, בְּיָדוּעַ שֶׁיֵּשׁ בּוֹ יִרְאַת־שָׁמַיִם.
A person from whom the populace is blessed certainly has fear of Heaven.

טו. מִי שֶׁיֵּשׁ בּוֹ יִרְאַת־שָׁמַיִם, יָכוֹל לְשַׁבֵּר אֶת לֵב הַמִּתְגָּאִין.
Someone who has fear of Heaven can break the heart of the haughty.

טז. וּמַמְשִׁיךְ אֶת הַשְּׁכִינָה בָּעוֹלָם.
And draws down the Divine Presence into the world.

יז. וּבָא לִידֵי הַכְנָעָה.
And comes into the grip of submission to GOD.

יח. גַּם הַמֵּסִית לֹא יָכוֹל לַהֲסִית אוֹתוֹ.
Also, the instigator is not able to deviate him.

יט. מִי שֶׁדָּבוּק תָּמִיד בְּיִרְאַת הַשֵּׁם יִתְבָּרַךְ, הַקָּדוֹשׁ־בָּרוּךְ־הוּא עוֹשֶׂה לוֹ נִסִּים.
One who constantly clings to the fear of Hashem, may He be Blessed, the Holy One, Blessed be He, does miracles for him.

כ. מִי שֶׁמְּקֻשָּׁר תָּמִיד בְּיִרְאַת־הַשֵּׁם, וְאֵינוֹ שָׁכוּחַ מִמֶּנּוּ, מוֹחֲלִין לוֹ כָּל עֲווֹנוֹתָיו.
One who is constantly connected to the fear of GOD and does not forget about it - all of his sins are pardoned.

כא. מִי שֶׁיֵּשׁ בּוֹ יִרְאַת־שָׁמַיִם, בְּוַדַּאי יִשְׁמַע לְקוֹל הַצַּדִּיקִים.

Sefer HaMidot   ספר המדות

One who has fear of GOD will certainly listen to the voice of the righteous.

כב. גַּם יָבוֹא לְמִדַּת הַבִּטָּחוֹן.
He will also come to the attribute of trust in GOD.

כג. עַל־יְדֵי יִרְאָה הַקָּדוֹשׁ־בָּרוּךְ־הוּא נוֹתֵן לוֹ שָׁלוֹם.
Through fear [of Heaven] the Holy One, Blessed be He, gives him peace.

כד. מִי שֶׁאֵין בּוֹ יִרְאָה, אֵינוֹ הוֹלֵךְ בְּדֶרֶךְ הַשֵּׁם.
Someone who does not have fear of GOD, does not walk in the way of Hashem.

כה. עַל־יְדֵי יִרְאָה, יָבוֹא לֶאֱמֶת.
Through fear of GOD, one comes to truth.

כו. מִי שֶׁיֵּשׁ בּוֹ יִרְאָה אֵינוֹ נוֹפֵל מִגְּדֻלָּתוֹ וְהוֹלֵךְ וְגָדֵל.
One who has fear of GOD does not fall from his greatness, and keeps getting greater.

כז. מִי שֶׁיֵּשׁ לוֹ חָכְמַת אֱלֹקִים בְּלִבּוֹ, הָעָם יִירְאוּ מִלְּפָנָיו.
One who has the wisdom of Elokim [GOD] in his heart, the people will be afraid of him.

כח. מִי שֶׁיֵּשׁ בּוֹ יִרְאָה, כְּשֶׁבָּא פַּחַד לָעוֹלָם הוּא לֹא יִפְחַד, אֲבָל גַּם יִשְׂמַח.
Someone who has fear of GOD, when fright comes to the world, he will not be afraid. Rather, he will even be happy.

כט. מִי שֶׁיֵּשׁ בּוֹ יִרְאָה, בְּוַדַּאי, יַכְנִיעַ אֶת עַצְמוֹ לִפְנֵי הַצַּדִּיק.
Someone who has fear of GOD will certainly humble himself before the Tzadik.

ל. עַל־יְדֵי גַּאֲוָה אֵין יִרְאָה.
Through haughtiness, there is no fear of GOD.

לא. לְיִרְאָה תֵּלֵךְ לַמִּקְוֶה.
To acquire fear of GOD, go to the ritual bath.

לב. עַל־יְדֵי קְדֻשַּׁת הַשֵּׁם תָּבוֹא לְיִרְאָה.
Through sanctifying the Name of GOD, you will come to fear of GOD.

לג. הַפְּשָׁעִים מְסִירִין אֶת הַיִּרְאָה מִנֶּגֶד עֵינָיו.
Intentional sins remove the fear of GOD from before his eyes.

לד. מִי שֶׁאֵינוֹ נוֹתֵן אֶל לִבּוֹ יוֹם הַמִּיתָה, עַל־יְדֵי זֶה אֵין לוֹ יִרְאָה.
Someone who does not pay attention to the day of death, through this, he has no fear of GOD.

לה. כְּשֶׁאָדָם נוֹפֵל מִיִּרְאָתוֹ, בְּיָדוּעַ שֶׁדָּנִין אוֹתוֹ לְמַעְלָה.

Sefer HaMidot סֵפֶר הַמִּדּוֹת

When a person falls from his fear of GOD, it is known that they judge him Above.

לו. עַל־יְדֵי מַתָּנָה שֶׁנּוֹתְנִין לַצַּדִּיקִים זוֹכִין לְיִרְאָה.
Through the gift that one gives to the righteous, one merits fear of GOD.

לז. גַּם שַׁ"י [שְׁלֹשׁ מֵאוֹת וָעֶשֶׂר] טְבִילוֹת מְסֻגָּלִין לְיִרְאָה.
Also, 310 immersions in a mikva [ritual] bath are a segula [conducive] to fear of GOD.

לח. הַחֵשֶׁק שֶׁחוֹשֵׁק הָאָדָם לַעֲשׂוֹת מִצְוָה הוּא סִימָן שֶׁיֵּשׁ לוֹ יִרְאָה.
Desire, that a person desires to perform a Torah commandment - is a sign that he has fear of GOD.

חלק שני

א. עַל־יְדֵי הַיִּרְאָה וְהַחֶסֶד נִצּוֹל מֵאֵשׁ וְזוֹכֶה לְפַרְנָסָה.
Through fear of GOD and kindness, one is saved from fire and merits a livelihood.

ב. מְקוֹם הַהוֹרָאָה הִיא מוֹעֶלֶת לְיִרְאָה.
A place of Torah decision [that is where the scholars study, decide, and teach the proper Torah conduct] is helpful for fear of GOD.

ג. עַל־יְדֵי לִמּוּד "שֻׁלְחָן־עָרוּךְ" בָּאִים לְיִרְאָה.
Through learning the Shulchan Aruch [Code of Jewish Law], one comes to fear of GOD.

ד. עַל־יְדֵי מֻפְלְגֵי וַחֲרִיפֵי הַדּוֹר מְאִירִין אֶת הַיִּרְאָה, וְעַל־יְדֵי הַיִּרְאָה מִתְנוֹצֵץ זְכוּת אָבוֹת, וְעַל־יְדֵי הִתְנוֹצְצוּת הָאָבוֹת נִתְעוֹרֵר תְּשׁוּבָה בָּעוֹלָם.
Through the outstanding and sharp ones of the generation, fear of GOD is illuminated, and through fear of GOD, the merit of the forefathers is sparked, and through the sparkling of the forefathers, repentance is aroused in the world.

ה. יֵשׁ כֹּחַ בְּיַד הַיָּחִיד לִפְרֹק עֹל שָׁמַיִם, וְאֵין בְּיַד הָרַבִּים לִפְרֹק עֹל שָׁמַיִם.
There is power in the hand of the individual to cast off the yoke of Heaven, but it is not within the hand of the masses to cast off the yoke of Heaven.

ו. הַקּוֹל הַיּוֹצֵא מִבַּר־דַּעַת שֶׁבִּקְדֻשָּׁה מְסֻגָּל לְיִרְאָה.
The voice that emanates from an intelligent, holy person is a **Segula** [conducive] to fear of GOD.

ז. עַל־יְדֵי בִּלְבּוּל הַדַּעַת נִתְקַלְקֵל הַיִּרְאָה, גַּם עַל־יְדֵי בִּלְבּוּל הַדַּעַת מֶמְשַׁלְתּוֹ נוֹפֶלֶת.

Sefer HaMidot

ספר המדות

Through confusion of the intellect, fear of GOD is ruined. Also, through confusion of the intellect, one's authority falls.

ח. הָרִבִּית מַפְסִיד הַיִּרְאָה.

Monetary interest causes a loss of fear of GOD.

ט. אֵלּוּ הַמְקֹרָבִים לְיִרְאֵי־הַשֵּׁם, גַּם הֵם זוֹכִים לְיִרְאָה וּלְדַעַת.

Those who draw close to GOD fearing people, they also merit fear of GOD and knowledge.

ישועה
Salvation

א. אֵין עוֹשִׂין נֵס אֶלָּא לְמִי שֶׁיֵּשׁ לוֹ מְסִירוּת־נֶפֶשׁ עַל קִדּוּשׁ־הַשֵּׁם.

A miracle is only done for someone who has self-sacrifice to sanctify the name of GOD.

ב. הַשָּׂמֵחַ בְּיִסּוּרִין, מֵבִיא יְשׁוּעָה.

One who is joyous amidst suffering brings salvation.

ג. עַל־יְדֵי הַתְבּוֹדְדוּת בָּא יְשׁוּעָה.

Through hisbodidus [speaking to GOD in seclusion] comes salvation.

ד. עַל־יְדֵי נִסָּיוֹן עוֹשִׂין לוֹ נֵס.

Through one's passing a test, a miracle is done for him.

ה. עַל־יְדֵי צְדָקָה בָּא יְשׁוּעָה.

Through charity comes salvation.

ו. עַל־יְדֵי צְנִיעוּת שֶׁל אָדָם מַחֲזִירִין לוֹ כָּל הַטּוֹבוֹת, שֶׁנָּטַל אָדָם אַחֵר בִּתְפִלּוֹתָיו.

Through the modesty of a man, he receives in return, all the good that was taken from him by another through the other's prayers.

ז. אֵין עוֹשִׂין נֵס לְנוֹאֵף.

A miracle is not done for one who is promiscuous.

ח. אַל תִּסְמֹךְ עַל הַנֵּס, כָּל זְמַן שֶׁאֶפְשָׁר לְךָ לְהִנָּצֵל בְּמָמוֹן אוֹ בְּדָבָר אַחֵר.

Do not depend on a miracle, as long as it is possible to be saved through money or other means.

ט. קֹדֶם שֶׁעוֹשֶׂה הַקָּדוֹשׁ־בָּרוּךְ־הוּא נֵס לְאָדָם, הָאָדָם הַזֶּה נוֹפֵל לְרָעָה, וְהַכֹּל לְפִי גֹדֶל הַנֵּס.

Before the Holy One -Blessed is He- does a miracle for a man, the man falls into evil. completely according to the magnitude of the miracle.

Sefer HaMidot   ספר הַמִדוֹת

י. מִי שֶׁאֵינוֹ מַזְכִּיר שֵׁם עֲבוֹדָה זָרָה, הַקָּדוֹשׁ־בָּרוּךְ־הוּא עוֹשֶׂה לוֹ טוֹבוֹת.
One who does not mention names of foreign deities, the Holy One - Blessed is He- does him favors.

יא. מִי שֶׁצָּרִיךְ לְאֵיזֶה יְשׁוּעָה, יְשַׂמַּח אֶת הַצַּדִּיק.
One who needs a salvation should give happiness to the Tzaddik.

יב. עַל־יְדֵי בִּטָּחוֹן הָאָדָם נִפְלָט מִצָּרוֹתָיו.
Through trust, a man is saved and ejected from his troubles.

יג. עַל־יְדֵי צְדָקָה תִּזְכֶּה, שֶׁלֹּא תִּצְטָרֵךְ לִישׁוּעַת אָדָם.
Through charity you will merit that you will not need salvation of man [that is through other people].

יד. עַל־יְדֵי בִּטָּחוֹן תִּזְכֶּה לְהָבִין, שֶׁיְּשׁוּעָתְךָ מֵאֵת הַקָּדוֹשׁ־בָּרוּךְ־הוּא וְלֹא מֵאָדָם.
Through trust you will merit to understand that your salvation is from GOD, and not from man.

טו. גַּם עַל־יְדֵי אֱמֶת תִּזְכֶּה לָזֶה.
Also, through truth you will merit this.

טז. כְּשֶׁאָדָם בָּא לְאֵיזֶה נִסָּיוֹן, יֵדַע כְּשֶׁיַּעֲמוֹד בָּזֶה הַנִּסָּיוֹן, שֶׁהַקָּדוֹשׁ־בָּרוּךְ־הוּא יַעֲשֶׂה לוֹ נֵס.
When a person comes to a test, he should know that if he stands in it [that is not succumb to temptation], the Holy One, Blessed is He- will do a miracle for him.

יז. עַל־יְדֵי בִּטָּחוֹן יִזְכֶּה לִשְׂמֹחַ בְּחֶסֶד הַשֵּׁם יִתְבָּרֵךְ.
Through trust, one merits to rejoice in the kindness of the Blessed GOD.

יח. עַל־יְדֵי לִמּוּד בַּעֲמִידָה מֵפֵר עֲצַת הָאֻמּוֹת.
Through learning in a standing position, one annuls the scheming of the nations.

יט. עַל־יְדֵי תַּעֲנִית הָאָדָם נִצּוֹל מִמִּיתָה.
Through a fast, a man is saved from death.

כ. עַל־יְדֵי בִּטָּחוֹן יֵעָשֶׂה לְךָ חֶסֶד.
Through having trust, kindness will be met out to you.

כא. עַל־יְדֵי עֲנָוָה בָּא יְשׁוּעָה.
Through humility comes salvation.

כב. מִי שֶׁמִּתְפַּלֵּל בְּשִׂמְחָה, יִזְכֶּה לִשְׂמֹחַ בִּישׁוּעָתוֹ.
One who prays joyfully will merit rejoicing in His salvation.

כג. הַנֵּס בָּא עַל־יְדֵי אֱמֶת.
A miracle comes through truth.

Sefer HaMidot

ספר המדות

כד. הַנֵּס בָּא עַל־יְדֵי יִרְאָה.
A miracle comes through fear of GOD.

כה. מִי שֶׁמּוֹדִיעַ דֶּרֶךְ ה' לָרַבִּים, עַל־יְדֵי זֶה אֲפִלּוּ כְּשֶׁהוּא בֵּין הַגּוֹיִים, הַקָּדוֹשׁ־בָּרוּךְ־הוּא מוֹשִׁיעַ לוֹ.
One who makes known the Way of GOD to the many, through this, even if he is amongst the gentiles, the Holy One -Blessed is He- saves him.

כו. מִי שֶׁמִּתְפַּלֵּל כָּל הַיּוֹם, עַל־יְדֵי זֶה מְקַבֵּל [יִזְכֶּה לְקַבֵּל] יְשׁוּעָה.
One who prays all day long through this he will merit to receive salvation.

כז. כְּשֶׁיִּשְׂרָאֵל דּוֹבְרֵי אֱמֶת, עַל־יְדֵי זֶה נִשְׁפָּע לָהֶם הַחֶסֶד מִן הַשָּׁמַיִם.
When the Jews speak the truth, through this kindness is sent to them from Heaven.

כח. עַל־יְדֵי הַנִּגּוּנִים שֶׁאַתָּה מְשׁוֹרֵר, אַתָּה מְעוֹרֵר אֶת הַקָּדוֹשׁ־בָּרוּךְ־הוּא, שֶׁיִּסְתַּכֵּל בָּאֻמָּה הַזּוֹ, שֶׁאַתָּה מְשׁוֹרֵר אֶת הַנִּגּוּן שֶׁלָּהּ לָמָּה הִיא מְשַׁעְבֶּדֶת בָּךְ.
Through the melodies that you sing, you arouse the Holy One -Blessed is He- to look upon the nation whose melody you are singing - why it subjugates you.

כבוד
Honor

חלק ראשון

א. כְּשֶׁרוֹצִין לִדְחוֹת אֵיזֶה אָדָם מֵעֲבוֹדַת אֱלֹקוּת, נוֹתְנִים לוֹ כָּבוֹד כְּדֵי לְטָרְדוֹ.
When there is a desire to discourage a man from serving **GOD**, they give him honor in order to distract him.

ב. מִי שֶׁדּוֹבֵר עַל צַדִּיק, לְסוֹף שֶׁנִּתְבַּזֶּה בְּעֵינֵי כֹל.
One who speaks against the Tzaddik ends up humiliated in everyone's eyes.

ג. מִי שֶׁמְּבַזֶּה אֶת עַצְמוֹ בְּכָל יוֹם בְּעֵינֵי עַצְמוֹ, עַל־יְדֵי זֶה יִזְכֶּה שֶׁשְּׁמוֹ אֵינוֹ שָׁכוּחַ מִפִּי הַבְּרִיּוֹת, וּבְנֵי אָדָם יִקְרְאוּ אֶת בְּנֵיהֶם בִּשְׁמוֹ.
One who belittles himself each day in his own eyes, merits that his name will not be forgotten by the people, and people will name their children after him.

ד. תִּקּוּן חֲצוֹת הוּא סְגֻלָּה לְכָבוֹד.
Tikkun Chatzot [the Midnight Lament or Rectification] is a segula [conducive] for honor.

Sefer HaMidot

ה. מִי שֶׁהַקָּדוֹשׁ־בָּרוּךְ־הוּא נִתְרוֹמֵם עַל יָדוֹ לְמַעְלָה, הוּא נַעֲשֶׂה מְפֻרְסָם.
One who causes the Blessed Holy One's glory to be raised high, he becomes famous.

ו. מִי שֶׁפּוֹגֵעַ בִּכְבוֹד שֶׁל צַדִּיקִים, עַל־יָדֵי זֶה נוֹפֵל לְחֻלְשָׁה.
One who offends the honor of tzaddik im, through this he falls into weakness.

ז. חִבּוּק הַסֵּפֶר תּוֹרָה מְסֻגָּל לְכָבוֹד.
Hugging the Torah scroll is a segula [conducive] for honor.

ח. עַל־יְדֵי עֲנָוָה בָּא כָּבוֹד.
Through humility comes honor.

ט. לִפְעָמִים יֵשׁ לְאָדָם כָּבוֹד וּגְדֻלָּה בִּשְׁבִיל זְכוּת שֶׁל אֶחָד מִבְּנֵי בֵיתוֹ.
Sometimes a man receives honor and greatness because of the merit of one of his household.

י. מִי שֶׁאוֹמֵר לֹא חָטָאתִי, הוּא מְבֻזֶּה בְּעֵינֵי כֹל.
One who says "I did not sin" is despised in everyone's eyes.

יא. רֹב הַבִּזְיוֹנוֹת הַבָּאִים עַל הָאָדָם הֵם בִּשְׁבִיל חַטָּאוֹת נְעוּרִים.
Most of the humiliations that come upon a man are due to the sins of his youth.

יב. צִמָּאוֹן הַמֻּפְלָג הוּא סִימָן לִירִידַת הַכָּבוֹד.
Extraordinary thirst is a sign of descent from honor.

יג. מִי שֶׁמַּצִּיל סֵפֶר־תּוֹרָה מִשּׁוּם דָּבָר הַמְאַבֵּד אוֹתוֹ, זוֹכֶה לְכָבוֹד.
One who saves a Torah scroll from any danger of destruction merits to honor.

יד. אִישׁ נִכְבָּד – דְּבָרָיו קַיָּמִים.
The words of an honored man endure.

טו. כְּשֶׁאַתָּה נוֹתֵן כָּבוֹד לְאָדָם, תִּתֵּן כָּבוֹד גַּם לִמְשַׁמְּשׁוֹ.
When you give honor to a man, give honor also to the one serving him.

טז. כְּשֶׁנֶּחְטָטִים הַמֵּתִים, בְּיָדוּעַ שֶׁרָצָה הַקָּדוֹשׁ־בָּרוּךְ־הוּא לְהָבִיא אֵיזֶה בִּזָּיוֹן עַל הַחַיִּים, וְנִתְהַפֵּךְ הַדָּבָר.
When the dead are unearthed, it is certain that the Holy One, Blessed be He, wanted to bring some humiliation on the living, and the matter was overturned.

יז. מִי שֶׁעוֹבֵר עַל צִוּוּי שֶׁל הַצַּדִּיק, הוּא נוֹפֵל מֵחֲשִׁיבוּתוֹ.
One who transgresses the command of the Tzaddik, he falls from his importance.

יח. עַל־יְדֵי רְדִיפַת הַכָּבוֹד בָּא לִידֵי הִרְהוּרֵי עֲבוֹדָה זָרָה.

Sefer HaMidot   ספר המדות

Through chasing after honor, one comes to idolatrous thoughts.

יט. אָדָם שֶׁהוּא בַּחֲשִׁיבוּת אֵין צָרִיךְ לְבַזּוֹתוֹ, אַף־עַל־פִּי שֶׁהוּא רָשָׁע.
A man with a position of importance, it is not necessary to [that is one should not] humiliate him, even if he is wicked.

כ. צָרִיךְ לִתֵּן כָּבוֹד לַמַּלְכוּת, אַף־עַל־פִּי שֶׁהוּא עוֹבֵד עֲבוֹדָה זָרָה.
It is necessary to give honor to the monarchy, even though he worships idolatry.

כא. עַל־יְדֵי כָּבוֹד שֶׁמְּכַבְּדִין אֶת הַתּוֹרָה, אָדָם נִצּוֹל מִשּׂוֹנְאָיו.
Through the honor one gives to the Torah, one is saved from his enemies.

כב. כְּבוֹד הַנֵּס לָבוֹא בְּהַצְנֵעַ.
A miracle's honor is in its coming discreetly.

כג. מִי שֶׁהוּא מְבֻזֶּה, בְּיָדוּעַ שֶׁהוּא אוֹהֵב כְּזָבִים.
One who is despised, it is certain that he likes falsehood.

כד. הַבְּגָדִים שֶׁל הָאָדָם מְכַבְּדִין אֶת הָאָדָם.
A man's clothes give honor to the man.

כה. הַכָּבוֹד תּוֹלֶה בַּנֶּפֶשׁ.
Honor is dependent upon the soul.

כו. הַכָּבוֹד תּוֹלֶה בִּרְצוֹן הַלֵּב.
Honor is dependent upon the desire in the heart.

כז. כְּשֶׁאַתָּה נִרְדָּף, תִּזְכֶּה לְכָבוֹד בָּעוֹלָם הַזֶּה.
If you are being pursued - attacked, you will merit to have honor in this world.

כח. עַל־יְדֵי בִּקּוּר־חוֹלִים הַכֹּל מִתְכַּבְּדִין בּוֹ.
Through visiting the sick, everyone is honored with him.

כט. מִתְכַּבֵּד בִּקְלוֹן חֲבֵרוֹ, לֹא יִזְכֶּה לְסֵפֶר, שֶׁיִּקָּרֵא עַל שְׁמוֹ.
One who gains prestige by the shame of his friend will not merit to a book named after him.

חלק שני

א. בְּנֵי אָדָם הַמְּכַבְּדִין זֶה אֶת זֶה, בְּיָדוּעַ שֶׁהֵם מְהֻגָּנִים וְכֵן לְהֵפֶךְ.
People who honor each other, it is certain that they are upright, and so too the opposite.

ב. כָּל הַכָּבוֹד שֶׁל כָּל הַמַּלְכֻיּוֹת נִכְלָלִים בְּאַרְבַּע מַלְכֻיּוֹת, וְעַל־יְדֵי מַעֲשֵׂה מְנוֹרָה וְקִדּוּשׁ הַחֹדֶשׁ וּקְטֹרֶת וּשְׁמִירָה מִן מַאֲכָלִים טְמֵאִים, כָּל הָאַרְבַּע מַלְכֻיּוֹת מַחֲזִירִים אֶת הַכָּבוֹד שֶׁבְּתוֹכָם לְהַשֵּׁם יִתְבָּרַךְ.

Sefer HaMidot ספר הׅמׅדות

All the honor of all the monarchies in the world, are included in the Four Monarchies. Through the fashioning of the Menorah, **Kiddush Levanah** [Sanctifying the New Moon], the Incense, and guarding oneself from forbidden foods, all Four Monarchies return the honor within them to the Blessed Lord.

ג. בָּזֶה שֶׁיּוֹצְאִין לִקְרַאת אָדָם חָשׁוּב, נִתְעוֹרְרִין עֲשָׂרָה מַאֲמָרוֹת, שֶׁבָּהֶם נִבְרָא הָעוֹלָם. גַּם עַל־יְדֵי קֵרְבַת הָרְחוֹקִים גַּם־כֵּן.

By going forward to honor an important man, the ten utterances by which the world was created are aroused. This also comes through bringing those who are distant back to GOD.

ד. צָרִיךְ לְכַבֵּד לָזֶה, שֶׁהַשָּׁעָה מְשַׂחֶקֶת לוֹ.

It is necessary to honor one who the hour fortune smiles upon him.

כישוף
Sorcery

א. בָּנִים הַנּוֹלָדִים עַל־יְדֵי הַלְחָשִׁים שֶׁל שֵׁמוֹת הַטֻּמְאָה אוֹ עַל־יְדֵי כִּשּׁוּף, הֵם יִהְיוּ נוֹאֲפִים.

Children who are born through incantation of names of impurity or through sorcery will grow up to be sexual offenders.

ב. וְכָל הָעוֹסֵק בְּשֵׁמוֹת הַטֻּמְאָה, הוּא נִזּוֹק בְּכָל דָּבָר.

And all who involve themselves with the names of impurity, he can be damaged by anything.

ג. אֵין הַכִּשּׁוּף מַזִּיק אֶלָּא לְבַעֲלֵי־גַּאֲוָה.

Sorcery only harms those who are haughty.

כעס
Anger

א. מִי שֶׁשּׁוֹמֵר אֶת עַצְמוֹ מִכַּעַס, שׂוֹנְאָיו אֵינָם שׁוֹלְטִים עָלָיו.

One who guards himself from anger, those who hate him have no dominion over him.

ב. גַּם יִשְׁכֹּן בְּבֵיתוֹ, לֹא יָדוּרוּ אֲחֵרִים בִּמְקוֹמוֹ.

Sefer HaMidot / סֵפֶר הַמִּדּוֹת

Also, he will dwell in his house, and others will not lodge in his place.

ג. עַל־יְדֵי הַכַּעַס נִתְבַּזָּה.

Through anger, one is humiliated.

ד. לֹא תִרְתַּח וְלֹא תֶחֱטָא.

Do not lose your temper and you will not sin.

ה. כָּל הַכּוֹעֵס – חָכְמָתוֹ וּנְבוּאָתוֹ מִסְתַּלֶּקֶת, וַאֲפִלּוּ פּוֹסְקִין לוֹ גְדֻלָּה מִן הַשָּׁמַיִם, מוֹרִידִין אוֹתוֹ מִגְּדֻלָּתוֹ.

Anyone who becomes angry; his wisdom and prophetic ability departs. And even if greatness has been decreed for him in Heaven, he is brought down from his greatness.

ו. הַקָּדוֹשׁ־בָּרוּךְ־הוּא אוֹהֵב לְמִי שֶׁאֵינוֹ כּוֹעֵס וּלְמִי שֶׁאֵינוֹ מַעֲמִיד עַל מִדּוֹתָיו.

The Holy One Blessed be He loves one who does not become angry and one who does not harbor resentment.

ז. הָרַתְחָן – חַיָּיו אֵינָם חַיִּים.

A hot-tempered person's life is not worth living.

ח. גַּם כָּל מִינֵי גֵיהִנָּם שׁוֹלְטוֹת בּוֹ.

Also, all sorts of hell reign over or afflict him.

ט. וְתַחְתּוֹנִיּוּת שׁוֹלֶטֶת בּוֹ.

And is overcome with hemorrhoids [in the shape of figs].

י. שְׁכִינָה אֵינָהּ חֲשׁוּבָה כְּנֶגְדּוֹ.

The Divine Presence is not important to him.

יא. וּמְשַׁכֵּחַ תַּלְמוּדוֹ.

And it is certain that his sins are more than his merits.

יב. וּמוֹסִיף טִפְּשׁוּת.

And increases stupidity.

יג. וּבְיָדוּעַ שֶׁעֲוֹנוֹתָיו מְרֻבִּים מִזְּכֻיּוֹתָיו.

And it is certain that his sins are more than his merits.

יד. כַּעַס אַחַר אֲכִילָה מַזִּיק מְאֹד.

Anger after eating is very damaging.

טו. כַּעַס שֶׁל אִשָּׁה מַחֲרִיב אֶת הַבַּיִת.

The anger of a woman destroys the house.

טז. עַל־יְדֵי כַעַס בְּשָׂרוֹ נִכְחָשׁ.

Through anger one's flesh becomes emaciated.

יז. סְגֻלָּה לְכַעַס שֶׁיֹּאכַל פַּת שַׁחֲרִית.

It is conducive for avoiding [or possibly: calming] anger, to eat bread in the morning.

יח. אָדָם שֶׁאֵין מִתְלוֹנֵן עַל הַבְּרִיּוֹת, יְהֵא יָקָר בְּעֵינֵי הַבְּרִיּוֹת.

Sefer HaMidot ספר המדות

One who does not complain about people will be esteemed in peoples' eyes.

יט. עַל־יְדֵי שֶׁקֶר בָּא כַּעַס.
Through falsehood comes anger.

כ. מִי שֶׁהוּא כַּעֲסָן, יִדֹּר נֶדֶר וִישַׁלֵּם תֵּכֶף, עַל־יְדֵי זֶה יְבֻטַּל מִמֶּנּוּ הַכַּעַס.
One with a bad temper should make a pledge and pay it immediately. Through this the anger will be annulled from him.

כא. מִי שֶׁמִּסְתַּכֵּל בִּפְנֵי שַׁקְרָן, בָּא לִידֵי כַּעַס.
One who gazes at the face of a liar comes to anger.

כב. עַל־יְדֵי קִנְאָה בָּא לְכַעַס.
Through jealousy one comes to anger.

כג. עַל־יְדֵי כַּעַס מְגָרֶה עַל עַצְמוֹ דִּינִים.
Through anger one incites upon oneself harsh judgments.

כד. עַל־יְדֵי כַּעַס מוֹלִיד בָּנִים שׁוֹטִים.
Through anger one sires foolish children.

כה. עַל־יְדֵי כַּעַס נִתְקַצְּרוּ יָמָיו.
Through anger, one's lifespan is shortened.

כו. סְגֻלָּה לְכַעַס – שֶׁתַּשְׁפִּיל גֵּאִים.
It is conducive to [dispelling or preventing] anger, that you lower the haughty.

כז. כְּשֶׁלֹּא יִהְיֶה לְךָ כַּעַס, עַל־יְדֵי זֶה תּוּכַל בְּהִסְתַּכְּלוּתְךָ לְהַכְנִיעַ בַּעֲלֵי־גַאֲוָה.
When you don't have anger, through this you will be able, with your gaze, to humble the arrogant.

כח. מִי שֶׁהוּא כַּעֲסָן, בְּיָדוּעַ שֶׁהוּא אוֹהֵב כָּבוֹד, וַאֲפִלּוּ כָּל הַמִּצְווֹת שֶׁעוֹשֶׂה, אֵינוֹ עוֹשֶׂה אֶלָּא בִּשְׁבִיל כָּבוֹד.
One who has a bad temper, it is certain that he loves honor, and even all the commandments [good deeds] he does, he only does for honor.

כט. הַכּוֹעֵס עַל עָנִי מְכֻבָּד, כְּאִלּוּ הִקְנִיט אֶת הַשֵּׁם יִתְבָּרַךְ.
One who is angry at an honorable pauper, it is as if he taunted GOD.

ל. גַּם נִתְאַלֵּם.
Also, he becomes mute.

לא. וְנַעֲשֶׂה מְצֹרָע.
And becomes a leper.

לב. מִי שֶׁמְּשַׁבֵּר אֶת מִדַּת הַכַּעַס, יִזְכֶּה לְשֵׁם טוֹב.
One who breaks the vice of anger will merit a good name.

Sefer HaMidot סֵפֶר הַמִּדּוֹת

לג. לִפְעָמִים בָּא כַּעַס עַל־יְדֵי מַשָּׂא כָּבֵד ה.
Sometimes anger comes through [bearing] a heavy burden.

לד. עַל־יְדֵי כַּעַס בָּא עַצְבוּת.
Through anger comes depression.

לה. כַּעַס בָּא עַל־יְדֵי הִתְבּוֹדְדוּת שֶׁאֵינוֹ כָּרָאוּי.
Anger comes through hisbodidus [seclusion] not carried out appropriately.

לו. עַל־יְדֵי הַקְפָּדָה אֵין שָׁלוֹם.
Through choler, there is no peace.

לז. עַל־יְדֵי אֲכִילָה נִסְתַּלֵּק הַכַּעַס.
Through eating, anger departs.

לח. תִּשְׁמֹר אֶת עַצְמְךָ מִכַּעַס, בַּיּוֹם שֶׁנַּעֲשָׂה לְךָ יְשׁוּעָה.
Guard yourself from anger on a day in which you had a salvation.

לט. עַל־יְדֵי צְדָקָה נִתְבַּטֵּל הַכַּעַס.
Through giving charity, anger is annulled.

מ. עַל־יְדֵי הַכַּעַס אִשָּׁה מְקַשָּׁה לֵילֵד.
Through anger, a woman has difficulty in childbirth or having children.

מא. הַכַּעַס מַפְחִיד אֶת הָאָדָם.
Anger frightens a person.

מב. הַכַּעַס מַזִּיק לְהָרְאוּת.
Anger damages eyesight.

לִימּוּד
Learning

חֵלֶק רִאשׁוֹן

א. מִי שֶׁעוֹשֶׂה תַּעֲנוּג לָאָב וּמְשַׂמֵּחַ אוֹתוֹ, עַל־יְדֵי זֶה יִהְיֶה לוֹ חֵשֶׁק וְאַהֲבָה לִלְמֹד.
One who gives delight to his father and cheers him, through this he will have desire and love for learning.

ב. כְּשֶׁאַתָּה רוֹצֶה לְהַחֲיוֹת אֵיזֶה דָּבָר בַּאֲמִירַת תּוֹרָתְךָ, אַל תִּדְרֹשׁ מֵעִנְיָנִים רָעִים, אֶלָּא תִּדְרֹשׁ פְּסוּקִים וְעִנְיָנִים שֶׁל טוֹב.
When you want to give life to something through reciting

Sefer HaMidot

words of your Torah, do not expound on negative subjects. Rather, expound on verses and subjects that deal with the good.

ג. כְּשֶׁאָדָם אוֹמֵר חִדּוּשֵׁי אוֹרַיְתָא, עַל־יְדֵי זֶה מְשַׂמֵּחַ אֶת הַשֵּׁם יִתְבָּרַךְ.
When a man recites novel Torah teachings, through this he gives joy to the Blessed GOD.

ד. כְּשֶׁהָרָשָׁע אוֹמֵר תּוֹרָה, תֵּדַע שֶׁהוּא מַכְשִׁיל אוֹתָם הַשּׁוֹמְעִים תּוֹרָתוֹ.
When a wicked person says Torah, know that he causes to stumble those who listen to his teaching.

ה. מִי שֶׁהוּא מְבַטֵּל אֶת חֲבֵרוֹ מֵהַלִּמּוּד, בְּיָדוּעַ שֶׁהוּא סָר מִדֶּרֶךְ ה'.
One who causes his friend to desist from his learning, it is certain that he has deviated from the Way of GOD.

ו. לִמּוּד הַתּוֹרָה – אֲפִלּוּ מִתְנַנְמְנֵם הוּא טוֹב.
Torah learning, even while half a sleep, is good.

ז. עַל־יְדֵי קַבָּלַת הַיִּסּוּרִים בְּאַהֲבָה אֵינוֹ מְשַׁכֵּחַ תַּלְמוּדוֹ.
Through accepting suffering with love, one does not forget his learning.

ח. כָּל מַה שֶּׁלָּמַד אָדָם בָּעוֹלָם הַזֶּה וְהָיָה נִמְנָע אֶצְלוֹ לַעֲמֹד עַל אֲמִתַּת כַּוָּנַת הַלִּמּוּד בִּשְׁלֵמוּת, יִזְכֶּה לְהָבִין עַל אֲמִתָּתָהּ בָּעוֹלָם הַבָּא.
All the Torah that a person tried to learn in this world, and was prevented from understanding the full true intent of the learning, he will merit to understand it properly and truthfully in the World to Come.

ט. עַל־יְדֵי קִימָה בִּפְנֵי תַּלְמִיד־חָכָם זוֹכִין לְתוֹרָה
Through rising for a Torah scholar, one merits to Torah.

י. כָּל יְדִיעָה בְּמִשְׁפְּטֵי הַתּוֹרָה, הֵן מִצְווֹת שֶׁבֵּין אָדָם לַחֲבֵרוֹ הֵן מִצְווֹת שֶׁבֵּין אָדָם לְקוֹנוֹ, הַיְדִיעָה הַזֹּאת בְּעַצְמָהּ הִיא הַצְלָחַת הַנֶּפֶשׁ.
All the knowledge one gains in the laws of the Torah, whether dealing with the commandments relating to one's fellow man, or those between man and his Creator - the knowledge itself is a success for the soul.

יא. הַסֵּפֶר שֶׁנִּכְתַּב בִּדְיוֹ שֶׁל שֶׁמֶן־זַיִת הוּא מְסֻגָּל לַלִּמּוּד.
A book written with ink made from olive oil is conducive [segula] to learning.

יב. יִרְאָה מִתַּלְמִיד־חָכָם מְסֻגָּל לַלִּמּוּד.
Awe of a Torah scholar is a segula [conducive] to learning.

יג. הָעוֹסֵק בַּתּוֹרָה בַּלַּיְלָה – שְׁכִינָה כְּנֶגְדּוֹ.
One who engages in Torah at night, the Divine Presence is

Sefer HaMidot   ספר המדות

before him.

יד. מַה יַּעֲשֶׂה אָדָם וְיֶחְכַּם, יַרְבֶּה בִּישִׁיבָה וִימַעֵט בִּסְחוֹרָה וִיבַקֵּשׁ רַחֲמִים, כִּי הָא בְּלָא הָא לָא סַגִּי.

What should a man to do gain wisdom, He should increase in learning yeshiva [lit. sitting], minimize business, and ask for mercy. Because any one of these without the other is not enough.

טו. הַדִּבּוּר בְּקוֹל רָם מֵבִיא הֶרְגֵּשׁ וּתְנוּעָה לְכָל הָאֵיבָרִים.

Speaking in a loud voice brings feeling and movement to all the limbs.

טז. הַלּוֹמֵד בְּקוֹל רָם מַאֲרִיךְ יָמִים, וְתַלְמוּדוֹ מִתְקַיֵּם בְּיָדוֹ.

One who learns in a loud voice lives long, and he retains what he learned [his learning is upheld in his hand].

יז. מִי שֶׁאֵין בּוֹ גַּסּוּת, לִמּוּדוֹ מִתְקַיֵּם בְּיָדוֹ.

One without arrogance, he retains his learning [his learning is upheld in his hand].

יח. גַּם מִי שֶׁמְּלַמֵּד לַאֲחֵרִים.

Also, one who teaches others.

יט. הַשּׁוֹמֵעַ מִפִּי הָרַב, מִסְתַּיֵּעַ מִלְּתָא טְפֵי.

Hearing directly from the sage is more beneficial.

כ. גָּדוֹל תַּלְמוּד תּוֹרָה מֵהַקְרָבַת תְּמִידִין.

Learning Torah is greater than offerings of the Tamid [sacrifice brought twice daily in the Temple].

כא. הָאוֹמֵר: שְׁמוּעָה זוֹ נָאָה וְזוֹ אֵינָהּ נָאָה, מְאַבֵּד הוֹנָהּ שֶׁל תּוֹרָה.

One who says, "This Torah saying is pleasant, and that one is not" loses the wealth of the Torah.

כב. מִיגְמַר בְּעַתִּיקָא קָשֶׁה מֵחַדְתָּא.

Relearning something forgotten is harder than learning something new.

כג. הַשּׁוֹכֵחַ דָּבָר אֶחָד מִתַּלְמוּדוֹ, גּוֹרֵם גָּלוּת לְבָנָיו וּמוֹרִידִין אוֹתוֹ מִגְּדֻלָּתוֹ.

One who forgets one detail from his learning causes the exile of his children, and he is brought down from his greatness.

כד. תַּלְמִיד־חָכָם, שֶׁאֵין תּוֹכוֹ כְּבָרוֹ נִקְרָא תּוֹעֵבָה.

A Torah scholar whose inner being does not match up to his outward appearance is called an abomination.

כה. תַּלְמִיד־חָכָם – בְּנֵי עִירוֹ מְצֻוִּין לַעֲשׂוֹת מְלַאכְתּוֹ.

A Torah scholar - the citizens of his city are obligated to do his work.

Sefer HaMidot סֵפֶר הַמִּדוֹת

כו. בִּשְׁבִיל בִּטּוּל תּוֹרָה נַעֲשָׂה כִּבְיָכוֹל מָךְ.
Due to annulling Torah study, GOD is made, so to speak, poor [that is put in a position where He is unwilling to help].

כז. גָּדוֹל תַּלְמוּד תּוֹרָה מֵהַצָּלַת נְפָשׁוֹת וּמִבִּנְיַן בֵּית־הַמִּקְדָּשׁ וּמִכְּבוּד אָב וָאֵם.
Torah study is greater than saving lives, and building the Temple, and honoring one's parents.

כח. עַל־יְדֵי קְדֻשָּׁה זוֹכֶה לְבִינָה.
Through holiness one merits to understanding.

כט. שְׁלֹשָׁה הַקָּדוֹשׁ־בָּרוּךְ־הוּא בּוֹכֶה עֲלֵיהֶן בְּכָל יוֹם, וְאֶחָד מֵהֶם, עַל מִי שֶׁאֶפְשָׁר לוֹ לַעֲסֹק בַּתּוֹרָה וְאֵינוֹ עוֹסֵק.
There are three over whom the Holy One, Blessed is He, cries every day, and one of them is a person who could engage in Torah and does not.

ל. עַל־יְדֵי בִּינָה זוֹכֶה לִתְשׁוּבָה.
Through understanding, one merits to repentance.

לא. אָסוּר לְלַמֵּד אֶת הָרָשָׁע דְּבַר פֶּלֶא.
It is forbidden to teach a wicked man a wondrous matter.

לב. גָּדוֹל יָכוֹל לִלְמֹד מֵרָשָׁע, אֲבָל קָטָן לֹא.
A great man can learn from the wicked, but a simple [lit. small] man can not.

לג. הֶרְגֵּל הַלִּמּוּד הוּא עוֹלֶה לְמַעְלָה עַל קִיּוּם כָּל הַמִּצְווֹת.
Regularity of learning rises above the keeping of all the commandments.

לד. מִי שֶׁאֵין לוֹ אִשָּׁה, שָׁרוּי בְּלֹא טוֹבָה [תּוֹרָה].
One who is without a wife languishes [lit. is soaked or permeated] without Torah ad good.

לה. אֵינוֹ דוֹמֶה הַלוֹמֵד מִפִּי עַצְמוֹ לְלוֹמֵד מִפִּי הָרַב.
One who learns by himself cannot compare to one who learns from a rabbi.

לו. לֹא נִיחָא לְהַקָּדוֹשׁ־בָּרוּךְ־הוּא, שֶׁיִּהְיוּ דָּנִים אֶת יִשְׂרָאֵל לְכַף חוֹב.
It is not pleasing to the Holy One, Blessed is He, when the Jewish people are judged unfavorably.

לז. מִי שֶׁאוֹהֵב תַּלְמִיד־חָכָם, הַתּוֹרָה מְחַזֶּרֶת עָלָיו וְעַל זַרְעוֹ.
One who loves a Torah scholar, he and his seed will remain steadfast in Torah.

לח. יִלְמַד אָדָם אֲפִלּוּ בְּלֹא הֲבָנָה.
A person should learn even if it is without understanding.

לט. תּוֹעֶלֶת גָּדוֹל לִרְאוֹת פֶּה הָרַב בִּשְׁעַת הַלִּמּוּד.

Sefer HaMidot

ספר המדות

It is very beneficial to see the mouth of the rabbi during the learning.

מ. תּוֹעֶלֶת גָּדוֹל לִלְמֹד אֵצֶל נְהָרוֹת.

It is very beneficial to learn near rivers.

מא. הָעוֹסֵק בַּתּוֹרָה בַּלַּיְלָה, כְּאִלּוּ עוֹסֵק בַּעֲבוֹדָה.

One who engages in Torah at night is as if he is engaged in the service in of the Holy Temple.

מב. הָעוֹסֵק בְּהִלְכוֹת עֲבוֹדָה, כְּאִלּוּ נִבְנָה בֵּית-הַמִּקְדָּשׁ בְּיָמָיו.

One who studies the laws of the Temple Service, it is as if the Holy Temple was rebuilt in his days.

מג. הַלּוֹמֵד תּוֹרָה לְתַלְמִיד שֶׁאֵינוֹ הָגוּן, נוֹפֵל לְגֵיהִנֹּם וַהֲרֵי כְּזוֹרֵק אֶבֶן לְמַרְקוּלִיס.

One who teaches Torah to an unfit student falls into Hell, and is as if he were casting a stone to the idol - marcolis.

מד. הַתּוֹרָה בְּעַצְמָהּ נִתְּנָה לְכָל יִשְׂרָאֵל, אֲבָל הַפִּלְפּוּל לֹא נִתַּן אֶלָּא לְמֹשֶׁה בִּלְבַד, וְהוּא בְּטוֹבַת עַיִן נָתַן לְכָל יִשְׂרָאֵל.

The Torah itself was given to all of Israel. But pilpul [formulating and developing argumentation and disputations] was only granted to Moshe alone, and he, in his generosity, gave it to all Israel.

מה. כְּשֶׁעוֹשֶׂה אָדָם אֶת עַצְמוֹ הֶפְקֵר לְלַמֵּד תּוֹרָתוֹ לַכֹּל, הַתּוֹרָה נִתְּנָה לוֹ בְּמַתָּנָה.

When a man gives himself over entirely [hefker] to teach the Torah to all, the Torah is granted to him as a gift.

מו. אֵין הַתּוֹרָה מִתְקַיֶּמֶת אֶלָּא לְמִי שֶׁמַּעֲמִיד אֶת עַצְמוֹ עָרוֹם עָלֶיהָ, וּבְמִי שֶׁמְּשִׂימִים אֶת עַצְמוֹ כְּמִי שֶׁאֵינוֹ יוֹדֵעַ.

The Torah one learns is only preserved by one who impoverishes himself for her by abstaining from any business, and by one who makes himself as if without knowledge.

מז. הַלִּמּוּד קוֹדֵם לְיִרְאַת חֵטְא, וְיִרְאַת חֵטְא קוֹדֵם לְעִיּוּן.

Learning precedes fear of sin, and fear of sin precedes in-depth study.

מח. עַל-יְדֵי פַּת שַׁחֲרִית תַּלְמוּדוֹ מִתְקַיֵּם בְּיָדוֹ וְזוֹכֶה לִלְמֹד וּלְלַמֵּד.

Through eating bread in the morning [pas shacharis], one's learning is preserved, and one merits to learn and teach.

מט. תּוֹרָה צְרִיכָה דַּוְקָא לִהְיוֹת בְּדִבּוּר, כִּי הַלִּמּוּד שֶׁהוּא בְּמַחֲשָׁבָה לְבַד נִשְׁתַּכַּח, וְאֵין בָּא לִידֵי מַעֲשֶׂה.

Sefer HaMidot   ספר המדות

Torah study must specifically be recited aloud, for the learning which is only in thought is forgotten, and does not come to be actualized in deed.

נ. הַלּוֹמֵד וְאֵינוֹ חוֹזֵר, דּוֹמֶה לְזוֹרֵעַ וְאֵינוֹ קוֹצֵר.
One who learns but does not review is comparable to one who sows but doesn't harvest.

נא. הַחוֹזֵר תַּלְמוּדוֹ – הַתּוֹרָה מְבַקֶּשֶׁת מֵאֵת הַשֵּׁם יִתְבָּרַךְ שֶׁיְּגַלֶּה לוֹ טַעֲמֵי הַתּוֹרָה וּסְתָרֶיהָ.
One who reviews his learning - the Torah requests from GOD to reveal to him the taamei Torah [lit. the taste or cantillation or reasoning, with an inference to the esoteric] and its secrets.

נב. מִי שֶׁאֵין לוֹ עֵת קָבוּעַ לִלְמֹד, הוּא בָּא לְהִרְהוּרֵי זְנוּת.
One who does not have established times for learning comes to promiscuous thoughts.

נג. מִי שֶׁאֵין חוֹזֵר תַּלְמוּדוֹ, קָשֶׁה לוֹ לְגַדֵּל בָּנִים.
One who does not review his learning has difficulty raising children.

נד. הַלּוֹמֵד תּוֹרָה לִשְׁמָהּ, מֵשִׂים שָׁלוֹם בְּפָמַלְיָא שֶׁל מַעְלָה וְשֶׁל מַטָּה, וּמֵגֵן עַל כָּל הָעוֹלָם כֻּלּוֹ, וּכְאִלּוּ בָּנָה פַּלְטְרִין שֶׁל מַעְלָה וְשֶׁל מַטָּה וּמְקָרֵב אֶת הַגְּאֻלָּה.
One who learns Torah for its own sake creates peace in the pamalia - gathering of the wise, often translated as tribunal, Above and Below, and protects the whole world, and is as if he built the Upper and Lower Palace, and hastens the Redemption.

נה. הַמְלַמֵּד בֶּן חֲבֵרוֹ תּוֹרָה, מַעֲלֶה עָלָיו הַכָּתוּב, כְּאִלּוּ עֲשָׂאוֹ וּכְאִלּוּ עָשָׂה לְדִבְרֵי תוֹרָה וּכְאִלּוּ עֲשָׂאוֹ לְעַצְמוֹ.
One who teaches his friend's son Torah, is considered as if he created him, and as if he created the words of Torah, and as if he created himself.

נו. הַמַּשְׁחִיר פָּנָיו [עַל דִּבְרֵי תוֹרָה] בָּעוֹלָם הַזֶּה, הַקָּדוֹשׁ־בָּרוּךְ־הוּא מַבְהִיק פָּנָיו לָעוֹלָם הַבָּא.
One who blackens his face for the words of Torah in this world, GOD will make his face radiant in the World to Come.

נז. הַמַּרְעִיב עַצְמוֹ עַל דִּבְרֵי תוֹרָה, הַקָּדוֹשׁ־בָּרוּךְ־הוּא מַשְׂבִּיעוֹ לָעוֹלָם הַבָּא.
One who goes hungry for the sake of learning Torah, GOD will satiate him in the World to Come.

נח. הַקּוֹרֵא בְּסִפְרֵי מִינִין, נִקְרָא אֶפִּיקוֹרוֹס.

Sefer HaMidot סֵפֶר הַמִדוֹת

One who reads books of apostates is considered an apostate [lit. is called an apikorus].

נט. הַקוֹרֵא פָּסוּק בִּזְמַנּוֹ, מֵבִיא טוֹבָה לָעוֹלָם.

One who reads a scriptural verse in its time brings good to the world.

ס. כְּשֶׁיֵּשׁ שְׁנֵי פְּסוּקִים, מֵאֶחָד אַתָּה יָכוֹל לִדְרֹשׁ זְכוּת וְטוֹב וּמֵאֶחָד אַתָּה יָכוֹל לִדְרֹשׁ לְהֶפֶךְ, תִּדְרֹשׁ הַפָּסוּק שֶׁהוּא לִזְכוּת וּלְטוֹב.

When there are two verses, from one you can expound on merit and good, and from the other you can expound on the opposite, expound on the verse which is of merit and good.

סא. מִי שֶׁאֵין לוֹ הֲבָנָה בְּלִמּוּדוֹ, יֵשֵׁב אֵצֶל צַדִּיק, גַּם עַל־יְדֵי זֶה יִזְכֶּה לִלְמֹד תּוֹרָה לִשְׁמָהּ. אוֹ יִשְׁתַּדֵּל לַעֲשׂוֹת אֵיזֶה תַּעֲנוּג לַצַּדִּיק אוֹ יִלְמַד בְּשִׂמְחָה אוֹ יְקַבֵּל אֶת הַשַּׁבָּת בְּשִׂמְחָה אוֹ יְקַבֵּל הַצַּדִּיק בְּשִׂמְחָה.

One who does not have understanding in his learning should spend a Shabbat with a tzaddik. Also, through this he will merit to learn Torah for the sake of Heaven. Or he should endeavor to do some favor for a tzaddik, or learn with joy, or bring in the Shabbat with joy, or greet the tzaddik with joy.

סב. עַל־יְדֵי לִמּוּד בְּעִיּוּן יוּכַל לְהִתְפַּלֵּל.

Through learning in-depth, one is able to pray.

סג. מִי שֶׁאֵינוֹ יָכוֹל לִלְמֹד מֵחֲמַת מְנִיעוֹת, יִפְרשׁ מִמַּשְׁקֶה הַמְשַׁכֵּר.

One who cannot learn because of impediments should abstain from intoxicating beverages.

סד. עַל־יְדֵי בִּטּוּל תּוֹרָה יָבוֹא לְבִטּוּל תְּפִלָּה וְהוּא הַדִּין לְהֶפֶךְ.

Through neglecting Torah study, one comes to neglect prayer, and this is also the case in the converse.

סה. מִי שֶׁאֵין יָכוֹל לִלְמֹד כִּי אֵין לוֹ פְּנַאי וְלוֹמֵד בְּשַׁבָּת וְרֹאשׁ־חֹדֶשׁ, בָּזֶה הוּא מַעֲצִיר אֶת רוּחַ הַטֻּמְאָה.

One who cannot learn due to lack of time, and he learns on Shabbat and Rosh Chodesh [the first day of the month], with this he closes off the spirit of impurity.

סו. כְּשֶׁאֵין מֵבִין אֶת לִמּוּדוֹ, בְּיָדוּעַ שֶׁדִּינִים שׁוֹרִין עָלָיו.

When one does not understand one's Torah learning, it is certain that harsh judgments are laid upon him.

סז. בְּנָקֵל לְהָבִין אֵיזֶהוּ עִנְיָן כְּשֶׁהוּא בְּמָקוֹם גָּבוֹהַּ, דְּהַיְנוּ בְּהַר אוֹ מָקוֹם אַחֵר.

It is easy to understand some concept when one is in a high location, such as on a mountain or other such place.

סח. הִתְעוֹרְרוּת בַּבֹּקֶר לִלְמֹד – מְסֻגָּל לְחוּשׁ הַשְּׁמִיעָה.

Sefer HaMidot

Arousal in the morning to study is conducive [segula] to the sense of hearing.

סט. עַל־יְדֵי לִמּוּד תִּינוֹקוֹת שֶׁל בֵּית־רַבָּן נִתְרַבָּה הַשָּׁלוֹם.
Through teaching the Tinokos shel bais 'Raban - very young children, peace proliferates.

ע. צָרִיךְ לְהִתְפַּלֵּל, שֶׁיִּזְכֶּה לְתַלְמִידִים הֲגוּנִים.
It is necessary to pray that one will merit to have upright students.

עא. עַל־יְדֵי דְּרוּשֵׁי הַתּוֹרָה לְטוֹבָה יָכוֹל לְהָבִיא יְשׁוּעָה.
Through expounding on the Torah in a positive light, one can bring salvation.

עב. עַל־יְדֵי רֹחַב־לֵב יָכוֹל לְהָבִין דָּבָר מִתּוֹךְ דָּבָר.
Through an expansive heart, one can understand one thing from another.

עג. מִי שֶׁאֵין לוֹ חֵשְׁקוּת לִלְמֹד, אַל יְדַבֵּר עַל שׁוּם אָדָם שׁוּם דָּבָר רָע.
One who has no desire to learn Torah should not speak about anyone any bad word.

עד. אַל תִּלְמַד אֶלָּא אֵצֶל יְרֵא־שָׁמַיִם.
Do not learn, except by someone who is Heaven fearing.

עה. עַל־יְדֵי תוֹרָה תִּזְכֶּה לְשָׁלוֹם.
Through Torah, you will merit peace.

עו. כְּשֶׁתֹּאמַר תּוֹרָה לְפִי מַדְרֵגָתְךָ וְלֹא לְמַעְלָה מִמַּדְרֵגָתְךָ, עַל־יְדֵי זֶה הַקָּדוֹשׁ־בָּרוּךְ־הוּא יְקַיֵּם צַוֶּיךָ.
When you say Torah [ideas developed from the Torah] according to your level, and not beyond it, through this GOD will honor your commands.

עז. עַל־יְדֵי הַכְּפִירוֹת אֵין לָאָדָם חֵשְׁקוּת לִלְמֹד.
Due to blasphemy, a person does not have desire to learn.

עח. עַל־יְדֵי צְדָקָה לִשְׁמָהּ תִּזְכֶּה לְתוֹרָה לִשְׁמָהּ.
Through giving charity for the sake of the Divine Presence, one merits to Torah for the sake of the Divine Presence.

עט. עַל־יְדֵי קִימַת חֲצוֹת יִזְכֶּה לְהָבִין אֶת הַתּוֹרָה וְלִדְרֹשׁ אוֹתָהּ.
Through getting up at midnight, one merits to understand the Torah and explicate it.

פ. מִי שֶׁפָּסַק מִדִּבְרֵי תוֹרָה לִדְבָרִים בְּטֵלִים, תִּקּוּנוֹ – שֶׁיָּקוּם חֲצוֹת.
One who interrupted his Torah study for trivial matters, his rectification is to get up at midnight.

פא. מִי שֶׁשּׂוֹנֵא אֶת הַשֶּׁקֶר כְּמוֹ תּוֹעֵבָה, יִהְיֶה לוֹ חֵשֶׁק לִלְמֹד.

Sefer HaMidot   ספר המדות

One who hates falsehood as he would an abomination, he will have passion to learn.

פב. הַסֵּפֶר שֶׁאָדָם רָשָׁע לָמַד מִמֶּנּוּ, אַל תִּלְמַד מִמֶּנּוּ, כִּי הָאוֹתִיּוֹת הֵם יַרְשִׁיעוּ אוֹתְךָ.

A book that a wicked person learned from, do not learn from it, for the letters of the book will make you wicked.

פג. כְּשֶׁאַתָּה שׁוֹמֵעַ תּוֹרָה אוֹ מוּסָר מֵאֶחָד וְלֹא נִתְכַּבֵּד בְּלִבְּךָ, יָדוּעַ שֶׁהוּא אֱוִיל.

When you hear Torah or moral instruction from someone, and in you heart you gain no respect for him, it is certain that he is a fool.

פד. הַתּוֹרָה – שֶׁיֵּשׁ לְךָ הוֹצָאוֹת עָלֶיהָ, עַל־יְדֵי זֶה לֹא יִהְיֶה שָׁכוּחַ מִמָּךְ.

Torah learning for which you incur expenses, through this it will not be forgotten from you.

פה. מִי שֶׁרוֹדֵף אַחַר תַּאֲוֹות לִבּוֹ, עַל־יְדֵי זֶה תִּמְצָא אוֹתוֹ בְּכָל פָּסוּק מִפְּסוּקֵי הַתּוֹרָה לִגְנַאי.

One who chases after the desires of his heart, through this you will find him alluded to in all the passages of the Torah - disparagingly.

פו. מִי שֶׁפּוֹרֵשׁ אֶת עַצְמוֹ מִן הַתּוֹרָה, נִתְחַבֵּר לַשָּׂטָן.

One who separates himself from the Torah connects to the Satan.

פז. שְׁנֵי תַּלְמִידֵי־חֲכָמִים הַמְכַבְּדִין זֶה לָזֶה בַּהֲלָכָה לְשָׁמָהּ וּבַעֲנָוָה, הַקָּדוֹשׁ־בָּרוּךְ־הוּא מַצְלִיחַ לָהֶם, וְעוֹלִים לִגְדֻלָּה וְזוֹכִין לְתוֹרָה, שֶׁנִּתְּנָה בְּיָמִין וְזוֹכִין לִדְבָרִים, שֶׁנִּתָּנִין בִּימִינָהּ שֶׁל תּוֹרָה.

Two Torah scholars who honor each other in legal study for the sake of the Divine Presence, and in humility, GOD grants them success, and they rise to greatness, and merit to the Torah that was given by GOD's right hand, and merit to things given through the right hand of the Torah.

פח. תַּלְמִיד־חָכָם נוֹקֵם וְנוֹטֵר כְּנָחָשׁ, הִדָּבֵק בּוֹ, שֶׁסּוֹפְךָ לֵהָנוֹת מִתַּלְמוּדוֹ.

A Torah scholar who avenges and is spiteful like a snake - cling to him, for in the end you will benefit from his learning.

פט. אָסוּר לִלְמֹד מִן הַמַּמְשִׁיךְ לַעֲבוֹדָה זָרָה, וְהַלּוֹמֵד מִמֶּנּוּ חַיָּב מִיתָה.

It is forbidden to learn from one who is drawn to idol-worship, and one who learns from him is liable to the death penalty.

צ. תּוֹרָה בְּלֹא מִצְוֹות הוּא כְּמוֹ הֲדַס, שֶׁיֵּשׁ בּוֹ רֵיחַ וְאֵין בּוֹ טַעַם.

Torah learning without deeds is like myrtle, which has

Sefer HaMidot

fragrance but no taste.

צא. בְּמִי אַתָּה מוֹצֵא סִדְרֵי תוֹרָה, בְּמִי שֶׁמַּשְׁכִּים וּמַעֲרִיב עֲלֵיהֶם בְּבֵית־הַמִּדְרָשׁ וּמַשְׁחִיר אֶת פָּנָיו עֲלֵיהֶם כָּעוֹרֵב וּמֵשִׂים עַצְמוֹ אַכְזָרִי עַל בָּנָיו כָּעוֹרֵב.

By whom do you find orders of Torah [that is vast arrays] By one who rises early and stays up late for them in the study hall, and blackens his face for them as a raven, and makes himself cruel as a raven [regarding the needs of] his children.

צב. אֵין מִן הַכֹּל זוֹכֶה אָדָם לִלְמֹד, בִּשְׁבִיל זֶה הוֹלְכִים לְמֶרְחַקִּים לִלְמֹד.

A person cannot merit learning from anyone. Because of this people travel great distances to learn.

חלק שני

א. יֵשׁ יִסּוּרִים הַבָּאִים עַל הָאָדָם וְנִקְבַּע לָהֶם זְמַן לְפִי חִיּוּב סִדּוּר הַכּוֹכָבִים, הַמְחַיְּבִים כָּל אֵלּוּ הַיִּסּוּרִים, אֲבָל עַל־יְדֵי הָרָצוֹן וְהַתַּאֲוָה שֶׁנִּתְעוֹרֵר אֵצֶל הַתַּלְמִידִים בְּשָׁעָה שֶׁהִגִּיעַ עִתָּם הַקָּבוּעַ לָהֶם לֵילֵךְ אֵצֶל הָרַב לִלְמֹד, עַל־יְדֵי זֶה נִתְבַּטְּלִים הַיִּסּוּרִים קֹדֶם הַזְּמַן הַקָּצוּב לָהֶם.

There are sufferings that come upon a person, whose allotted time is according to the alignment of the stars that determine all such sufferings. However, through the desire and longing that is aroused in students at the time appointed for their study sessions with their rabbi, through these sufferings are annulled before their appointed time.

ב. הַתּוֹרָה וְהַמַּעֲשֵׂר וְהַשַּׁבָּת הֵם נוֹתְנִים חַיִּים גַּשְׁמִיִּים גַּם־כֵּן.

The Torah, the tithes, and the Shabbat give physical life as well as spiritual life.

ג. עַל־יְדֵי לִמּוּד "שֻׁלְחָן עָרוּךְ" בָּאִים לְיִרְאָה.

Through learning the Shulchan Aruch [Code of Jewish Law], one comes to Fear of GOD.

ד. מִי שֶׁלְּמוּדוֹ בַּתּוֹרָה בְּמֹחִין זַכִּים, שֶׁאֲכִילָתוֹ כָּל־כָּךְ בִּקְדֻשָּׁה, שֶׁנִּזּוֹן מִמָּזוֹן שֶׁהַמַּלְאָכִים נִזּוֹנִין מִמֶּנּוּ, עַל־יְדֵי זֶה שׂוֹנְאָיו נִדּוֹנִין בְּחֶנֶק. וְסִימָן לַדָּבָר: "וַיְהִי בַּיּוֹם הַשְּׁלִישִׁי בִּהְיוֹת הַבֹּקֶר"; "וּבַבֹּקֶר הָיְתָה שִׁכְבַת הַטָּל"; "וַיְהִי בְּאַשְׁמֹרֶת הַבֹּקֶר."

One who learns Torah with a pure mind - that his eating is holy to the point that he is nourished from the food that the angels from. Through this his enemies are punished with strangulation. This is learned from Torah passages: "And it was on the third day, at the beginning of the morning", "And in the morning there was a layer of dew", "And it was in the

Sefer HaMidot

ספר המדות

watch of the morning".

ה. עַל־יְדֵי מֻפְלְגֵי וַחֲרִיפֵי הַדּוֹר מְאִירִין אֶת הַיִּרְאָה, וְעַל־יְדֵי הַיִּרְאָה מִתְנוֹצֵץ זְכוּת אָבוֹת, וְעַל־יְדֵי הִתְנוֹצְצוּת הָאָבוֹת נִתְעוֹרֵר תְּשׁוּבָה בָּעוֹלָם.

Through the outstanding and sharp ones of the generation, fear of GOD is illuminated, and through fear of GOD, the merit of the forefathers is sparked, and through the sparkling of the forefathers, repentance is aroused in the world.

ו. לִמּוּד הַפּוֹסְקִים מְבַטְּלִין הִרְהוּרֵי עֲבוֹדָה זָרָה.

Learning poskim the works of those who determine the halachah Jewish law annuls thoughts of idol worship.

ז. כְּשֶׁהוֹלֵךְ מֵרַב לְרַב, אָז צָרִיךְ לְחַזֵּק אֱמוּנָתוֹ בְּאַחְדוּת הַשֵּׁם יִתְבָּרַךְ, כִּי הַלִּמּוּד מֵהַרְבֵּה מְלַמְּדִים מַזִּיק לֶאֱמוּנַת הַיִּחוּד. וְכֵן הָרַב שֶׁיֵּשׁ לוֹ אֱמוּנַת הַיִּחוּד, הוּא יָכוֹל לְהָאִיר לְכָל תַּלְמִיד וְתַלְמִיד כְּפִי כֹחוֹ, וְכָל תַּלְמִיד אֵינוֹ שׁוֹמֵעַ אֶלָּא מַה שֶּׁצָּרִיךְ לוֹ וְלֹא יוֹתֵר.

When one goes from master to master, then he needs to strengthen his faith in the Unity of Hashem, may He be Blessed. Because learning from many teachers damages faith in the Unity. So too, the master who has faith in the Unity, he is able to illuminate to each and every student according to his ability, and each student only hears what he needs, and no more.

ח. הָרַב הַמְלַמֵּד אֶת תַּלְמִידָיו בָּזֶה הַדֶּרֶךְ, הַיְנוּ שֶׁלֹּא יַשְׁמִיעַ אוֹתָם אֶלָּא לְכָל אֶחָד יַשְׁמִיעַ מַה שֶּׁצָּרִיךְ לוֹ לֹא פָּחוֹת וְלֹא יוֹתֵר, עַל־יְדֵי זֶה זוֹכֶה, שֶׁמְּגַלִּין פָּנִים הַנָּאִים וְהַמְשֻׁבָּחִים שֶׁבַּתּוֹרָה.

A teacher who teaches his students in this manner - that is, he only teaches to each student what he specifically needs to hear, not more and not less. Through this he merits that the most pleasant and praiseworthy aspects of the Torah are revealed to him.

ט. כְּשֶׁהַתַּלְמִיד שׁוֹמֵעַ תּוֹרָה מֵהָרַב וְנִתְבַּטֵּל רְצוֹנוֹ כְּנֶגֶד רְצוֹן הָרַב, בָּזֶה יֵדַע שֶׁשָּׁמַע, כִּי כְּשֶׁלֹּא נִתְבַּטֵּל רְצוֹנוֹ אַף־עַל־פִּי שֶׁשּׁוֹמֵעַ אֵינוֹ שׁוֹמֵעַ. גַּם כְּשֶׁנִּתְבַּטֵּל הַרְגָּשׁוֹתָיו בִּשְׁעַת הַשְּׁמִיעָה, יֵדַע גַּם־כֵּן שֶׁשּׁוֹמֵעַ.

When a student hears words of Torah from a rabbi, and annuls his will to the will of the rabbi, according to this you can be sure that he listened. For when he does not annul his will, even though he hears, he really does not hear. Also, when his feelings [senses] are annulled at the time of hearing, this is a sign that he has truly heard.

Sefer HaMidot ספר המדות

י. בְּשָׁעָה שֶׁהַתַּלְמִיד בָּא לִשְׁמֹעַ תּוֹרָה מִפִּי הָרַב, אֲזַי גַּם הָרַע שֶׁל הַתַּלְמִיד, הַיְנוּ הַקְּלִפּוֹת שֶׁנִּבְרְאוּ עַל־יְדֵי הָרַע שֶׁלּוֹ, בָּאִים גַּם־כֵּן לִשְׁמֹעַ וְלִינֹק, אֲבָל עַל־יְדֵי שֶׁכָּל תַּלְמִיד אֵינוֹ שׁוֹמֵעַ אֶלָּא הַשַּׁיָּךְ לְנִשְׁמָתוֹ כַּנִּזְכָּר לְעֵיל, עַל־יְדֵי זֶה בּוֹרְחִים הַקְּלִפּוֹת וְאֵינָם יְכוֹלִים לִשְׁמֹעַ. אֲבָל יֵשׁ קְלִפָּה דַּקָּה שֶׁהִיא קְרוֹבָה לִקְדֻשָּׁה, וְהִיא אֵינָהּ בּוֹרַחַת אֶלָּא כְּשֶׁיֵּשׁ בַּתּוֹרָה יְשׁוּעַת יִשְׂרָאֵל, אֲזַי הִיא גַּם־כֵּן בּוֹרַחַת. וְסִימָן לַדָּבָר: "וַיְשַׁלַּח מֹשֶׁה אֶת חֹתְנוֹ", לְמַאן דְּאָמַר יִתְרוֹ קֹדֶם מַתַּן־תּוֹרָה בָּא וְהָלַךְ לוֹ.

At the time when a student comes to hear Torah from a rabbi, the student's evil - that is, the impure husks [klipos] created by the evil in him, also come to hear and draw from it. However, when each student hears only what is relevant to his soul, as was described above, the evil spirits [klipos] flee, and are not able to hear. Yet there is a subtle evil [klipa] which is close to holiness, that will only flee when there is within the Torah teaching a message of salvation of Israel, then it also flees. A hint for this from Scripture: "And Moshe sent his father-in-law" - if one learns this passage according to the opinion that Yitro [the father-in-law of Moses] came and went his way before the giving of the Torah.

יא. הַמּוֹצִיא דִּבְרֵי־תוֹרָה בְּפִיו, נִצּוֹל מִדִּין סְקִילָה.

One who utters words of Torah is saved from the sentence of stoning.

יב. לָאו בְּכָל מָקוֹם אָדָם זוֹכֶה לְסֻגַּל תּוֹרָה וּמַעֲשִׂים טוֹבִים, בִּשְׁבִיל זֶה הַקָּדוֹשׁ־בָּרוּךְ־הוּא מְסַבֵּב סִבּוּבִים, שֶׁיֵּצֵא זֶה הָאָדָם מִמָּקוֹם הַזֶּה לְמָקוֹם אַחֵר.

A man cannot merit to Torah and good deeds in all places. Due to this, GOD brings about circumstances that cause the man to go from one place to another place.

יג. כְּשֶׁאָדָם לוֹמֵד עַד שֶׁנִּתְיַגֵּעַ, בָּזֶה מַמְתִּיק דִּינִים וּמְעוֹרֵר רַחֲמִים, גַּם עַל־יְדֵי זֶה מְעוֹרֵר רַחֲמִים אֵצֶל אָבִיו בַּקֶּבֶר.

When a man learns until he is exhausted, he sweetens judgments and arouses mercy. Also, through this he arouses mercy for his father in the grave.

יד. עַל־יְדֵי תּוֹרָה בָּא לֶאֱמוּנָה, וְעַל־יְדֵי אֱמוּנָה בָּא לִקְדוּשׁ־הַשֵּׁם.

Through Torah, one comes to Faith, and through Faith, one comes to sanctify the Name of GOD.

טו. זַכֵּי הָרְאוּת יְכוֹלִין לְהַכִּיר אֶת הָאָדָם, מִי רַבּוֹ שֶׁלִּמְּדוֹ תּוֹרָה. וְדַוְקָא כְּשֶׁמַּכִּירִין אֶת תֹּאַר פְּנֵי הָרַב, כִּי עַל־יְדֵי הַהֲלָכוֹת שֶׁלָּמַד מֵרַבּוֹ, נַעֲשָׂה פְּנֵי הַתַּלְמִיד כְּתֹאַר פְּנֵי הָרַב, כִּי הַהֲלָכָה הוּא חָכְמָתוֹ הַמֵּאִיר תֹּאַר פָּנָיו [חָכְמַת

Sefer HaMidot סֵפֶר הַמִּדּוֹת

אָדָם תָּאִיר פָּנָיו], וּכְשֶׁמְּקַבֵּל הַהֲלָכָה מְקַבֵּל חֵלֶק מִתֹּאַר פָּנָיו, וּלְפִי רִבּוּי הַהֲלָכוֹת כֵּן נִתְרַבָּה חֶלְקֵי תֹּאַר פָּנָיו.

Those with pure eyesight can recognize in a man, who is the rabbi who taught him Torah. This is specifically when the one looking is familiar with the face of the rabbi. For through the religious law that a man learns from his rabbi, his face becomes similar to the appearance of the face of the rabbi, for the law is his wisdom that enlightens the face of a man [as in the verse, "The wisdom of man enlightens his face."] When one receives the law, one receives an aspect of the appearance of the teacher's face. And according to the number of laws he learns, the more aspects of the appearance of his face are acquired.

טז. עַל־יְדֵי קְדֻשַּׁת הַשֵּׁם יִתְבָּרַךְ הַהִתְנַשְּׂאוּת שֶׁל רָאשֵׁי הַדּוֹר בְּתֹקֶף וָעֹז, וְעַל־יְדֵי זֶה נֶחְשָׁב בְּעֵינֵי כֹל הַמִּצְוָה שֶׁל הַכְנָסַת־אוֹרְחִים, וְעַל־יְדֵי זֶה הַלּוֹמְדִים זוֹכִים שֶׁהֲלָכָה כְּמוֹתָם.

Through sanctifying the name of GOD, may He be blessed, the authority of the leaders of the generation is in full force and strength. Through this, everyone values the commandment of hospitality to guests, and through this, the Torah students' merit that the law is set according to their opinion.

יז. מִי שֶׁמַּחְמִיר לַאֲחֵרִים וּמֵקֵל לְעַצְמוֹ וְאוֹמֵר עַל מַה שֶּׁלֹּא שָׁמַע שֶׁשָּׁמַע, עַל־יְדֵי זֶה אֵינוֹ זוֹכֶה לִרְאוֹת בִּיפִי הַמֶּלֶךְ, כִּי הַקְּלִפָּה שֶׁל אֱדוֹם שֶׁהִיא יִרְאָה רָעָה, מַחְשִׁיךְ מְאוֹר עֵינָיו מִלְּהִסְתַּכֵּל בִּיפִי פְּנֵי הַמֶּלֶךְ.

One who is strict with others and lenient with himself, and says about what he did not hear, that he heard, due to this, he does not merit to see the beauty of the King. For the evil force [klipa] of Edom, which is negative fear, darkens the light of his eyes, so that he cannot see the beauty of the Face of the King.

לִיצָנוּת
Mockery

א. עַל־יְדֵי לֵיצָנוּת יִהְיֶה לוֹ נוֹשִׁים הַרְבֵּה וְהֵם יִמְשְׁלוּ בּוֹ. גַּם נִכְשָׁל בְּנִאוּף, גַּם אִשְׁתּוֹ מוֹשֶׁלֶת בּוֹ.

Sefer HaMidot ספר המדות

Through mockery, one will have many creditors, and they will rule over him. Also, he will fail in promiscuity. Also, his wife will dominate him.

ב. עַל־יְדֵי לֵיצָנוּת הוֹלֵךְ וְנוֹפֵל. גַּם בָּא לְמִדַּת שֶׁקֶר, וְנָע וְנָד מִמָּקוֹם לְמָקוֹם.
Through mockery, one walks and falls [alt. - continuously falls]. Also, he comes to falsehood, and wandering from place to place.

ג. עַל־יְדֵי חֲנֻפָּה בָּא לֵיצָנוּת.
Through adulation comes mockery.

ד. עַל־יְדֵי לֵיצָנוּת בָּאִים יִסּוּרִים.
Through mockery comes suffering.

ה. עַל־יְדֵי לֵיצָנוּת אֵין לוֹ חָכְמָה.
Through mockery he does not have wisdom.

ו. הַלֵּיצָנוּת הִיא מְתַעֶבֶת אֶת הָאָדָם עַל הַקָּדוֹשׁ־בָּרוּךְ־הוּא וְעַל הַבְּרִיּוֹת.
Mockery makes a person loathsome to GOD and to people.

ז. עַל־יְדֵי לֵיצָנוּת בָּא שְׂרֵפָה.
Through mockery come fires [lit. burning].

ח. הַלּוֹעֵג עַל דִּבְרֵי חֲכָמִים, נִדּוֹן בְּצוֹאָה רוֹתַחַת.
One who mocks the words of the Sages is judged or sentenced to be committed in boiling excrement.

ט. כָּל לֵיצָנוּתָא אֲסִירָא חוּץ מִלֵּיצָנוּתָא דַּעֲבוֹדָה זָרָה.
All forms of mockery are forbidden, except for the mocking of idol-worship.

י. קָשָׁה לֵיצָנוּת, שֶׁתְּחִלָּתוֹ יִסּוּרִין וְסוֹפוֹ כְּלָיָה.
Mockery is a dreadful matter - for it begins with suffering and its end is annihilation.

יא. הַמִּתְלוֹצֵץ – מְזוֹנוֹתָיו מִתְמַעֲטִין וְנוֹפֵל בְּגֵיהִנֹּם וּמֵבִיא כְּלָיָה לָעוֹלָם.
One who mocks, his sustenance is diminished, and he falls into Hell, and he brings destruction to the world.

לשון הרע
Slander

חלק ראשון

א. הַמְסַפֵּר לָשׁוֹן הָרָע, הַקָּדוֹשׁ־בָּרוּךְ־הוּא אוֹמֵר לַשַּׂר שֶׁל גֵּיהִנֹּם: אֲנִי עָלָיו מִלְמַעְלָה וְאַתָּה עָלָיו מִלְמַטָּה. וְתַקָּנָתוֹ – יַעֲסֹק בַּתּוֹרָה וְיַשְׁפִּיל דַּעְתּוֹ גַּם עַל־יְדֵי זֶה לֹא יָבוֹא לִידֵי לָשׁוֹן הָרָע.

Sefer HaMidot ספר המדות

One who slanders, the Holy One Blessed is He says to the Official of Hell, "I am on him from above, and you are onto him from below." His remedy is to engage in Torah and humble his self opinion. Also, through this he will not come to slander.

ב. עַל־יְדֵי לָשׁוֹן הָרָע מַגְדִּיל עֲווֹנוֹתָיו כְּנֶגֶד שָׁלֹשׁ עֲבֵרוֹת.
Through slander, one enlarges his sins to the proportion of the three sins [that is the three most serious categories: Idol-worship, sexual sins and murder].

ג. מִלְּתָא דְּמִתְאַמְרָה בְּאַפֵּי מָרָא אוֹ בְּאַפֵּי תְּלָתָא, לֵית בַּהּ מִשּׁוּם לִשָּׁנָא בִּישָׁא.
A matter said in the presence of the person being discussed, or in the presence of three listeners, are not accounted as slander.

ד. הַאי לִשָּׁנָא בִּישָׁא, אַף־עַל־גַּב דְּלִקְבּוּלֵי לָא מִבָּעֵי, לְמֵיחַשׁ מִיבָּעֵי.
This slander, even though it should not be accepted outright as true, it warrants suspicion.

ה. מִי שֶׁדּוֹבֵר רָע עַל יִשְׂרָאֵל, לַסּוֹף שֶׁיֶּחֱלֶה עַל פִּיו.
One who speaks negatively about the People of Israel, in the end he will be have illness on this mouth.

ו. כְּשֶׁאֵין אַהֲבָה בֵּין יִשְׂרָאֵל נַעֲשִׂים הוֹלְכֵי רָכִיל, וְעַל־יְדֵי הוֹלְכֵי רָכִיל נַעֲשִׂים לֵצִים.
When there is not love between the Jewish People, gossipers are made, and through gossipers, scoffers are made.

ז. בְּנֵי־אָדָם שֶׁאוֹהֲבִים זֶה אֶת זֶה, מֻתָּר לוֹמַר זֶה לָזֶה מֵאֵיזֶה דָּבָר שֶׁשָּׁמַע מֵאֵיזֶה אָדָם, גַּם חֲבֵרוֹ מֻתָּר לְקַבֵּל דְּבָרָיו וְאֵין בּוֹ מִשּׁוּם לִשָּׁנָא בִּישָׁא.
People who love one another, it is permitted for them to tell each other things they heard from someone else, and the one who hears is permitted to accept his words, and this does not constitute slander.

ח. עַל־יְדֵי לָשׁוֹן הָרָע אֵין לָאָדָם חֵשֶׁק לִלְמֹד, גַּם מְבַזֶּה אֶת הַצַּדִּיק.
Through slander, a man does not have desire to learn Torah, also he derides the Tzaddik.

ט. מִלָּשׁוֹן הָרָע נִצּוֹל עַל־יְדֵי אֱמֶת.
From slander one is saved through truth.

י. כְּשֶׁשּׁוֹמֵר אֶת עַצְמוֹ מִלָּשׁוֹן הָרָע, עַל־יְדֵי זֶה לֹא יַחֲרֹשׁ רָעָה עַל חֲבֵרוֹ.
When one guards himself from slander, he will also not contemplate bad on his fellow.

Sefer HaMidot ספר המדות

יא. מִי שֶׁאֵין מְקַבֵּל לָשׁוֹן הָרָע עַל צַדִּיק, עַל־יְדֵי זֶה יִזְכֶּה לְהִמָּנוֹת עִם הַצַּדִּיקִים.
One who does not accept slander about a Tzaddik, through this he will merit to be counted among the tzaddikim.

יב. גַּסּוּת מֵבִיא אֶת הָאָדָם לְדַבֵּר בִּגְנוּת בְּנֵי־אָדָם.
Coarseness brings a person to speak disparagingly about others.

יג. לָשׁוֹן הָרָע אֵין אוֹמְרוֹ, עַד שֶׁכּוֹפֵר בָּעִקָּר וְחוֹטֵא בַּשָּׁמַיִם וּבָאָרֶץ.
Slander, one doesn't say until one comes to denying the core of faith and sinning in the Heavens and earth.

יד. מֻתָּר לוֹמַר לָשׁוֹן הָרָע עַל בַּעַל הַמַּחֲלֹקֶת.
It is permissible to say slander about one who causes strife.

טו. מוֹצִיא שֵׁם רָע עַל חֲבֵרוֹ, אֵין לוֹ מְחִילָה עוֹלָמִית.
One who says false slander on his fellow [lit. lets out a bad reputation - based on a lie], he doesn't ever get forgiveness.

טז. עַל־יְדֵי לָשׁוֹן הָרָע אֵין מְקַבֵּל פְּנֵי הַשְּׁכִינָה.
Through slander, one cannot receive the countenance of the Divine Presence.

יז. הַמְסַפֵּר בְּלָשׁוֹן הָרָע וְהַמְקַבְּלוֹ, רָאוּי לְהַשְׁלִיכוֹ לַכְּלָבִים.
One who says slander, and one who listens to it, it is fitting to thrown hm to the dogs.

יח. תִּקּוּן לְלָשׁוֹן הָרָע – אֲמִירַת הַקְּטֹרֶת.
A rectification for slander is the recitation of the [passages describing the] incense-offering.

יט. עַל־יְדֵי לָשׁוֹן הָרָע נְגָעִים בָּאִים עָלָיו וּמַגְדִּיל עֲווֹנוֹת עַד לַשָּׁמַיִם וְרָאוּי לְסָקְלוֹ בָּאֶבֶן.
Due to slander, plagues [This might refer specifically to leprosy] come upon him, and his sins are magnified till the heavens, and it is fitting to stone him.

חלק שני

א. עַל־יְדֵי לָשׁוֹן הָרָע נִתְפָּס בִּתְפִיסָה.
Through slander, one is caught and incarcerated.

מוהל
Circumciser

Sefer HaMidot

ספר המדות

א. צָרִיךְ לַחֲזֹר אַחַר מוֹהֵל צַדִּיק וִירֵא־שָׁמַיִם, כִּי כְּשֶׁהַמּוֹהֵל אֵינוֹ טוֹב, יָכוֹל לִהְיוֹת שֶׁלֹּא יִהְיֶה מוֹלִיד, חַס וְשָׁלוֹם, הַנִּמּוֹל עַל־יָדוֹ. גַּם עַל־יְדֵי שֶׁהַמּוֹהֵל אֵינוֹ טוֹב, עַל־יְדֵי זֶה בָּא הַתִּינוֹק, חַס וְשָׁלוֹם, לִידֵי חֳלִי נוֹפֵל.

One must seek out a mohel who is a tzaddik and Heaven fearing. For when the mohel is not good, it is possible that the child he circumcises will be unable to sire, GOD forbid. Also, when the mohel is not good, through this the child can come, GOD forbid, to falling sickness [epilepsy].

ב. אִשָּׁה שֶׁאֵינָהּ יְכוֹלָה לְהִתְעַבֵּר, תַּבִּיט עַל הַסַּכִּין שֶׁל מִילָה אַחַר הַמִּילָה.

A woman who is unable to conceive should gaze upon the circumcision knife immediately following the circumcision.

ג. הַמּוֹהֵל נוֹתֵן הֲבָנָה לַנִּמּוֹל בְּלִמּוּד הַתּוֹרָה.

The mohel gives the circumcised child understanding in the learning of the Torah.

ד. מִצְוַת מִילָה – יֵשׁ לָהּ כֹּחַ שֶׁיֵּשׁ לְבִגְדֵי כֹּהֵן גָּדוֹל.

The commandment of circumcision has the power that resides in the clothes of the Cohen Gadol - High Priest.

ה. מִי שֶׁנּוֹלַד מָהוּל, בְּיָדוּעַ שֶׁכֹּחַ הַמְדַמֶּה שֶׁלּוֹ טוֹב וְיָפֶה.

One who is born circumcised, it is certain that his power of imagination is good and proper.

ו. מִי שֶׁגּוֹמֵל חֶסֶד, שֵׁם אֲשֶׁר יִקְרָא יִתְקַיֵּם, בִּשְׁבִיל זֶה קֹדֶם שֶׁיִּקְרָא שֵׁם לַתִּינוֹק, יִגְמֹל חֶסֶד, וְעַל־יְדֵי זֶה יִתְקַיֵּם הַשֵּׁם.

One who does acts of kindness, the name that he bestows will endure. For this reason, before naming a child, one should do kindness, and through this the child's name will endure.

ממון
Money

חלק ראשון

א. הַמִּתְלוֹצֵץ – מְזוֹנוֹתָיו מִתְמַעֲטִין.

One who ridicules - his livelihood is diminished.

ב. לְשׁוֹן חֲכָמִים מֵבִיא עֹשֶׁר.

The speech - terminology of the sages brings wealth.

ג. אֵין הָעֹשֶׁר מִתְקַיֵּם, מִפְּנֵי שֶׁאֵין מְרַחֲמִים עַל הַבְּרִיּוֹת.

Sefer HaMidot

ספר המדות

Wealth does not endure, on account of not having mercy on people.

ד. הָעוֹמֵד בְּנִסָּיוֹן שֶׁל נִאוּף, יִזְכֶּה לְעֹשֶׁר גָּדוֹל בֵּין הַשּׂוֹנְאִים שֶׁלּוֹ.
One who stands in a test of sexual immorality will merit to great wealth amidst his enemies.

ה. גְּדוֹלָה מְלָאכָה שֶׁהִזְהִיר עָלֶיהָ הַקָּדוֹשׁ־בָּרוּךְ־הוּא, שֶׁיַּעֲשֶׂה אֵיזֶה מְלָאכָה.
Great is work, being that GOD warned about it, that a person should do some type of work.

ו. כְּגוֹן: אָנוּ – לוֹוִין וְאוֹכְלִין.
Weak people such as ourselves, should borrow in order to eat.

ז. הָרוֹצֶה שֶׁיִּתְעַשֵּׁר, יַעֲסֹק בִּבְהֵמָה דַּקָּה וּבְחוֹרְשִׁין.
One who wants to become wealthy should deal in small animals [Like sheep and goats] in a remote location.

ח. אֲכִילָה וּשְׁתִיָּה יִהְיֶה פָּחוֹת מִמַּה שֶּׁיֵּשׁ לוֹ, וְיִלְבַּשׁ וְיִתְכַּסֶּה כַּמָּה שֶׁיֵּשׁ לוֹ, וִיכַבֵּד אִשְׁתּוֹ וּבָנָיו יוֹתֵר מִמַּה שֶּׁיֵּשׁ לוֹ.
The amount a person spends on eating and drinking should be below his means, and he should dress and cover himself according to his means, and he should honor his wife and children beyond his means.

ט. קָשָׁה עֲנִיּוּת בְּבֵיתוֹ שֶׁל אָדָם יוֹתֵר מֵחֲמִשִּׁים מַכּוֹת.
Poverty in a man's house is harder than fifty plagues - like those of Egypt.

י. אֵין אִשְׁתּוֹ שֶׁל אָדָם מֵתָה אֶלָּא־אִם־כֵּן מְבַקְשִׁין מִמֶּנּוּ מָמוֹן וְאֵין לוֹ.
A man's wife does not die unless others ask him for money and he does not have it.

יא. הַכֹּחַ שֶׁיֵּשׁ לָאֻמּוֹת לִגְזֹל אֶת יִשְׂרָאֵל, עַל־יְדֵי שֶׁלּוֹמְדִים [תּוֹרָה נְבִיאִים וּכְתוּבִים] תנ"ך.
The power that the non-Jewish nations have to steal from Israel comes from their studying the Scriptures.

יב. הַיַּיִן מֵבִיא עֲנִיּוּת.
Wine brings poverty.

יג. כָּל אָדָם שֶׁיֵּשׁ בּוֹ דֵּעָה, לְסוֹף מִתְעַשֵּׁר.
A man who has cognizance, in the end becomes wealthy.

יד. הַגּוֹזֵל אֶת חֲבֵרוֹ, עַל־יְדֵי זֶה מְטַמְּאִין אוֹתוֹ בְּטֻמְאַת קֶרִי.
One who steals from his fellow-man, through this they make him impure with the impurity of subconscious emission.

Sefer HaMidot   ספר המדות

טו. כְּשֶׁבָּא לְאָדָם אֵיזֶה הֲבָנָה חֲדָשָׁה, בְּיָדוּעַ שֶׁכָּרוּךְ בַּעֲקֵבוֹ מָמוֹן רַב.
When some new understanding comes to a man, it is certain that great wealth is at [lit. attached to] its heel [The commentators don't provide any citation, so I suggest - when they are guarded there is a great reward at its heel, but when there is a slip up, who understands - so when they are guarded there is understanding and great reward at its heel].

טז. מָמוֹן שֶׁל יִשְׂרָאֵל שֶׁנָּפַל בְּיַד עכו"ם מִיַּד טָהֵר.
Money of a Jew that falls into the hands of a gentile, immediately becomes permissible [that is another Jew can salvage the money for himself].

יז. מִי שֶׁבָּנָיו וּבְנוֹתָיו מֻטָּלִין בָּרָעָב, עַל־יְדֵי זֶה נִצּוֹל מִדִּין שְׂרֵפָה שֶׁבְּאַרְבַּע מִיתוֹת בֵּית־דִּין.
One whose sons and daughters are enduring famine; through this he is spared from the judgment of burning that is one of the four death-sentences of the religious courts.

יח. מִי שֶׁפּוֹרֵץ גֶּדֶר שֶׁל רַבָּנָן, נַעֲשֶׂה עָנִי.
One who disregards the safeguards the Rabbis established to protect the Torah becomes poor.

יט. מִי שֶׁמְּשַׁבֵּר תַּאֲוַת אֲכִילָה, זוֹכֶה לְדִירָה נָאָה.
One who overcomes his lust of eating, merits to a nice abode.

כ. קָשִׁים מְזוֹנוֹתָיו שֶׁל אָדָם כִּקְרִיעַת יַם־סוּף וְיוֹתֵר מִן הַגְּאֻלָּה וְכִפְלַיִם כְּיוֹלֵדָה.
A man's livelihood is paramount to the splitting of the Red Sea, and more than the Redemption, and twice as difficult as childbirth.

כא. כֵּיוָן שֶׁנִּתְמַנָּה אָדָם פַּרְנָס עַל הַצִּבּוּר נִתְעַשֵּׁר.
Whence a person is appointed as a parnas [president to manage the welfare] of a group, he becomes wealthy.

כב. קְטֹרֶת מְעַשֶּׁרֶת.
The Incense burned in the Temple makes [the officiating priest] wealthy.

כג. אַל יִדְאַג אָדָם לוֹמַר, פְּלוֹנִי יְקַפֵּחַ פַּרְנָסָתִי, כִּי עַל־כָּרְחָם יוֹשִׁיבוּךְ בִּמְקוֹמְךָ וּבְשִׁמְךָ יִקְרָאוּךָ.
A person should not worry saying, so-and-so curtailed my livelihood. For against their will seat you in your rightful place and call you by your rightful name.

Sefer HaMidot   ספר המדות

כד. עַל אַרְבָּעָה דְבָרִים נִכְסֵי בַעֲלֵי־בָתִּים יוֹרְדִים לְטִמְיוֹן: עַל עוֹשְׁקֵי שְׂכַר שָׂכִיר וְכוֹבְשֵׁי שְׂכַר שָׂכִיר וְעַל שֶׁפּוֹרְקִין עַל מֵעַל צַוָּארֵיהֶן וְנוֹתְנִין עַל חַבְרֵיהֶן וְעַל גַּסּוּת־הָרוּחַ.

On account of four things, the possessions of householders fall into continuous reduction: For delaying the payment of employees, for fully denying employees their salary, and for casting off responsibility from their necks and placing it on their fellows, and for arrogance.

כה. שִׁנּוּי הַמָּקוֹם וְשִׁנּוּי הַשֵּׁם טוֹבִים לְפַרְנָסָה.

Changing one's place and name are beneficial for making a livelihood.

כו. אֵין הַגְּשָׁמִים נֶעֱצָרִין אֶלָּא עַל בִּטּוּל תְּרוּמוֹת וּמַעַשְׂרוֹת וּמְסַפְּרֵי לָשׁוֹן הָרָע וְעַזֵּי פָנִים וּבִטּוּל תּוֹרָה וַעֲווֹן גָּזֵל.

The rain is only withheld due to not giving terumos portion for priests and tithes, people who speak lushon hura - bad talk or slander, haughty people, annulling study of the Torah, and the sin of stealing.

כז. הַתִּקּוּן לְמָטָר – יַרְבֶּה בִּתְפִלָּה.

A rectification for lack of rain - make abundant prayer.

כח. עַל־יְדֵי אֱמוּנָה נִתְרַבֶּה פַּרְנָסָה.

Through faith, livelihood is abundant.

כט. כְּשֶׁיֵּשׁ שׂבַע בָּעוֹלָם, אֲזֵי הַחֲלָשׁוֹת נִתְמַעֲטִים.

When there is prosperity [lit. satiation - antonym of famine] in the world, physical weaknesses are diminished.

ל. אֵין הַגְּשָׁמִים נֶעֱצָרִין אֶלָּא עַל פּוֹסְקֵי צְדָקָה בָּרַבִּים וְאֵינָם נוֹתְנִים.

The rain is only withheld due to those who publicly pledge charity and do not give.

לא. מְאִיסוּתָא דְבֵיתָא מֵבִיא לִידֵי עֲנִיּוּת.

Disgusting things or actions in the house bring poverty.

לב. שְׁלֹשָׁה דְבָרִים מְבִיאִין אֶת הָאָדָם לִידֵי עֲנִיּוּת: הַמַּשְׁתִּין בִּפְנֵי מִטָּתוֹ עָרוֹם וְהַמְזַלְזֵל בִּנְטִילַת־יָדַיִם וּמִי שֶׁאִשְׁתּוֹ מְקַלַּלְתּוֹ בְּפָנָיו.

Three things bring a man to poverty: **1.** One who urinates in front of his bed, naked, **2.** One who is careless in ritual handwashing, and **3.** One whose wife curses him in front of him.

לג. הַמַּעֲשֵׂר מְסֻגָּל לַעֲשִׁירוּת דַּוְקָא בְּאֶרֶץ־יִשְׂרָאֵל.

Giving tithes is conducive [segula] to wealth specifically in the Land of Israel.

Sefer HaMidot   ספר המדות

לד. כְּבוֹד הַתּוֹרָה וּכְבוֹד שַׁבָּת מְסֻגָּל לַעֲשִׁירוּת.
Honor to the Torah and honor to the Shabbat is a segula [conducive] for wealth.

לה. כַּזַּיִת מָרוֹר שֶׁאוֹכְלִין בְּפֶסַח, מְסֻגָּל לְפַרְנָסָה.
The kezayit - measure like that of an olive, of bitter herbs that is eaten on Passover, is a segula [conducive] for wealth.

לו. לִכְתֹּב סֵפֶר תּוֹרָה מְסֻגָּל לְפַרְנָסָה.
Writing a Torah scroll is a segula [conducive] for livelihood.

לז. בַּת־כֹּהֵן לְיִשְׂרָאֵל אוֹ בַּת־תַּלְמִיד־חָכָם לְעַם־הָאָרֶץ, מְבִיאָתוֹ לִידֵי עֲנִיּוּת.
A daughter of a Cohen marrying a common Jew, or a daughter of a Torah scholar marrying an unlearned man, brings him to poverty.

לח. לְהִשְׁתַּתֵּף עִם מִי שֶׁהַשָּׁעָה מְשַׂחֶקֶת לוֹ טוֹב לְהַצְלָחָה.
Joining forces with one whose fortunate hour is at hand is good for success.

לט. מִי שֶׁאוֹהֵב אֶת הַשֵּׁם יִתְבָּרַךְ בַּאֲכִילָתוֹ וּבִשְׁתִיָּתוֹ וּשְׁאָר תַּעֲנוּגִים, זוֹכֶה לְפַרְנֵס אֶת עַמִּים רַבִּים.
One who loves GOD in the midst of his eating, drinking and other pleasures, merits supporting many nations.

מ. מִי שֶׁשּׂוֹנֵא מָמוֹן, זוֹכֶה לַאֲרִיכוּת־יָמִים.
One who despises money merits length of days.

מא. מִי שֶׁמְּחַפֵּשׂ אַחַר אוֹצָרוֹת, הוּא מְקָרֵב מִיתָתוֹ.
One who searches after treasures brings his time of death closer.

מב. מִי שֶׁלֹּא תִּקֵּן חַטָּאוֹת נְעוּרִים, נַעֲשָׂה רָשׁ.
One who has not rectified the sins of his youth becomes impoverished.

מג. מִי שֶׁמְּיַגֵּעַ אֶת עַצְמוֹ יוֹמָם וְלַיְלָה אַחַר פַּרְנָסָה, וְאֵינוֹ מוֹצֵא אֶת פַּרְנָסָתוֹ, תַּקָּנָתוֹ – שֶׁיַּחֲזִיר בְּנֵי־אָדָם בִּתְשׁוּבָה.
One who exhausts himself day and night for an income, and does not attain it, his rectification is to bring others back in repentance.

מד. מִי שֶׁמְּשַׁבֵּר אֵיזֶה כְּלִי שֶׁלֹּא בְּמִתְכַּוֵּן, בְּיָדוּעַ שֶׁהוּא חוֹטֵא.
One who breaks some vessel unintentionally, it is certain that he is a sinner.

מה. מִי שֶׁלָּהוּט אַחַר עֲבוֹדַת אֲדָמָה, בְּוַדַּאי אֵין בּוֹ תּוֹעֶלֶת.
One who is enthusiastic or bent, to work the land, certainly he is of no benefit.

Sefer HaMidot

סֵפֶר הַמִּדּוֹת

מו. בְּכָל אֲשֶׁר תַּעֲשֶׂה תְּבַקֵּשׁ אֶת הַצַּדִּיק, שֶׁיִּתְפַּלֵּל עָלֶיךָ.
In everything you do, ask the Tzaddik to pray on your behalf.

מז. הַשִּׂמְחָה תְּמִידִית מְסֻגָּל לְהַצְלָחָה.
Constant joyfulness is conducive [segula] for success.

מח. דֶּרֶךְ־אֶרֶץ צָרִיךְ חִזּוּק.
Derech Eretz - trade or occupation. needs encouragement or strengthening.

מט. הַמְשַׁתֵּף שֵׁם שָׁמַיִם בְּצַעֲרוֹ, כּוֹפְלִים לוֹ פַּרְנָסָתוֹ; גַּם פַּרְנָסָתוֹ מְעוֹפָפֶת לוֹ כְּצִפּוֹר.
One who includes GOD in his pain, his income is doubled. Also, his income flies to him like a bird.

נ. בַּעֲוֺן בִּטּוּל תְּרוּמוֹת וּמַעַשְׂרוֹת הַשָּׂכָר אָבַד, וּבְנֵי אָדָם רָצִים אַחַר פַּרְנָסָתָם, וְאֵינָם מַגִּיעִים.
Through the sin of neglecting terumos [portion given to the priests], and tithe-giving, profit is lost, and people run after their income and do not attain it.

נא. מָטָר בִּשְׁבִיל יָחִיד וּפַרְנָסָה בִּשְׁבִיל רַבִּים. וְיָחִיד דְּאָלִים זְכוּתֵהּ כְּרַבִּים דָּמֵי.
Rain is given in the merit of individuals, and income is given in the merit of the many. But an individual whose merit is great is considered like the many.

נב. עַל־יְדֵי קִדּוּשׁ עַל הַיַּיִן בָּא מָטָר וְנִשְׁמַע תְּפִלָּתוֹ.
Through the kiddush made over wine, rain comes, and his prayers are heard.

נג. הַמְּקַיֵּם סֵפֶר תּוֹרָה שֶׁל אָבִיו בְּבֵיתוֹ, זוֹכֶה לְעֹשֶׁר.
One who keeps his father's Torah scroll in his house merits wealth.

נד. מָטָר בִּזְכוּת אָדָם אֶחָד וְשָׂדֶה אַחַת וְעֵשֶׂב אֶחָד, וּבִזְכוּת הָאָרֶץ וְחֶסֶד וְיִסּוּרִין.
Rain comes in the merit of one man, one field and one blade of grass, and in the merit of the land, and kindness, and suffering.

נה. הַגְּשָׁמִים נֶעֱצָרִין בִּשְׁבִיל עֲבוֹדָה זָרָה וּבִשְׁבִיל נִאוּף וּבִשְׁבִיל צַדִּיק, שֶׁלֹּא נִסְפַּד כַּהֲלָכָה וּבִשְׁבִיל מְקַפְּחֵי פַּרְנָסַת אֲחֵרִים.
The rains are withheld due to idol worship, and because of promiscuity, and due to a Tzaddik who was not eulogized according to law [that is befittingly], and due to those who diminish the income of others.

Sefer HaMidot ספר הַמִּדּוֹת

נו. עַל־יְדֵי עֲנִיּוּת נִצּוֹל מִדִּינָהּ שֶׁל גֵּיהִנָּם.
Through poverty, one is spared from the punishment of Hell.

נז. עַל־יְדֵי שִׁמּוּשׁ שֵׁמוֹת הַקְּדוֹשִׁים בָּא עֲנִיּוּת וּמִיתָה, וַאֲפִלּוּ עַל מִי שֶׁיֵּשׁ בְּיָדוֹ לִמְחוֹת וְאֵינוֹ מוֹחֶה.
Through using holy names, come poverty and death, and even to someone who is able to protest it and does not.

נח. כְּשֶׁיֵּשׁ לוֹ צַעֲקַת לְגִימָא עַל חֲבֵירוֹ וְדוֹמֵם, הַקָּדוֹשׁ־בָּרוּךְ־הוּא עוֹשֶׂה לוֹ דִּין.
When someone is in a position that he should be screaming out against his fellowman who is stealing from him even jeopardizing his food, but is silent, GOD does justice for him.

נט. כְּשֶׁרוֹאֶה אָדָם שֶׁמְּזוֹנוֹתָיו מְצֻמְצָמִין, יַעֲשֶׂה מֵהֶם צְדָקָה.
When a man sees that his food income is limited, he should give part of it to charity.

ס. דְּאָגָה וְטִרְדָּא עַל מְזוֹנוֹתָיו מַכְחִישִׁין כֹּחוֹ שֶׁל אָדָם.
Worry and strain over his income, food diminishes the strength of a man.

סא. עַל־יְדֵי נִאוּף בָּא עֲנִיּוּת.
Through sexual immorality comes poverty.

סב. לִפְעָמִים כְּשֶׁאֵין לַצַּדִּיק מַזָּל עַל פַּרְנָסָה, אָז מְקִימִים עָלָיו אֵיזֶה מִתְנַגְּדִים, וְעַל־יְדֵי זֶה נוֹתְנִים לוֹ פַּרְנָסָתָם הָרָאוּי לָהֶם.
Sometimes when a tzaddik has no fortune with respect to income, opposers are brought up against him, and through this, he is given the income that was intended for them.

סג. הָעוֹסֵק בְּבִנְיָן מִתְמַסְכֵּן.
One who is involved with construction becomes poor.

סד. הַצְּנִיעוּת מְסֻגָּל לַעֲשִׁירוּת.
learned from the adage of our Sages, he who wants to become wealthy should aim his prayers northward, the word for north can also mean to be hidden, which can be understood as modesty, thus establishing this entry.

סה. מִשֶּׁרַבּוּ הַצָּרֵי־עַיִן, רַבּוּ הַמְקַפְּחִים פַּרְנָסָתוֹ שֶׁל אָדָם.
From the time that stingy people began to proliferate, there was a proliferation of those curtail the income of others.

סו. מְזוֹנוֹת שֶׁל אָדָם נִתְמַעֵט, כְּשֶׁאֵין דָּן אֶת הָאָדָם לְכַף זְכוּת.
The sustenance of a person is diminished when he does not judge others with the benefit of the doubt.

סז. גַּם כְּשֶׁמְּעָרֵב מַיִם בְּמַשְׁקָיו.

Sefer HaMidot סֵפֶר הַמִדוֹת

Also, when he mixes water with his drinks.

סח. גַּם כְּשֶׁאָדָם שׁוֹמֵעַ לַעֲצַת הַמֵּסִית.
Also, when a person listens to the advice of a tempter.

סט. גַּם כְּשֶׁעָבַר עֲבֵרָה לְהַכְעִיס, נַעֲשָׂה עָנִי, וְהָעוֹלָם אֵין מַאֲמִינִים לוֹ שֶׁהוּא עָנִי.
Also, when one commits a sin in order to anger GOD, he becomes poor, and the world does not believe him that he is poor.

ע. מִי שֶׁעוֹסֵק בְּשֵׁמוֹת הַטֻּמְאָה וּבִכְשָׁפִים, נַעֲשָׂה עָנִי.
One who deals with impure names and witchcraft becomes poor - The commentators do not provide a citation here, a possible hint can be from the verse - a sorcerer do not let live - which can also be read, will not live, which we find elsewhere in the teachings of our Sages means that the person will become poor, who is likened to the dead.

עא. הַחֳלַאַת שֶׁל כְּחִישַׁת הַבָּשָׂר, הַנִּקְרָא דַּאר, הַבָּא עַל אֶחָד מִבְּנֵי-הַבַּיִת הוּא סִימָן לְדַלּוּת.
When the sickness of weakening of the flesh, which is called Dar, comes upon one of the members of one's household, it is an omen of poverty.

עב. כְּשֶׁאֵיזוֹ בּוּשָׁה בָּאָה עַל הָאָדָם הוּא סִימָן לְדַלּוּת.
When some shame comes upon a person, it is an omen of poverty.

עג. מִי שֶׁהוּא שׂוֹנֵא מָמוֹן, מְלַמְּדִין אוֹתוֹ מִלְמַעְלָה הַדֶּרֶךְ, שֶׁיֵּלֵךְ בָּהּ.
One who despises money, he is taught from Above the way he should go.

עד. לִפְעָמִים מִיתַת כָּרֵת נִתְחַלֵּף עַל עֲנִיּוּת.
Sometimes the death of karet [dying early due to certain sins] is replaced with poverty.

עה. עָנִי הוּא מְבֻלְבָּל כְּשִׁכּוֹר.
A poor person is confused like a drunkard.

עו. עַל-יְדֵי אוֹנָאָה נַעֲשָׂה עָנִי.
Through overcharging [According to a possible root of this dictum, this word can be translated as verbal abuse], one becomes impoverished.

עז. מִי שֶׁעוֹשֶׂה מַעֲשָׂיו בִּמְהִירוּת בְּלִי יִשּׁוּב-הַדַּעַת, נַעֲשָׂה בַּעַל-חוֹב.
One who conducts his affairs in haste, with an unsettled mind, falls into debt.

Sefer HaMidot   סֵפֶר הַמִדוֹת

עח. מִי שֶׁמְּקַפֵּחַ פַּרְנָסָה לְאֶחָד, כְּאִלּוּ הֲרָגוֹ.
One who curtails the livelihood of another is as if he murdered him.

עט. לְעוֹלָם יַחֲזִיק אָדָם בְּנַחֲלַת אֲבוֹתָיו, וְאַל יִמְכֹּר וְאַל יַחֲלִיף אוֹתָם.
A man should always hold fast to the estate of his forefathers, and not sell or exchange them.

פ. מִי שֶׁהוּא תָּאֵב לְמָמוֹן, הוּא נוֹפֵל מִמַּדְרֵגָתוֹ.
One who desires money, he falls from his level.

פא. עַל-יְדֵי כְּפִירָה בָּא דַּלּוּת.
Through apostasy comes poverty.

פב. מִי שֶׁהוּא עָנִי, יִשְׁתַּדֵּל לְסַפֵּק מָזוֹן לְדוֹרְשֵׁי הַשֵּׁם.
One who is poor should strive to provide food to those who beseech GOD.

פג. אֱמוּנָה הוּא טוֹב לְפַרְנָסָה.
Faith is good for livelihood.

פד. כְּאֵב עֵינַיִם הוּא סִימָן לַעֲנִיּוּת.
Pain in the eyes is an omen for poverty.

פה. עַל-יְדֵי הַכְנָעָה בַּהֲמוֹתָיו שֶׁל אָדָם נִתְרַבָּה.
Through submission, a man's livestock increases.

פו. עַל-יְדֵי צְדָקָה זוֹכִין לְפַרְנָסָה.
Through charity, one merits to a livelihood.

פז. מִי שֶׁנּוֹתֵן מָמוֹן לִמְכַשְּׁפִים, עַל-יְדֵי זֶה תּוֹלִין לוֹ פַּרְנָסָתוֹ בְּבֵית שֶׁל נָכְרִים.
One who gives money to sorcerers causes that his livelihood will be dependent on a gentile household.

פח. דִּבּוּרָיו שֶׁל הַצַּדִּיק מְבִיאִין פַּרְנָסָה.
The words of the Tzaddik bring income.

פט. הָעַצְבוּת מַפְסִיד הַפַּרְנָסָה.
Depression causes loss of income.

צ. עַל-יְדֵי צְדָקָה יִהְיֶה לְךָ הַרְחָבָה.
Through giving charity, you will have expansion.

צא. הַרְבֵּה שֵׁנָה מֵבִיא אֶת הָאָדָם לִידֵי עֲנִיּוּת.
A lot of sleep brings a person to poverty.

צב. הָעוֹסֵק בְּתוֹרָה וּבִצְדָקָה, זוֹכֶה לַעֲשִׁירוּת.
One who involves himself in Torah and charity merits wealth.

צג. אוֹקִירוּ לִנְשַׁיְכוּ, כִּי הֵיכָא דְּתִיתְעַתְּרוּ.
Esteem your wives so that in that way you become wealthy.

Sefer HaMidot

ספר המדות

צד. אֵין הַבְּרָכָה מְצוּיָה בְּתוֹךְ בֵּיתוֹ שֶׁל אָדָם אֶלָּא בִּשְׁבִיל כְּבוֹד אִשְׁתּוֹ.
Blessing is not prevalent in the house of a man except for the sake of the honor of his wife [therefore a man should be diligent in honoring his wife].

צה. הַמַּלְוֶה בְּרִבִּית, נְכָסָיו מִתְמוֹטְטִין וְאֵינָן עוֹלִין.
One who lends on interest, his possessions collapse and do not rise.

צו. עַל־יְדֵי שֶׁמְּבַטְּלִין זֶמֶר שֶׁל שְׂחוֹק, בָּא זוֹל.
Through the annulling of irreverent music, prices are lowered.

צז. מִי שֶׁאֵין לוֹ פַּרְנָסָה, יַעֲסֹק בַּתּוֹרָה וְאַחַר כָּךְ יִתְפַּלֵּל עַל פַּרְנָסָה, בְּוַדַּאי יִתְקַבֵּל תְּפִלָּתוֹ.
One who has no livelihood should study Torah and afterwards pray for a livelihood - certainly his prayer will be accepted.

צח. אֵין לָאָדָם לִמְכֹּר מִקָּחוֹ הָרִאשׁוֹן.
A man should not sell the first item he purchased.

צט. מִי שֶׁיּוֹרֵד לְפַרְנָסַת חֲבֵרוֹ, נִקְרָא רָשָׁע.
One who intrudes on the livelihood of his fellowman is called an evildoer.

ק. לֹא יָבוֹא שׁוּם אֶחָד לְהַזִּיק אֶת חֲבֵרוֹ אִם לֹא מִגַּאֲוַת לִבּוֹ.
No man would come to hurt his friend, if not for the arrogance in his heart.

קא. נְשִׁירָה קָשָׁה לַעֲנִיּוּתָא.
Crumbs are conducive to poverty.

קב. עָשִׁיר הוּא בְּחִינַת זָכָר, וְעָנִי הוּא בְּחִינַת נוּקְבָא.
A wealthy person is the aspect of male, and a pauper is the aspect of female.

קג. כְּאֵב עֵינַיִם סִימָן לְהֶזֵּק.
Pain in the eyes is a sign of damage.

קד. לְכָל הַדְּבָרִים הֵן חָכְמָה אוֹ עֹשֶׁר אוֹ בָּנִים, צָרִיךְ עֵסֶק בְּדֶרֶךְ הַטֶּבַע, וִיבַקֵּשׁ רַחֲמִים, שֶׁיַּצְלִיחַ בִּדְבַר הָעֵסֶק.
For all attainments, whether it be wisdom, wealth or children, one must engage according to the laws of nature, but ask for mercy from GOD, that he be successful in the matter of his engagement.

חלק שני

Sefer HaMidot   סֵפֶר הַמִדוֹת

א. שָׁנָה שֶׁהִיא שְׁנַת מַשָׂא־וּמַתָּן הוּא סִימָן טוֹב לִבְרִיאוּת הַגּוּף.
A year which is a year of business is a good sign for physical health.

ב. מִי שֶׁלָּהוּט אַחַר עֲבוֹדַת אֲדָמָה, בָּא לִידֵי אֶחָד מִשְּׁלֹשָׁה; אוֹ לִידֵי שְׁפִיכוּת־דָּמִים אוֹ לִידֵי צָרַעַת אוֹ לִידֵי שִׁכְרוּת.
One who is passionate about working the land, comes to one of three things, either, spilling blood - that is murder, or leprosy, or drunkenness.

ג. עַל־יְדֵי הַיִּרְאָה וְהַחֶסֶד נִצּוֹל מֵאֵשׁ וְזוֹכֶה לְפַרְנָסָה.
Through fear [of Heaven] and kindness, one is saved from fire, and merits a livelihood.

ד. עַל־יְדֵי שֶׁהַדִּין־תּוֹרָה הוֹלֵךְ וְנִתְמַעֵט, עַל־יְדֵי זֶה הַפַּרְנָסָה מִתְמַעֶטֶת וְכֵן לְהֶפֶךְ.
When Torah arbitration decreases, through this income decreases, and so too the opposite.

ה. עַל־יְדֵי אַסְמַכְתּוֹת נִשְׁפָּע פַּרְנָסָה גְּדוֹלָה לָעוֹלָם. וְזֶה כִּי יֵשׁ כַּמָּה דְּבָרִים, שֶׁלֹּא מָצִינוּ לָהֶם מִקְרָא מִן הַתּוֹרָה, וְטָרְחוּ חֲכָמֵינוּ, זִכְרוֹנָם לִבְרָכָה, לִמְצֹא לָהֶם אַסְמַכְתָּא בְּעָלְמָא.
Through the finding of Torah sources for Rabbinic traditions, large income is delivered emanated, into the world. This is because there are various things that we don't find a reference to them in the Scriptures of the Torah, and the Sages of blessed memory labored to find them some sort of basis.

ו. לִפְעָמִים הַקָּדוֹשׁ־בָּרוּךְ־הוּא מִתְפָּאֵר בִּכְשֵׁרִים שֶׁבְּאֻמּוֹת כְּנֶגֶד הַשָּׂטָן, כְּדֵי שֶׁיּוּכַל לִתֵּן פַּרְנָסָה לְיִשְׂרָאֵל בְּלִי קִטְרוּג.
Sometimes GOD brags about the upright of the nations in front of the Satan, so that He can give livelihood to Israel without accusation.

ז. עַל־יְדֵי הַשְּׁתוֹקְקוּת שֶׁאָדָם מִשְׁתּוֹקֵק לִקְבוּרַת אֶרֶץ־יִשְׂרָאֵל, עַל־יְדֵי זֶה נִשְׁפָּע פַּרְנָסָה גְּדוֹלָה.
Through the longing with which a person craves to be buried in the land of Israel, through this comes great income.

ח. לִסְעֻדַּת מִצְוָה יַטְרִיחַ אָדָם אֶת עַצְמוֹ אֲפִלּוּ בִּבְקִיעַת עֵצִים, וִיכַוֵּן בִּבְקִיעַת עֵצִים שֶׁהוּא בּוֹקֵעַ וּמַפְרִיד הָרָע מֵהַטּוֹב שֶׁבְּעֵץ־הַדַּעַת, וְעַל־יְדֵי זֶה יִזְכֶּה לְפַרְנָסָה.
For a feast of a mitzva a person should take the trouble even to chopping wood. When splitting the wood, he should have

Sefer HaMidot סֵפֶר הַמִּדוֹת

the intention that he is splitting and separating out the evil from the good in the Tree of Knowledge. Through this he will merit to a livelihood.

ט. עַל־יְדֵי תְּשׁוּבָה הַפַּרְנָסָה בְּנָקֵל.
Through repentance, livelihood comes easily.

י. מִי שֶׁמְּקַיֵּם — "יְהִי מָמוֹן חֲבֵרְךָ חָבִיב עָלֶיךָ כְּשֶׁלָּךְ" — עַל־יְדֵי זֶה זוֹכֶה לְהִתְפַּלֵּל בְּכַוָּנַת הַלֵּב.
One who fulfills the maxim, "Your friend's money should be precious to you like your own", through this he merits to pray with intention in his heart.

יא. גָּדוֹל הַנֶּהֱנֶה מִיגִיעַ כַּפּוֹ, שֶׁהוּא מַכִּיר בִּכְבוֹדוֹ שֶׁל מָקוֹם מַה שֶּׁאֵין הַמַּלְאָכִים יוֹדְעִים.
Great is one who benefits from the exertion of his hands, for he recognizes the honor of GOD what angels don't know.

יב. לְפִי הַשִּׁנּוּיִים שֶׁנַּעֲשׂוּ בַּמַּלְאָכִים, הַיְנוּ לִפְעָמִים יוֹשְׁבִים, לִפְעָמִים עוֹמְדִים, לִפְעָמִים נָשִׁים, לִפְעָמִים אֲנָשִׁים וְכֵן שְׁאָר הַשִּׁנּוּיִים, כֵּן הַשֶּׁפַע הַבָּא מִן הַשָּׁמַיִם נִשְׁתַּנָּה, לִפְעָמִים אֵשׁ, לִפְעָמִים מַיִם, לִפְעָמִים אֲבָנִים וְכֵן שְׁאָר הַשְּׁפָעוֹת, וְכָל אֵלּוּ הַשִּׁנּוּיִים נַעֲשִׂים בָּעוֹלָם וּבָאָדָם. גַּם נִשְׁתַּנָּה רְצוֹנוֹ לְפִי הַשִּׁנּוּיִים, לִפְעָמִים רוֹצֶה כָּךְ וְלִפְעָמִים רוֹצֶה רָצוֹן אַחֵר.
According to the changes that are done by the angels - for example, sometimes they are sitting, sometimes standing, sometimes they are female, sometimes male, and other such differences - so the bounty that comes from Heaven varies; sometimes fire, sometimes water, sometimes stone, and so other endowments. All these variations are manifest in the world and in man. Also, the will of a person changes according to the variations - sometimes he wants one thing, and sometimes he wants something else.

יג. הַפַּרְנָסָה לְפִי הַזִּוּוּג.
A person's livelihood is according to his marital match.

יד. לְפִי הַזְּקֵנִים שֶׁבַּדּוֹר כֵּן הַפַּרְנָסָה.
According to the elders of the generation so is the livelihood.

טו. הָרִבִּית מַפְסִיד הַיִּרְאָה.
Interest monetary detracts fear of GOD.

טז. הַמַּלְוֶה בְּרִבִּית, אֵינוֹ מוֹצֵא מִי שֶׁיְּלַמֵּד עָלָיו זְכוּת.
One who lends on interest cannot find anyone to judge him favorably.

Sefer HaMidot

יז. מִי שֶׁשּׁוֹמֵר אֶת עַצְמוֹ מִלַּעֲבֹר עַל "לֹא תַחְמֹד", עַל־יְדֵי זֶה נִצּוֹל מִכַּעַס וּמִגַּאֲוָה וּמֵחֶסְרוֹן אֱמוּנָה, הַבָּאָה עַל־יְדֵי כַּעַס וְגַאֲוָה.

One who guards himself from transgressing the command not to envy, through this he is saved from anger, arrogance, and lack of faith that comes in the wake of anger and arrogance.

יח. עַל־יְדֵי מַשָּׂא־וּמַתָּן בֶּאֱמוּנָה נִתְבַּטְּלִים הַקְּלָלוֹת.

Through faithful business conduct, curses are annulled.

יט. מִי שֶׁצָּרִיךְ לִלְווֹת מֵאֲחֵרִים, הוּא דּוֹמֶה לִבְהֵמָה.

One who needs to borrow from others, he is comparable to an animal.

כ. מִי שֶׁהוּא סַרְסוּר, כְּשֶׁרוֹצֶה לְסַרְסֵר, שֶׁיִּקְנֶה אָדָם גָּדוֹל אֵיזֶהוּ דָּבָר מֵאָדָם פָּחוּת וְרוֹאֶה שֶׁאֵין דְּבָרָיו נִכְנָסִין בְּאָזְנֵי הָאָדָם הַפָּחוּת, שֶׁיִּמְכֹּר אֶת הַדָּבָר לָאָדָם הַגָּדוֹל, אֲזַי יִתְפַּלֵּל הַסַּרְסוּר, שֶׁיִּכָּנְסוּ דְּבָרָיו בְּאָזְנֵי הַפָּחוּת וְיִמְכֹּר לָאָדָם הֶחָשׁוּב.

Someone who is a middleman, when he wants to intercede, in order that an important man will buy an item from a common man, and he sees that his words are not being accepted by the common man - to sell the item to the important man, in that case the broker should pray that his words have effect on the common man, and he will sell to the important man.

כא. מִי שֶׁהוּא שׁוֹלֵט בְּיִצְרוֹ, בָּנָיו אֵינָם יוֹצְאִים לְתַרְבּוּת רָעָה, וְעַל־יְדֵי זֶה מָמוֹנוֹ נִתְבָּרֵךְ, וְעַל־יְדֵי זֶה לֹא יָבוֹא לִידֵי נִסָּיוֹן.

One who controls his evil inclination, his children will not become delinquent or involved with bad society or culture. Through this his money will be blessed, and through this he will not come to be tested.

כב. הַדְּרָכִים מְבִיאִין אֶת הָאָדָם לִלְשׁוֹן הָרָע וַעֲבוֹדָה זָרָה וְגִלּוּי־עֲרָיוֹת וּשְׁפִיכוּת־דָּמִים, וְאֵלּוּ הָעֲבֵרוֹת מַפְסִידִין הַפַּרְנָסָה.

Traveling [lit. thoroughfares] brings a person to lushon hura [evil speech], idol worship, promiscuity, and spilling blood that is murder, and these sins detract one's livelihood.

כג. עַל־יְדֵי הַמָּמוֹן שֶׁנּוֹתֵן לַעֲנִיֵּי אֶרֶץ־יִשְׂרָאֵל, עַל־יְדֵי זֶה מָמוֹנוֹ נִתְקַיֵּם בְּיָדוֹ.

Through the money one gives to the poor of the Land of Israel, through this one's money is preserved in his keeping.

כד. הַשְּׂרֵפוֹת בָּאִים לָעוֹלָם בִּשְׁבִיל מְעוֹת עֲבוֹדָה זָרָה לְכַלּוֹת אוֹתָם.

Sefer HaMidot   ספר הַמִּדוֹת

Fires [lit. burning] come to the world on account of money used for idol worship, to destroy it.

כה. כְּשֶׁקָּם מֶלֶךְ חָדָשׁ אוֹ שַׂר חָדָשׁ, אֲזַי נִתְחַדֵּשׁ וְנִשְׁתַּנָּה הַפַּרְנָסָה.

When a new king or a new minister arises, livelihood is renewed and undergoes change.

כו. מִי שֶׁעָסְקוֹ וּמַשָּׂאוֹ-וּמַתָּנוֹ עִם הָאֻמּוֹת בְּעֵת חַגָּם אוֹ אֲפִלּוּ שֶׁלֹּא בְּעֵת חַגָּם, אֶלָּא שֶׁפַּרְנָסָתוֹ שֶׁמַּעֲמִיד דְּבָרִים לַעֲבוֹדָה זָרָה שֶׁלָּהֶם, עַל-יְדֵי זֶה אִשְׁתּוֹ שׁוֹפַעַת דָּם תֵּכֶף סָמוּךְ לִטְבִילָתָהּ.

One who has dealings and business with non-Jews at the time of their festivals, or even not at the time of their festivals - but his revenue is from supplying things for their idolatry, through this his wife has bleeding shortly after her ritual immersion.

כז. מִי שֶׁעוֹשֶׂה פֵּרוּד בֵּין אִישׁ לְאִשְׁתּוֹ, הַיְנוּ שֶׁהוֹלֵךְ לָאִישׁ וּמְיַפֶּה אֶת הָאִשָּׁה בִּפְנֵי הַבַּעַל, וְהוֹלֵךְ אֶל הָאִשָּׁה וּמְגַנֶּה אֶת בַּעְלָהּ בְּעֵינֶיהָ, עַד שֶׁנַּעֲשֶׂה פֵּרוּד בֵּינֵיהֶם, עַל-יְדֵי זֶה נַעֲשֶׂה טָרוּד בִּמְזוֹנוֹתָיו.

One who makes a separation between a man and his wife - that is, he goes to the man and praises his wife to him, but goes to the wife and defames the husband in her eyes, until a separation is created between them - he becomes troubled, preoccupied, overtaken, by his expenses for food or sustenance.

כח. מִי שֶׁסְּחוֹרוֹתָיו וְנַחֲלוֹתָיו מְפֻזָּרִים וְאֵינָם בְּמָקוֹם אֶחָד, לִפְעָמִים נִצּוֹל עַל-יְדֵי זֶה מִקְּרִיעָה עַל מֵתוֹ.

One whose merchandise and estates are scattered, and not in one place - sometimes he is saved through this from having to tear his garments for his deceased.

כט. הַסּוֹחֵר הַגָּדוֹל שֶׁבָּעִיר הוּא הַנֵּר שֶׁבָּעִיר.

The largest businessman in a city is the light [lit. candle] of the city.

מסור
Informer

א. מִי שֶׁאוֹמֵר מְסִירוּת עַל חֲבֵרוֹ, לְסוֹף שֶׁיְּהֵא מְטֻלְטָל, וְשׂוֹנְאִים קָמִים עָלָיו, וְרוֹאֶה בְּעַצְמוֹ מַה שֶּׁרָצָה לִרְאוֹת עַל חֲבֵרוֹ, וְכָל הַנִּסְמָכִין עָלָיו נוֹפְלִים, וּמִשְׁפַּחַת הַנִּרְדָּף לוֹקְחִין גְּדֻלָּתוֹ.

Sefer HaMidot סֵפֶר הַמִּדוֹת

One who informs on his fellow man [to gentiles] ends up being a vagabond, enemies rise up against him, he experiences himself that which he wanted to bring upon his fellow, all those who depend on him fall, and the family of the one he pursued takes his greatness.

ב. מִי שֶׁמּוֹסֵר אֶת הַצַּדִּיק, יוֹרֵד מִנְּכָסָיו.
One who informs [to gentiles] on the Tzaddik loses all his possessions.

ג. מֻתָּר לַהֲרֹג אֶת הַמָּסוּר.
It is permitted to kill an informer [to gentiles].

ד. אָסוּר לִמְסֹר אֲפִלּוּ אֶת הָרָשָׁע לַהֲרִיגָה.
It is forbidden to deliver [to gentiles] even an evildoer to execution.

מפורסם
Famous

א. יֵשׁ מְפֻרְסָמִים, שֶׁעִקַּר הַפִּרְסוּם שֶׁלָּהֶם נַעֲשָׂה עַל־יְדֵי הַמַּחֲלֹקֶת.
There are famed leaders whose fame is mainly created through dispute.

ב. הַנִּסָּיוֹן הוּא בִּשְׁבִיל לְגַדֵּל וּלְפַרְסֵם אֶת הָאָדָם.
A person is tested in order to make him great and famous.

ג. עַל־יְדֵי הַמְּרִיבָה גּוֹרְמִים שֶׁהַתַּלְמִידִים הַקְּטַנִּים נִתְפַּרְסָמִים קֹדֶם זְמַנָּם. וְזֶהוּ בְּחִינַת הַפָּלַת נְפָלִים, שֶׁהַנּוֹלָד יוֹצֵא לַאֲוִיר עוֹלָם קֹדֶם זְמַנּוֹ, וְעַל־יְדֵי זֶה גּוֹרֵם עֲנִיּוּת וְלִפְעָמִים גּוֹרֵם מִיתוֹת חַס וְשָׁלוֹם.
Through strife, it happens that the lesser students become famous before their time. This is the aspect of miscarriage, that the infant emerges into the air of the world before his time. This causes poverty, and sometimes causes deaths, GOD forbid.

מפלת
Miscarriage

חלק ראשון
א. עַל־יְדֵי פַּחַד הָאִשָּׁה מַפֶּלֶת.
Due to fear, a woman miscarries.

Sefer HaMidot ספר המדות

ב. סְגֻלָּה לְמַפֶּלֶת נְפָלִים שֶׁתִּשָּׂא אֶצְלָהּ מַגְנֵט, גַּם תִּשָּׂא אֶצְלָהּ חֲתִיכַת עֵץ מִקֶּבֶר הַצַּדִּיק, גַּם יִתֵּן צְדָקָה.

A segula [conducive] for one who miscarriages with stillborns, is that she should carry with her a magnet. Also, she should carry with her a piece of wood from the grave of a tzaddik. Also, she should give charity.

ג. אִשָּׁה שֶׁהִיא מַפֶּלֶת, תִּשָּׂא אֶצְלָהּ מֵי טַל.

A woman who is prone to miscarry should carry with her dew-water.

ד. סְגֻלָּה לְמַפֶּלֶת – שֶׁתִּמְכֹּר עֻבָּרָהּ.

A segulah [conducive] for one who miscarries, is that she should sell her fetus.

ה. בַּעֲווֹן שִׂנְאַת־חִנָּם הָאִשָּׁה מַפֶּלֶת נְפָלִים.

On account of the sin of needless hatred, a woman miscarries stillborns.

ו. עַל־יְדֵי תַּאֲוַת אֲכִילָה וּשְׁתִיָּה שֶׁלָּהּ הִיא מַפֶּלֶת.

Through her lust for food and drink, she miscarries.

חלק שני

א. אִשָּׁה הַמַּפֶּלֶת נְפָלִים, לֹא תֵּלֵךְ בְּקִשּׁוּטֵי זָהָב.

A woman who miscarries stillborns should not go with golden jewelry.

ב. הַטְּחִינָה שֶׁל קֶמַח וְהַלִּישָׁה שֶׁל הַמַּצּוֹת שֶׁל פֶּסַח הוּא סְגֻלָּה לְאִשָּׁה, שֶׁמַּפֶּלֶת נְפָלִים.

The grinding of flour and kneading of the matzah of Passover is a segulah [conducive] that miscarries with stillborns.

מריבה
Contention

חלק ראשון

א. אֵין תְּקוּמָה בְּמִלְחָמָה עַל־יְדֵי הַעֲבָרַת הַשְּׁבוּעָה.

There is no maintaining a stand in war as a result of the transgression of an oath.

ב. מִי שֶׁרוֹדֵף אֶת חֲבֵרוֹ, הַקָּדוֹשׁ־בָּרוּךְ־הוּא מֵבִיא עָלָיו רָעָה, כְּדֵי שֶׁיִּשְׁכַּח אֶת חֲבֵרוֹ מִלִּרְדֹּף אוֹתוֹ.

Sefer HaMidot סֵפֶר הַמִדוֹת

One who pursues his fellow-man [to attack or harm him], GOD brings evil upon him [the pursuer] in order that he will forget his fellow man from pursuing him.

ג. עַל־יְדֵי קְרִיאַת הַלֵּל יוֹשִׁיעַ לְךָ הַקָּדוֹשׁ־בָּרוּךְ־הוּא מֵאוֹיְבֶיךָ.
Through the recitation of Hallel [six specific chapters of Tehillim traditionally recited together on certain holidays] the Holy Blessed One will save you from your enemies.

ד. עַל־יְדֵי כְּבוֹד הַתּוֹרָה אָדָם נִצּוֹל מִשּׂוֹנְאָיו.
Through giving honor to the Torah, a man is saved from those who hate him.

ה. קֹדֶם הַמִּלְחָמָה צָרִיךְ תְּפִלָּה לַה' יִתְבָּרַךְ.
Before engaging in war, it is necessary to pray to the Blessed GOD.

ו. בְּכָל פַּעַם שֶׁאָדָם נוֹפֵל מֵאֱמוּנָתוֹ, הוּא מַמְשִׁיךְ עָלָיו מִתְנַגֵּד גָּדוֹל וְעָשִׁיר.
Each time that a person falls from his faith, he draws upon himself a rich and powerful adversary.

ז. כְּשֶׁאָדָם מִתְפַּלֵּל עַל שׂוֹנְאָיו, יִתְפַּלֵּל בַּבֹּקֶר.
When a person prays about his enemies, he should pray in the morning.

ח. הִסְתַּכְּלוּת בְּכָל פַּעַם עַל הַשָּׁמַיִם זֶהוּ מְבַטֵּל שִׂנְאַת הָאוֹיְבִים.
Gazing frequently at the heavens, this annuls the hatred of one's enemies.

ט. כְּשֶׁשּׁוֹכֵחַ אֶת הָעֲנִיִּים אֵין מְנַצֵּחַ.
When one forgets the poor, he does not triumph.

י. עָנִי – שֶׁהָרָשָׁע רוֹדֵף אוֹתוֹ, תֵּדַע שֶׁהוּא בַּעַל־גַּאֲוָה.
A poor man that is pursued by an evil man, know that the poor man is arrogant.

יא. מִי שֶׁהוּא נַצְחָן, הַקָּדוֹשׁ־בָּרוּךְ־הוּא שׁוֹכֵחַ אוֹתוֹ וּמַסְתִּיר פָּנָיו מִמֶּנּוּ.
One who is obsessed with winning, the Holy Blessed One forgets him and hides His face from him.

יב. כְּשֶׁאָדָם מֵצֵר, אוֹיְבָיו נִתְרוֹמְמִים.
When a person is in distress, his enemies rise.

יג. מִי שֶׁהוּא נַצְחָן, בָּא לִידֵי שִׁכְחָה.
One who is obsessed with winning comes to forgetfulness.

יד. מְרִיבָה בָּא לְאָדָם כְּשֶׁבָּא לְאָדָם אֵיזֶהוּ מִצְוָה וְהוּא מְשַׁלְּחָהּ וְאֵינוֹ מְקַיְּמָהּ.
Contention befalls a person when the person is presented with the opportunity to do a mitzvah, and he dismisses it and does not perform it.

Sefer HaMidot

טו. מִי שֶׁעוֹשֶׂה מְרִיבָה עִם הַצַּדִּיקִים, בְּיָדוּעַ שֶׁמַּחְשְׁבוֹתָיו רָעִים.
One who quarrels with the Tzaddikim, it is certain that his thoughts are evil.

טז. לִפְעָמִים הַמָּקוֹם גּוֹרֵם מְרִיבָה לָאָדָם.
Sometimes location causes a person contention.

יז. מִי שֶׁיֵּשׁ לוֹ שׂוֹנְאִים יַכְנִיעַ אֶת עַצְמוֹ, עַל-יְדֵי זֶה יַצִּילֵהוּ הַקָּדוֹשׁ-בָּרוּךְ-הוּא מִשּׂוֹנְאָיו.
Someone who has enemies should humble himself, and through this GOD will save him from his enemies.

יח. כְּשֶׁיֵּשׁ לָאָדָם שׂוֹנְאִים, וְהוּא מְחַפֵּשׂ בְּכָל מִינֵי חִפּוּשׂ לִמְצֹא לָהֶם אַהֲבָה, עַל-יְדֵי זֶה יִהְיוּ כְּאֶפֶס וּכְאַיִן.
When a person has enemies, and he searches in all sorts of ways to find a way to love them, through this they will be as absolutely nothing.

יט. כְּשֶׁיֵּשׁ לָאָדָם אוֹיְבִים, וְאֵינוֹ חוֹשֵׁב אֵיךְ לִנְקֹם בָּהֶם אֶלָּא, הוּא דָבוּק בְּשִׂמְחַת הַשֵּׁם יִתְבָּרַךְ, עַל-יְדֵי זֶה הַקָּדוֹשׁ-בָּרוּךְ-הוּא נוֹתֵן לוֹ כֹּחַ לִנְקֹם מֵהֶם.
When a person has enemies and he does not think of how to take revenge against them, but remains bound to the joy of the Blessed GOD, through this the Holy Blessed One gives him the power to avenge himself against them.

כ. הַנּוֹאֲפִים – לָרֹב הֵם בַּעֲלֵי מְרִיבָה לַצַּדִּיקִים.
Those who sin sexually, for the most part, are fighters with that is against the tzaddikim.

כא. כְּשֶׁיֵּשׁ הַכְנָעָה, עַל-יְדֵי זֶה אֵין מוֹרָא בְּמִלְחָמָה. כְּאִלּוּ הוּא יוֹשֵׁב בְּמָצוֹר.
When there is the trait of yielding humility, through this there is no fear at war, as if he is dwelling in an impregnable fortress.

כב. מִי שֶׁהוּא נַצְחָן, בָּא עָלָיו חֳלָאִים לְאֵין מַרְפֵּא.
One who is obsessed with winning is visited with incurable illnesses.

כג. שְׁנַיִם שֶׁמְּרִיבִים וְהוֹלְכִים לָדוּן לִפְנֵי הַשַּׂר שֶׁל עַכּוּ"ם, עַל-יְדֵי זֶה הַקָּדוֹשׁ-בָּרוּךְ-הוּא מֵבִיא עֲלֵיהֶם מַכָּה, שֶׁאֵין לָהּ רְפוּאָה.
Two who are quarreling and take their case before a gentile dignitary, through this the Holy Blessed One brings upon them a blow that cannot be healed.

כד. לִפְעָמִים הַקָּדוֹשׁ-בָּרוּךְ-הוּא מְחַזֵּק לֵב הָרְשָׁעִים כְּנֶגֶד הַצַּדִּיקִים בִּמְרִיבָה, כְּדֵי שֶׁיִּהְיֶה לָהֶם מַפָּלָה.

Sefer HaMidot ספר המדות

Sometimes, the Holy One, Blessed be He, hardens the heart of the wicked in contention against the righteous in order that the wicked, have a downfall.

כה. מִי שֶׁנּוֹתֵן כָּבוֹד לְזָקֵן, הוּא נִצּוֹל מִמִּלְחָמָה.
One who gives honor to an elderly man is saved from war.

כו. מִי שֶׁמַּגִּיד רִיבוֹ לִפְנֵי הַקָּדוֹשׁ־בָּרוּךְ־הוּא, רוֹאֶה נִקְמָתוֹ בְּשׂוֹנְאָיו.
One who recounts his quarrel before the Holy One, Blessed be He, sees his vengeance on his enemies.

כז. עַל־יְדֵי הַמַּחֲלֹקֶת בָּא דַּלּוּת.
Through strife comes poverty.

כח. מִי שֶׁחוֹלֵק עִם שְׁכֵנָיו, לְסוֹף שֶׁיִּהְיֶה לַעַג לְאוֹיְבָיו.
One who quarrels with his neighbors ends up being an object of ridicule to his enemies.

כט. מִי שֶׁשּׁוֹמֵעַ חֶרְפָּתוֹ וְשׁוֹתֵק, נִקְרָא חָסִיד, וְהַקָּדוֹשׁ־בָּרוּךְ־הוּא שׁוֹמֵר אֶת נַפְשׁוֹ.
One who is denigrated and remains silent is called pious and the Holy One, Blessed be He, guards his soul.

ל. הַתְּפִלָּה בְּהִתְלַהֲבוּת עַד שֶׁהַהִתְלַהֲבוּת בָּא לוֹ בַּפָּנִים, עַל־יְדֵי זֶה נוֹפְלִים וְנִתְלַהֲטִים שׂוֹנְאָיו.
Fiery prayer, so fired up that it comes to his face, through this his enemies fall and are singed.

לא. מִי שֶׁהוּא טוֹב וְיָשָׁר מִנְּעוּרָיו, עַל־יְדֵי זֶה כְּשֶׁיֵּשׁ לוֹ אֵיזֶה מַחֲלֹקֶת, יִתְנַדְּבוּ לִבָּם שֶׁל הַרְבֵּה בְּנֵי־אָדָם וְיִתְחַבְּרוּ אֵלָיו לַעֲזוֹר לוֹ.
One who is good and upright from his youth, through this, when he has a conflict, many people will volunteer and band together with him to help him.

לב. מִי שֶׁמֵּסִית וּמוֹנֵעַ אֶת חֲבֵרוֹ מִדֶּרֶךְ הַטּוֹב, אֵינוֹ יָכוֹל לָקוּם נֶגֶד אוֹיְבָיו בִּשְׁעַת מְרִיבָה וּמִלְחָמָה.
One who entices his fellow man and bars him from the good path, cannot stand up against his enemies in the time of contention and war.

לג. עַל־יְדֵי וִדּוּי יִתְבַּטֵּל מֵעָלֶיךָ מַחְשָׁבוֹת שׂוֹנְאֶיךָ.
Through confession, the thoughts of your enemies directed against you will be annulled.

לד. הַבַּעַל־מַחֲלֹקֶת – בְּיָדוּעַ שֶׁהוּא אוֹהֵב פֶּשַׁע.
A contentious person, it is certain that he likes sin or crime.

לה. מִי שֶׁהוּא עָצוּר בְּמִלִּין, לֹא יוּכַל אוֹתוֹ שׁוּם אָדָם.

Sefer HaMidot   סֵפֶר הַמִּדּוֹת

One who is reticent, no man can overcome him or compete with him.

לו. כְּשֶׁמִּתְנַגְּדִים חוֹלְקִים עַל חֲסִידִים וְרוֹצִים לְבַטֵּל אוֹתָם מִמְּלֶאכֶת־שָׁמַיִם, עַל־יְדֵי זֶה נוֹפְלִים וְנִבְזִים בְּעֵינֵי עַצְמָן.

When those opposed [to Chassidus -an approach to Jewish observance brought into the world by the holy Ba'al Shem Tov and his students] oppose chassidim and want to arrest them from their devotions of Heaven, through this they fall and become despicable in their own eyes.

לז. לְנִצָּחוֹן תֹּאמַר קַפִּיטְל "עַל הַשְּׁמִינִית".

For victory, say the chapters which opens, "On the eight-stringed instrument..."

לח. מִי שֶׁמְּבַקֵּר אֶת הַחוֹלֶה, הַקָּדוֹשׁ־בָּרוּךְ־הוּא אֵינוֹ מוֹסֵר אוֹתוֹ בְּיַד שׂוֹנְאָיו.

One who visits the sick, the Holy One, Blessed be He, does not hand him over to his enemies.

לט. מִי שֶׁיֵּשׁ לוֹ שׂוֹנְאִים יֹאמַר כָּל הַיּוֹם תְּפִלּוֹת וּבַקָּשׁוֹת וְאַל יִפְסֹק פִּיו מִתְּפִלּוֹת וּבַקָּשׁוֹת, עַל־יְדֵי זֶה יוֹשִׁיעַ לוֹ הַקָּדוֹשׁ־בָּרוּךְ־הוּא וְאוֹיְבָיו יֵבוֹשׁוּ.

One who has enemies should say prayers and petitions all day, and his mouth should not cease from prayer and supplication, through this the Holy One, Blessed be He, will save him, and his enemies will be shamed.

מ. מִי שֶׁהוּא נִרְדָּף, יִזְכֶּה לְבָנִים וּבְנֵי בָנִים.

One who is pursued will merit having children and grandchildren.

מא. מִי שֶׁיֵּשׁ לוֹ שׂוֹנְאִים, יְבַקֵּשׁ רַבִּים, שֶׁיְּבַקְּשׁוּ עָלָיו רַחֲמִים, וְיִהְיֶה לוֹ שָׁלוֹם מִן הַשּׂוֹנְאִים.

One who has enemies should request of many people that they pray for mercy for him, and he will have peace from his enemies.

מב. כְּשֶׁיֵּשׁ לְךָ שׂוֹנְאִים לְמַטָּה, בְּיָדוּעַ שֶׁיֵּשׁ לְךָ שׂוֹנְאִים לְמַעְלָה.

When you have enemies below in this world, it is certain that you also have enemies Above in the Upper World.

מג. עַל־יְדֵי לִמּוּד הַשּׂוֹנְאִים יָשׁוּבוּ אָחוֹר.

Through learning Torah, one's enemies retreat.

מד. עַל־יְדֵי בִּטָּחוֹן לֹא יוּכְלוּ הַשּׂוֹנְאִים לְהָרַע לְךָ.

By having trust, enemies will not be able to harm you.

מה. עַל־יְדֵי הַכְנָעָה יִפְּלוּ הַשּׂוֹנְאִים בַּמְּצוּדָה, שֶׁהֵכִינוּ לְךָ.

Sefer HaMidot   ספר המדות

By having the trait of submission, your enemies will fall into the trap that they prepared for you.

מו. מִי שֶׁמִּתְפַּלֵּל כָּל הַיּוֹם, עַל־יְדֵי זֶה בָּא בּוּשָׁה עַל אוֹיְבָיו.
One who prays all day - through this shame comes upon his enemies.

מז. מִי שֶׁהֵרַע לְשׂוֹנְאוֹ שֶׁל הַצַּדִּיק, עַל־יְדֵי זֶה יִזְכֶּה לְנַצֵּחַ תָּמִיד.
One who harms [lit. did bad to] the enemy of a tzaddik will merit to always triumph.

מח. כְּשֶׁבְּנֵי־אָדָם דּוֹבְרִים עָלֶיךָ, תִּלְמַד בְּכָל לַיְלָה אַגָּדָה.
When people speak bad about you, learn Agaddah [legends of the Oral Torah] every night.

מט. שְׁנֵי צַדִּיקִים אֵינָם יְכוֹלִים לָדוּר בְּעִיר אַחַת, עַד שֶׁיִּהְיֶה לָהֶם אֱמֶת.
Two tzaddik im cannot live in the same city, until they have truth.

נ. עַל־יְדֵי בִּטָּחוֹן אוֹיְבָיו לֹא יִשְׂמְחוּ בְּצָרָתוֹ.
Through having trust in GOD, one's enemies will not rejoice in one's troubles.

נא. מִי שֶׁאֵין מְבַיֵּשׁ פְּנֵי חֲבֵרוֹ, לֹא יִשְׂמְחוּ אוֹיְבָיו עָלָיו.
One who does not humiliate his fellow man, his enemies will not rejoice over him.

נב. מִי שֶׁיֵּשׁ לוֹ הַרְבֵּה שׂוֹנְאִים, בְּיָדוּעַ שֶׁהַשִּׂנְאָה שֶׁלֹּא כַּדִּין, כִּי אִי אֶפְשָׁר שֶׁיֵּצְאוּ כֻּלָּם יְדֵי חוֹבָתוֹ כְּנֶגְדּוֹ.
One who has many enemies, it is certain that their hatred is not justified. For it is impossible that they are all vindicated in his wronging them.

נג. כְּשֶׁיֵּשׁ לְאָדָם שׂוֹנְאִים, וְאַחַר־כָּךְ קָם עָלָיו אִישׁ אֶחָד מֵרֵעָיו וַאֲנָשָׁיו גַּם הוּא לַחֲלֹק עָלָיו, הוּא סִימָן שֶׁהַבַּעֲלֵי־מַחֲלֹקֶת שֶׁלּוֹ יִהְיוּ נִכְשָׁלִים וְנוֹפְלִים.
When a man has enemies, and afterwards one of his own friends and comrades also rises against him, it is a sign that his opponents will stumble and fall.

נד. מִי שֶׁיֵּשׁ לוֹ אֱמוּנָה, אֵינוֹ יָרֵא מֵאוֹיְבִים.
One who has faith is not afraid from enemies.

נה. עַל־יְדֵי תְּפִלָּה בְּשַׁוְעָה אוֹיְבָיו אֵינָם שְׂמֵחִים עָלָיו.
Through prayer crying out from pain, one's enemies will not rejoice over him.

נו. מִי שֶׁיֵּשׁ לוֹ שׂוֹנְאִים, וְאֵינוֹ יוֹדֵעַ אִם יִפֹּל בְּיָדָם אִם לָאו, יִסְתַּכֵּל אִם נוֹפֵל מִמַּדְרֵגַת עֲבוֹדַת הַשֵּׁם יִתְבָּרַךְ, בְּיָדוּעַ שֶׁיִּהְיֶה נִמְסָר בְּיָדָם.

Sefer HaMidot ספר המדות

One who has enemies and does not know whether or not he will fall into their hands, should examine whether he falls from his level in service of the Blessed GOD, then it is certain he will be delivered into their hands.

נז. לְמַחֲלֹקֶת יִלְמַד מַסֶּכֶת סֻכָּה.
For abating contention, learn the Tractate Sukkah.

נח. מַחֲלֹקֶת בָּא עַל־יְדֵי חֲבוּרַת רְשָׁעִים.
Contention comes through an association of evildoers.

נט. עַל־יְדֵי עַצְבוּת גַּם הָאוֹהֲבִים יַחְלְקוּ עָלֶיךָ.
Due to depression, even your friends will oppose you.

ס. אֵין מְרִיבָה מְצוּיָה בְּבֵיתוֹ אֶלָּא עַד שֶׁתִּכְלֶה תְּבוּאָה מִבֵּיתוֹ.
Contention is not found Or prevalent, in one's home only when all the produce in the house has been consumed.

סא. לִפְעָמִים כְּשֶׁהַרְבֵּה צַדִּיקִים חוֹלְקִים עַל צַדִּיק אֶחָד גַּם הַקָּדוֹשׁ־בָּרוּךְ־הוּא מַסְכִּים עִמָּהֶם אַף שֶׁהָאֱמֶת עִם הַצַּדִּיק הָאֶחָד, וְהַצַּדִּיקִים מַמְשִׁיכִין אֶת רְצוֹן הַקָּדוֹשׁ־בָּרוּךְ־הוּא עִמָּהֶם.
Sometimes, when many tzaddik im oppose one tzaddik, the Holy One, Blessed be He sides with them, even though the truth rests with the one tzaddik. the other tzaddikim draw the Will of GOD to them.

סב. הַקּוֹרֵא לַחֲבֵרוֹ רָשָׁע, רַשַּׁאי לֵירֵד לְתוֹךְ אֻמָּנוּתוֹ וּלְמַעֵט מְזוֹנוֹתָיו עַד שְׁלִישׁ.
One who calls his fellow man wicked, it is permitted to interfere with his business and to decrease his income by up to one third.

סג. אִם אֵין לְאָדָם חֲבֵרִים וְאוֹהֲבִים, נַח לוֹ שֶׁיָּמוּת.
If a person does not have friends and those who love him, death would be relief for him.

סד. כָּל הַדְּבָרִים נִבְרָאִים בִּבְחִינַת זָכָר וּנְקֵבָה. אֲפִלּוּ מְלָכִים; יֵשׁ מֶלֶךְ בְּחִינַת זָכָר וְיֵשׁ מֶלֶךְ בְּחִינַת נְקֵבָה, וְהַקָּדוֹשׁ־בָּרוּךְ־הוּא מַרְחִיקָן זֶה מִזֶּה כְּדֵי שֶׁלֹּא יַחֲרִיבוּ אֶת הָעוֹלָם.
All things are created in the aspect of male and female. Even kings - there is a king whose aspect is male, and there is a king whose aspect is female. The Holy One, Blessed be He distances them from each other, that they should not come to destroy the world.

סה. בַּעַל־מְרִיבָה – אַף־עַל־פִּי שֶׁהוּא לַמְדָן, אַל תְּכַבֵּד אוֹתוֹ.

182

Sefer HaMidot סֵפֶר הַמִּדוֹת

One who is contentious, even if he is an intellectual knows how to study Torah, do not honor him.

סו. בִּמְקוֹם מְרִיבָה שָׁם הַשָּׂטָן.
In the place of contention; there is the Satan.

סז. מִי שֶׁמְּקַיֵּם קְרִיאַת־שְׁמַע שַׁחֲרִית וְעַרְבִית, אֵינוֹ נִמְסָר בְּיַד שׂוֹנְאָיו.
One who fulfills the commandment to recite the Shma, every morning and night, will not be handed over to his enemies.

סח. עַל־יְדֵי תּוֹרָה וּגְמִילוּת־חֲסָדִים אוֹיְבָיו נוֹפְלִים לְפָנָיו.
Through learning Torah and performing kindnesses, one's enemies fall before him.

סט. עַל־יְדֵי רְדִיפָה הַנִּרְדָּף נִכְשָׁר לְקָרְבָּן לִפְנֵי אֱלֹקִים.
Through being pursued, a person becomes fit to be a sacrificial offering before GOD.

ע. לְעוֹלָם תְּצַדֵּד לְהַצִּיל אֶת הַנִּרְדָּפִים.
One should always side to save those being pursued Or attacked.

עא. אֵין הָעוֹלָם מִתְקַיֵּם אֶלָּא בִּשְׁבִיל מִי שֶׁבּוֹלֵם אֶת פִּיו בִּשְׁעַת מְרִיבָה.
The world would not continue to exist except for the sake of one who shuts his mouth at the time of contention.

עב. מִי שֶׁשּׁוֹכֵחַ דָּבָר אֶחָד מִתַּלְמוּדוֹ, עַל־יְדֵי זֶה קָמִים עָלָיו בַּעֲלֵי מַחֲלֹקֶת.
One who forgets one detail from his learning causes antagonists to rise against him.

עג. עַל־יְדֵי מַחֲלֹקֶת שֶׁחוֹלְקִין עַל הַצַּדִּיק, נִתְעוֹרְרִים מִלְחָמוֹת.
Through strife, that there is opposition on the Tzaddik, wars are aroused.

עד. כְּשֶׁדּוֹבְרִים עַל הָאָדָם, אֲזַי יֵשׁ כֹּחַ בַּיֵּצֶר הָרַע לְהַגְבִּיר אֶת עַצְמוֹ עַל זֶה הָאָדָם, שֶׁדּוֹבְרִים עָלָיו, וְצָרִיךְ לְבַקֵּשׁ רַחֲמִים עַל זֶה.
When people speak about a person, the evil inclination has power to strengthen himself over that person, and one must pray for mercy about this.

עה. מִי שֶׁקָּשֶׁה לְקַבֵּל פִּיּוּס, הוּא מֵעָלְמָא דְּנוּקְבָא.
One who has difficulty accepting appeasement is from the feminine world.

עו. לִמְרִיבָה, הַשְׁכֵּם וְהַעֲרֵב לְבֵית־הַמִּדְרָשׁ וּלְמַד תּוֹרָה. אוֹ כְּשֶׁאִי אֶפְשָׁר לָדוּן אוֹתָם, תִּתְפַּלֵּל עֲלֵיהֶם וְהַקָּדוֹשׁ־בָּרוּךְ־הוּא יַפִּילֵם, וְאַל תִּמְסֹר אוֹתָם לַשַּׂר.
For contention; go early and stay late in the hall of study and learn Torah. Or if it is impossible to bring those opposing you to judgment, in a Beis Din - Jewish court, pray about them,

Sefer HaMidot ספר הֿמידות

and the Holy One, Blessed be He, will knock them down, but do not hand them over to a [non-Jewish] official.

עז. כָּל שֶׁיֵּשׁ לוֹ קִנְאָה עַל חֲבֵרוֹ וְדוֹמֵם, הַקָּדוֹשׁ־בָּרוּךְ־הוּא עוֹשֶׂה לוֹ דִּין.
One who has cause to retaliate against his friend and remains silent about it, the Holy One, Blessed be He, does justice for him.

עח. אַל תָּרִיב עִם אָדָם שֶׁהוּא תַּקִּיף מִמְּךָ, אַף־עַל־פִּי שֶׁהוּא מֵכֶף אוֹתְךָ לְדָבָר בִּלְתִּי הָגוּן. אֲבָל אִם יֵשׁ לוֹ אֵימַת שַׂר, תֵּלֵךְ עִמּוֹ אֶל הַשַּׂר וְאַל תַּעֲשֶׂה הַדָּבָר בִּלְתִּי הָגוּן.
Do not contend with a man who is stronger than you, even though he drives you to do something dishonorable. However, if he has fear of the governor, go with him to an official, and do not do the dishonorable thing.

עט. עַל־יְדֵי לָשׁוֹן הָרָע נוֹפְלִים בַּמִּלְחָמָה.
Through evil speech tale bearing, one loses falls in war.

פ. מִי שֶׁאֵין אוֹמֵר לָשׁוֹן הָרָע, הוּא מְנַצֵּחַ.
One who refrains from speaking slander [tale bearing - lit. evil language] triumphs.

פא. שָׁנָה וּפֵרַשׁ, עַל־יְדֵי זֶה אוֹיְבָיו רוֹדְפִין אוֹתוֹ.
One who was accustomed to review Torah and then separated [ceasing his study of the Torah], through this his enemies will pursue him.

פב. כְּשֶׁאִשְׁתּוֹ שֶׁל אָדָם שׁוֹפַעַת דָּם בְּלֹא עֵת נִדָּתָהּ, בְּיָדוּעַ שֶׁאֵיזֶה שִׂנְאָה נִתְעוֹרֵר עָלָיו.
When a man's wife bleeds outside of the time of her period, it is certain that some hatred has been aroused against him.

פג. כְּשֶׁהַצַּדִּיק יֵשׁ לוֹ מַחֲלֹקֶת עִם אֶחָד וְיָכוֹל לְהַצִּיל אֶת עַצְמוֹ עִם מָמוֹן, יַצִּיל אֶת עַצְמוֹ וְאַל יִשְׁתַּמֵּשׁ בְּצִדְקָתוֹ.
When the tzaddik has a conflict with someone and can save himself through monetary means, he should do so, and use his merits [lit. righteousness].

פד. בְּכָל בַּעֲלֵי מַחֲלֹקֶת נִתְגַּלְגְּלִים שָׁם נִיצוֹצִין מִנִּשְׁמַת דָּתָן וַאֲבִירָם.
In all perpetrators of conflict, there are sparks from the souls of Dusun and Aviram [It is interesting to note that in the introduction to the holy book Aderet Eliyahu on the Holy Zohar, by R' Eliyahu Baal Shem Tov, he writes about how a group of people banded against him, just like Korach and his crew, and maybe some of them were from his reincarnation].

Sefer HaMidot

סֵפֶר הַמִדּוֹת

פה. הַמַחֲלֹקֶת שֶׁיֵשׁ בֵּין שְׁנֵי צַדִּיקִים לְטוֹבַת יִשְׂרָאֵל, תֵּדַע שֶׁגַּם לְמַעְלָה יֵשׁ שְׁנֵי מַלְאָכִים שֶׁגַּם הֵם חוֹלְקִים גַּם-כֵּן, וְאֵין לָהֶם מַכְרִיעַ אֶלָּא הַקָּדוֹשׁ-בָּרוּךְ-הוּא בְּעַצְמוֹ.

Conflict between two tzaddikim is for the good of the Jewish People: Know that this is true for also Above, there are two angels who are also in conflict, and there is no one to adjudicate for them except for the Holy One, Blessed be He, Himself.

פו. מִי שֶׁשּׁוֹמֵעַ חֶרְפָּתוֹ וְשׁוֹתֵק, עַל-יְדֵי זֶה נִתְבַּטֵּל מִמֶּנּוּ רַבּוֹת רָעוֹת שֶׁהָיוּ רְאוּיִין לָבוֹא עָלָיו.

One who hears his degradation and remains silent through this great evil that were fit to come upon him are nullified.

פז. דַּעְתּוֹ שֶׁל הַקָּדוֹשׁ-בָּרוּךְ-הוּא נוֹטָה תָּמִיד אַחַר הָרֹב, אֲבָל אִם הָרֹב הֵם רְשָׁעִים, אֵין דַּעְתּוֹ נוֹטָה אַחֲרֵיהֶם.

The Holy One, Blessed be He, always assumes a position in favor of the majority. However, if the majority is [comprised of] evildoers, He does not favor them.

פח. אֵין מְלַמְּדִין זְכוּת עַל הַמֵּסִית.

One must not give the benefit of the doubt, interpret his actions in a favorable manner, to an inticer [someone who tries to bring people to foreign beliefs].

פט. כְּשֶׁיֵּשׁ מַחֲלֹקֶת מִשְּׁנֵי אֲנָשִׁים, וּלְכָל אֶחָד יֵשׁ לוֹ אֲנָשִׁים הַמְצַדְּדִים לוֹ, כְּשֶׁגּוֹזְרִים מִיתָה לְמַעְלָה, חַס וְשָׁלוֹם, עַל אֶחָד מֵאַנְשֵׁי הַמַחֲלֹקֶת, מַתְחִילִין מִן הַקָּטָן שֶׁבָּהֶם וְלֹא מִן הָאִישׁ שֶׁהוּא עִקָּר בַּמַּחֲלֹקֶת.

When there is a conflict between two people, and each one has people taking his side; when from Above, death is decreed upon one of the disputants, GOD forbid, it first affects the supporter with the least stature, and not with the person who is the main contenders.

צ. לִפְעָמִים נִגְזָר עַל הָאָדָם, שֶׁיִּכְלֶה זַרְעוֹ. וּכְשֶׁנִּמְסָר בְּיַד שׂוֹנְאָיו, עַל-יְדֵי זֶה נִתְבַּטֵּל הַגְּזֵרָה שֶׁל כְּלָיַת זַרְעוֹ.

Sometimes it is decreed on a man that his seed will be wiped out. However, when he is delivered into his enemies' hands, the decree of the destruction of his seed is annulled.

צא. מִי שֶׁמַּרְחִיק אֶת הָאָדָם מֵעֲבוֹדַת הַשֵּׁם יִתְבָּרַךְ, עַל-יְדֵי זֶה יָבוֹא מִמֶּנּוּ זֶרַע, שֶׁיְּצַעֲרוּ לְזַרְעוֹ שֶׁל הַמַּרְחִיק.

Sefer HaMidot

ספר הַמִּדּוֹת

One who distances a man from the service of the Blessed GOD causes that man to have descendants who will afflict the descendants of the one who distanced him.

צב. מִי שֶׁיֵּשׁ בְּיָדוֹ לִמְחוֹת בָּרְשָׁעִים וְלֹא מִחָה, כְּאִלּוּ הוּא עוֹשֶׂה הָרָע.
One who has the ability to protest the deeds of the wicked and does not, it is as if he himself did the wrong.

צג. הַמַּחֲזִיק בַּמַּחֲלֹקֶת, עוֹבֵר בְּלָאו וְרָאוּי לְהִצְטָרֵעַ.
One who sustains a conflict transgresses a negative commandment and it befits him to become a leper.

צד. הַחוֹלֵק עַל מַלְכוּת בֵּית־דָּוִד, רָאוּי לְהַכִּישׁוֹ נָחָשׁ.
One who challenges the Kingship of the House of David is fit to be bitten by a snake.

צה. עַל־יְדֵי עֵסֶק הַתּוֹרָה יָכוֹל לַעֲמֹד בְּקִשְׁרֵי הַמִּלְחָמָה.
Through being involved in studying Torah, one can withstand the vicissitudes of war.

צו. צָרִיךְ לְהִתְחַזֵּק נֶגֶד הַשּׂוֹנְאִים וּלְהַעֲרִיךְ עִמָּהֶם מִלְחָמָה בְּתַחְבּוּלָה, וְהַקָּדוֹשׁ־בָּרוּךְ־הוּא יַעֲשֶׂה הַטּוֹב בְּעֵינָיו.
One must strengthen oneself against those who hate him, and wage war upon them cunningly, and know that the Holy One, Blessed be He, will do what is right in His Eyes.

צז. לְמַחֲלֹקֶת סְגֻלָּה לוֹמַר: "וַיִּקְרָא אָסָא אֶל ה'" עַד "אֱנוֹשׁ" [בְּדִבְרֵי־הַיָּמִים־ב יד,י,].
In situations of conflict, it is auspicious [segula] to say the passages, "And Asa called to GOD …" until "mortal." [Chronicles II, 14:10].

צח. מִי שֶׁאֵין בִּטְחוֹנוֹ בֵּאלֹקָיו, עַל־יְדֵי זֶה בָּאִים מִלְחָמוֹת וּמְרִיבוֹת.
One who does not put his trust in GOD, through this he is confronted with war and conflict.

צט. עַל־יְדֵי לִמּוּד תּוֹרָה נוֹפֵל פַּחַד עַל הָאֻמּוֹת, שֶׁלֹּא יִלָּחֲמוּ עִם יִשְׂרָאֵל.
Through the study of Torah, fear falls upon the nations that they do not wage war against Israel.

ק. לְמַחֲלֹקֶת תֹּאמַר: "וַיֹּאמֶר ה' אֱלֹקֵי אֲבוֹתֵינוּ" עַד "כִּי עָלֶיךָ עֵינֵינוּ" מַה שֶּׁאָמַר יְהוֹשָׁפָט.
In situations of conflict, say, "And he [king Yehoshafat] said, GOD of our forefathers," until "For our eyes are turned to You." What was said by Yehoshafat by Yehoshafat.

קא. בִּשְׁעַת מִלְחָמָה צָרִיךְ לְהָכִין כְּלֵי מִלְחָמָה כַּנָּהוּג, וְהַקָּדוֹשׁ־בָּרוּךְ־הוּא יַעֲשֶׂה מַה שֶּׁבִּרְצוֹנוֹ, וְאֵין לִסְמֹךְ עַל הַנֵּס.

Sefer HaMidot

In a time of war, one must prepare the weapons of war appropriately, and the Holy One, Blessed be He, will do according to His Will, but do not rely on miracles.

כב. הַקּוֹבֵעַ מָקוֹם לִתְפִלָּתוֹ, אוֹיְבָיו נוֹפְלִים תַּחְתָּיו.
One who establishes a fixed place for his prayer, his enemies fall beneath him.

כג. אֵין לְהִתְפַּלֵּל עַל שׁוּם אָדָם שֶׁיָּמוּת אֲפִלּוּ עַל מִין, כִּי יוֹתֵר טוֹב לַהֲרֹג אוֹתָם בִּידֵי אָדָם וְלֹא בִּידֵי שָׁמַיִם.
One should not pray for the death of any man, even an apostate. For it is better to kill them by mortal means, rather than by the Hand of Heaven.

כד. אַל תִּתְגָּרֶה בְּרָשָׁע; כָּל שֶׁכֵּן בְּרָשָׁע שֶׁהַשָּׁעָה מְשַׂחֶקֶת לוֹ.
Do not provoke an evildoer, all the more so [don't start up with] one whose hour of fortune is at hand [lit. the hour is laughing for him].

כה. מֻתָּר שֶׁלֹּא לְהוֹדוֹת עַל הָאֱמֶת וְלַחֲלֹק עָלָיו, כְּדֵי דְּלָא לִטְעֵי כֻּלֵּי עָלְמָא בַּתְרֵהּ.
It is permissible to not admit the truth, and even deny it, in order that people not be led astray after an evildoer.

כו. בַּעֲווֹן שִׂנְאַת־חִנָּם מְרִיבָה רַבָּה בְּתוֹךְ בֵּיתוֹ.
Due to baseless hatred, a person will have great conflict in his house.

כז. חֶרֶב וּבִזָּה רַבָּה בָּא בַּעֲווֹן עִנּוּי הַדִּין וְעִוּוּת וְקִלְקוּל הַדִּין וּבִטּוּל תּוֹרָה.
Blows from a sword and great plundering come through the sin of procrastinating justice, distorting, and ruining judgment, and for neglect of Torah study.

כח. אִשָּׁה נִדָּה דְּפָסְקָה בֵּין תְּרֵי, אִם סוֹף נִדָּה הִיא, עוֹשָׂה מְרִיבָה בֵּינֵיהֶם.
A woman at the end of her menstrual period who passes between two men causes strife between them.

כט. הַנִּרְדָּף שֶׁמְּפַיֵּס אֶת הָרוֹדֵף, עַל־יְדֵי זֶה נִתְעוֹרֵר דִּין עַל הָרוֹדֵף.
A pursued or attacked, person who placates the pursuer, through this harsh judgment is aroused upon the pursuer.

קי. הַמְפַרְנֵס אֶת שׂוֹנְאָיו, עַל־יְדֵי זֶה נִדּוֹן הַשּׂוֹנֵא בְּדִין שְׂרֵפָה.
One who gives sustenance to his enemy causes a decree of burning on the enemy.

חלק שני

א. עַל־יְדֵי שֶׁדּוֹבְרִים עַל הַצַּדִּיק, עַל־יְדֵי זֶה נִתְגַּבֵּר הַפִּילוֹסוֹפְיָא בָּעוֹלָם וְכֵן

Sefer HaMidot

ספר המדות

לְהֵפֶךְ.

Talking bad about a tzaddik causes [heretical] philosophy to gain strength in the world, and so too, the opposite that is praising a tzaddik.

ב. יֵשׁ מְפֻרְסָמִים שֶׁעִקַּר הַפִּרְסוּם שֶׁלָּהֶם נַעֲשָׂה עַל־יְדֵי הַמַּחֲלֹקֶת.

There are famous religious leaders whose fame is primarily created through controversy.

ג. עַל־יְדֵי הַמַּחֲלֹקֶת נוֹפֵל לְתַאֲוַת נִאוּף.

Through strife, one falls into sexual lust.

ד. מִי שֶׁקָּמִים עָלָיו רַבִּים וְחוֹלְקִים עָלָיו עַל אֱמוּנָתוֹ, וְהוּא עוֹמֵד כְּנֶגְדָּם וְטוֹעֵן כְּנֶגְדָּם דְּבָרִים הַנִּתְקַבְּלִים, עַל־יְדֵי זֶה זוֹכֶה לְבָנִים רַבִּים וְהָעוֹלָם נִתְמַלֵּא מִזַּרְעוֹ.

One against whom many arise to challenge him on account of his faith; and he stands up against them and makes well-received counter-claims, through this he will merit having many children, and the world will be filled with his seed.

ה. מִי שֶׁנּוֹתֵן עֵינֵי שִׂכְלוֹ תָּמִיד לַחֲקֹר אֶת רָאשֵׁי־הַדּוֹר וּמְעַיֵּן בָּהֶם בְּעַיִן בִּישָׁא, עַל־יְדֵי זֶה נוֹפֵל לְרָעָב שֶׁלֶּעָתִיד, הַיְנוּ לֹא רָעָב לַלֶּחֶם, וְזֶה "רָעָב" עַ'יִן בְּ'תוֹךְ רַ'ב.

One who always sets his mind's eye to investigate the leaders of the generation, examining them unfavorably [lit. with a "bad eye"], through this he falls into the hunger predicted for the future, that is to say, "…not a hunger for bread…" For the Hebrew word for hunger, Ra'AV, is the word RaV, with the letter Ayin [which is Hebrew for "eye"] in the middle.

ו. עַל־יְדֵי צְדָקָה בְּסִבָּה קַלָּה הוּא מַכְנִיעַ אֶת אוֹיְבָיו, וְהַקָּדוֹשׁ־בָּרוּךְ־הוּא מַצִּילוֹ מִסִּבּוֹת גְּדוֹלוֹת שֶׁל אוֹיְבָיו.

Through giving charity, one defeats his enemies through minimal means or cause or effect, and the Holy One, Blessed be He, saves him from even the great means of his enemies.

ז. עַל־יְדֵי בִּרְכַּת־הַמָּזוֹן נִתְוַדַּע הַשֵּׁם יִתְבָּרַךְ בָּעוֹלָם. גַּם עַל־יְדֵי בִּרְכַּת־הַמָּזוֹן נִתְיַשֵּׁב הַמַּלְכוּת מִן הַמְּרִיבוֹת וְהַמִּלְחָמוֹת.

By saying Birkat HaMazon - the blessings after the meal which fulfill the Torah mandate, "You shall eat, be satisfied and bless the Lord, your GOD…", the Blessed GOD becomes known in the world. Also, through Grace After Meals, the government is rested from strife and war.

Sefer HaMidot סֵפֶר הַמִדוֹת

ח. מִי שֶׁלִּמּוּדוֹ בַּתּוֹרָה בְּמֹחִין זַכִּים, שֶׁאֲכִילָתוֹ כָּל־כָּךְ בִּקְדֻשָּׁה, שֶׁנִּזּוֹן מִמָּזוֹן, שֶׁהַמַּלְאָכִים נִזּוֹנִין מִמֶּנּוּ, עַל־יְדֵי זֶה שׂוֹנְאָיו נִדּוֹנִין בְּחֶנֶק. וְסִימָן לַדָּבָר: "וַיְהִי בַיּוֹם הַשְּׁלִישִׁי בִּהְיוֹת הַבֹּקֶר"; "וּבַבֹּקֶר הָיְתָה שִׁכְבַת הַטָּל"; "וַיְהִי בְּאַשְׁמֹרֶת הַבֹּקֶר."

One who's Torah learning is with a pure mind, including that his eating is so holy that he is nourished from the same food from which the angels are nourished, causes that his enemies be punished with strangulation. A sign or hint to the veracity of this matter is: three similar Biblical phrases - "And it was on the third day, at the beginning of the morning…", "And in the morning there was a layer of dew…"", "And it was in the watch of the morning…".

ט. הַצַּעַר וְהַקִּנְטוּר שֶׁיֵּשׁ עַל הֶחָכָם, עַל־יְדֵי זֶה בָּא לִידֵי שִׁכְחָה.

The suffering and accusations that come upon a Torah sage cause him to forget.

י. עַל־יְדֵי הַמְּרִיבָה גּוֹרְמִים, שֶׁהַתַּלְמִידִים הַקְּטַנִּים נִתְפַּרְסָמִים קֹדֶם זְמַנָּם, וְזֶהוּ בְּחִינַת הַפָּלַת נְפָלִים, שֶׁהַנּוֹלָד יוֹצֵא לַאֲוִיר הָעוֹלָם קֹדֶם זְמַנּוֹ, וְעַל־יְדֵי זֶה גּוֹרֵם עֲנִיּוּת וְלִפְעָמִים גּוֹרֵם מִיתוֹת, חַס וְשָׁלוֹם.

Quarreling causes that students of small stature become famous before their time. This is an aspect of miscarriage - when a fetus comes into the air of the world before its time. This causes poverty, and sometimes even causes deaths, GOD forbid.

יא. לִפְעָמִים אֵין שָׁלוֹם בַּיִת לָאָדָם וְכָל בְּנֵי־בֵיתוֹ בִּקְטָטָה, בְּיָדוּעַ שֶׁיֵּשׁ שֵׁדִים בַּבַּיִת הַגּוֹרְמִין כָּל זֶה, וְעַל־יְדֵי זֶה בָּאִים יִסּוּרִים עַל אַנְשֵׁי בֵיתוֹ.

Sometimes a man does not have peace in his house, and all the members of his household quarrel with each other. It is certain that there are demons in the house causing all this - and though this affliction comes upon his household.

יב. לִפְעָמִים מְקוֹמוֹ שֶׁל אָדָם גּוֹרֵם לוֹ מְרִיבוֹת, כְּמוֹ שֶׁאֵין שׁוֹאֲלִין בְּשָׁלוֹם חֲבֵרוֹ בִּמְקוֹם הַטִּנֹּפֶת.

Sometimes a person's place causes him quarrels for the same reason as it is forbidden to ask about a person's peace in an unclean place. The Hebrew word for peace, "shalom" is a Name of GOD and should not be spoken in a filthy place - thus we find that certain places are contrary to peace.

יג. עַל־יְדֵי הַצַּעַר וְהָעַצְבוּת בָּא מְרִיבָה בָּעוֹלָם, וְעַל־יְדֵי הַשִּׂמְחָה בָּא שָׁלוֹם בָּעוֹלָם.

Sefer HaMidot   ספר הַמִדוֹת

Through pain and sadness, contention comes to the world. Conversely, through joy, peace comes to the world.

יד. הִתְגַּלּוּת הַתּוֹרָה הִיא עַל־יְדֵי הַשָּׁלוֹם.
Revelation of the Torah comes through peace.

טו. הַמַּשָּׂא־וּמַתָּן אוֹ הַמְּלָאכָה שֶׁאָדָם מְיַגֵּעַ בּוֹ בְּיוֹם תַּעֲנִיתוֹ, זֶה הַדָּבָר מַצִּיל אוֹתוֹ מִשּׂוֹנְאִים וּמֵרוֹצְחִים.
The business or work that a man strains to do on a fast-day, this matter saves him from enemies and murderers.

טז. מִי שֶׁיֵּשׁ לוֹ שׂוֹנְאִים, קָשֶׁה לוֹ לְכַוֵּן דַּעְתּוֹ בַּתְּפִלָּה.
One who has enemies has difficulty concentrating in prayer.

יז. מִי שֶׁעוֹשֶׂה פֵּרוּד בֵּין אִישׁ לְאִשְׁתּוֹ, הַיְנוּ שֶׁהוֹלֵךְ לָאִישׁ וּמְיַפֶּה אֶת הָאִשָּׁה בִּפְנֵי הַבַּעַל, וְהוֹלֵךְ אֶל הָאִשָּׁה וּמְגַנֶּה אֶת בַּעֲלָהּ בְּעֵינֶיהָ, עַד שֶׁנַּעֲשֶׂה פֵּרוּד בֵּינֵיהֶם, עַל־יְדֵי זֶה נַעֲשֶׂה טָרוּד בִּמְזוֹנוֹתָיו.
One who causes a separation between a man and his wife - that is, he goes to the husband and glorifies the wife in his eyes, and then goes to the wife and discredits the husband in her eyes, until it causes a separation between them - causes difficulty with his own livelihood.

יח. כְּשֶׁהַקָּדוֹשׁ־בָּרוּךְ־הוּא רוֹאֶה אֵיזֶה צַדִּיק, שֶׁיֵּשׁ כֹּחַ בְּיָדוֹ לְקָרֵב בְּנֵי־אָדָם לַעֲבוֹדָתוֹ, אֲזַי מַעֲמִיד עָלָיו שׂוֹנְאִים, כְּדֵי שֶׁיּוּכַל לְקָרֵב בְּנֵי־אָדָם, כִּי הַצַּדִּיק שֶׁאֵין לוֹ שׂוֹנְאִים, אֵין יָכוֹל לְקָרֵב, כְּמוֹ בְּעֵת בִּיאַת הַמָּשִׁיחַ יֵשְׁבוּ בְּשַׁלְוָה, וְאָז אֵין מְקַבְּלִים גֵּרִים.
When the Holy One, Blessed be He, sees that there is a tzaddik who has the power to draw people to the service of GOD, He raises up enemies against him inorder to enable him to draw people close to GOD. For a tzaddik without enemies cannot draw anyone close - just like in the days of the Messiah the world will dwell in tranquility, and then no new converts will be accepted.

יט. עַל־יְדֵי הִרְהוּרֵי עֲבוֹדָה זָרָה שׂוֹנְאִים בָּאִים וְנִתְרוֹמְמִים עַל אָדָם.
Due to idolatrous thoughts enemies come and dominate [lit. elevate over] a person.

כ. מִי שֶׁשּׂוֹנְאָיו נִתְרוֹמְמִים, הוּא נוֹפֵל לְתַאֲוַת אֲכִילָה.
One whose enemies rise up against him falls into lust for food.

כא. כְּשֶׁאָדָם מַרְגִּישׁ חִכּוּךְ בְּגוּפוֹ, יֵדַע שֶׁיֵּשׁ לוֹ שׂוֹנְאִים, וְלִפְעָמִים שֶׁעַל־יְדֵי מַכּוֹת וְחַבּוּרוֹת שֶׁיַּעֲשֶׂה בְּגוּפוֹ, עַל־יְדֵי זֶה נִצּוֹל מִשּׂוֹנְאִים, כִּי זֶה נִתְחַלֵּף בָּזֶה.

Sefer HaMidot

סֵפֶר הַמִּדּוֹת

When a person feels itching in his body, he should know that he has enemies. Sometimes through the blows and bruises he brings upon his own body, he is saved from enemies, for one is in exchange for the other.

כב. יֵשׁ שְׁנֵי צַדִּיקִים, שֶׁאֶחָד דְּבוּרָיו הֵם בַּחֲרִישָׁה, וְהַשֵּׁנִי דְּבָרָיו בִּקְצִירָה, אוֹ אֶחָד דְּבָרָיו הֲקָמַת הַבְּרִית לְזִוּוּג, וְהַשֵּׁנִי דְּבָרָיו הֵם הַמַּמְשִׁיכִים אֶת הַזֶּרַע וּמְהַוִּים אֶת הַוָּלָד בְּבֶטֶן אִמּוֹ וּמְגַדְּלִין אוֹתוֹ. בְּכֵן כְּשֶׁיֵּשׁ מַחֲלֹקֶת בֵּין שְׁנֵי צַדִּיקִים הָאֵלּוּ, אַל יִתְעָרֵב זָר בְּתוֹךְ דִּבּוּרִים, שֶׁמְּדַבְּרִים זֶה עַל זֶה, כְּדֵי שֶׁלֹּא יְקַלְקֵל הַמְכֻוָּן.

There are two tzaddikim, one of whose words are in plowing, and the other's in harvesting; or one whose words erect the bris [circumcision - a holy reference to the male covenant] for relations, and the other's words draw the seed and create the fetus in its mother's womb, and cultivate it. Thus, when there is an argument between these two tzaddikim, an outsider should not involve himself in their words that they speak one on another, in order no to ruin the goal.

כג. מִי שֶׁיֵּשׁ לוֹ שׂוֹנְאִים, יַזִּיר מִן הַיַּיִן, וְעַל־יְדֵי זֶה נַעֲשֶׂה רֹאשׁ לָהֶם.

One who has enemies should prohibit himself from wine, and through this he will become their head, that is leader or ruler.

כד. סְגֻלָּה לְהִנָּצֵל מִשּׂוֹנְאִים, הֵן שׂוֹנְאִים שֶׁל מַחֲלֹקֶת הֵן שׂוֹנְאִים שֶׁבַּדֶּרֶךְ, שֶׁמִּתְיָרֵא מֵהֶם, לוֹמַר כָּל הַטְּעָמִים שֶׁבַּתּוֹרָה, דְּהַיְנוּ פַּשְׁטָא מֻנַּח זַרְקָא וְכוּ'.

A segulah to be saved from one's enemies - whether they are enemies in controversy or enemies on the routes of travel - of whom he is afraid; is to say all the names of the ta'amim [incantation notes] of the Torah - that is: Pashta, Munach, Zarkah, etc.

מָשִׁיחַ
Messiah

א. עַל־יְדֵי סִפּוּרֵי מַעֲשִׂיּוֹת שֶׁל צַדִּיקִים מַמְשִׁיכִין אוֹר שֶׁל מָשִׁיחַ בָּעוֹלָם, וְדוֹחֶה הַרְבֵּה חֹשֶׁךְ וְצָרוֹת מִן הָעוֹלָם, גַּם זוֹכֶה לִבְגָדִים נָאִים.

Through the stories of tzaddikim, the light of the Mashiach is drawn into the world, much darkness and suffering is

Sefer HaMidot

dispelled from the world, and also one merits to attractive clothing.

ב. עַל־יְדֵי תְּשׁוּבָה הָרוּחַ שֶׁל מָשִׁיחַ מְנַשֶּׁבֶת עַל גְּזֵרוֹת הַמַּלְכֵיּוֹת וּמְבַטְלָן.
Through repentance, the Spirit of the Mashiach wafts upon the harsh decrees of the nations [lit. kingdoms] and annuls them.

ג. עָתִיד דּוֹר אֶחָד שֶׁיִּהְיֶה בָּעוֹלָם, שֶׁיִּהְיֶה כֻּלּוֹ זַכַּאי.
In the future, there will be a generation in the world that will be totally righteous.

ד. עַל־יְדֵי אֱמֶת בָּא הַקֵּץ.
Through Truth, the End of the exile, will come.

ה. עַל־יְדֵי שְׁמִירַת שַׁבָּת מַמְשִׁיךְ עַל עַצְמוֹ אוֹר שֶׁל מָשִׁיחַ גַּם עַל־יְדֵי תְּשׁוּבָה.
Through keeping the Shabbat, one draws upon oneself the light of the Mashiach, also through repentance.

משקה
Beverages

א. עַל־יְדֵי גְּנֵבָה הַמַּשְׁקוֹת מִתְקַלְקְלִין.
Through theft, drinks spoil.

ב. גַּם עַל־יְדֵי גַּאֲוָה.
Also, through arrogance.

נגינה
Music

א. כְּשֶׁהַצַּדִּיקִים נִתְפַּרְסָמִים בָּעוֹלָם, עַל־יְדֵי זֶה נִתְחַדְּשִׁים נִגּוּנִים בָּעוֹלָם.
When tzaddikim are publicized in the world, through these new melodies are brought into the world.

ב. הַלְוִיִּים הָיָה לָהֶם לְכָל יוֹם נִגּוּן מְיֻחָד, וְעַכְשָׁו בַּגָּלוּת נִשְׁתַּכְּחוּ הַנִּגּוּנִים. וּכְשֶׁבָּאָה אֵיזֶה שֶׁבֶר עַל אֵיזֶהוּ אֻמָּה, אֲזַי מִתְנוֹצֵץ הַנִּגּוּן שֶׁל הַלְוִיִּים שֶׁהוּא כְּנֶגֶד הַשֶּׁבֶר הַזֶּה.
The Leviim had a special melody designated for each day, but now, in the Exile, the melodies have been forgotten. When some tragedy comes upon some nation, the melody of

Sefer HaMidot

סֵפֶר הַמִּדּוֹת

the Leviim corresponding to that crisis is aroused [lit. sparks or glistens].

ג. עַל־יְדֵי הַנִּגּוּנִים שֶׁיֵּשׁ בָּהֶם קוֹל בְּכִיָּה, יְכוֹלִים לְהוֹצִיא הַשְּׁבוּיִים, בְּחִינַת מוֹצִיא אֲסִירִים בַּכּוֹשָׁרוֹת.

Through the melodies that contain a tone of crying, it is possible to release the captives, the aspect of "He brings out prisoners bakosharot [in a kosher, propitious time]." [The word bakosharot is split into two words by the Medrash: beki - meaning crying, shirot - meaning song - song with a crying tone].

ד. עַל־יְדֵי הַנְּגִינָה אָדָם נִכָּר, אִם קִבֵּל עָלָיו עֹל תּוֹרָה.

Through song, a person can be discerned if he accepted upon himself the yoke of Torah.

ה. מַה כְּשֶׁאָדָם שׁוֹתֶה, מַתְחִיל לְזַמֵּר וּלְנַגֵּן וְלֹא כֵן בַּאֲכִילָתוֹ, מֵחֲמַת שֶׁאָמְרוּ שִׁירָה עַל הַבְּאֵר, וְלֹא אָמְרוּ שִׁירָה עַל הַמָּן.

That which a person when he drinks begins to sing and make melody Or music, which is not so when he eats - this is because they [the Jews in the desert] expressed shira song of praise and gratitude to GOD over the Well, and not over the Manna.

נדה
Menstrual Impurity

חלק ראשון

א. אִשָּׁה שֶׁהִיא מְרֻבָּה בְּדָמִים, הִיא דַּבְּרָנִית; וְאַל תִּתְיַפֶּה בְּעֵינֵי בְּנֵי אָדָם, גַּם תִּרְחַץ אֶת עַצְמָהּ בְּמֵי מַעְיָנוֹת, גַּם אַל תְּיַגַּע אֶת עַצְמָהּ הַרְבֵּה, גַּם בַּעְלָהּ יִזָּהֵר בִּנְטִילַת־יָדַיִם, גַּם אַל תִּכְעַס, גַּם אַחַר הַטְּבִילָה תִּתֵּן צְדָקָה. גַּם בַּעְלָהּ יִלְמַד מַסֶּכֶת נִדָּה וְאַחַר־כָּךְ יֹאמַר שִׁיר שֶׁל יוֹם. גַּם תִּרְחַץ אֶת עַצְמוֹ בִּדְבָרִים, הָעוֹלִים מִתּוֹךְ הַמְצוּדָה מִן הַנָּהָר, גַּם תִּשְׁתֶּה חֲלֵב עֵז, גַּם תִּרְחַץ בְּנוֹצַת עִזִּים, גַּם תְּעַשֵּׁן אֶת עַצְמָהּ בִּלְבוֹנָה.

A woman who bleeds abundantly is an excessive talker. She should not beautify herself in people's eyes, also she should wash in spring water, also she should not exert herself excessively. Also, her husband should be careful with ritual hand washing. Also, she should not get angry. Also, after her immersion she should give charity. Also, her husband should

Sefer HaMidot

ספר המדות

learn the tractate Nidah [Menstrual Impurity], and afterwards recite the Song for the Day [every day of the week has a different Psalm]. Also, she should wash herself with things that can be raised from nets in the river. Also, she should drink goats' milk. Also, she should wash herself using goat feathers, and smoke herself in frankincense.

ב. אִשָּׁה שֶׁשּׁוֹפַעַת דָּם, תִּכְתֹּב אוֹתִיּוֹת "לֹא אֶחָד" וְתִשָּׂא עָלֶיהָ.
A woman who is oozing blood should write the letters **lo echad** [not one], and carry it on her.

ג. אִשָּׁה שֶׁהִיא פְּרוּצָה, עַל־יְדֵי זֶה אֵין לָהּ וֶסֶת וּמַרְבָּה בְּדָמִים.
A woman who is immodest, through this she does not have a set time for her period and bleeds abundantly.

ד. נִדָּה שֶׁרָאֲתָה דָּם דֶּרֶךְ מִקְרֶה הוּא מֵחֲמַת חֵטְא הָאִישׁ.
A woman in her time of impurity, who saw blood by chance, it is because of a sin of the husband.

חלק שני

א. אִשָּׁה שֶׁאֵין לָהּ וֶסֶת תִּתְעַנֶּה.
A woman who does not have a period should fast.

ב. סְגֻלָּה לְהַחֲזִיר לְאִשָּׁה וִסְתָּהּ עַל־יְדֵי הַכְנָסַת־אוֹרְחִים.
A segula [conducive] to restore to a woman her period, is through hospitality.

ג. מִי שֶׁעֲסָקוֹ וּמַשָּׂאוֹ־וּמַתָּנוֹ עִם הָאֻמּוֹת בְּעֵת חַגָּם אוֹ אֲפִלּוּ שֶׁלֹּא בְּעֵת חַגָּם, אֶלָּא שֶׁפַּרְנָסָתוֹ שֶׁמַּעֲמִיד דְּבָרִים לַעֲבוֹדָה זָרָה שֶׁלָּהֶם, עַל־יְדֵי זֶה אִשְׁתּוֹ שׁוֹפַעַת דָּם תֵּכֶף סָמוּךְ לִטְבִילָתָהּ.
One whose business and dealings are with the non-Jewish nations at the time of their festivals - or even not at that time, but he derives an income from supplying them with articles to be used for their idol worship - through this, his wife bleeds immediately following her immersion.

נהנה מאחרים
Deriving Benefit From Others

חלק ראשון

194

Sefer HaMidot

ספר המדות

א. מַה שֶׁהַצַּדִּיק מְקַבֵּל מָמוֹן מֵהָרָשָׁע, אַף-עַל-פִּי שֶׁזֶּה הַמָּמוֹן הוּא סָפֵק גָּזֵל, אַף-עַל-פִּי כֵן מֻתָּר לְקַבֵּל מִמֶּנּוּ, כְּדֵי שֶׁלֹּא יְקַבֵּל הָרָשָׁע לְעַצְמוֹ אֵיזֶהוּ תַּלְמִיד חָכָם רָשָׁע, וְיֹאמַר עָלָיו שֶׁהוּא צַדִּיק, וְיִתֵּן לוֹ הַמָּמוֹן, וְיַחֲלֹק עַל הַצַּדִּיק הָאֱמֶת.

When a tzaddik accepts money from a wicked person, even if the money is possibly stolen, it is permitted for the tzaddik to accept it, so that the wicked one will not take on some wicked Torah scholar, claiming that the scholar is a tzaddik, giving him the money, and he will oppose the True Tzaddik.

ב. מִשֶּׁרַבּוּ מְקַבְּלֵי מַתָּנוֹת, נִתְמַעֲטוּ הַיָּמִים וְנִתְקַצְּרוּ הַשָּׁנִים.

Since the proliferation of those who accept gifts, days have become diminished and years shortened.

ג. אָדָם שֶׁקִּבַּלְתָּ הֲנָאָה מִמֶּנּוּ פַּעַם אֶחָד, אַל תְּבַזֵּהוּ.

A person whom you have once received benefit from, do not humiliate him.

ד. מִי שֶׁמַּכְבִּיד עֻלּוֹ עַל בְּנֵי-יִשְׂרָאֵל, לְסוֹף שֶׁנִּצְרָךְ לַאֲחֵרִים.

One who throws his weight around on the Jewish people ends up being needy of others.

ה. מִי שֶׁעוֹשֶׂה טוֹבוֹת לִבְנֵי-אָדָם, מֻתָּר לוֹ לֵהָנוֹת מֵהֶם וּצְרִיכִים לְשָׁרְתוֹ.

One who does favors for others is permitted to benefit from them, and they ought to serve him.

ו. עַל-יְדֵי הֲנָאָה שֶׁאַתָּה מְקַבֵּל מֵחֲבֵרְךָ, עַל-יְדֵי זֶה אַתָּה סוֹבֵל צַעַר עַל עֲווֹנוֹתָיו.

Through the benefit you receive from your fellow man, through this you suffer pain due to his sins.

ז. מִי שֶׁאֵינוֹ מְקַבֵּל מָמוֹן מֵאֲחֵרִים, יְגַדֵּל כָּל זַרְעוֹ.

One who does not accept money from others, will raise all his seed [the Hebrew word for raise or bring up, can also mean will make great].

ח. הַמֶּלֶךְ גּוֹבֶה יְצִיאוֹתָיו מִן הָעָם.

The King funds his expenditures from the people.

ט. צָרִיךְ לַעֲסֹק בְּאֵיזֶה מַשָּׂא-וּמַתָּן, כְּדֵי שֶׁלֹּא יִצְטָרֵךְ לְסוֹף לְבַטֵּל מִדִּבְרֵי תּוֹרָה.

One must be involved in some form of business, in order that ultimately, he will not need arrest the study of [lit. words of] Torah.

י. מִי שֶׁשּׁוֹאֵל חֶלְקוֹ בְּפִיו, כְּאִלּוּ גָּזַל.

One who asks for his portion verbally is as if he had stolen.

יא. הַמְצַפֶּה לְשֻׁלְחָן חֲבֵרוֹ, עוֹלָם חָשֵׁךְ בַּעֲדוֹ גַּם חַיָּיו אֵינָם חַיִּים.

Sefer HaMidot סֵפֶר הַמִדוֹת

One who is reliant on his friend's table, his world is darkened, and his life is not considered life.

יב. מִי שֶׁיֵּשׁ לוֹ נְשָׁמָה, הוּא נֶהֱנֶה מֵרֵיחַ.
One who has a neshamah [Jewish soul] is able to enjoy from smell.

חלק שני

א. גְּדוֹלָה יְגִיעַ כַּפּוֹ, שֶׁמַּצִּיל אֶת הָאָדָם מֵהֲרִיגָה.
Great is the benefit from the work of one's own hands, for it saves a man from killing.

ב. מִי שֶׁהוּא שׂוֹנֵא מַתָּנוֹת, אֵינוֹ מִתְיָרֵא מֵעֲלִילוֹת.
One who hates [accepting] gifts does not fear from false accusations.

ניאוף
Sexual Immorality

חלק ראשון

א. מִי שֶׁמְהַרְהֵר בְּבַת אֵל נֵכָר, עַל־יְדֵי זֶה בָּנָיו לֹא יִהְיוּ לוֹמְדִים.
One who entertains thoughts of a gentile woman, through this his children will not be Torah students.

ב. מַזָּל שֶׁל אִשָּׁה כְּפִי מַזָּל הָאִישׁ.
The fortune of a woman goes according to the fortune of the man, that is her husband; present or future - according to a source cited.

ג. הַזִּוּוּג שֶׁהוּא בְּבַיִת נָאֶה, עַל־יְדֵי זֶה נִמְשָׁךְ צוּרָה יָפָה וּמְתֻקֶּנֶת לִבְנֵיהֶם.
Intercourse that takes place in a beautiful home draws a beautiful and proper appearance upon their children.

ד. הַבָּא עַל הַגּוֹיָה, כְּאִלּוּ נִתְחַתֵּן עִמָּהֶם.
He who has relations with a non-Jewish woman is considered as if he married her.

ה. הַבְּשָׂמִים מַכְנִיסִין תַּאֲוָה לָאָדָם.
Perfumes inject desire in a man.

ו. בַּת כֹּהֵן לְיִשְׂרָאֵל וּבַת תַּלְמִיד־חָכָם לְעַם־הָאָרֶץ, אֵין זִוּוּגָם עוֹלָה יָפֶה: אוֹ אַלְמָנָה, אוֹ גְרוּשָׁה, אוֹ זֶרַע אֵין לָהּ, אוֹ קוֹבְרָהּ, אוֹ קוֹבַרְתּוֹ, אוֹ מְבִיאָתוֹ לִידֵי עֲנִיּוּת וְלִידֵי גְנוּת.

Sefer HaMidot

ספר המדות

A daughter of a Cohen and a common Jewish man, or a daughter of a Torah scholar and an unlearned man - their match does not have fortune: Either she will be widowed, or divorced, or childless, or her husband will bury her, or she will bury him, or she will bring him to poverty and shame.

ז. זָקֵן מְנָאֵף – אֵין הַדַּעַת סוֹבַלְתּוֹ וְאַחַר־כָּךְ הוּא נִבְזֶה בְּעֵינֵי עַצְמוֹ.
A promiscuous elderly man - people [lit. cognizance] cannot bear him, and eventually he becomes despised in his own eyes.

ח. שִׁבְעָה כִּמְנֻדִּין, וְאֶחָד מֵהֶם – מִי שֶׁאֵין לוֹ אִשָּׁה.
There are seven that are like they have been excommunicated, and one of them is one that does not have a wife.

ט. תַּאֲוַת נִאוּף אֵינוֹ נִרְחָק מִן הָאָדָם אֶלָּא עַל־יְדֵי הַרְחָקַת רְאוּת הָעַיִן וְהַמַּחֲשָׁבָה.
Sexual desire can not be distanced from a man except through distancing the vision of the eye and thought.

י. לֹא תִכָּנֵס עִם פִּתּוּיֶיךָ בְּטוֹעֵן וְנִטְעָן, כִּי אֲרִיכַת הַרְגָּשַׁת הַחוֹשֵׁב אֲפִלּוּ לִבְחִינַת הַשּׁוֹלֵל תִּפְעַל הַגְבָּרַת הַחֵפֶץ וְתִתְהַפֵּךְ הָרָצוֹן אֵלָיו.
Do not enter into negotiations with your temptations, for the elaboration of the sensations of the contemplator, even directed at negation, will affect reinforcement of the desire, and his will - will be overturned on him Or towards it.

יא. עַל־יְדֵי הַיַּיִן רֹב נִאוּף.
Through wine comes about most promiscuity.

יב. מִי שֶׁאֵין לוֹ אִשָּׁה, אֵינוֹ אָדָם, וּכְאִלּוּ שׁוֹפֵךְ דָּמִים וּמְמַעֵט אֶת הַדְּמוּת.
One without a wife is not a man, and is as if he spills blood and diminished the image.

יג. מִי שֶׁמְּחַסֵּר עוֹנַת אִשְׁתּוֹ, וְיֵשׁ לָהּ צַעַר מִזֶּה, הוּא נֶעֱנָשׁ בְּמִיתָה.
One who detracts from his wife's time - that is the time and circumstances that the Torah allows for procreation, and she suffers from this, is punished with death.

יד. לִפְעָמִים עַל־יְדֵי שִׁדּוּכִים שֶׁאֵינָם הֲגוּנִים זֶה לָזֶה, אֶחָד מֵהֶם מֵת.
Sometimes, through marital matches whose partners are not suited to each other, one of them dies.

טו. מִי שֶׁנּוֹשֵׂא אִשָּׁה רְשָׁעָה גְּרוּשָׁה – קוֹבַרְתּוֹ.
One who marries a wicked divorced woman, she comes to bury him.

Sefer HaMidot   ספר המדות

טז. נאוּף שֶׁל אִשָּׁה מַחֲרִיב אֶת הַבַּיִת.
The licentiousness of the wife destroys the house.

יז. כָּל הַמְזַנֶּה, עַל־יְדֵי זֶה אִשְׁתּוֹ רוֹאָה בַּחֲלוֹם טֻמְאוֹת הַנִּקְרָא מָארין.
Anyone who has immoral sex, through this their wives see in a dream impurity called murrin.

יח. כָּל הַנּוֹשֵׂא אִשָּׁה לְשֵׁם שָׁמַיִם, כְּאִלּוּ יְלָדָהּ.
Anyone who marries a woman for the sake of Heaven is as if he gave birth to her.

יט. עַל־יְדֵי זִוּוּג שֶׁאֵינוֹ בִּקְדֻשָּׁה בָּא שְׂרֵפָה.
Through a marriage which is not holy comes fire.

כ. כָּל הַבָּא דְּבַר עֲבֵרָה לְיָדוֹ וְאֵינוֹ עוֹשֶׂה, עוֹשִׂים לוֹ נֵס.
Anyone to whom an opportunity to sin comes, and he refrains, a miracle is done for him.

כא. הַנּוֹשֵׂא אִשָּׁה, שֶׁאֵינָהּ הוֹגֶנֶת לוֹ, כְּאִלּוּ חוֹרְשׁוֹ לְכָל הָעוֹלָם כֻּלּוֹ וְזוֹרְעוֹ מֶלַח, וּכְשֶׁהַקָּדוֹשׁ־בָּרוּךְ־הוּא מַשְׁרֶה שְׁכִינָתוֹ, הוּא מֵעִיד עַל כָּל הַשְּׁבָטִים, וְאֵינוֹ מֵעִיד עָלָיו.
One who marries a woman who is not appropriate for him, is as if he plows the whole world and plants in it salt, and when GOD basks His Divine Presence, He testifies on behalf of all the Tribes, but not on behalf of him.

כב. הַמֵּפֵר בְּרִית, כְּאִלּוּ הֵפֵר כָּל הַמִּצְווֹת.
One who breaches the Covenant - that is, one who commits sexual transgressions, is as if he transgressed all the commandments.

כג. הַמִּכְנָסַיִם מְכַפְּרִים עַל גִּלּוּי עֲרָיוֹת.
Pants atone for sexual immorality.

כד. עַל־יְדֵי נְאוּף נוֹפְלִים הַצַּדִּיקִים.
Through promiscuity, the righteous fall.

כה. עַל־יְדֵי שֶׁמְּקוֹנֵן עַל מִיתַת הַצַּדִּיקִים, עַל־יְדֵי זֶה מְשַׁבֵּר אֶת עַצְמוֹ מֵאַהֲבַת נָשִׁים.
Through lamenting the death of the righteous, one breaks himself from love of women - that is: one breaks from himself the love of women.

כו. עַל־יְדֵי הוֹצָאַת זֶרַע לְבַטָּלָה בּוֹרֵא קְלִפּוֹת, הַמִּתְלַבְּשִׁים בִּבְנֵי־אָדָם מִתְנַגְּדִים וְחוֹלְקִים עָלָיו וְעוֹשִׂין לוֹ יִסּוּרִין.
Through spilling one's seed wastefully, one creates klipos, husks - evil forces, that enclothe themselves in people who oppose him, and antagonize him, and cause him suffering.

Sefer HaMidot   ספר הַמִדוֹת

כז. הַבָּא עַל אֵשֶׁת אִישׁ, סוֹף שֶׁבָּא לִידֵי שְׁפִיכוּת־דָּמִים.
One who has relations with a married woman, in the end comes to spill blood - that is murder.

כח. מִי שֶׁהוּא מְבַעֵר נוֹאֲפִים, בָּזֶה הוּא מְתַקֵּן חַטֹּאת אֲבוֹתָיו.
One who eradicates sexual transgressors, with this he rectifies the sins of his forefathers.

כט. מִי שֶׁרוֹצֶה לִשְׁמֹר אוֹת בְּרִית, יֹאמַר תָּמִיד אֱמֶת, גַּם יַעֲשֶׂה חֶסֶד עִם מִי שֶׁלֹּא יְצַפֶּה לְתַשְׁלוּם גְּמוּלוֹ.
One who wants to guard his sexual purity [lit. the sign of the covenant] should always say the truth, and also should do kindness to one from whom he does not expect repayment.

ל. לִפְגַם הַבְּרִית יִהְיֶה רוֹדֵף שָׁלוֹם.
For the rectification of despoiling sexual purity [lit. covenant], he should pursue peace.

לא. עַל־יְדֵי מַחֲלֹקֶת בָּא לִידֵי פְּגַם הַבְּרִית.
Through strife, one comes to despoiling sexual purity [lit. covenant].

לב. הִרְהוּרֵי נִאוּף בָּאִים מֵחֲמַת שְׁבִירַת כְּלִי שֶׁל חֶסֶד, וּלְפִי רֹב הַנִּיצוֹצוֹת הֵן רֹב הַמַּחְשָׁבוֹת שֶׁל נִאוּף.
Promiscuous thoughts come as a result of the "Breaking of the Vessel of Kindness", and according to the abundance of fallen sparks, so is the abundance of the promiscuous thoughts.

לג. מִי שֶׁעוֹבֵר עַל מִשְׁכַּב־זָכָר, עַל־יְדֵי זֶה נִתְפָּס בִּתְפִיסָה.
One who transgresses the prohibition against homosexual relations through this he is caught and incarcerated.

לד. כֶּסֶף חַי מְסֻגָּל לִגְבוּרַת אֲנָשִׁים.
Mercury is conducive for masculine might Euphemism for an erection.

לה. מִי שֶׁמְּזַוֵּג עִם אִשְׁתּוֹ בִּשְׁעַת שִׂנְאָה, זֶרַע הַנּוֹלָד הֵן מְשַׁמְּדִין אֶת עַצְמָן.
One who has relations with his wife in a time of hatred, the children born make themselves apostates.

לו. עַל־יְדֵי נִאוּף בָּאִים לַגָּלוּת תַּחַת יַד שָׂרִים לֵצִים, וְנַעֲשֶׂה בַּעַל־חוֹב.
Through promiscuity, one becomes exiled under the hand of frivolous governors, and becomes in-debt.

לז. בִּזְכוּת שֶׁהַנְּקֵבוֹת נִזְהָרִים מִנִּאוּף, יָבוֹא מָשִׁיחַ, גַּם לֹא יִצְטָרֵךְ אָדָם לַחֲבֵרוֹ, וּכְבוֹד הַצַּדִּיקִים נִתְגַּדֵּל.

Sefer HaMidot

סֵפֶר הַמִּדּוֹת

In the merit that the women guard against promiscuity, the Messiah will come, also a person will not be dependent on his fellow, and the honor of the tzaddikim is aggrandized.

לח. נִאוּף בָּא עַל־יְדֵי הִתְעַסְּקוּת בְּשֵׁמוֹת הַטֻּמְאָה וּבִכְשָׁפִים.

Promiscuity comes as a result of involvement with names of the impure, that is names of impure or evil spiritual entities, and witchcraft.

לט. הַבָּא עַל הַכּוּתִית, מַכְנִיס כָּל הַשֶּׁפַע לְסִטְרָא אַחֲרָא.

One who has relations with a non-Jew [lit. a Kutite] channels all the bounty to the Other [Impure] Side.

מ. עַל־יְדֵי נִאוּף בָּא שִׁכְחָה.

Through promiscuity comes forgetfulness.

מא. תִּקּוּן לְהוֹצָאַת זֶרַע לְבַטָּלָה – שֶׁיִּשְׁתַּדֵּל לְהַחֲזִיר בְּנֵי־אָדָם בִּתְשׁוּבָה.

A repair for releasing seed in waste - that he should make efforts to bring people back in repentance.

מב. מִי שֶׁהוּא נוֹטֵר בְּרִית, אַף־עַל־פִּי שֶׁאֵין לוֹ זְכוּת אָבוֹת, הַקָּדוֹשׁ־בָּרוּךְ־הוּא עוֹשֶׂה לוֹ זְכוּת.

One who guards sexual purity [lit. covenant], even if he does not have ancestral merit, the Holy One - Blessed is He, grants him merit.

מג. עַל־יְדֵי מִעוּט אֱמוּנָה בָּאִין הִרְהוּרֵי נִאוּף.

Through inadequate faith come promiscuous thoughts.

מד. בַּעֲוֹון כְּשׁוּף וְנִאוּף הַצַּדִּיק נִסְתַּלֵּק.

Through the sin of witchcraft and promiscuity, the Tzaddik passes away.

מה. בְּנֵי נוֹאֲפִים יִהְיוּ נִצְרָכִים לִכְשׁוּף.

The offspring of sexual offenders will become in need of witchcraft.

מו. בָּנִים הַנּוֹלָדִים עַל־יְדֵי עֵסֶק הַכִּשּׁוּף יִהְיוּ נוֹאֲפִים.

Offspring born through witchcraft will be promiscuous.

מז. הַנּוֹאֲפִים – לָרֹב הֵם מִתְנַגְּדִים לַצַּדִּיקִים.

Sexual offenders, for the most part, oppose the righteous.

מח. הַמּוֹצִיא זֶרַע לְבַטָּלָה, כְּאִלּוּ הֵבִיא בָּנָיו קָרְבָּן לַעֲבוֹדָה זָרָה גַּם נִדּוֹן בִּסְקִילָה.

One who spills his seed in vain, it is as if he brings his children as a sacrifice to idol worship, and also, he is judged by stoning.

מט. עַל־יְדֵי נִאוּף מְאַבֵּד אֶת הַזִּכָּרוֹן.

Sefer HaMidot

ספר המדות

Through promiscuity, one destroys the memory.

נ. עַל־יְדֵי נְאוּף הַבּוּשָׁה נִסְתַּלֵּק.

Through promiscuity, sense of shame departs.

נא. עַל־יְדֵי אֲכִילָה גַּסָּה בָּא לִנְאוּף.

Through overeating, one comes to promiscuity.

נב. כְּשֶׁאָדָם עוֹבֵר עֲבֵרָה, אַחַר־כָּךְ הוּא מְצַעֵר מֵחֲמַת הַנִּיצוֹץ שֶׁבּוֹ, אֲבָל כְּשֶׁפָּגַם בַּבְּרִית אֵין מְצַעֵר אַחַר־כָּךְ, כִּי כְּבָר הָלַךְ מִמֶּנּוּ הַנִּיצוֹץ.

When a man commits a sin, afterwards he is pained due to the spark of holiness within him. But when a man violates his sexual purity [lit. covenant], he is not pained afterwards, for the spark has already left him.

נג. מִי שֶׁאֵינוֹ מֵפֵר בְּרִית, עַל־יְדֵי זֶה יֵשׁ לוֹ זְכִירָה.

One who does not despoil his sexual purity [lit. covenant], through this he has memory.

נד. הִרְהוּרֵי נְאוּף בָּאִים עַל־יְדֵי שְׁבוּעַת שָׁקֶר.

Promiscuous thoughts come as a result of false oaths.

נה. מִי שֶׁהוּא עָרֵב בְּעַד רָשָׁע, נַעֲשָׂה נוֹאֵף.

Someone who serves as a guarantor for a wicked person becomes promiscuous.

נו. מִי שֶׁמַּשְׁחִית דַּרְכּוֹ, עַל־יְדֵי זֶה נִכְלָה פְּרוּטָה מִן הַכִּיס.

One who destroys his path, Euphemism for wasting seed through this the wallet is penniless.

נז. עַל־יְדֵי גִּלּוּי עֲרָיוֹת בָּא הֲרִיגָה.

Through sexual immorality comes murder.

חלק שני

א. עַל־יְדֵי נְאוּף נוֹפֵל לִתְפִיסָה אוֹ לָחֳלִי כְּאֵב רַגְלַיִם, גַּם תַּלְמִיד שֶׁלֹּא הִגִּיעַ לְהוֹרָאָה וּמוֹרֶה נוֹפֵל לָזֶה, גַּם מַזִּיקִין שׁוֹלְטִין עָלָיו.

Through promiscuity, one falls into incarceration or to the sickness of feet pains. Also, a student who has not achieved, the level, of instructor, in Jewish law, and even still goes ahead, and rules, suffers this fate, also destructive spirits dominate him.

ב. עַל־יְדֵי הַמַּחֲלֹקֶת נוֹפֵל לְתַאֲוַת נְאוּף.

Through discord, one falls into sexual lust.

ג. עַל־יְדֵי תַּשְׁמִישׁ הַמִּטָּה בְּיָמִים שֶׁאֲסוּרִין בְּתַשְׁמִישׁ, עַל־יְדֵי זֶה נוֹפֵל לִתְפִיסָה.

Sefer HaMidot   ספר הַמִּדוֹת

Through sexual relations on days that relations are forbidden, through this one falls into imprisonment.

ד. עַל־יְדֵי תַּאֲוַת נִאוּף בָּא עֲצִירוּת, וְעַל־יְדֵי עֲצִירוּת בָּא צָרַעַת.
Through sexual lust comes constipation, and from constipation comes leprosy.

ה. עַל־יְדֵי טוֹבוֹת שֶׁעוֹשֶׂה עִם בְּנֵי־אָדָם, נִתְבַּטֵּל תַּאֲוַת נִאוּף וְכֵן לְהֵפֶךְ.
Through favors one does for others, sexual lust is annulled, and so the opposite.

ו. שׁוֹמֵר הַבְּרִית הוּא מָקוֹר הַבְּרָכוֹת.
Guarding sexual purity [lit. the covenant] is the source of the blessings.

ז. כָּל הַשּׁוֹמֵר הַבְּרִית, זוֹכֶה לְהָבִין הַשִּׁבְעִים לָשׁוֹן, הַגְּנוּזִים בַּתּוֹרָה.
All who guard their sexual purity [lit. covenant] merit to understanding the seventy languages that are hidden in the Torah.

ח. אָסוּר לְלַמֵּד זְכוּת, עַל זֶה שֶׁעָבַר עַל מִשְׁכַּב זָכוּר.
It is forbidden to judge favorably one who has transgressed with homosexual relations.

ט. הַפַּרְנָסָה – לְפִי הַזִּוּוּג.
Parnassa [livelihood] is according to the marital match.

י. אִישׁ בָּטֵל שֶׁאֵין עוֹסֵק בְּשׁוּם עֵסֶק, עַל־יְדֵי זֶה תַּאֲוָתוֹ מְרֻבָּה בְּמִשְׁגָּל וּמְדַבֵּר דִּבְרֵי טִנּוּף תָּמִיד.
An unoccupied man who is not involved in any occupation, through this his sexual desire abounds, and he constantly speaks filthy words.

יא. מִי שֶׁהוּא שׁוֹמֵר הַבְּרִית מֻתָּר לוֹ לִשְׂמֹחַ, כְּשֶׁרוֹאֶה מַפֶּלֶת שׂוֹנְאָיו.
Someone who guards his sexual purity [lit. covenant] is permitted to rejoice when he sees the fall of his enemies.

יב. סַכָּנַת הַדְּרָכִים בָּא עַל־יְדֵי פְּגַם הַבְּרִית. וְסִימָן לַדָּבָר: "אָרְחִי וְרִבְעִי זֵרִיתָ" וְכוּ'.
Danger on the roads comes as a result of sexual impurity [lit. violation of the covenant]. A hint for this from the Torah: "my going and resting you have encompassed [meaning - have complete knowledge and control] etc." [these Hebrew words can also be translated as my seed you have scattered - thus hinting that by the scattering of one's seed, that is sexual impurity, one's travel will be endangered].

Sefer HaMidot

סֵפֶר הַמִּדּוֹת

יג. אִשָּׁה שֶׁנִּתְבַּעַת לִזְנוּת, אַף־עַל־פִּי שֶׁלֹּא נִבְעֲלָה, הַתְּבִיעָה לְחוּד עוֹשָׂה בָּהּ רֹשֶׁם.

A woman who is accosted for sex, even if she did not actually have relations, the request itself leaves an impression upon her.

יד. מִי שֶׁעוֹצֵם עֵינָיו מֵרְאוֹת בְּרָע, עַל־יְדֵי זֶה נִצּוֹל מִבִּזְיוֹנוֹת.

One who shuts his eyes to avoid seeing evil, through this he is saved from humiliations.

טו. עַל־יְדֵי זְנוּת בָּא רְצִיחָה.

Through forbidden sexual relations comes murder.

טז. עַל־יְדֵי זְנוּת עִם הָאֻמּוֹת בָּא שְׁמָד.

Through sexual relations with non-Jews [lit. the nations] comes apostasy.

יז. מִי שֶׁנּוֹטֵל שְׂרָרָה לְעַצְמוֹ, עַל־יְדֵי זֶה בִּתּוֹ נַעֲשֵׂית זוֹנָה, חַס וְשָׁלוֹם.

One who self appoints himself to a position of authority through this his daughter becomes a prostitute, GOD forbid.

יח. הַבַּעֲלֵי חֶשְׁבּוֹנוֹת – עַל־פִּי רֹב הֵם בַּעֲלֵי תַּאֲוַת נִאוּף.

Accountants, for the most part, are full of promiscuous lust.

יט. מִי שֶׁאֵין מִסְתַּכֵּל עַל נָשִׁים, זוֹכֶה שֶׁזַּרְעוֹ יְחַבְּרוּ פֵּרוּשִׁים עַל הַתּוֹרָה.

One who does not look upon women merits that his descendants will compile commentaries on the Torah.

נִבּוּל פֶּה
foul language

א. מִי שֶׁמְּדַבֵּר נִבּוּל־פֶּה, בְּיָדוּעַ שֶׁלִּבּוֹ חוֹשֵׁב מַחֲשָׁבוֹת אָוֶן.

Someone who speaks foul language, it is certain that in his heart he thinks thoughts of sin.

ב. עַל־יְדֵי נִבּוּל־פֶּה בָּא חֲנֻפָּה.

Through foul language comes adulation.

ג. בַּעֲווֹן נִבּוּל־פֶּה צָרוֹת וּגְזֵרוֹת מִתְחַדְּשׁוֹת, וּבַחוּרֵי יִשְׂרָאֵל מֵתִים, חַס וְשָׁלוֹם, וִיתוֹמִים וְאַלְמָנוֹת צוֹעֲקִים וְאֵינָם נַעֲנִין.

From the sin of foul language, troubles and evil decrees are renewed, and the young men of Israel die, GOD forbid, and orphans and widows cry out and are not answered.

ד. הַמְנַבֵּל פִּיו, אֲפִלּוּ חוֹתְמִין עָלָיו גְּזַר־דִּין שֶׁל שִׁבְעִים שָׁנָה לְטוֹבָה, הוֹפְכִין עָלָיו לְרָעָה, גַּם מַעֲמִיקִין לוֹ גֵּיהִנֹּם, גַּם לְשׁוֹמֵעַ וְשׁוֹתֵק.

Sefer HaMidot   ספר המדות

One who defiles his speech, even if they have sealed for him a decree of seventy years for good, they reverse it to bad. Also, they deepen Hell for him. This also applies to one who hears [such speech] and remains silent.

ה. חָמוּר הָאוֹמֵר בְּפִיו מִן הָעוֹשֶׂה מַעֲשֶׂה.

More stringent is one who speaks verbally than the one who performs an action.

ניסיון
Test

א. הַנִּסָּיוֹן הוּא בִּשְׁבִיל לְגַדֵּל וּלְפַרְסֵם אֶת הָאָדָם.

A test is to bring greatness and fame to a man.

ב. מִי שֶׁאֵין בְּמַעֲלוֹת הַצַּדְקוּת, וְגַם אֵין לוֹ זְכוּת אָבוֹת, וְרוֹצֶה לְקָרֵב אֶת בְּנֵי־אָדָם לַעֲבוֹדַת הַשֵּׁם יִתְבָּרַךְ, יִשְׁמֹר אֶת עַצְמוֹ מִנִּסְיוֹנוֹת, וּבִפְרָט שֶׁלֹּא יִתְקַנְּאוּ בּוֹ הָרְשָׁעִים.

One who is not on the hierarchy of righteousness, and also does not have ancestral merit, and [nevertheless] wants to draw people to the service of the blessed GOD, he should guard himself from tests, and especially guard himself Or so as, not to arouse the jealousy of the wicked.

ג. מִי שֶׁהוּא שׁוֹלֵט בְּיִצְרוֹ, בָּנָיו אֵינָם יוֹצְאִים לְתַרְבּוּת רָעָה, וְעַל־יְדֵי זֶה מָמוֹנוֹ נִתְבָּרֵךְ, וְעַל־יְדֵי זֶה לֹא יָבוֹא לִידֵי נִסָּיוֹן.

One who is master over his desires, his children will not go off in bad ways, and through this his wealth is blessed, and through this, he will not come to be tested.

נפילה
Falling

חלק ראשון

א. לִפְעָמִים אָדָם נוֹפֵל מִמַּדְרֵגָתוֹ לְעֵת זִקְנָתוֹ.

Sometimes, a man falls from his level in his old age.

ב. עַל־יְדֵי גְּבִיַּת מַס נוֹפֵל אָדָם מִמַּדְרֵגָתוֹ.

Through collecting taxes, a man falls from his level.

ג. עַל־יְדֵי קִנְאָה נוֹפֵל מִמַּדְרֵגָתוֹ.

Through jealousy one falls from his level.

Sefer HaMidot

ד. עַל־יְדֵי קִנְאָה אֵינוֹ הוֹלֵךְ בְּדֶרֶךְ אֶחָד, לִפְעָמִים מִתְפַּלֵּל בְּהִתְלַהֲבוּת וְלוֹמֵד בְּהַתְמָדָה, וְלִפְעָמִים הַתְּפִלָּה וְהַלִּמּוּד עָלָיו כְּמַשָּׂא.

Due to jealousy, a person does not have consistency. Sometimes he prays with enthusiasm and learns with diligence, and other times, the prayer and learning are a burden to him.

ה. מִי שֶׁנֶּעְעָד בְּדִבּוּרוֹ, וּבְוַדַּאי הָרְגִילוּת שֶׁל לְשׁוֹנוֹ הָיָה צָרִיךְ לְדַבֵּר כָּל מַה שֶּׁצָּרִיךְ, אֲבָל מִי שֶׁנֶּעְעָד בִּרְגִילוּת לְשׁוֹנוֹ, בְּיָדוּעַ שֶׁפַּרְנָסָתוֹ נִתְמַעֵט וְהוּא צָרִיךְ לְחֶסֶד גָּדוֹל וִישׁוּעָה שֶׁיִּתֵּן לוֹ הַקָּדוֹשׁ־בָּרוּךְ־הוּא פַּרְנָסָה.

One who blunders in his speech [stammers - and certainly, one needs a fluent tongue for everything he needs to express - but one who [nevertheless] blunders in his speech, it is certain that his livelihood has been curtailed, and he is in need of great kindness and salvation, that the Holy One, Blessed be He, should grant him his livelihood.

ו. עַל־יְדֵי הַשְּׁבוּעָה נִכֶּרֶת [נִכְרַת] הַהִשְׁתּוֹקְקוּת שֶׁל אָדָם.

By taking an oath, a person's longings can be recognized [alternate version: his longings are cut off. Both versions are correct, however only one justifies this dictum to be categorized here under the entry of falling].

ז. כְּשֶׁאָדָם מַחֲלִיק וְנוֹפֵל, זֶה עַל־יְדֵי שֶׁהִתְחַזֵּק לַעֲבֹר עֲבֵרָה.

When a man slips and falls, this is because he had strengthened himself to commit a sin.

ח. כְּשֶׁאַתָּה מַתְחִיל לַעֲשׂוֹת אֵיזֶה מִצְוָה וְהַהַתְחָלָה הִיא בְּכָל לֵבָב, תַּצְלִיחַ בָּזוֹ הַמִּצְוָה וְלֹא יְאֻרַע לְךָ שׁוּם הֶזֵּק.

When you begin doing a mitzvah, and the beginning is with all your heart, you will be successful in fulfilling this mitzvah, and no harm will come to you.

ט. מִי שֶׁנּוֹפֵל מִיִּרְאָתוֹ, בְּיָדוּעַ שֶׁיִּרְאָתוֹ לֹא הָיְתָה טְהוֹרָה.

One who falls from his awe of GOD, it is certain that his awe was not pure.

י. אָדָם נוֹפֵל מֵחֲמַת תַּאֲוַת מָמוֹן.

A person falls due to desire for money.

יא. כְּשֶׁתִּשְׁמֹר אֶת עַצְמְךָ מִגְּזֵלוֹת וּמִשְּׁבוּעוֹת וּמִשֶּׁקֶר, לֹא תִפֹּל מִמַּדְרֵגָתְךָ.

If you guard yourself from thievery, and from oaths, and from falsehood, you will not fall from your level.

יב. כְּשֶׁאָדָם מִתְפַּלֵּל בְּמִנְיָן, שֶׁיֵּשׁ שָׁם רְשָׁעִים, לִפְעָמִים הֵם מַשְׁלִיכִין אוֹתוֹ לְמַטָּה וְהַסְּגֻלָּה לָזֶה – שֶׁיַּגְבִּיהַּ יָדָיו לְמַעְלָה בִּשְׁעַת הַתְּפִלָּה.

ספר המדות
Sefer HaMidot

When a man prays in a minyan which includes wicked people, they sometimes send him down. A segulah [to be protected] for this is to raise one's hands up during prayer.

יג. מִי שֶׁלִּבּוֹ נוֹפֵל מֵהִתְלַהֲבוּת, הוּא מֵחֲמַת שֶׁשּׂוֹנֵא אֶת הַצַּדִּיק.
One whose heart falls from its enthusiasm, it is because he hates the Tzaddik.

יד. הַצַּדִּיק שֶׁמַּנְהִיג בֶּאֱמֶת אֶת הָעוֹלָם, לֹא יִפֹּל מֵחֲשִׁיבוּתוֹ.
The Tzaddik who rules the world with Truth will not fall from his importance.

טו. מִי שֶׁבּוֹרֵחַ מִן הַכָּבוֹד וְהַכָּבוֹד רוֹדֵף אַחֲרָיו, בְּוַדַּאי לֹא יֵרֵד וְלֹא יִפֹּל מִכְּבוֹדוֹ.
One who flees from honor and the honor pursues him, will certainly not descend from nor fall in prestige.

טז. עַל־יְדֵי הִתְקַשְּׁרוּת לַצַּדִּיקִים לֹא יִפֹּל מִמַּדְרֵגָתוֹ.
Through attachment to tzaddik im, one will not fall from one's level.

חלק שני

א. מִי שֶׁהוֹלֵךְ וְנוֹפֵל, יֵדַע שֶׁמַּלְאָכָיו הַשּׁוֹמְרִים אוֹתוֹ נִסְתַּלְּקוּ.
One who who is going [walking] and falls, should know that his guardian angels have deserted him.

ב. מִי שֶׁבָּא לוֹ הִרְהוּר זְנוּת עִם בַּת אֵל נֵכָר, בְּיָדוּעַ שֶׁיִּהְיֶה לוֹ אֵיזֶהוּ נְפִילָה.
One who has a thought of having relations with a gentile woman, it is certain that he will have some sort of fall.

ג. אוֹ אֵיזֶהוּ חוֹלַאַת יָבוֹא עַל אִשְׁתּוֹ וּבָנָיו.
Or some sickness will come upon his wife and children.

נר תמיד
Memorial Lamp

א. בִּזְכוּת נֵר תָּמִיד הַדּוֹלְקִים בְּשֶׁמֶן־זַיִת, נִצּוֹלִין מִגְּזֵרַת שְׁמָד.
In the merit of memorial [lit. constant] lamps that burn on olive oil, one is saved from losing the Jewish faith.

סגולה
Auspicious Action or Object

א. נוֹצָה שֶׁל עוֹפוֹת הַבַּר הֵם סְגֻלָּה לְחָלְאֵי הָרָאָה, וּמְסֻגָּל לְחַזֵּק אֶת הָרוּחַ־

Sefer HaMidot

סֵפֶר הַמִּדּוֹת

חַיִּים.

Feathers from wild birds are a segulah for healing sicknesses of the lungs, and are conducive to strengthening the breath of life.

ב. הַשָּׁמַיִם – יֵשׁ בָּהֶם שִׁנּוּי מַרְאוֹת לְפִי מַרְאוֹת עֲשָׂבִים הַגְּדֵלִים עַל־יְדֵיהֶם, וְהֵם מְסֻגָּלִים לְהִסְתַּכֵּל בָּהֶן.

The heavens have changes in their appearance according to the appearance of the grasses that grow by them, and it is effective to gaze on them.

ג. מֵי גְשָׁמִים מְסֻגָּלִין לְמִי שֶׁאֵין לוֹ גְּבוּרַת אֲנָשִׁים.

Rainwater [to drink] is a segulah for an impotent male.

ד. אֲמִירַת תְּהִלִּים סְגֻלָּה לְהוֹרִיד גְּשָׁמִים "תְּהִלִּם" – לְ'מְטַר הַ'שָּׁמַיִם תִּ'שְׁתֶּה מַ'יִם.

Recital of Tehillim [Psalms] is a segulah for rainfall.

ה. סְגֻלָּה לְהַחֲזִיר לְאִשָּׁה וִסְתָּהּ עַל־יְדֵי הַכְנָסַת אוֹרְחִים.

A segulah for renewing a woman's monthly cycle is to host guests.

ו. מִי שֶׁשַּׂעֲרוֹתָיו מְרֻבִּים שֶׁלֹּא עַל־פִּי הַטֶּבַע, זֶה עָלוּל לִנְזָקִים הַרְבֵּה וְלִפְגָעִים רָעִים מֵהַסִּטְרָא־אַחֲרָא, סְגֻלָּתוֹ שֶׁיִּקְרָא הַפָּרְשָׁה שֶׁקּוֹרִין בְּיוֹם־כִּפּוּרִים.

Having hair that is unnaturally long is liable to causing much evil damage from the Other Side. A segulah against this is reciting the section [of the Torah reading] that is read on Yom Kippur.

ז. מִי שֶׁנִּתְאַלֵּם בְּפֶתַע פִּתְאוֹם, יַעֲבִירוּ עַל פִּיו חֵלֶף כָּשֵׁר.

Someone who becomes mute suddenly and unexpectedly, should pass a kosher butcher's knife over his mouth.

ח. סְגֻלָּה לַמַּקְשָׁה לֵילֵד, תִּתְלֶה לָהּ עַל צַוָּארָהּ מַפְתֵּחַ שֶׁל הַבֵּית־עָלְמִין. גַּם הַמַּפְתֵּחַ הַזֶּה מְסֻגָּל לַעֲקָרָה.

A segulah for a woman having difficulty giving birth is to hang the key to the cemetery upon her neck.

ט. סְגֻלָּה לְחֳלִי הַצַּוָּאר, שֶׁיִּבְכֶּה עַל חֻרְבַּן בֵּית־הַמִּקְדָּשׁ.

It is a segulah for one suffering illness in the neck, to weep over the destruction of the Temple.

י. סְגֻלָּה כְּשֶׁנִּכְנָס לְבַיִת חָדָשׁ לָגוּר, יַכְנִיס לְשָׁם חֶרֶב אוֹ סַכִּין אוֹ שְׁאָר כְּלִי־זַיִן. וְסִימָן לַדָּבָר: בְּחָכְמָה יִבָּנֶה בָּיִת – כְּ'לִי חָ'מָס מְ'כֵרוֹתֵיהֶם; חַרְבוֹתֵיהֶם מְגוּרוֹתֵיהֶם.

Upon entering a new house in which to live, it is a segulah to bring in a sword, knife or other weapon. An indication for

Sefer HaMidot

this [from Scripture]: "Through wisdom a house is built" - the letters of "wisdom" [ChuChMah] stand for "Weapons of Violence they practice where they Reside". Their swords, their residence [the Hebrew word in the verse which was translated as "their residence" can be alternately translated: "their swords" [in which case the "weapons of violence" would be translated as, stolen weapons, see Rashi there]. [Thus, a connection between weapons and the maintaining of residence can be established].

יא. תַּפּוּחִים מְסֻגָּלִים לְמַקְשָׁה לֵילֵד.
Apples are a segulah for one who has difficulties in childbirth.

סוד
Secret

א. עַל־יְדֵי עִיּוּן עָמֹק בְּסוֹדוֹת הַתּוֹרָה יוּכַל לִפְקֹד עֲקָרוֹת וּלְרַפְּאוֹת חוֹלַאַת חָזָק.
Through deep contemplation on the secrets of the Torah, one can bring conception to barren women and heal a serious illness.

ספירת העומר
The Counting of the Omer

א. עַל יְדֵי סְפִירַת הָעֹמֶר נִצּוֹלִין מִגֵּרוּשׁ.
Through counting of the omer, there is saving from expulsion.

ב. בְּיוֹתֵר צָרִיךְ לְהִזָּהֵר לִטְבֹּל לְקִרְיוֹ בִּימֵי עֹמֶר.
Extra special care must be taken to dip [in a mikva] for one's accidental emission during the days of the omer.

ג. בִּסְפִירַת הָעֹמֶר יְכוֹלִין לְהַכְנִיעַ אֶת הַמָּסוּר. וְסִימָן: **לָעֹמֶר** - רָאשֵׁי תֵבוֹת מֵ'אִיגְּרָא רָ'מָא לְ'בֵירָא עַ'מִיקְתָּא.
In the counting of the omer it is possible to subdue an informer. A sign for this: "LaOMeR" [- to the omer - this is how the Omer is counted: 1 or 49 days to the Omer] this is

Sefer HaMidot   סֶפֶר הַמִדּוֹת

an acronym for: "Me'igra Rama L'bira Ohmika" [from a high roof to a deep pit].

ספר
Book

א. מִי שֶׁיֵּשׁ בְּיָדוֹ לְחַבֵּר אֵיזֶהוּ סֵפֶר וְאֵינוֹ מְחַבְּרוֹ, זֶה כְּמוֹ שְׁכוּל בָּנִים.

Someone who has the potential to write a book and does not; this is considered like losing children.

ב. אֵלּוּ הַמְחַבְּרֵי הַסְּפָרִים – צְרִיךְ לָהֶם לִשְׁקֹל בַּמִּשְׁקָל אֶת דִּבְרֵי הַסֵּפֶר, אִם יֵשׁ בָּהֶם כְּדֵי סֵפֶר, כִּי עִקַּר הַסֵּפֶר אֵינוֹ אֶלָּא אֵלּוּ הַדְּבָרִים, הַנֶּאֱמָרִים בְּהִתְקַשְּׁרוּת הַנְּשָׁמוֹת בִּבְחִינַת: "זֶה סֵפֶר תּוֹלְדוֹת אָדָם", וְאִם יֵשׁ בּוֹ מְעַט בְּהִתְקַשְּׁרוּת הַנִּזְכָּר לְעֵיל, אֵין בּוֹ כְּדֵי סֵפֶר.

Writers must weigh the words of their books, to see if there is enough in them for a book. For the essence of a book is only the things which have been said with the connection of the souls, in the aspect of: "This is the book of the offspring of man." And if there is only a small amount from such a binding, then it is insufficient for a book.

ג. מְבִינֵי מַדָּע יְכוֹלִים לְהָבִין, כְּשֶׁרוֹאִים בְּסֵפֶר חִדּוּשִׁין דְּאוֹרַיְתָא, אִם בַּעַל הַמְחַבֵּר חִדֵּשׁ אֵלּוּ הַחִדּוּשִׁין בְּעַצְמוֹ, אוֹ שֶׁכְּבָר הָיָה לְעוֹלָמִים שֶׁחִדֵּשׁ אֵלּוּ הַחִדּוּשִׁין. וּמֵחֲמַת שֶׁלֹּא הָיָה בָּהֶם כְּדֵי סֵפֶר, נִתְגַּלָּה לְבַעַל הַמְחַבֵּר אֵלּוּ הַחִדּוּשִׁין, כְּדֵי לְחַבְּרָם בְּסִפְרוֹ, אֲבָל בֶּאֱמֶת לֹא טָרַח עַל אֵלּוּ הַחִדּוּשִׁין, כִּי בָּא לוֹ בְּנָקֵל, כִּי כְּבָר הָיָה מִי שֶׁטָּרַח בִּשְׁבִילָם וְהֵבִיא אוֹתָם לְגִלּוּי.

When those with depth of understanding see novel Torah teachings in a book, they can discern whether the author conceived of them himself, or whether they were already existing beforehand from time immemorial one who conceived these novelties, and, because there had not been enough to comprise a book, these novelties were revealed to this author, for them to be included in his book, but in truth, he did not labor for these teachings, for they came to him with ease, for someone else had already toiled for them and brought them to revelation.

ד. כְּשֶׁנִּדְפַּס אֵיזֶהוּ סֵפֶר חָדָשׁ, עַל-יְדֵי זֶה הַבְּכִיָּה שֶׁעַל-יָדוֹ נִתְחַדֵּשׁ זֶה הַסֵּפֶר בִּבְחִינַת "וְשִׁקְוּי בִּבְכִי מָסָכְתִּי", הַבְּכִיָּה הַזֹּאת נִתְגַּבֵּר כְּנֶגֶד גְּזֵרוֹתֵיהֶם שֶׁל הָאֻמּוֹת, שֶׁלֹּא יִתְגַּבְּרוּ עָלֵינוּ. גַּם עִקַּר כֹּחַ מֶמְשַׁלְתָּם

Sefer HaMidot סֵפֶר הַמִדּוֹת

אֵינוֹ אֶלָּא בִּבְכִיָּה שֶׁל עֵשָׂו, וְסִימָן לַדָּבָר: וְהָיָה מִסְפַּר בְּ'נֵי יִ'שְׂרָאֵל כְּ'חוֹל הַ'יָּם.

When some new Torah book is printed, the crying through which the book was created - in the aspect of "and my drink I mixed ["musachti" - close to "meseches" meaning tractate] with tears", this crying braces up against the decrees of the nations, that they should not overpower us. Furthermore, the main power of their sovereignty is only from the crying of Eisov. A sign of this: "And the number of the children of Israel will be as the sand of the sea."

ה. מִי שֶׁאֵין מִסְתַּכֵּל עַל נָשִׁים, זוֹכֶה שֶׁזַּרְעוֹ יְחַבְּרוּ פֵּרוּשִׁים עַל הַתּוֹרָה.
One who does not look upon women, merits that his descendants will author commentaries on the Torah.

ו. מַה שֶּׁסְּפָרִים קְדוֹשִׁים שֶׁל צַדִּיקִים נִגְנָזִין וְנֶאֱבָדִין וְנִשְׁכָּחִין מִן הָעוֹלָם, כְּגוֹן כַּמָּה סְפָרִים שֶׁל תַּנָּאִים וְקַדְמוֹנִים שֶׁנֶּאֱבָדוּ וְנִשְׁכְּחוּ הוּא טוֹבָה לָעוֹלָם, כִּי עַל־יְדֵי זֶה נֶאֱבָדִין וְנֶעֱקָרִין וְנִמְחִין סִפְרֵי מִינִין וְאֶפִּיקוֹרְסִים הַרְבֵּה, יִמַּח שְׁמָם, גַּם עַל־יְדֵי זֶה נִתְבַּטֵּל קִנְאָה וְשִׂנְאָה בֵּין אִישׁ לְאִשְׁתּוֹ הַכְּשֵׁרִים, הַמִּתְנַהֲגִים בִּקְדֻשָּׁה.

That which holy books by tzaddikim are buried [respectfully], and lost, and forgotten from the world, as with several books of the Tanaim and early Torah sages, which were lost and forgotten, this is beneficial for the world, for through this, many books by heretics and blasphemers, may their names be blotted out, are lost, uprooted and erased. Also, through this is annulled jealousy and hatred existing between an upright couple who live in holiness.

ז. עַל־יְדֵי סֵפֶר גָּדוֹל שֶׁיּוֹצֵא לָעוֹלָם, נִפְקָדִין עֲקָרוֹת, וְסִימָן "זֶה סֵפֶר תּוֹלְדוֹת אָדָם".
Through a significant book that comes into the world, barren women conceive. A hint for this: "This is the book of the offspring of man."

פדיון
Redeeming Prisoners

חלק ראשון
א. עַל יְדֵי גַבְהוּת הַלֵּב נוֹפֵל לִתְפִיסָה.

Sefer HaMidot ספר המדות

Through haughtiness of the heart, one falls into incarceration.

ב. דְּמוֹדָה לְנָכְרִים נוֹפֵל בִּידֵיהוֹן, אֶלָּא כָּל דִּבְרֵיהֶם תִּסְתֹּר.
One who agrees with the non-Jews falls into their hands. Rather, one should contradict all of their words.

ג. הָאוֹמֵר דָּבָר בְּשֵׁם אוֹמְרוֹ, מֵבִיא גְּאֻלָּה לָעוֹלָם.
Someone who says a statement in the name of the one who said it originator, brings redemption to the world.

ד. עַל יְדֵי פִּדְיוֹן שְׁבוּיִים. נִתְקַבֵּץ נִדָּחָיו שֶׁל הַפּוֹדֶה.
Through redeeming prisoners, the redeemer's dispersed are gathered.

ה. מִי שֶׁאֵינוֹ יוֹצֵא מִבֵּיתוֹ חָשׁוּב, כִּתְפִיסָה.
Someone who does not leave his house is considered as if incarcerated.

ו. בַּעֲווֹן מִשְׁכַּב זָכָר נִתְפָּס בִּתְפִיסָה.
Through the sin of homosexuality, one becomes incarcerated the commentators do not provide any citation here, so I suggest a hint from Joseph who says - even here I did nothing to be deserving of incarceration - and we know from our Sages that Potephar, Joseph's master, had desired him and GOD had an angel castrate Potephar, so Joseph had no cause whatsoever to have been incarcerated, so from here we can derive that homosexuality would be due cause.

ז. מִי שֶׁמְרַחֵם עַל הַשְּׁבוּיִים, הַקָּדוֹשׁ בָּרוּךְ הוּא מַצִּילוֹ מִמִּיתָה.
Someone who has mercy on prisoners, the Holy One, Blessed be He, saves him from death.

ח. מִי שֶׁהוּא בִּתְפִיסָה, בְּיָדוּעַ שֶׁגַּם נִשְׁמָתוֹ לְמַעְלָה בִּתְפִיסָה.
Someone who is incarcerated, it is certain that his soul above is also incarcerated.

ט. מִי שֶׁבָּא לַצַּדִּיק וְשׁוֹאֵל אֶת הַצַּדִּיק עֵצָה וּמֵפֵר עֲצָתוֹ אַחַר כָּךְ, עַל יְדֵי זֶה נִתְפָּס בִּתְפִיסָה.
Someone who comes to the Tzadik and asks the Tzadik advice, and afterwards violates his advice, as a result, he becomes incarcerated.

י. מִי שֶׁמַּאֲכִיל לֶחֶם לָרְעֵבִים, הַקָּדוֹשׁ בָּרוּךְ הוּא מַצִּיל אוֹתוֹ מִבֵּית הָאֲסוּרִים.
One who feeds bread to the hungry, the Holy One, Blessed be He, saves him from the jailhouse.

יא. מִי שֶׁלֹּא תִּקֵּן חַטָאוֹת נְעוּרִים, עַל יְדֵי זֶה בָּא לְבֵית הָאֲסוּרִים.

Sefer HaMidot   ספר הׅמׅדּוֹת

One who did not fix the sins of his youth, as a result, he goes to the jail house.

יב. מִי שֶׁהוּא רָגִיל לִהְיוֹת מוֹהֵל, אוֹ לְסַפֵּק צָרְכֵי סְעוּדַת בְּרִית מִילָה שֶׁל עָנִי, עַל יְדֵי זֶה נִצּוֹל מִבֵּית הָאֲסוּרִים.

Someone who is accustomed to performing circumcisions, or providing for the expenses of the circumcision feast for a poor person, through this, he is saved from the jail house [There is a hint to this from the Grace After Meals, who redeemed us from the house of bondage - through - your covenant that you sealed on our flesh - that is circumcision].

חלק שני

א. עַל יְדֵי נִאוּף נוֹפֵל לִתְפִיסָה אוֹ לָחֲלִי כְּאֵב רַגְלַיִם. גַּם תַּלְמִיד שֶׁלֹּא הִגִּיעַ לְהוֹרָאָה וּמוֹרֶה, נוֹפֵל לָזֶה, גַּם מַזִּיקִין שׁוֹלְטִין עָלָיו.

Through lewdness, one falls into incarceration or foot pain sickness. Also, a student who had not reached the level of delivering a halachic directive, yet prescribes, falls into this. Also, damaging spirits rule over Or afflict him.

ב. סְגֻלַּת הַצְּדָקָה לְבַטֵּל כָּל אֵלּוּ הָעֳנָשִׁים.

Charity is a segula [conductive] to nullifying all of those punishments.

ג. בִּשְׁבִיל שֶׁאֵין מְבַקְשִׁין רַחֲמִים עַל חֲבֵרוֹ, עַל יְדֵי זֶה נוֹפֵל לִתְפִיסָה, וְתִקּוּן לִתְפִיסָה, שֶׁיְּפַרְנֵס אֵיזֶהוּ בַּעֲלֵי חַיִּים.

Due to not requesting compassion on behalf of one's friend, as a result, one falls into incarceration. And a remedy for incarceration is to support some living creature.

ד. עַל יְדֵי תַּשְׁמִישׁ הַמִּטָּה בְּיָמִים שֶׁאֲסוּרִין בְּתַשְׁמִישׁ, עַל יְדֵי זֶה נוֹפֵל לִתְפִיסָה.

Through having marital relations on days on which such relations are forbidden, through this one falls into incarceration.

ה. כְּשֶׁאֶחָד מִבְּנֵי יִשְׂרָאֵל נִתְפַּס. בִּתְפִיסָה, עַל יְדֵי זֶה לְפִי בְּחִינָתוֹ נִסְתָּמוּ מַעְיְנוֹת הַחָכְמָה מֵחַכְמֵי הַדּוֹר, וּלְהֶפֶךְ כְּשֶׁיּוֹצֵא מֵהַתְּפִיסָה.

When one of the children of Israel falls into incarceration, as a result, according to his aspect, the wellsprings of wisdom are sealed up from the wise of the generation, and the opposite is true when he is freed from incarceration.

ו. לִפְעָמִים עַל יְדֵי תְּפִיסָה נִצּוֹל מִכִּלְיוֹן בָּנִים.

Sometimes, through incarceration, one is saved from loss of

Sefer HaMidot   סֶפֶר הַמִּדּוֹת

children.

ז. עַל יְדֵי לָשׁוֹן הָרַע נִתְפָּס בִּתְפִיסָה.
Through lushon hura [slander], one becomes incarcerated.

ח. הַשְּׂעָרוֹת שֶׁגְּדֵלִין עַל הָאָדָם וְהַמַּלְבּוּשִׁים שֶׁעַל הָאָדָם בְּשָׁעָה שֶׁיּוֹשֵׁב בִּתְפִיסָה, שׁוֹרָה עֲלֵיהֶם רוּחַ מְכֹעָר, שֶׁעוֹכָר וּמְבַזֶּה אֶת הָאָדָם.
The hairs that grow on a person and the clothes on a person at the time that he sits in captivity, an ugly spirit rests upon them which makes a person ugly and degraded.

ט. הִשְׁתַּדְּלוּת בְּפִדְיוֹן שְׁבוּיִים מְסֻגָּל לְהוֹלָדָה.
Making an effort to free prisoners is a segula [conducive] for child-bearing.

י. מִי שֶׁעוֹסֵק בְּפִדְיוֹן שְׁבוּיִים, גְּדוֹלֵי הַדּוֹר נִכְלָלִים בּוֹ עַל יְדֵי זֶה.
Someone who is involved in freeing prisoners, through this, the great ones of the generation are included in him.

פּוֹסֵק
Codifiers of the Law

א. עַל יְדֵי לִמּוּד פּוֹסְקִים עַד שֶׁיֵּדַע לְהוֹרוֹת הוֹרָאוֹת, עַל יְדֵי זֶה גּוֹרֵם פְּקִידָה לְכַמָּה עֲקָרוֹת.
By learning the codes of Jewish law until one is able to render halachic decisions, one causes numerous barren women to conceive.

ב. עַל יְדֵי "שֻׁלְחָן עָרוּךְ" בָּאִים לְיִרְאָה.
Through studying the Shulchan Aruch [the primary book of Jewish law], one comes to fear [of Heaven].

ג. לִמּוּד הַפּוֹסְקִים מְבַטְּלִין. הִרְהוּרֵי עֲבוֹדָה זָרָה.
Learning Codes of Law annuls idolatrous thoughts.

ד. כְּשֶׁאֵיזֶהוּ רָשָׁע נִתְגַּדֵּל, אֲזַי קָשֶׁה לְחַדֵּשׁ אֵיזֶהוּ סְבָרָא בַּפּוֹסְקִים. גַּם דִּבְרֵי הַדַּיָּנִים אֵינָם נִשְׁמָעִים בְּאָזְנֵי הַבַּעֲלֵי דִינִים.
When a wicked person rises in power, it becomes difficult to derive a new theory in the Codes. Also, the words of judges are not heard [acceptable] in the ears of the litigants.

Sefer HaMidot

פחד
Fear

חלק ראשון

א. בְּשָׁעָה שֶׁבָּא פַּחַד עַל רָשָׁע, בְּיָדוּעַ שֶׁבְּזוֹ הַשָּׁעָה הַקָּדוֹשׁ בָּרוּךְ הוּא נוֹתֵן לַצַּדִּיק תַּאֲוָתוֹ.

At the time that an evildoer becomes afraid, it is certain that, at this time, the Holy One Blessed be He grants the Tzadik his desire.

ב. עַל יְדֵי פַּחַד בָּא מִכְשׁוֹל.

Through fear comes stumbling.

ג. עַל יְדֵי בִּטָּחוֹן תִּנָּצֵל מִפַּחַד.

Through trust in GOD, you will be saved from fear.

ד. סְגֻלָּה. לְבַטֵּל אֶת הַפַּחַד, לִזְכֹּר אַבְרָהָם אָבִינוּ.

A segula [effective way] to nullify fear is to remember our father Avraham.

ה. בִּצְדָקָה תְּבַטֵּל אֶת הַפַּחַד.

With charity, you will nullify fear.

ו. סְגֻלָּה לְבַטֵּל אֶת הַפַּחַד, שֶׁתֹּאמַר ה' צְבָאוֹת.

An effective way to nullify fear is to say "Hashem Tzva-os".

ז. עַל יְדֵי הַפַּחַד נִתְבַּטֵּל הַגַּאֲוָה.

Through fear, arrogance is nullified.

ח. פַּחַד מַכְחִישׁ כֹּחוֹ שֶׁל אָדָם.

Fear saps a person's strength.

ט. בַּר דַּעַת אֵין לוֹ לְהִתְפַּחֵד מִפְּנֵי קוֹל בְּעָלְמָא.

An intelligent person has nothing to fear from just a random noise.

י. מָאן דְּמִבְעֵת, אַף עַל גַּב דְּאִיהוּ לָא חָזֵי מַזְלֵהּ חָזֵי, וְתַקַּנְתּוֹ, יְדַלֵּג מִדֻּכְתֵּהּ אַרְבַּע גַּרְמִידֵי אוֹ לִיקְרֵי קְרִיאַת שְׁמַע אוֹ יֹאמַר עִזֵּי דְּבֵי טַבָּחָא וְכוּ'.

Someone who becomes frightened, even though he does not see, his mazal [fortune] sees. To remedy this, he should jump from his place a distance of four cubits, or recite the Shema, or say, "the goats in the butcher shop are fatter than I".

יא. מִי שֶׁיֵּשׁ לוֹ פְּחָדִים, יְזַמֵּר זֶמֶר שֶׁל שִׂמְחָה.

Someone who has fears should sing a song of joy.

יב. עַל יְדֵי שֶׁתְּצַיֵּר שֵׁם אֱלֹקִים לְנֶגֶד עֵינֶיךָ, יֵלְכוּ הַפְּחָדִים מִמְּךָ.

By picturing the name Elokim before your eyes, fears will leave you.

Sefer HaMidot

ספר המדות

יג. מִי שֶׁאוֹכֵל מָמוֹן יִשְׂרָאֵל, פְּחָדִים בָּאִין עָלָיו.
Someone who consumes Jewish money, fears come to him.

יד. מִי שֶׁאֵינוֹ נִזְהָר בְּבִרְכַּת הַנֶּהֱנִין תְּחִלָּה וָסוֹף, פְּחָדִים בָּאִים עָלָיו.
Someone who is not careful with the blessings at the beginning and end [of eating], fears come to him.

טו. עַל יְדֵי בִּטָּחוֹן לֹא יִהְיֶה לְךָ פַּחַד.
Through trust in GOD, you will not have fear.

טז. הוֹשַׁעֲנוֹת חֲבוּטִים מְסֻגָּלִים לְבַטֵּל הַפַּחַד.
Willow branches beaten [on Hoshana Rabba] have segula [are conducive] to nullifying fear.

יז. מִי שֶׁשּׁוֹמֵעַ וְצָיִת לְדִין תּוֹרָה, נִצּוֹל מִפַּחַד.
One who listens to and obeys a Torah courts decision Torah law, will be saved from fear.

יח. שְׁלֹשׁ מֵאוֹת וְעֶשֶׂר טְבִילוֹת מְבַטְלִין הַפַּחַד. גַּם יִתֵּן מַתָּנָה לַצַּדִּיק.
Three hundred and ten immersions [in a mikva- ritual bath] nullify fear. One should also give a gift to a Tzadik.

יט. עַל יְדֵי אֱמֶת הָאָדָם נִצּוֹל מִפַּחַד בַּלֵּילוֹת.
Through truth, a person is saved from fear at night.

כ. עַל יְדֵי עֲנָוָה לֹא יִהְיֶה לְךָ פַּחַד.
Through humility, you will not have fear.

כא. בַּיִת שֶׁיֵּשׁ בּוֹ פַּחַד, בְּיָדוּעַ שֶׁיֵּשׁ בּוֹ חֵלֶק לַסִּטְרָא אַחֲרָא.
A house in which there is fear, it is certain that the Other Side has a portion in it.

כב. כְּשֶׁיֵּשׁ אֵיזֶה. פַּחַד, וְאַחַר כָּךְ בָּא שְׂרֵפָה, בְּיָדוּעַ שֶׁיִּתְבַּטֵּל הַפַּחַד.
When there is some fear and, afterwards, a fire – burnin comes, it is certain that the fear will be annulled.

כג. פַּחַד בָּא עַל יְדֵי חֲנֻפָּה.
Fear comes through adulation.

כד. כְּשֶׁיִּשְׂרָאֵל בְּאַחְדוּת, הָאֻמּוֹת מִתְפַּחֲדִין מֵהֶם.
When Israel is united, the nations fear them.

כה. כְּשֶׁשּׁוֹכְחִים אֶת הַשֵּׁם יִתְבָּרַךְ וְאֵינָם נִשְׁעָנִים עָלָיו, עַל יְדֵי זֶה מִתְפַּחֲדִים מֵאֻמּוֹת.
When they forget Hashem, may He be Blessed, and do not rely on him, through this, they fear the nations.

כו. עַל יְדֵי דְּאָגָה בָּא פַּחַד.
Through worry comes fear.

כז. עַל יְדֵי פַּחַד בָּא כְּזָבִים.
Through fear comes lies.

Sefer HaMidot ספר המדות

כח. אוֹר הַנֵּר סְגֻלָּה לְפַחַד.
The light of a candle is a segula for [conducive to reducing] fear.

כט. עַל יְדֵי הִתְפָּאֲרוּת בַּעֲשִׁירוּת בָּא פַּחַד.
Through boasting of wealth comes fear.

ל. פַּחַד בָּא עַל יְדֵי כַּעַס.
Fear comes through anger.

לא. עַל יְדֵי דְּאָגָה וָפַחַד נַעֲשָׂה הַלֵּב אָטוּם.
Through worry and fear, the heart becomes sealed [insensitive].

לב. עַל יְדֵי לִמּוּד תּוֹרָה עַל הַשֻּׁלְחָן בִּשְׁעַת סְעוּדָה נִצּוֹל מִפַּחַד.
By learning Torah at the table at mealtime, one is saved from fear.

לג. מִי שֶׁיֵּשׁ לוֹ פַּחַד, הוּא סִימָן שֶׁהַקָּדוֹשׁ בָּרוּךְ הוּא הִסְתִּיר פָּנִים מִמֶּנּוּ, וְסִימָן שֶׁדִּינִין שׁוֹרִין עָלָיו.
Someone who has fear - this is a sign that the Holy One, Blessed be He, hides His Face from him, and a sign that judgments rest on him.

לד. מִי שֶׁאֵינוֹ מִתְוַדֶּה עַל עֲווֹנוֹתָיו, מוֹרָא בָּא עָלָיו.
One who does not confess his sins - fear comes to him.

חלק שני

א. כְּשֶׁבָּא פַּחַד עַל אָדָם, יֵדַע שֶׁבָּא בֶּן גִּילוֹ לְאֵיזֶהוּ צָרָה.
When fear comes to a person, he should know that someone who shares his mazal has come into some trouble.

ב. לִפְעָמִים אָדָם מִתְפַּחֵד קֹדֶם שֶׁבָּא עָלָיו אֵיזֶהוּ טוֹב.
Sometimes a person becomes afraid before some good comes to him.

ג. מִי שֶׁבּוֹרֵחַ מִן הַצָּרָה, הוּא פִּקֵּחַ.
Someone who flees from trouble is smart.

ד. בְּלַיְלָה שֶׁיֵּשׁ לְךָ פַּחַד בִּשְׁעַת שֵׁנָה, אַל תֵּלֵךְ בַּדֶּרֶךְ בַּיּוֹם.
On a night that you have fear when it is time to sleep, do not go on the road in the day.

ה. כְּשֶׁאָדָם נוֹטֶה לָמוּת, אֲפִלּוּ כְּשֶׁעֲדַיִן בְּקוֹ הַבְּרִיאָה וְאֵינוֹ יוֹדֵעַ שֶׁדִּינוֹ לְמִיתָה, אַף עַל פִּי כֵן הוּא מִתְפַּחֵד וְאוֹמֵר בְּפִיו. שֶׁיָּמוּת.
When a person is on the verge of death, even if he is still healthy and does not know of his death sentence, nonetheless, he becomes afraid and says verbally that he will die.

Sefer HaMidot

ספר הַמִדוֹת

פְּרִישׁוּת
Abstinence

א. אָדָם הַמִתְנַהֵג בִּפְרִישׁוּת וְאַחַר כָּךְ חוֹזֵר מִפְּרִישׁוּתוֹ, עַל יְדֵי זֶה הוּא נוֹפֵל לְתַאֲוָה נוֹסֶפֶת מִמַה שֶּׁהָיָה לוֹ קֹדֶם פְּרִישׁוּתוֹ.

One who conducts himself with abstinence and afterwards retracts from it, falls into additional craving, more than he had before his abstention.

ב. הַפְּרִישׁוּת מֵבִיא שֹׂבַע.

Abstinence brings satiety.

ג. פְּרִישׁוּת מִתַּשְׁמִישׁ. חָשׁוּב כְּמוֹ תַּעֲנִית.

Abstinence from sexual relations is reckoned as a fast.

ד. חוֹלַאַת שֶׁל רְקִיקַת דָם בָּא, עַל יְדֵי שֶׁמְבַטֵּל עוֹנָה שֶׁל לֵיל טְבִילָה.

The sickness of coughing up blood is due to canceling [or refraining from] sexual relations of the night of one's wife's ritual immersion.

עֲבֵירָה
Sin

א. יֵשׁ עֲבֵרוֹת שֶׁהַמָּקוֹם גּוֹרֵם.

There are sins that the place Or location instigates.

ב. מִי שֶׁעוֹבֵר עֲבֵרָה לְהַכְעִיס, לְסוֹף שֶׁנִּתְבַּזֶּה בְּעֵינֵי בְּנֵי אָדָם וְהוּא כּוֹעֵס עֲלֵיהֶם.

Someone who commits a sin in order to anger GOD, not for self gratification: In the end, he will be derided in the eyes of others, and he will be enraged at them.

עֹנֶשׁ
Punishment

א. לִפְעָמִים כְּשֶׁאָדָם עוֹשֶׂה מִצְוָה, וְהַקָּדוֹשׁ בָּרוּךְ הוּא מַעֲנִישׁ אוֹתוֹ, זֶה מֵחֲמַת שֶׁלֹּא עָשָׂה מִצְוָה כָּזֶה, כְּשֶׁבָּאָה לְיָדוֹ.

Sometimes, when a person performs a mitzva Divine commandment or good deed and the Holy One, Blessed be

Sefer HaMidot

He, punishes him, this is because he did not perform a similar Divine commandment when he had the opportunity to do so.

ב. לִפְעָמִים דָּנִין אֶת הָאָדָם עַל פִּיו.
Sometimes a person is judged according to his own words [Generally Jewish Law does not give veracity to self implication].

ג. לִפְעָמִים הָאָדָם. נֶהֱרָג, מֵחֲמַת שֶׁהָיָה יָכוֹל לְהַמְלִיץ בְּעַד אֶחָד, שֶׁשׂוֹנְאִין אוֹתוֹ בְּחִנָּם.
Sometimes a man is murdered because he had the ability to advocate on behalf of someone who was being hated for no reason.

ד. לִפְעָמִים הָאָדָם נֶעֱנָשׁ, עַל שֶׁפָּשַׁע בִּמְלַאכְתּוֹ, אוֹ שֶׁנִּגְזַר גְּזֵרָה עַל אַנְשֵׁי מְקוֹמוֹ אוֹ עַל עַמּוֹ.
Sometimes a man is punished because of negligence in his work, or because a decree had been passed upon the people of his community or upon his nation.

ה. הַקָּדוֹשׁ בָּרוּךְ הוּא מְמַהֵר לְהִפָּרַע מִכְּפוּיֵי טוֹבָה עַל יְדֵי כְּפוּיֵי טוֹבָה.
The Holy One, Blessed be He, is swift to punish those who are ungrateful through the agency of those who are ungrateful.

ו. מִי שֶׁכְּלָב נָשַׁךְ אוֹתוֹ, בְּיָדוּעַ שֶׁקִּבֵּל לָשׁוֹן הָרָע, אוֹ שֶׁסִּפֵּר לָשׁוֹן הָרָע.
Someone who was bit by a dog, it is certain that he accepted slander [lushon hura] or spoke slander.

עזות
Punishment

חלק ראשון

א. מִי שֶׁיֵּשׁ בּוֹ עַזּוּת, בְּיָדוּעַ שֶׁעָבַר עֲבֵרָה לְהַכְעִיס.
One who is brazen, it is certain that he has transgressed out of spite.

ב. עַזּוּת בָּא עַל יְדֵי כַּעַס.
Brazenness comes through anger.

ג. עַל יְדֵי עַזּוּת לֹא יְקַבֵּל מוּסָר.
Through brazenness, one will not accept mussar [ethical criticism].

ד. עַל יְדֵי עַזּוּת נַעֲשֶׂה אַבִּיר לֵב,.. גַּם בְּיָדוּעַ שֶׁעֲדַיִן לֹא תִּקֵּן פִּשְׁעֵי אָבִיו.

Sefer HaMidot   סֵפֶר הַמִדוֹת

Through brazenness, one's heart becomes armored and it is also certain that he has yet to repair the sins of his father.

ה. מִי שֶׁיֵּשׁ לוֹ עַזּוּת, תִּקּוּנוֹ שֶׁיַּנִּיחַ תְּפִלִּין, שֶׁהָיוּ עַל רֹאשׁ צַדִּיק.
One who is brazen, his rectification is to don tefillin [phylacteries] that had been on the head of a tzaddik.

ו. כְּשֶׁרָשָׁע מֵעֵז בִּפְנֵי יָשָׁר, אֵין זֶה אֶלָּא כְּדֵי שֶׁהַיָּשָׁר יְפַשְׁפֵּשׁ בְּמַעֲשָׂיו.
When an evildoer acts brazenly before an upright man, this is only so that the upright one will examine his deeds.

ז. מִי שֶׁיֵּשׁ לוֹ עַזּוּת, בְּיָדוּעַ שֶׁאֵינוֹ מִסְתַּפֵּק בְּמַה שֶּׁיֵּשׁ לוֹ.
One who is brazen, assuredly he is not making do with what he has.

ח. הַתּוֹרָה הִיא תִּקּוּן לְעַזּוּת.
The Torah is a rectification for brazenness.

ט. עַל יְדֵי עַזּוּת גְּשָׁמִים נֶעֱצָרִים, וּבְיָדוּעַ שֶׁנִּכְשַׁל בַּעֲבֵרָה, וְסוֹפוֹ שֶׁיִּכָּשֵׁל בַּעֲבֵרָה, וּמֻתָּר לִקְרוֹתוֹ רָשָׁע, וּמֻתָּר לְשָׂנְאתוֹ, וְהוּא אֶחָד מִתְּקע"ד דוֹרוֹת.
Through brazenness, rains are withheld. And it is certain that he stumbled in a sin and, in the end, will stumble in more sin. It is permitted to call him "wicked", and it is permitted to hate him, and he is from one of the 974 generations.

י. חֻצְפָּה אֲפִלּוּ כְּלַפֵּי שְׁמַיָּא מְהַנֵּי, וְהוּא מַלְכוּתָא בְּלָא תַּגָּא.
Audacity, even against Heaven, is effective, but it is considered as ruling without a crown [that is illegitimately].

חלק שני

א. כְּשֶׁרוֹאִין שֶׁהָעוֹלָם מְעִיזִין פְּנֵיהֶם כְּנֶגֶד הַתַּלְמִיד חָכָם, יֵדְעוּ שֶׁבְּוַדַּאי מִלְחָמוֹת גְּדוֹלוֹת יִתְעוֹרְרוּ עַל מְדִינָה הַזֹּאת.
When one sees everyone brazen to the faces of the Torah scholars, it is certain that great wars will be aroused against this nation.

ב. כְּאֵב הָרֹאשׁ בָּא עַל שֶׁמֵּעֵז פָּנָיו כְּנֶגֶד זֶרַע דָּוִד הַמֶּלֶךְ.
Headaches come upon one who is brazen to the face of someone from the seed of King David.

ענוה
Humility

חלק ראשון

א. מִי שֶׁמְּשַׁתֵּף אֶת עַצְמוֹ בְּצָרוֹת יִשְׂרָאֵל וּמִתְפַּלֵּל עֲלֵיהֶם, עַל יְדֵי זֶה בָּא

Sefer HaMidot

לַעֲנָוָה.
One who shares in the suffering of the Jewish People, and prays for them, through this he comes to humility.

ב. עַל יְדֵי אֱמֶת יִזְכֶּה לַעֲנָוָה.
Through truth, one will merit to humility.

ג. עַל יְדֵי אֱמוּנָה בָּא הַכְנָעָה.
Through faith one comes to submission.

ד. עַל יְדֵי. קְבִיעוּת מָקוֹם לִתְפִלָּה בָּא לִידֵי עֲנָוָה וַחֲסִידוּת.
Through retaining a specific place for prayer, one comes to humility and piety [hassidut].

ה. עַל יְדֵי עֲנָוָה תְּפִלָּתוֹ נִשְׁמַעַת, וּכְאִלּוּ הִקְרִיב כָּל הַקָּרְבָּנוֹת.
Through humility one's prayer is heard, and it is as if he had offered all the sacrifices.

ו. עַל יְדֵי עֲנָוָה מוֹסִיפִין לוֹ גְּדֻלָּה עַל גְּדֻלָּתוֹ.
Through humility, additional greatness is added to one's greatness.

ז. עַל יְדֵי עֲנָוָה מַאֲרִיךְ יָמִים.
Through humility, one's days are lengthened.

ח. עַל יְדֵי עֲנָוָה אֵין מְדַקְדְּקִין אַחַר מַעֲשָׂיו.
Through humility, one's deeds are not scrutinized.

ט. יוֹם שֶׁאַתָּה מַקְטִין אֶת עַצְמְךָ, יוֹם הַזֶּה מוֹסִיף כֹּחַ וּגְבוּרָה וְהִתְרוֹמְמוּת בִּקְדֻשָּׁה שֶׁל מַעְלָה.
The day on which you humble yourself, that day adds strength, might and exaltation to the Holiness Above.

י. כְּשֶׁאַתָּה רוֹאֶה שֶׁעֲנָוָה נִתְרַבָּה בָּעוֹלָם, תְּצַפֶּה לְרַגְלֵי דִמְשִׁיחָא.
When you see that humility is increasing in the world, be expectant for the footsteps of the Messiah.

יא. עַל יְדֵי עֲנָוָה נִתְבַּטֵּל פַּחַד הָאוֹיְבִים.
Through humility, fear of enemies is annulled.

יב. עַל יְדֵי עֲנָוָה נִתְבַּטֵּל הַמַּחֲלֹקֶת וְהַיִּסּוּרִין.
Through humility, contention and suffering is annulled.

יג. עַל יְדֵי עֲנָוָה הַכֹּל עִמּוֹ בְּשָׁלוֹם.
Through [one's having] humility, everyone is at peace with him.

יד. עַל יְדֵי עֲנָוָה בָּא חֵן.
Through humility comes grace.

טו. מִי שֶׁיֵּשׁ לוֹ הַכְנָעָה, אֵין לוֹ מוֹרָא, כְּאִלּוּ יוֹשֵׁב בְּמָצוֹר.
One who has the quality of submission, does not have fear,

Sefer HaMidot

as if he were sitting in a fortress.

טז. מִי שֶׁאֵין בּוֹ הַכְנָעָה, אֵין בּוֹ יִרְאָה.
Someone without the quality of submission has no fear [of Heaven].

יז. עַל יְדֵי עֲנָוָה נִתְגַּדֵּל, גַּם אֵינוֹ נוֹפֵל מִמַּדְרֵגָתוֹ.
Through humility one becomes great, also he does not fall from his level.

יח. מִי שֶׁהוּא לֵב רַךְ, הוּא יָכוֹל לְהַכְנִיעַ אֶת עַצְמוֹ בְּיוֹתֵר
Someone who is soft hearted, he can submit himself more extremely or to the extreme.

יט. עַל יְדֵי עֲנָוָה הַקָּדוֹשׁ בָּרוּךְ הוּא זוֹכֵר אוֹתוֹ.
Through humility, the Holy One Blessed is He remembers one.

כ. עַל יְדֵי עֲנָוָה הַקָּדוֹשׁ בָּרוּךְ הוּא עוֹשֶׂה לוֹ תַּאֲוָתוֹ.
Through humility, the Holy One Blessed is He fulfills one's desires.

כא. אֵין הָעוֹלָם מִתְקַיֵּם אֶלָּא עַל מִי שֶׁמְּשִׂים עַצְמוֹ כְּאַיִן.
The world is only sustained by one who makes himself as nothing.

חלק שני

א. סְגֻלָּה לְבָנִים לְהַקְטִין אֶת עַצְמוֹ.
A segulah [auspicious] for having sons is to humble oneself.

ב. עַל יְדֵי גַּאֲוָה רַבָּה נִבְעָל כְּאִשָּׁה.
Through excessive arrogance, one will be sodomized like a woman.

ג. הָאָדָם נִכָּר בְּקוֹלוֹ, אִם הוּא עָנָו אוֹ בַּעַל גַּאֲוָה.
One can recognize in a man's voice, whether he is humble or Arrogant.

ד. לִפְעָמִים עַל יְדֵי שִׁפְלוּת שֶׁאָדָם מַשְׁפִּיל אֶת עַצְמוֹ, אוֹ אֲחֵרִים מַשְׁפִּילִין אוֹתוֹ, עַל יְדֵי זֶה מְבַטְּלִין מֵעָלָיו גְּזֵרַת מִיתָה.
Sometimes, through the lowliness with which a person diminishes himself, or through others diminishing him, through this is annulled a decree of death which was passed upon him.

ה. כְּשֶׁאָדָם מַרְגִּישׁ בְּעַצְמוֹ שִׁפְלוּת, יֵדַע שֶׁמִּיתָה נִגְזְרָה עָלָיו.
When a person senses lowliness in himself, he should know that death has been decreed upon him.

Sefer HaMidot

סֶפֶר הַמִדּוֹת

עצבות
Depression

חלק ראשון

א. מִי שֶׁלֹּא תִּקֵּן חַטַּאת נְעוּרִים, עַל יְדֵי זֶה בָּאִים לוֹ דְאָגוֹת.
One who has not rectified the sins of his youth, through this worries come upon him.

ב. לָרֹב בָּא הַצַּעַר לָאָדָם עַל יְדֵי דִּבּוּרוֹ.
For the most part, suffering comes to a man through his speech.

ג. כְּשֶׁיֵּשׁ לְךָ צַעַר, תְּדַבֵּר מִזֶּה הַצַּעַר.
When you are suffering, speak about this suffering.

ד. עַל. יְדֵי דְאָגָה בַּלֵּב נוֹפֵל עַל הָאָדָם אֵימַת מָוֶת.
Through worries of the heart, falls upon the person fear of death.

ה. עַל יְדֵי הַכְנָעָה נִתְבַּטֵּל רָעָה וְיָגוֹן.
Through submission, evil and sorrow are annulled.

ו. מִי שֶׁיֵּשׁ לוֹ עַצְבוּת, יִסְתַּכֵּל עַל הַצַּדִּיקִים, וְיָבֹא לוֹ שִׂמְחָה בְּלִבּוֹ.
One who is depressed should gaze upon the tzaddikim, and joy will come to his heart.

ז. כְּשֶׁאַתָּה נִכְנָס בְּבֵית נָכְרִי, עַל יְדֵי זֶה בָּא עַצְבוּת.
When you enter the house of a non-Jew, through this depression comes upon you.

ח. עַל יְדֵי עַצְבוּת אָדָם נֶחֱלָשׁ.
Through depression one becomes weakened.

ט. עַל יְדֵי לֵב רַע הַפָּנִים נִשְׁתַּנֶּה.
Through an evil heart, one's face is transformed.

י. כְּשֶׁיֵּשׁ לְךָ צַעַר בְּיוֹם שִׂמְחָה, וְכָל שִׂמְחָתְךָ נִשְׁבָּת, תֵּדַע שֶׁתַּמָּה זְכוּת אֲבוֹתֶיךָ.
When you have anguish on a day of joy, and all your happiness is dispelled, know that your ancestral merit has been exhausted.

יא. מִי שֶׁיֵּשׁ לוֹ עַצְבוּת, יִתֵּן מַתָּנָה לַצַּדִּיק תָּדִיר.
One who is depressed should continually give a gift to a tzaddik.

יב. עַל יְדֵי עַצְבוּת בָּא שְׂרֵפָה.
Through depression come fires burnings.

יג. עַצְבוּת סִימָן לְאֵיזֶה חֲלָאַת, שֶׁמְּמַשְׁמֵשׁ לָבוֹא.

Sefer HaMidot   ספֶר הַמִּדּוֹת

Depression is a sign that some disease is about to manifest.

יד. עַל יְדֵי עַצְבוּת הַקָּדוֹשׁ בָּרוּךְ הוּא אֵין עִמּוֹ.

Due to depression, the Holy One, Blessed be He, is not with him.

טו. עַל יְדֵי עַצְבוּת רוֹאֶה קֶרִי.

Through depression, one has [lit. sees] a wasteful unintentional seminal emission.

טז. עַצְבוּת בָּא עַל יְדֵי כַּעַס.

Depression comes through anger.

יז. עַל יְדֵי עַצְבוּת אֵינוֹ מַשִּׂיג תּוֹחַלְתּוֹ.

Through depression, a person does not reach his aspiration.

יח. עַל יְדֵי עַצְבוּת נִתְבַּזֶּה.

Due to depression, one is degraded.

יט. עַל יְדֵי בְּכִיָּה אֵין אָדָם יָכוֹל לֶאֱכֹל.

Due to weeping, a person is unable to eat.

כ. מִי שֶׁאֵין לוֹ עַצְבוּת וְהוּא תָּמִיד בְּשִׂמְחָה, בְּוַדַּאי יִתְנַשֵּׂא.

One who is not depressed, but is always joyful, will certainly be raised up.

כא. עַל יְדֵי עַצְבוּת בָּא בִּזָּיוֹן.

Through depression comes degradation.

כב. בְּכִיָּה הוּא סִימָן טוֹב לְחוֹלֶה.

Crying is a positive sign for a sick person.

כג. עַל יְדֵי יָגוֹן אוֹיְבָיו נִתְרוֹמְמִים.

Through anguish, one's enemies are highly elevated.

כד. עַל יְדֵי יָגוֹן בָּא כְּאֵב לֵב.

Through anguish comes heart pain.

כה. מִי שֶׁהוּא מָהִיר, הוּא עַצְבָן.

One who is hasty is gloomy sad and annoyed and irritated.

כו. קִרְבַת הַצַּדִּיקִים מְשַׂמֵּחַ אֶת הַלֵּב.

Drawing close to tzaddik im makes the heart joyous.

כז. סְגֻלָּה לְהָסִיר עַצְבוּת, שֶׁיִּשְׁמַע אֶת צַדִּיק נִכְבָּד, כְּשֶׁהוּא מְזַמֵּר.

A segulah for removing depression is to listen to an honored tzaddik when he sings.

כח. מִי שֶׁאֵין מִתְוַדֶּה עַל עֲווֹנוֹתָיו, אֲנָחָה וּדְאָגוֹת בָּאִים עָלָיו.

One who does not confess his sins has sighing and worries come upon him.

כט. כְּשֶׁאָדָם מִתְאַנֶּה לִדְבָרִים שֶׁהֵם נֶגְדִּיִּים לַקָּדוֹשׁ בָּרוּךְ הוּא, עַל יְדֵי זֶה בָּא לוֹ אֲנָחָה.

Sefer HaMidot   ספר המדות

When a person lusts after things that are against [the Will of] the Holy One, Blessed be He, through this anguish [sighing] comes upon him.

ל. הָעֶצֶב עַל חֲלוֹם רָע מְבַטֵּל אֶת הַחֲלוֹם, שֶׁלֹא יִתְקַיֵּם.
Sadness due to a bad dream annuls the influence of the dream, preventing it from coming to pass.

לא. קוֹל וּמַרְאֶה וְרֵיחַ מְשִׁיבִין דַּעְתּוֹ שֶׁל אָדָם.
Voice, appearance, and scent restore a person's wellbeing [lit. knowledge or awareness].

לב. עַל יְדֵי הַצְּעָקָה נִתְבַּטֵּל הַצַּעַר.
Through screaming, one's pain is annulled.

לג. מִי שֶׁיֵּשׁ לוֹ עַצְבוּת, מֵבִיא עַל עַצְמוֹ יִסּוּרִין.
One who is depressed brings suffering upon himself.

לד. כָּל הַנִּמְשָׁךְ אַחַר צַעֲרוֹ יוֹתֵר מִדַּי, הַצַּעַר נִמְשָׁךְ אַחֲרָיו.
One who draws too far after his own suffering, suffering draws towards him.

לה. תְּמָרִים מְבַטְּלִין דְּאָגָה.
Dates annul worry.

לו. אַגָּדָה מְשַׂמֵּחַ אֶת הָאָדָם.
Aggadah [Talmudic legends] brings joy to a man.

חלק שני

א. עַצְבוּת שֶׁבְּלֵב הָאָדָם, כְּשֶׁמַּרְגִּישׁ בְּרָעָתוֹ, כִּי הַלֵּב הוּא הַמֵּסֵב לְכָל זֶה, כִּי הַלֵּב הוּא הַגּוֹרֵם לְכָל דָּבָר הֵן לְטוֹב הֵן לְהֵפֶךְ.
Depression fills the heart of a man when he becomes aware of his own evil and bad fortune. For the heart causes all of this, because the heart is the cause of everything; for good or for bad [lit. the opposite].

ב. צָרִיךְ לִשְׁמֹר אֶת עַצְמוֹ מֵעַצְבוּת, כְּדֵי שֶׁלֹא יָבוֹא, חַס וְשָׁלוֹם, לִידֵי אֲבֵלוּת.
One must guard himself from depression in order that he not come to mourning, GOD forbid.

ג. עַל יְדֵי הַצַּעַר וְהָעַצְבוּת בָּא מְרִיבָה בָּעוֹלָם, וְעַל יְדֵי הַשִּׂמְחָה בָּא שָׁלוֹם בָּעוֹלָם.
Through suffering and sadness, conflict comes into the world. Conversely, through joy, peace comes to the world.

Sefer HaMidot סֵפֶר הַמִדוֹת

ד. עַל יְדֵי קִלְקוּל הַשִּׂמְחָה בָּא חֳלָאִים עָלָיו.
Through the spoiling of one's joy, sicknesses come upon him.

ה. סְגֻלָּה לְהָסִיר הָעַצְבוּת עַל יְדֵי הָרַחֲמָנוּת.
It is a segulah to remove depression through mercy.

ו. הַנְּדָרִים וְהַנְּדָבוֹת מְבִיאִין שִׂמְחָה.
Vows and pledges bring happiness.

עצה
Advice

א. אַל תִּשְׁאַל עֵצָה אֶלָּא מִמִּי שֶׁיּוֹדֵעַ סִתְרֵי תּוֹרָה.
Do not ask advice except from one who knows secrets of the Torah.

ב. טוֹב לִשְׁאֹל עֵצָה מִזְּקֵנִים.
It is good to ask advice from the elderly.

ג. הַנּוֹתֵן לַחֲבֵרוֹ, עֵצָה שֶׁאֵינָהּ הוֹגֶנֶת לוֹ, עַל יְדֵי זֶה נוֹפְלִים לוֹ מַחְשָׁבוֹת עֲבוֹדָה זָרָה.
One who gives his fellow advice inappropriate for him, through this he is beset by idolatrous thoughts.

ד. מִי שֶׁהוּא בַּעַל מַחֲשָׁבוֹת רָעוֹת, אַל תִּקַּח עֵצָה מִמֶּנּוּ.
Someone who is accustomed to having bad thoughts, do not take advice from him.

ה. עַל יְדֵי שֶׁאַתָּה נוֹטֵל עֵצָה מֵהָרַב, עַל יְדֵי זֶה תִּזְכֶּה לִישׁוּעָה.
Through that which you take advice from the official rabbi, through this you will merit salvation.

ו. כְּשֶׁאַתָּה רוֹאֶה, שֶׁרֵעֶיךָ אֵינָם עוֹזְרִים לָךְ, בְּיָדוּעַ שֶׁאֵין שׁוּם עֵצָה מוֹעִיל לָךְ.
When you see that your friends are not helping you, it is known that no advice or remedy will help you.

ז. כְּשֶׁאַתָּה עוֹזֵר לִבְנֵי יִשְׂרָאֵל, יוֹעִיל לָךְ עֵצָה.
When you help the Jewish People, advice can help you.

ח. הָעֵצָה הִיא מְסֻגֶּלֶת יוֹתֵר בַּשָּׂדֶה.
Advice is more auspicious [segula] in a field.

ט. הַהוֹלֵךְ אַחַר עֲצַת אִשְׁתּוֹ, נוֹפֵל בְּגֵיהִנֹּם.
One who follows the advice of his wife falls into Hell.

י. אַל תִּשְׁאַל עֵצָה אֶלָּא מֵאִישׁ וְלֹא מֵאִשָּׁה.
Do not ask advice; only from a man, and not from a woman.

Sefer HaMidot

עֲצִירוּת
Constipation

א. עַל יְדֵי עֲצִירוּת בָּאִים הִרְהוּרֵי עֲבוֹדָה זָרָה.
Through constipation come idolatrous thoughts.

ב. לְכָל דְּבַר מִיתָה יִפְתַּח נְקָבָיו.
In any case of impending death, one should open his orifices.

ג. עֲצִירוּת מַזִּיק לָעֵינַיִם.
Constipation harms the eyes.

עַצְלוּת
Laziness

א. עַל יְדֵי תַּאֲווֹת שֶׁאָדָם תָּאֵב, וְאֵינוּ מַשִּׂיג אוֹתָם, עַל יְדֵי זֶה בָּא עַצְלוּת וְהוּא הַדִּין לְהֶפֶךְ.
Through the desires that a man desires, but does not attain them, through this comes laziness. This is also the case in the converse.

ב. עַל יְדֵי זְרִיזוּת מֵסִיר אֶת הַשֵּׁנָה וּמְחַיֶּה אֶת הַמֹּחִין.
Through zeal, one removes sleep and enlivens the mind.

צַדִּיק
Righteous

חֵלֶק רִאשׁוֹן

א. אַל יִקְשֶׁה לְךָ הַדָּבָר כְּשֶׁאַתָּה רוֹאֶה, שֶׁהַצַּדִּיק לֹא תִּקֵּן אֵיזֶהוּ דָּבָר, כִּי זֶה סִבָּה מֵאֵת הַשֵּׁם יִתְבָּרַךְ, שֶׁיַּנִּיחַ מָקוֹם לְבָנָיו לְהִתְגַּדֵּל בּוֹ.
It should not be difficult to you when you see that a tzaddik did not repair something, for this was intended by GOD, that he, the tzadik should leave something for his children to repair and thereby become great with it.

ב. פְּעָמִים שֶׁבִּטּוּלָהּ שֶׁל תּוֹרָה זֶהוּ יְסוֹדָהּ.
There are times when neglecting the study of Torah is its foundation.

ג. מְקַבְּלִים מַתָּנוֹת מֵרְשָׁעִים, כְּדֵי שֶׁיַּחַזְרוּ בִּתְשׁוּבָה.
Gifts are permitted to be accepted from the wicked, so that

Sefer HaMidot

סֶפֶר הַמִדוֹת

they should return in repentance.

ד. צַדִיקִים מַהֲנֵי זְכוּתַיְהוּ אַעָלְמָא, אַדִידְהוּ לָא.
Tzaddikim, their merit is beneficial for the world, but not for themselves.

ה. מָצִינוּ שֶׁצַדִיק אֶחָד עוֹשֶׂה דָּבָר, כְּדֵי שֶׁיִהְיֶה רַבּוֹ לְצַדִיק אַחֵר.
There are cases in which one tzaddik does something, in order to be the rabbi of another tzaddik.

ו. תּוֹעֶלֶת גָּדוֹל לִרְאוֹת פְּנֵי גְּדוֹלֵי הַדוֹר.
It is very beneficial to see the faces of the leaders [lit. great] of the generation.

ז. הַצַדִיק נֶעֱנָשׁ, כְּשֶׁאֵינוֹ מִתְפַּלֵל עַל דוֹרוֹ.
A tzaddik is punished when he does not pray for his generation.

ח. הַלוֹמֵד תּוֹרָה לְתַלְמִיד שֶׁאֵינוֹ הָגוּן, נִקְרָא רָשָׁע.
One who teaches Torah to a student who is not becoming, is called "wicked".

ט. לְשׁוֹן חֲכָמִים הִיא מְעַשֶׁרֶת וּמַרְפֵּא, בְּכֵן תִּלְמַד לְדַבֵּר בִּלְשׁוֹנָם.
The language of the sages brings wealth and healing. This being the case, learn to speak in their language [Language here is referring to word choice, phraseology, and maxims].

י. הַמְלַמֵד תּוֹרָה לַאֲחֵרִים, הַתּוֹרָה נִתְגַּלֶה לוֹ בְּלֹא טֹרַח.
One who teaches Torah to others, the Torah is revealed to him without effort.

יא. מָצִינוּ שֶׁהַצַדִיק מִתְרַעֵם, כְּשֶׁאֶחָד מִתַּלְמִידָיו מִתְקָרֵב אֶת עַצְמוֹ לְצַדִיק אַחֵר כְּדֵי לְהִתְפָּאֵר.
We find that a tzaddik becomes belligerent when one of his students draws himself close to another tzaddik in order to glorify himself.

יב. לְקָרֵב לַצַדִיקִים בְּטִרְחָא מִסְתַּיְעָא מִלְתָא טְפֵי לַעֲבוֹדַת הַבּוֹרֵא.
Drawing close to tzaddikim with strenuous effort is more supportive to serving GOD [More than making the same achievement without the effort].

יג. לִפְעָמִים מַרְאִים מִן הַשָׁמַיִם לַצַדִיק דָּבָר שֶׁאֵינוֹ.
Sometimes, from Heaven there is revealed to a tzaddik, something with is not.

יד. הָעוֹשֶׂה טוֹבָה לְמִי שֶׁאֵינוֹ יוֹדְעָהּ, כְּזוֹרֵק אֶבֶן לְמַרְקוּלִיס.
One who does a favor for someone who is not aware of it, is as one who throws a stone to Marculis [an ancient form of

Sefer HaMidot   סֵפֶר הַמִּדּוֹת

idolatry].

טו. כָּל אָדָם יִנְהַג אֶת עַצְמוֹ, כְּמוֹ שֶׁשָּׁמַע מֵרַבּוֹ.
Every man should conduct himself according to what he heard from his rabbi.

טז. לִפְעָמִים הַקָּדוֹשׁ בָּרוּךְ הוּא מְאַסֵּף כַּמָּה צַדִּיקִים בְּמָקוֹם אֶחָד, כְּדֵי שֶׁיִּדְחֲקוּ זֶה אֶת זֶה וְיִצְטַעֲרוּ, וְעַל יְדֵי זֶה יִתְבַּשְּׁלוּ כָּל צָרְכָּם.
Sometimes GOD gathers several tzaddikim together in one place, so that they will press upon each other and be discomfited, and through this, they will come to their maturity.

יז. מִי שֶׁאֵינוֹ מַעֲצִיר אֶת עַצְמוֹ, זוֹכֶה לְתַלְמִידִים.
One who does not hold back from relieving himself, merits to students.

יח. יֵשׁ צַדִּיק שֶׁקּוֹלוֹ הוֹלֵךְ מֵרָחוֹק, הַיְנוּ בְּפִרְסוּם, וְאַחַר כָּךְ הוּא נוֹפֵל עַל יְדֵי תַּאֲוַת מָמוֹן.
There is a tzaddik whose repute travels far, that is to say, with fame, and afterwards he falls through desiring money.

יט. מִי שֶׁהַקָּדוֹשׁ בָּרוּךְ. הוּא חָשׁוּב בְּעֵינָיו, יִכְתֹּב בְּסֵפֶר כָּל שְׁמוֹת הַצַּדִּיקִים וְהַתַּנָּאִים וְהַיְרֵאִים לְזִכָּרוֹן.
One who the Holy One Blessed He is important in his eyes, should write in a book all the names of the tzaddikim, and the tannaim [the rabbis who compiled the Mishnah], and the GOD fearing, for remembrance.

כ. אַל יִקְשֶׁה לְךָ, לָמָּה לָהֶם לַצַּדִּיקִים לֵהָנוֹת מֵאֲחֵרִים כְּדֵי לְהַנְהִיג אֶת בְּנֵי בֵיתוֹ בְּעֹשֶׁר וּבְכָבוֹד, מוּטָב שֶׁלֹּא לְהַנְהִיג וְלֹא לֵהָנוֹת מֵאֲחֵרִים, אַל יִקְשֶׁה לְךָ, כִּי כָּל מַה שֶּׁיֵּשׁ תַּעֲנוּג וְהַרְחָבָה לַצַּדִּיק, עַל יְדֵי זֶה נִתְגַּדֵּל נִשְׁמָתוֹ, וַאֲזַי יֵשׁ בֵּית מְנוּחָה לִשְׁכִינַת הַקָּדוֹשׁ בָּרוּךְ הוּא, וּבְכֵן אֵין לָבוֹא לַבַּיִת בְּיָדַיִם רֵיקָנִיּוֹת.
Do not question why do the tzaddikim benefit from others in order to conduct their households with wealth and honor - Would it not be better for them to not conduct - and not benefit from others, do not have this difficulty. Because for all the delight and expansion the Tzaddik has, his soul grows greater, and then there is created a House of Rest or Prophecy- that is a Temple] for the Divine Presence of the Holy One Blessed He. Thus, one should not come to the house of the Tzaddik empty-handed.

כא. כְּשֶׁתִּרְצֶה שֶׁיִּתְפַּלֵּל עָלֶיךָ אֵיזֶה צַדִּיק, תֵּלֵךְ לְצַדִּיק שֶׁהוּא רַחְמָן.
When you want a tzaddik to pray for you, go to a tzaddik

Sefer HaMidot   ספר הַמִּדוֹת

who is merciful.

כב. מִי שֶׁהוּא מְפֻרְסָם בְּדוֹרוֹ, צָרִיךְ לִקְרוֹת אוֹתוֹ רַבִּי, אֲפִלּוּ שֶׁאַתָּה גָּדוֹל מִמֶּנּוּ.

One who is famous in his generation, you should call him "Rabbi", even if you greater than him.

כג. כְּשֶׁהַצַּדִּיק נוֹפֵל לְאֵיזֶה צָרָה, צָרִיךְ לוֹ לְבַקֵּשׁ מִצַּדִּיק אַחֵר, שֶׁיִּתְפַּלֵּל בַּעֲדוֹ.

When a tzaddik falls into some crisis, he should ask another tzaddik to pray on his behalf.

כד. אֵלּוּ בְּנֵי אָדָם הַנּוֹסְעִים לַצַּדִּיק, אַף עַל פִּי שֶׁאֵין מְקַבְּלִים תּוֹרָה מִמֶּנּוּ, מְקַבְּלִים שָׂכָר עַל הַנְּסִיעָה.

Those people who travel to a tzaddik, even if they do not receive a Torah teaching from him, they are rewarded for the journey.

כה. מִי שֶׁאֵינוֹ מְשַׁמֵּשׁ תַּלְמִידֵי חֲכָמִים, חַיָּב מִיתָה.

One who does not serve Torah scholars is liable to the death penalty.

כו. הַצַּדִּיק יָכוֹל לְהַעֲלוֹת מֵתִים לְמַדְרֵגָה גְּדוֹלָה.

The tzaddik can bring departed souls up to a great level.

כז. בַּהֲלִיכָה שֶׁהוֹלֵךְ אֵצֶל תַּלְמִיד חָכָם, בָּזֶה הוּא מְתַקֵּן פְּגַם שֶׁפָּגַם בְּבִרְכַּת הַנֶּהֱנִין.

In the walking that one does to come to a Torah scholar, with this he rectifies an infraction that he violated in the blessings of 'neh-henin' [benefit, pleasure; these are blessings said before eating or smelling a fragrance].

כח. כָּל שֶׁאֶפְשָׁר לוֹ לִמְחוֹת וְלֹא מִחָה, הוּא נֶעֱנָשׁ עֲלֵיהֶם.

Anyone who is capable of protesting and did not protest, is punished on their account.

כט. לָאו אֹרַח אַרְעָא לְקַבֵּל מָרוּת אֲחֵרִים בִּפְנֵי. הַצַּדִּיק.

It is not courteous to acknowledge the authority of others in front of the Tzaddik.

ל. כָּל הַמִּתְעַצֵּל בְּהֶסְפֵּדוֹ שֶׁל חָכָם, אֵינוֹ מַאֲרִיךְ יָמִים.

All who are lethargic with the eulogy of a Torah scholar will not have length of years.

לא. הַצַּדִּיק יָכוֹל לַעֲנֹשׁ לְפִי מַזָּלוֹ.

The Tzaddik can punish according to his fortune.

לב. כְּשֶׁהַצַּדִּיק נִפְטָר, אֲזַי לָקוּתָא בָּא לְפִי מִדָּתוֹ שֶׁנָּהַג.

When a tzaddik passes away, the world is world is met out a deficiency according to his distinguishing attribute that he

229

Sefer HaMidot

conducted.

לג. בִּזְכוּת הַצַּדִּיק תַּלְמִידָיו מִתְפַּרְנְסִים.
In the merit of the Tzaddik, his students attain their livelihood.

לד. מִי שֶׁשּׁוֹמֵעַ תּוֹרָה מֵהַצַּדִּיק, הֲרֵי כְּאִלּוּ הוּא אָמַר הַתּוֹרָה.
One who hears a Torah teaching from the Tzaddik is as if he himself said the teaching.

לה. שְׁקוּלָה מִיתַת הַצַּדִּיקִים כִּשְׂרֵפַת בֵּית אֱלֹקֵינוּ.
The death of tzaddikim is as grave as the burning of the Temple [lit. the House of our GOD].

לו. אִם תַּלְמִיד חָכָם הָגוּן הוּא לְמַד מִמֶּנּוּ, וְאִם לָאו פְּרשׁ מִמֶּנּוּ.
If a Torah scholar is an upright person, learn from him, and if not, separate yourself from him.

לז. אֵין לְהִסְתַּכֵּל עַל רַבּוֹ בְּבֵית הַמֶּרְחָץ וְכַדּוֹמֶה.
One should not look upon his rabbi in the bathhouse and the like.

לח. לִפְעָמִים יֵשׁ שְׁנֵי צַדִּיקִים שָׁוִין, לְאֶחָד מַרְאִין לוֹ דְּבָרִים עֶלְיוֹנִים, וּלְאֶחָד אֵין מַרְאִין לוֹ. תֵּדַע שֶׁזֶּה שֶׁאֵין מַרְאִין לוֹ, מִפְּנֵי שֶׁצָּרִיךְ לְהִשְׁתַּמֵּשׁ בִּזְכוּתוֹ לְהָגֵן עַל אֲחֵרִים.
Sometimes there are two equal tzaddikim, and to one there is revealed lofty things, while the other has no revelations. Know that this that he is not shown anything is because it is necessary to use his merits for the protection of others.

לט. מוּטָב לְקָרֵב אֶת עַצְמוֹ לְצַדִּיק שֶׁהוּא רַחְמָן.
It is better to draw close to a tzaddik who is merciful.

מ. בִּזְכוּת שִׁמּוּשׁ אָדָם גָּדוֹל אָדָם נִצּוֹל מִמִּיתָה.
In the merit of serving a great man, one is saved from death.

מא. הַמּוֹרֶה הֲלָכָה בִּפְנֵי רַבּוֹ, חַיָּב מִיתָה, וְרָאוּי לְהַכִּישׁוֹ נָחָשׁ, וְנִקְרָא חוֹטֵא, וּמוֹרִידִין אוֹתוֹ מִגְּדֻלָּתוֹ, וְאָזִיל לִשְׁאוֹל בְּלֹא וָלָד.
One who rules a halachic [Jewish law] decision in the presence of his rabbi is liable to the death penalty, and it is fitting for a snake to bite him, and he is called a sinner, and he is cast down from his greatness, and he descends to Hell childless.

מב. הַמָּקוֹר שֶׁמִּמֶּנּוּ תִּשְׁאַב הַחָכְמָה דְּהַיְנוּ הָרַב, הִשְׁתַּדֵּל שֶׁיִּהְיֶה בָּרוּךְ וְכָשֵׁר, וְלֹא תַחֲלִיפֶנּוּ, לֹא תָמִיר אוֹתוֹ.
The source from which one draws wisdom - that is, the Rabbi - be sure that he is blessed and worthy, and do not replace

Sefer HaMidot

him and do not exchange him.

מג. כָּל אִישׁ יְדַמֶּה בְּמַעֲשָׂיו לְבִרְכַּת אוֹתוֹ הַשֵּׁבֶט.
Every Jew should or will conduct himself in accordance with the blessing that was given to his tribe.

מד. כְּשֶׁיֵּשׁ רָשָׁע בַּבַּיִת, אֲזַי נִסְתַּלֵּק מֵהַצַּדִּיק מַעְיָן הַתּוֹרָה.
When there is an evildoer in the house, the wellsprings of the Torah depart from the Tzaddik.

מה. בִּזְכוּת קְבוּרַת הַצַּדִּיקִים. בְּחוּץ לָאָרֶץ יִזְכּוּ גַּם שְׁאָר הַמֵּתִים מִגִּלְגּוּל מְחִלּוֹת.
In the merit of the tzaddikim buried outside of Israel, the other corpses will also merit to be transported to Israel through rolling in underground passages.

מו. הַמָּמוֹן שֶׁמְּהַנֶּה אֶת הַצַּדִּיק, הֲרֵי זֶה כְּאִלּוּ עָבַד עֲבוֹדַת בֵּית הַמִּקְדָּשׁ.
The money from which a tzaddik benefits is as if it had been used for the service in the Holy Temple.

מז. יֵשׁ צַדִּיקִים שֶׁאֵינָם נִקְרָאִים בְּשֵׁם רַבִּי.
There are tzaddikim who are not called by the title of Rebbe.

מח. כְּשֶׁהַצַּדִּיק אוֹמֵר אֵיזֶהוּ דִּבּוּר, כָּל זְמַן שֶׁהַדִּבּוּר לֹא נִתְקַיֵּם, שֶׁעֲדַיִן לֹא בָּא זְמַנּוֹ, הַדִּבּוּר הַזֶּה חָקוּק בָּעוֹלָם הָעֶלְיוֹן, אֲבָל אֵין מֵאִיר בִּבְהִירוּת, וּכְשֶׁמַּגִּיעַ הַזְּמַן שֶׁיִּתְקַיֵּם, אֲזַי הַדִּבּוּר מַתְחִיל לְהָאִיר בִּבְהִירוּת.
When a tzaddik says something, as long as it does not come to pass, because its time has not come, the statement is engraved in the supernal world, but does not radiate brightly, and when its time comes to be manifest, the words begin to radiate brightly.

מט. הַמְהַנֶּה אֶת תַּלְמִיד חָכָם, צָרִיךְ לְחַזֵּק לְחַזֵּק שֶׁלֹּא יִתְבַּזֶּה בְּעֵינָיו הַתַּלְמִיד חָכָם.
One who gives benefit to a Torah scholar must strengthen himself, that the scholar should not become disrespected in his eyes.

נ. הַמּוֹנֵעַ הֲלָכָה מִתַּלְמִידוֹ, כְּאִלּוּ גּוֹזְלוֹ מִנַּחֲלַת אֲבוֹתָיו, וַאֲפִלּוּ עֻבָּרִין שֶׁבִּמְעֵי אִמָּן מְקַלְּלִין אוֹתוֹ וּמְנַקְּבִין אוֹתוֹ כִּכְבָרָה. וְאִם לִמְּדוֹ זוֹכֶה לִבְרָכוֹת כְּיוֹסֵף, וְזוֹכֶה וּמְלַמְּדָהּ לָעוֹלָם הַבָּא.
One who withholds a halacha [Torah law] from his student is as if he stole the student's ancestral inheritance. Even fetuses in their mothers' wombs curse him and pierce him full of holes as a sieve. If he teaches him or it - the student or the halacha], he merits to blessings like Joseph, and merits to teach it also in the World to Come, In the Talmud this last

Sefer HaMidot

point is a new one, objective of the halacha, not subjective to a student.

נא. מִי שֶׁאֵינוֹ מְהַנֶּה תַּלְמִיד חָכָם מִנְּכָסָיו, אֵינוֹ רוֹאֶה סִימָן בְּרָכָה לְעוֹלָם.
One who does not give support to a Torah scholar from his possessions will never see a sign of blessing.

נב. הַמְלַגְלֵג עַל דִּבְרֵי חֲכָמִים, הוּא נֶעֱנָשׁ מִיתָה.
One who scoffs at the words of the sages is punished by death.

נג. קִרְבַת הַצַּדִּיקִים טוֹב בָּעוֹלָם הַזֶּה וּבָעוֹלָם הַבָּא.
Drawing close to tzaddikim is beneficial both in this world and the next world.

נד. הַצַּדִּיק בְּדִבּוּרוֹ יָכוֹל לִפְסֹק לָזֶה גַּן עֵדֶן וְלָזֶה גֵּיהִנֹּם.
The Tzaddik, through his word, can sentence one man to Heaven and another to Hell.

נה. טוֹב לְבַלּוֹת זְמַן רַב, בִּשְׁבִיל שָׁעָה אַחַת, שֶׁיִּתְקָרֵב לַצַּדִּיק.
It is good to expend much time in order to gain one hour of closeness to the Tzaddik.

נו. כְּשֶׁנִּתְמַעֵט לְאָדָם מְשַׁמְּשָׁיו, יִדְאַג מִיּוֹם הַמִּיתָה אוֹ מִדָּבָר אַחֵר.
When a man loses some of his servants, he should worry from the day of death, or of something else.

נז. יֵשׁ נָאֶה דּוֹרֵשׁ, וְאַף עַל פִּי כֵן. אֵינוֹ מְכַוֵּן אֶל הָאֱמֶת.
There is one who expounds beautifully on the Torah, and even still be miss the true intention.

נח. צַדִּיק יָכוֹל לְהַגְבִּיהַּ תּוֹרָה שֶׁל צַדִּיק אַחֵר.
A tzaddik can raise up the Torah teaching of another tzaddik.

נט. מַה שֶּׁהַצַּדִּיק מְחַדֵּשׁ בַּתּוֹרָה, הַקָּדוֹשׁ בָּרוּךְ הוּא אוֹמְרָהּ בִּשְׁמוֹ.
Whatever new teachings a tzaddik propounds in the Torah, the Holy One Blessed He quotes them in his name.

ס. דִּבְרֵי צַדִּיקִים חֲכָמִים חֲבִיבִים מִדִּבְרֵי תוֹרָה וּמִדִּבְרֵי נְבִיאִים, וְצָרִיךְ לִשְׁמֹעַ וּלְצַיֵּת אוֹתָם אַף עַל פִּי שֶׁאֵין מַרְאִין לְךָ שׁוּם מוֹפֵת.
The words of wise tzaddikim are more precious than the words of the written Torah and the Prophets. One must listen and obey them, even if they show no proof.

סא. מִי שֶׁמְּשַׁבֵּחַ אֶת הַצַּדִּיק, יָנוּחוּ בְרָכוֹת עַל רֹאשׁוֹ.
One who praises the Tzaddik, blessings will rest upon his head.

סב. הַצַּדִּיק שֶׁבָּעִיר כָּל דִּבְרֵיהֶם עָלָיו מֻטָּל.
The Tzaddik of a city - all of its affairs are incumbent upon

Sefer HaMidot   ספר המדות

him.

סג. מֻתָּר לְצַדִּיק לְשַׁמֵּשׁ עִם מִי שֶׁהוּא שׁוֹנֶה הֲלָכוֹת, כְּשֶׁהוּא מְלַמְּדוֹ אֵיזֶהוּ דָּבָר חָדָשׁ.

It is permitted for a tzaddik to put to his service someone who reviews halachah, that is a Torah scholar, provided that he the tzadik teaches him, the attendant something new.

סד. מִי שֶׁמֵּבִיא אֶת עַם הָאָרֶץ לְקָרֵב תַּחַת כַּנְפֵי הַצַּדִּיק מְקַבֵּל עַל יְדֵי זֶה שָׂכָר.

One who brings a boorish or uneducated man to be drawn close under the wings of the Tzaddik, receives reward for it.

סה. עַל יְדֵי הַקְבָּלַת פְּנֵי הָרַב לֹא יִרְאֶה שַׁחַת.

Through greeting a Torah authority, one will not see Hell.

סו. לִפְעָמִים הַתְּפִלָּה אֵינָה מוֹעֶלֶת אֶלָּא בִּשְׁעָתָהּ, וּכְשֶׁפּוֹסְקִין מִלְּהִתְפַּלֵּל, עוֹשֶׂה הַקָּדוֹשׁ בָּרוּךְ הוּא רְצוֹנוֹ וְחֶפְצוֹ.

Sometimes, prayer is only effective at the time it is said, and when the prayer is stopped, the Holy One Blessed He returns and does His will and His desire.

סז. הַמֵּבִיא דּוֹרוֹן לְתַלְמִיד חָכָם, כְּאִלּוּ מַקְרִיב בִּכּוּרִים.

One who brings a gift to a Torah scholar is as if he offered Bikurim [offering of the first fruit].

סח. אֵין לְהַטְרִיחַ אֶת הַמָּקוֹם.

One should not unduly task GOD [lit. The Place - for GOD is the place of the world].

סט. מִי שֶׁאוֹהֵב אֶת הַצַּדִּיק, צָרִיךְ לִשְׁמֹר אֶת הַצַּדִּיק, שֶׁלֹּא יֵצֵא עָלָיו שֵׁם רַע.

One who loves the Tzaddik must guard the Tzaddik, so that there doesn't go out on him a bad reputation.

ע. כָּל טוֹבָתָן שֶׁל רְשָׁעִים רָעָה הִיא אֵצֶל הַצַּדִּיקִים.

All the good and the kindness that wicked people, do is harmful bad to the tzaddikim.

עא. אַל תִּתְפַּלֵּל וְאַל תַּטְרִיחַ אֶת קוֹנְךָ, כָּל זְמַן שֶׁאַתָּה יָכוֹל לַעֲשׂוֹת בִּפְעֻלָּה.

Do not pray and burden your Creator, so long as you can reach your objective through your own action.

עב. הַצַּדִּיק כָּל זְמַן, שֶׁהוּא בָּעוֹלָם הַזֶּה, הַגַּן עֵדֶן שֶׁיֵּשׁ לוֹ מִשְׁתַּמְּשִׁין בּוֹ הַצַּדִּיקִים הָאֲחֵרִים שֶׁבְּגַן עֵדֶן.

The tzaddik as long as he is in this world, the Heaven [gan eden] that is reserved for him is used by other tzaddikim in Heaven.

עג. יֵשׁ תַּלְמִידִים שֶׁעִקָּרָם תְּלוּיִים בִּזְכוּת הַצַּדִּיק, וּכְשֶׁנִּסְתַּלֵּק הַצַּדִּיק אֲזַי נִסְתַּלְּקִים גַּם הֵם אוֹ נֶעֱנָשִׁים.

Sefer HaMidot   ספר המדות

There are students who are primarily dependent on the merit of the Tzaddik. When the tzaddik passes away, then they too pass away, or they are punished.

עד. הַמְקֹרָבִים שֶׁיֵּשׁ לַצַּדִּיק בְּחַיָּיו, הֵם יִהְיוּ מְקֹרָבִים בְּמוֹתָם / בְּמוֹתוֹ.
Those who are close to a certain tzaddik in his lifetime, they will be close to him after his death [there is an alternate reading - their death].

עה. מִי שֶׁהָיָה מְקֹרָב לְצַדִּיק אֶחָד, וְאַחַר כָּךְ מְקָרֵב אֶת עַצְמוֹ לְצַדִּיק אַחֵר, הַתּוֹרָה שֶׁשָּׁמַע מֵהַצַּדִּיק הָרִאשׁוֹן מַטְרִידִין אוֹתוֹ.
One who had been close to one tzaddik, and afterwards draws close to a different tzaddik, the Torah teachings he heard from the first encumber him.

עו. לִפְעָמִים הַצַּדִּיק נִפְטַר, כְּדֵי שֶׁיַּכְרִיעַ אֵיזֶה דִּין לְמַעְלָה.
Sometimes a tzaddik passes away, in order to be the pivotal decider of some ruling Above.

עז. אֵיזֶהוּ בֶּן עוֹלָם הַבָּא, זֶה שֶׁחוֹלְקִין לוֹ כָּבוֹד מֵחֲמַת חָכְמָתוֹ.
Who is destined to inherit the World to Come? One who is granted honor due to his wisdom.

עח. עַל יְדֵי צְדָקָה נַעֲשָׂה סוּר מֵרָע.
Through giving charity, one gains the quality of distancing himself from wrongdoing.

עט. אֵינְךָ זָקוּק לְיַסֵּר תַּלְמִידְךָ וּלְסַלְּקוֹ מִלְּפָנֶיךָ, כְּשֶׁאֵינוֹ רוֹצֶה לֵילֵךְ בְּדֶרֶךְ הַיָּשָׁר, אֶלָּא תְּקָרְבֵהוּ, כִּי זֶה טוֹבַת שְׁאָר הַתַּלְמִידִים, וְסוֹפוֹ לָתֵת לֵב.
It is not necessary to punish your student and banish him from your presence, when he does not want to go in the straight path. Rather, draw him close to you, for this is beneficial to the other students, and eventually he will reform [lit. give heart].

פ. לִפְעָמִים אָדָם מֵת קֹדֶם זְמַנּוֹ עַל יְדֵי תַּרְעֹמֶת צַדִּיק.
Sometimes a man dies before his time due to the grievance of a tzaddik against him.

פא. יָכוֹל לִהְיוֹת שֶׁיִּהְיֶה אָדָם צַדִּיק גָּדוֹל, אַף עַל פִּי שֶׁלֹּא לָמַד הַרְבֵּה.
It is possible for a man to be a great tzaddik, even though he did not learn a lot.

פב. מִי שֶׁאֵינוֹ מַאֲמִין בְּדִבְרֵי הַצַּדִּיקִים, רָאוּי לְעֹנֶשׁ, כָּל שֶׁכֵּן מְלַגְלֵג.
One who does not believe in the words of the tzaddikim is fit to be punished, all the more so one who ridicules them.

פג. כְּשֶׁאֶחָד בָּא לְקָרֵב אֶת עַצְמוֹ לַצַּדִּיק, מֻתָּר לוֹ לְהַרְחִיקוֹ, כְּשֶׁשּׁוֹאֵל קֻשְׁיוֹת

Sefer HaMidot   סֶפֶר הַמִדּוֹת

שֶׁאֵינוֹ צָרִיךְ.

When one comes to draw close to a tzaddik, he the tzaddik, is allowed to distance him when he asks unnecessary questions.

פד. כְּשֶׁהַצַּדִּיק אוֹמֵר תּוֹרָה לָעָם, מֻתָּר לוֹ. לְחַבֵּב תּוֹרָתוֹ בְּעֵינֵיהֶם קֹדֶם שֶׁיּאמַר.

When a tzaddik delivers a Torah teaching to the people, he is permitted to endear his teaching in their eyes before he says it.

פה. אֲפִלּוּ זִוּוּג רִאשׁוֹן מִתְהַפֵּךְ בִּתְפִלָּה.

Even a person's first intended soulmate can be changed through prayer.

פו. בָּעוֹלָם הַזֶּה כָּל הָרוֹצֶה לְקָרֵב אֶת עַצְמוֹ מְקָרֵב, אֲבָל בָּעוֹלָם הַבָּא אֵין מְקָרְבִין אֶלָּא הַמְקֹרָבִין מִכְּבָר.

In this world anyone who wants to bring himself close - can draw close. But in the World to Come, only those who were already close will be drawn closer.

פז. צַדִּיק שֶׁקֵּרֵב אֶת הָאָדָם, וְהָאָדָם הַזֶּה לֹא רָצָה לְקָרֵב אֶת עַצְמוֹ, מֻתָּר לוֹ לִדְחוֹת בְּיָדָיִם.

A tzaddik who drew a person close, but the person did not want to draw himself close, it is permitted for him, the tzaddik, to push him away with his hands.

פח. הַצַּדִּיק יָכוֹל לַעֲנשׁ אֶת הָאָדָם בְּמִיתָה, אֲפִלּוּ עַל יְדֵי חֲלִישׁוּת דַּעְתּוֹ, אֲפִלּוּ בְּטָעוּת.

The Tzaddik can punish a person with death, even through being disheartened - even mistakenly.

פט. דְּבָרִים שֶׁאַתָּה שׁוֹמֵעַ מִפִּי הַצַּדִּיק, הֵם מוֹעִילִים יוֹתֵר, מִמַּה שֶׁאַתָּה לוֹמֵד בִּסְפָרִים.

Things that you hear directly from the mouth of a tzaddik are more effective than what you learn from books.

צ. אָדָם מֵבִין יוֹתֵר, כְּשֶׁרוֹאֶה פְּנֵי הַמְדַבֵּר.

A person understands better when he sees the face of the speaker.

צא. עַל יְדֵי דִּבּוּר קַל שֶׁל הַצַּדִּיק נִפְתָּח אוֹר גָּדוֹל, אָז בְּנָקֵל לִבְנֵי אָדָם לְהַשִׂיג חָכְמוֹת רָמוֹת.

Through the casual [lit. light] speech of the Tzaddik, a great light is opened up. Then it is easy for people to attain high wisdoms.

Sefer HaMidot ספר הּמִדּוֹת

צב. מִי שֶׁאֵינוֹ נוֹהֵג כַּשּׁוּרָה, מֻתָּר לְהִשְׁתַּעְבֶּד בּוֹ.
One who does not behave properly, it is permitted to enslave him.

צג. לִפְעָמִים הַצַּדִּיק מְנַשֵּׂא אֶת הָאָדָם וְאַחַר כָּךְ מַשְׁפִּילוֹ וְזֶה לְטוֹבַת הָאִישׁ.
Sometimes a tzaddik raises up a man, and then humbles him, and this is for the man's benefit.

צד. יֵשׁ צַדִּיק נִקְרָא טוֹב, וְיֵשׁ צַדִּיק שֶׁאֵינוֹ נִקְרָא טוֹב, וְיֵשׁ רָשָׁע רָע, וְיֵשׁ רָשָׁע שֶׁאֵינוֹ רָע.
There is a tzaddik who is called "good", and there is a tzaddik who is not called "good", and there is an evildoer who is evil, and an evildoer who is not evil.

צה. גְּנַאי הוּא וְשִׁפְלוּת לַדּוֹר, שֶׁכְּפוּפִין לָזֶה שֶׁאֵין לוֹ מִי שֶׁיַּעֲשֶׂה מְלַאכְתּוֹ.
It is a disgrace, and lowliness of the generation, when the people are subject to a leader who has no one to do his work for him.

צו. לְלַמֵּד לַאֲחֵרִים עָדִיף מִמַּעֲשֶׂה.
To teach others Torah is greater than doing, actual fulfillment of the Torah.

צז. יֵשׁ לְהִזָּהֵר מִלְהַרְאוֹת חֲסִידוּת לִפְנֵי גְּדוֹלִים.
One should be careful not to show hasidus, special piety in keeping the Torah and devotion to GOD, before great people or leaders.

צח. מַהוּת הָאָדָם נִכָּר עַל יְדֵי הִתְקָרְבוּתוֹ, כְּשֶׁרוֹאִין. לְמִי הוּא מְקֹרָב.
The essence of a man is recognizable according to his drawing close, by seeing to whom he his close.

צט. הַצַּדִּיק אַל יְסַכֵּן עַצְמוֹ לְהִתְפַּלֵּל בְּעַצְמוֹ, עַד שֶׁיִּהְיֶה הוּא מְסֻכָּן, אֶלָּא יִשְׁתַּתֵּף עִמּוֹ צַדִּיק אַחֵר.
A tzaddik should not endanger himself by praying alone, to the extent that he is endangered, rather he should have another tzaddik join him.

ק. הַצַּדִּיק יֵשׁ לוֹ כֹּחַ לְהִתְפַּלֵּל עַל אָדָם, שֶׁיִּנָּצֵל מֵחֲטָאִים.
A tzaddik has the power to pray for a man, that he should be saved from sins.

קא. הַצַּדִּיק הוּא הַצֶּלֶם אֱלֹקִים שֶׁל הַדּוֹר.
The Tzaddik is the image of GOD [that man was created in.] of the generation.

קב. הַצַּדִּיק הוּא סוֹבֵל לְסוֹבְלָיו בְּעֵת צָרָתָם.
The Tzaddik bears those who bear him at the time of their

Sefer HaMidot   ספר הַמִדוֹת

pain.

קג. יָכוֹל אָדָם שֶׁיִּהְיֶה צַדִּיק, אַף עַל פִּי שֶׁאֵין לוֹ בִּטָּחוֹן בִּשְׁלֵמוּת.
It is possible for someone to be a tzaddik, even if he does not possess the trait of trust in GOD in completeness.

קד. הַצַּדִּיק יָכוֹל לְהִתְעַנֵּג, וְאֵינוֹ יָרֵא מֵהַיֵּצֶר הָרָע, כִּי תּוֹרָתוֹ מְגִנָּה עָלָיו.
The Tzaddik can take delight, from the physical world, and need not fear from the evil inclination, for his Torah protects him.

קה. מִי שֶׁאֵינוֹ עוֹמֵד בִּפְנֵי רַבּוֹ, נִקְרָא רָשָׁע וְאֵינוֹ מַאֲרִיךְ יָמִים וְתַלְמוּדוֹ מִשְׁתַּכֵּחַ.
Someone who does not stand up before his rabbi is called "wicked", and does not live a long life, and his Torah learning is forgotten.

קו. אֵין לְהַטְרִיחַ אֶת הַשֵּׁם יִתְבָּרַךְ כְּשֶׁיְּכוֹלִין לְהוֹעִיל עַל יְדֵי דָּבָר אַחֵר.
One should not burden the blessed GOD, when one can be helped through other means.

קז. לִפְעָמִים עַל יְדֵי נַחַת רוּחַ אֶחָד וּמְעַט שֶׁעוֹשִׂין לַצַּדִּיק, עַל יְדֵי זֶה זוֹכִין לָעוֹלָם הַבָּא.
Sometimes, through one bit of satisfaction one brings to the Tzaddik, through this one merits to the World to Come.

קח. מִי שֶׁיֵּשׁ לוֹ אֱמוּנָה שְׁלֵמָה בַּשֵּׁם יִתְבָּרַךְ, יָכוֹל לַעֲשׂוֹת נַחַת רוּחַ לַצַּדִּיק.
One who has complete faith in the blessed GOD can give satisfaction to the Tzaddik.

קט. מִי שֶׁאֵין לוֹ שׁוּם הִרְהוּרֵי עֲבוֹדָה זָרָה, הוּא מִשְׁתּוֹקֵק תָּמִיד לְהַצִּיל אֶת הַצַּדִּיקִים.
One who does not have a trace of thoughts of idolatry, he constantly longs to save the tzaddikim.

קי. מִי שֶׁרוֹצֶה לַעֲשׂוֹת טוֹבָה לַצַּדִּיק, הַקָּדוֹשׁ בָּרוּךְ הוּא נוֹתֵן לוֹ כֹּחַ לָזֶה.
One who wants to do a favor for the Tzaddik, the Holy One Blessed He gives him strength for it.

קיא. תַּלְמִיד חָכָם הַמְבַעֵט בְּרַבּוֹתָיו, נִתְקַצְּרוּ שְׁנוֹתָיו.
A Torah scholar who shows impudence to his rabbis causes his years to be shortened.

קיב. הַמַּנְהִיג עַצְמוֹ בְּרַבָּנוּת כְּשֶׁיֵּשׁ גָּדוֹל מִמֶּנּוּ, נִתְקַצְּרִים שְׁנוֹתָיו.
One who conducts himself with Rabbinic authority when there is someone greater than him, his years are shortened.

קיג. כְּשֶׁהַצַּדִּיק צָרִיךְ לְהִתְפַּלֵּל שֶׁיִּתְּנוּ לוֹ אֵיזֶה דָּבָר וְיָרֵא מֵהַמְקַטְרְגִים עַל צִדְקָתוֹ, יְבַקֵּשׁ הֵפֶךְ רְצוֹנוֹ.

237

Sefer HaMidot   ספר המדות

When a tzaddik needs to pray to be given something, and he fears from forces challenging his righteousness, he should ask for the opposite of what he wants.

קיד. כְּשֶׁרָשָׁע עוֹשֶׂה אֵיזֶה רָעָה וּבָא לְהַצַּדִּיק וְשׁוֹאֵל מִמֶּנּוּ אִם יָפֶה עָשָׂה, מֻתָּר לוֹמַר לוֹ: יָפֶה עָשִׂיתָ, כְּדֵי לְהַצִּיל אֶת נַפְשׁוֹ.

When a wicked man does some evil, and comes to the Tzaddik and asks him if what he [the wicked mad] did was acceptable, it is permissible for the Tzaddik to tell him, "You did well", in order to save himself [lit. his soul].

קטו. מִי שֶׁמַּפְרִישׁ בְּנֵי אָדָם מִלָּבוֹא תַּחַת כַּנְפֵי הַשְּׁכִינָה, עַל יָדֵי זֶה נוֹפְלִים בָּנָיו לְעַבְדוּת.

One who separates people from coming under the wings of the Divine Presence causes his sons to fall into slavery.

קטז. לִפְעָמִים צָרִיךְ לְבַקֵּשׁ רַחֲמִים עַל הַחוֹלֶה שֶׁיָּמוּת.

Sometimes it is necessary to pray for mercy on a sick person - that he should die.

קיז. בַּתְּחִלָּה הַקָּדוֹשׁ בָּרוּךְ הוּא מְגַלֶּה הַסּוֹד בַּתּוֹרָה לַצַּדִּיק, וְאַחַר כָּךְ אוֹמֵר הַקָּדוֹשׁ בָּרוּךְ הוּא הַתּוֹרָה בִּשְׁבִיל וּבְשֵׁם הַצַּדִּיק.

First the Holy One Blessed He reveals a secret of the Torah to a tzaddik, and afterwards, the Holy One Blessed He says this Torah in the name of that tzaddik.

קיח. לִפְעָמִים הַצַּדִּיק מִתְעַנֶּה וּמִתְפַּלֵּל וְאֵינוֹ מוֹעִיל.

Sometimes the tzaddik fasts and prays, and it does not help.

קיט. הַצַּדִּיק מֻתָּר לוֹ לִפְרֹץ גְּדָרִים שֶׁל אֲחֵרִים בִּשְׁבִיל דַּרְכּוֹ.

It is permitted for the Tzaddik to break through the [religious] safeguards of others to forge his own way.

קכ. לִפְעָמִים גּוֹזְרִים מִלְמַעְלָה עַל מִסְפָּר בְּנֵי אָדָם שֶׁיָּמוּתוּ, וְיֵשׁ אֶחָד בֵּינֵיהֶם שֶׁהַצַּדִּיק אוֹהֵב אוֹתוֹ, יֵשׁ כֹּחַ בַּצַּדִּיק לְהִתְפַּלֵּל עָלָיו וּלְהַצִּיל אוֹתוֹ וְלִתֵּן אַחֵר תַּחְתָּיו.

Sometimes it is decreed from Above that a number of people should die, and there is one among them that the Tzaddik loves. The Tzaddik has the power to pray for him, and save him, and put another in his place.

קכא. יֵשׁ כֹּחַ בַּצַּדִּיק לָקַחַת מִזֶּה וְלִתֵּן לָזֶה.

A tzaddik has the power to take from one and give to another.

קכב. בִּרְכַּת הַצַּדִּיק הוּא פִּדְיוֹן.

The blessing of a tzaddik is a pidyon, redemption, ransom.

קכג. כָּל צַדִּיק יֵשׁ לוֹ דְּבַר עֲבוֹדָה, שֶׁצַּדִּיק אַחֵר, אֲפִלּוּ גָּדוֹל מִמֶּנּוּ, אֵינוֹ יָכוֹל

Sefer HaMidot

סֶפֶר הַמִדּוֹת

לְהַשִּׂיג עֲבוֹדָתוֹ.
Each tzaddik has a matter of devotion that another tzaddik, even one greater than he, cannot attain conception of his service.

קכד. מַה שֶׁהַצַדִּיקִים נוֹסְעִים מִמָּקוֹם לְמָקוֹם בִּשְׁבִיל מָמוֹן, כִּי דִּבְרֵי תוֹרָה עֲנִיִּים. בִּמְקוֹמָם וַעֲשִׁירִים בְּמָקוֹם אַחֵר.
That which tzaddikim travel from place to place for to raise money, it is because the words of Torah are poor in one place and rich in another, this saying is usually intended to describe the process of learning something from one passage in the Torah, and applying it to a different passage.

קכה. אֲרִיכַת יָמִים שֶׁל תַּלְמִיד חָכָם בָּא, כְּשֶׁמְּכַבְּדִין זֶה אֶת זֶה.
Length of years comes to Torah scholars when they honor each other.

קכו. אֵינָהּ דּוֹמָה תְּפִלַּת צַדִּיק בֶּן צַדִּיק לִתְפִלַּת צַדִּיק בֶּן רָשָׁע.
There is no comparing the prayer of a tzaddik who is the son of a tzaddik, to the prayer of a tzaddik who is the son of a wicked man.

קכז. מִי שֶׁמְּנַסֶּה אֶת הַצַדִּיק, כְּאִלּוּ מְנַסֶּה אֶת הַקָּדוֹשׁ בָּרוּךְ הוּא.
One who puts the Tzaddik to the test is as if he tests the Holy One Blessed He.

קכח. כָּל הַגְּבִיּוֹת שֶׁאֻמּוֹת הָעוֹלָם גּוֹבִין מִיִּשְׂרָאֵל, אֵין זֶה אֶלָּא בִּשְׁבִיל הַפְּגָם שֶׁפָּגְמוּ בִּכְבוֹד הַצַדִּיק.
All the levies that the nations demand from the Jewish People are only due to their have violated the honor of the Tzaddik.

קכט. כְּשֶׁשּׂוֹנְאֵי הַשֵּׁם דּוֹבְרִים וְחוֹלְקִים עַל הַצַדִּיק, הוּא כָּבוֹד גָּדוֹל לַצַדִּיק.
When those who hate GOD slander and stand against the Tzaddik, it is a great honor for the Tzaddik.

קל. עַל יְדֵי אֱמוּנַת צַדִּיקִים נִמְתָּק הַדִּין.
Through faith in tzaddikim, the din [judgement] is sweetened.

קלא. הַצַדִּיק הוּא מְלַמֵּד אֶת הַקָּדוֹשׁ בָּרוּךְ הוּא בְּתוֹרָתוֹ, אֵיךְ יִתְנַהֵג עִמָּנוּ.
The Tzaddik teaches GOD through his Torah [exegesis], how to deal with us.

קלב. הַתְּפִלָּה שֶׁאָדָם מִתְפַּלֵּל בְּהִתְקַשְּׁרוּת הַצַדִּיקִים, הוּא נַעֲנֶה.
The prayer a person prays with attachment to the tzaddikim, it is answered.

קלג. הַקָּדוֹשׁ בָּרוּךְ הוּא מוֹחֵל עֲווֹנוֹת יִשְׂרָאֵל בִּשְׁבִיל הַצַדִּיקִים.

Sefer HaMidot   ספר הַמִּדּוֹת

The Holy One Blessed He forgives the sins of Israel for the sake of the tzaddikim.

קלד. הַלֵּיצָנוּת אֵינוֹ מַנִּיחַ אֶת הָאָדָם לֵילֵךְ לְצַדִּיקִים.
The mockery [inside a person, or his fear of being mocked, or both], does not allow one to go to the tzaddikim.

קלה. עַל יְדֵי צְדָקָה זוֹכֶה לְהִתְקָרְבוּת לַצַּדִּיקִים.
Through charity, one merits to come close to tzaddikim.

קלו. אֵין לְךָ צַדִּיק שֶׁאֵין עָלָיו מַחֲלֹקֶת וּמְחַקְּרִים.
There is no tzaddik who does not have a conflict on him and investigators.

קלז. יֵשׁ רָשָׁע שֶׁהוּא בּוֹשׁ לִכְפֹּר בַּצַּדִּיק עַצְמוֹ וּמְדַבֵּר רָעוֹת עַל אֵלּוּ שֶׁהֵם תַּחַת הַצַּדִּיק.
There is a type of evildoer who is ashamed to blaspheme the Tzaddik himself, and so he slanders those that are under the Tzaddik.

קלח. עַל יְדֵי רְאִיַּת פְּנֵי הַצַּדִּיק נִתְחַדֵּד הַשֵּׂכֶל.
Through seeing the face of the Tzaddik, the intellect is sharpened.

קלט. מִי שֶׁשּׁוֹמֵר אֶת הַצַּדִּיק, שֶׁלֹּא יִפֹּל בּוֹ שׁוּם צַעַר, יִזְכֶּה לְכָבוֹד וְיֶהֱנֶה מִצִּדְקַת הַצַּדִּיק.
One who protects the Tzaddik, that no suffering should come to him, will merit to honor, and will benefit from the righteousness of the Tzaddik.

קמ. עַל יְדֵי שְׁמִיעַת תּוֹרָה מִפִּי. הַצַּדִּיק מְקַבְּלִין חִיּוּת.
Through hearing Torah directly from the [mouth of the] Tzaddik, one receives vitality.

קמא. רָשָׁע שֶׁעָשָׂה חֲטָאִים רַבִּים, תַּקָּנָתוֹ שֶׁיִּהְיֶה פְּעֻלּוֹתָיו לְחַיּוֹת אֶת הַצַּדִּיק.
An evildoer who has committed many sins, his rectification is - that his actions should be [geared] to give vitality to the Tzaddik.

קמב. כְּשֶׁרָשָׁע מַכְנִיעַ אֶת עַצְמוֹ תַּחַת הַצַּדִּיק, בְּיָדוּעַ שֶׁנִּגְזַר עַל הַצַּדִּיק אֵיזֶה צָרָה וְעַכְשָׁו לֹא יָבֹא עָלָיו עוֹד הַצָּרָה.
When an evildoer submits himself under the Tzaddik, it is certain that some hardship had been decreed upon the Tzaddik, and now the hardship will no longer come upon him.

קמג. כְּשֶׁתִּירָא מֵהַצַּדִּיק, תִּזְכֶּה לָסוּר מֵרָע.
When you have fear of the tzaddik, you will merit to distance

Sefer HaMidot

yourself from wrongdoing.

קמד. כְּשֶׁהַצַּדִּיק שׁוֹרָה בְּצַעַר וְהָרָשָׁע מְבַקֵּשׁ רַחֲמִים עָלָיו, עַל יְדֵי זֶה יִזְכֶּה לֶעָתִיד לַעֲמֹד עַל שַׁעֲרֵי צַדִּיק.

When a tzaddik is set with pain, and an evildoer asks for mercy on his behalf, through this he will merit in the future to stand at the gates of a tzaddik.

קמה. מַה שֶּׁלִּפְעָמִים הַקָּדוֹשׁ בָּרוּךְ הוּא אֵינוֹ שׁוֹמֵעַ תְּפִלַּת הַצַּדִּיק, כְּדֵי שֶׁיִּדָּחֶה בָזֶה אֶת הָרְשָׁעִים, שֶׁיִּשָּׁאֲרוּ בְּרִשְׁעוּתָן.

That which the Holy One Blessed He does not heed the prayer of the tzaddik, it is in order to thus reject the evildoers, that they should remain in their wickedness.

קמו. עַל יְדֵי מַחֲלֹקֶת עַל הַצַּדִּיק שׁוֹכְחִין אֶת הַתּוֹרָה.

Through conflict on the Tzaddik, the Torah is forgotten.

קמז. הַשֶּׁבַח שֶׁמְּשַׁבְּחִין אֶת הַצַּדִּיקִים, כְּאִלּוּ מְשַׁבְּחִין אֶת הַקָּדוֹשׁ בָּרוּךְ הוּא.

The praise that is extolled of the tzaddikim is as if it is praise to the Holy One Blessed He.

קמח. עִיר שֶׁהִיא צַיֵּת אֶת הַצַּדִּיק, אֵין מִלְחָמָה נִשְׁמַעַת בָּהּ וְאֵין מְהוּמָה וְאֵין שְׁמוּעָה רָעָה.

A city that obeys the Tzaddik, no war is heard in it, and there are no upheavals or evil tidings.

קמט. הַהִתְנַגְּדוּת עַל הַצַּדִּיקִים זֶה בָּא מֵהִתְנַגְּדוּת שֶׁבֵּין הַצַּדִּיקִים בְּעַצְמָן.

The opposition to the tzaddikim comes from the opposition between the tzaddikim themselves.

קנ. בִּשְׁבִיל זֶה הַקָּדוֹשׁ בָּרוּךְ הוּא נוֹתֵן פַּרְנָסָה לַצַּדִּיק עַל יְדֵי הֲמוֹן עָם, כְּדֵי שֶׁיִּהְיֶה לוֹ אֵיזֶה הִתְחַבְּרוּת עִמָּהֶם, וּכְשֶׁיִּזְכֹּר הַקָּדוֹשׁ בָּרוּךְ הוּא אֶת הַצַּדִּיק, יִזְכֹּר גַּם אוֹתָם.

For this reason, the Holy One Blessed He gives livelihood to a tzaddik through the general populace, in order that he will have some connection with them, and so that when the Holy One Blessed He remembers the tzaddik, He will remember them as well.

קנא. בִּיאַת הַמָּשִׁיחַ תָּלוּי בְּקִרְבַת הַצַּדִּיק.

The coming of the Messiah depends on drawing close to the Tzaddik.

קנב. עִקַּר שְׁלֵמוּת הַנֶּפֶשׁ תָּלוּי בְּקִרְבַת הַצַּדִּיק.

The primary fulfillment of the soul comes through drawing close to the tzaddikim.

קנג. מִי שֶׁמְּקָרֵב עַצְמוֹ לַצַּדִּיק. וְקִרְבָתוֹ אֵינוֹ בִּתְמִימוּת, עַל יְדֵי זֶה נִתְהַפֵּךְ

Sefer HaMidot   ספר המדות

אַחַר כָּךְ לְרוֹדֵף.

Someone who draws close to the Tzaddik, but his drawing close is not with sincerity or innocence, through this he is turned around afterwards to be an opposer.

קנד. הַשַּׁקְרָן בַּשָּׁעָה שֶׁבָּא לִרְאוֹת אֶת הַצַּדִּיק לִבּוֹ חוֹשֵׁב אֵיךְ יְדַבֵּר אַחַר כָּךְ.

A liar - when he comes to see the Tzaddik - his heart contemplates how he will speak afterwards.

קנה. הַדִּבּוּרִים שֶׁדּוֹבְרִים עַל הַצַּדִּיק לְסוֹף שֶׁדִּבְרֵיהֶם נֶהֱפָךְ עֲלֵיהֶם, וְנוֹפְלִים לְמִשְׁכָּב.

The words that people speak against the Tzaddik, in the end their words are turned around against them, and they fall bedridden.

קנו. מִי שֶׁמַּכְנִיעַ אֶת עַצְמוֹ בִּפְנֵי הַצַּדִּיק בָּזֶה מְעוֹרֵר אַהֲבָה אֵצֶל הַצַּדִּיק.

One who submits himself before the Tzaddik, with this he arouses the love of the Tzaddik.

קנז. עַל יְדֵי סִפּוּרֵי מַעֲשִׂיּוֹת מִצַּדִּיקִים עַל יְדֵי זֶה זוֹכִין לְהִתְקָרֵב לָהֶם.

Through the stories of the tzaddikim, through this one merits to draw close to them.

קנח. לְפִי רוּחַ הַקֹּדֶשׁ, שֶׁהַקָּדוֹשׁ בָּרוּךְ הוּא נוֹתֵן לַצַּדִּיק כֵּן הָעֲשִׁירִים סוֹמְכִים אוֹתוֹ וּלְפִי סְמִיכָתָם אוֹתוֹ כֵּן יָכֹל לְהַחֲזִיר הָרְשָׁעִים בִּתְשׁוּבָה.

According to the Divine Inspiration the Holy One Blessed He grants to a tzaddik, so the wealthy people support him. According to the support they give him, so he can bring the evildoers back in repentance.

קנט. הַיִּסּוּרִין שֶׁבָּאִין עַל הַצַּדִּיקִים. בִּשְׁבִיל כְּדֵי שֶׁלֹּא יְהַרְהְרוּ הָרְשָׁעִים לְעוֹלָם הַבָּא עַל הַטּוֹב. שֶׁיִּתֵּן הַקָּדוֹשׁ בָּרוּךְ הוּא לַצַּדִּיקִים.

The suffering that comes upon the tzaddikim, is so that in the World to Come, the wicked will not question in their minds the good that the Holy One Blessed He will be giving the tzaddikim.

קס. כְּשֶׁהַיְרֵאִים הֵם בְּהִתְחַבְּרוּת עִם הַצַּדִּיק עַל יְדֵי זֶה גּוֹרְמִים זִוּוּג בֵּין קֻדְשָׁא בְּרִיךְ הוּא וּשְׁכִינָתֵהּ פָּנִים בְּפָנִים. וְאֵין יְרִידָה אַחֲרָיו.

When the GOD fearing is connected to the Tzaddik, through this they cause a union between the Holy One, Blessed be He, and the Divine Presence, face to face, and there is no regression from this afterwards.

קסא. עַל יְדֵי שֶׁבַח שֶׁמְּשַׁבְּחִים אֶת הַצַּדִּיקִים. מַפִּילִים אֶת הָרְשָׁעִים נְפִילָה גְּדוֹלָה

Sefer HaMidot ספר המדות

Through the praises that one extolls the tzaddikim, the wicked are pushed down to a great fall.

קסב. הַצַּדִּיק נִסְתַּלֵּק בַּעֲוֹון כִּשּׁוּף וְנָאוּף.
The Tzaddik passes away due to the sins of witchcraft and promiscuity.

קסג. הַנּוֹאֲפִים לְרֹב הֵם מִתְנַגְּדִים עַל הַצַּדִּיק.
The promiscuous are for the most part opposers of the tzaddikim.

קסד. כְּשֶׁהַצַּדִּיק נִסְתַּלֵּק נִשְׁאָר הָעוֹלָם כִּטְמֵאִים וְצִדְקַת הָעוֹלָם נִמְאָס בְּעֵינֵי הַקָּדוֹשׁ בָּרוּךְ הוּא.
When the Tzaddik passes away, the world, the people remain as though impure, and the righteousness of the world is disgusting in the eyes of the Holy One Blessed He.

קסה. עַל יְדֵי הַגַּדְלוּת. הָעוֹלָם עַל הַצַּדִּיק נִתְעוֹרֵר חַס וְשָׁלוֹם חָרוֹן אַף גַּם שְׂרֵפָה נִתְעוֹרֵר.
Through the haughtiness people hold above the Tzaddik, there is aroused, GOD forbid, Divine wrath. Also fires [lit. burning] are aroused.

קסו. טִלְטוּל הַצַּדִּיקִים. לִפְעָמִים הוּא בִּשְׁבִיל לְגַלּוֹת אֵיזֶה צַדִּיק נִסְתָּר.
The wandering about of the tzaddikim is sometimes in order to reveal some hidden tzaddik.

קסז. לִפְעָמִים יִסּוּרִין בָּאִים עַל הַצַּדִּיק, כְּדֵי לְמַעֵט בְּצָרוֹת יִשְׂרָאֵל.
Sometimes suffering comes upon the Tzaddik, in order to decrease the hardships of Israel.

קסח. מִלּוּי כְּרֵסָם שֶׁל הָמוֹן עַם גּוֹרֵם לַאֲבֵדַת הַצַּדִּיק.
The gluttonous eating [lit. the filling of the stomach, which does not have to denote gluttony but eating very well] of the masses causes the loss of the Tzaddik.

קסט. יִסּוּרִים שֶׁבָּאִים עַל הַצַּדִּיק הוּא כַּפָּרָה עַל כָּל יִשְׂרָאֵל.
The sufferings that come upon the tzaddikim are an atonement for all of the Jewish People.

קע. מִי שֶׁאֵינוֹ רוֹצֶה לְקַבֵּל עַל עַצְמוֹ עֹל שֶׁל הַצַּדִּיק, הַקָּדוֹשׁ בָּרוּךְ הוּא כּוֹעֵס עָלָיו וּמְבַעֲתָהוּ.
One who does not want to accept upon himself the yoke of the Tzaddik, the Holy One Blessed He is angry at him and kicks him.

קעא. מִי שֶׁמֵּבִיא דּוֹרוֹן לַצַּדִּיק, הַקָּדוֹשׁ בָּרוּךְ הוּא עוֹשֶׂה לוֹ נַחַת רוּחַ.
One who brings a gift to the Tzaddik, the Holy One Blessed

Sefer HaMidot

He gives him satisfaction.

קעב. עַל יְדֵי דּוֹרוֹן שֶׁמְּבִיאִין לַצַּדִּיקִים מַכְנִיעִין אֶת הַשּׂוֹנְאִים וּמְבַטְּלִין אֶת הָרוּחַ רָעָה שֶׁשּׁוֹרָה עַל הָאָדָם.

Through the gifts that people bring to tzaddikim, the enemies are subdued, and there is annulment of the evil spirit that sets upon a person.

קעג. עַל יְדֵי הִשְׁתַּטְּחוּת עַל קִבְרֵי הַצַּדִּיקִים הַקָּדוֹשׁ בָּרוּךְ הוּא עוֹשֶׂה לוֹ טוֹבוֹת, אַף עַל פִּי שֶׁאֵינוֹ רָאוּי לְכָךְ.

Through prostrating oneself on the tombs of tzaddikim, the Holy One Blessed He does favors for him, even if he is not worthy of such.

קעד. מִי שֶׁמְּסַפֵּר מַעֲשִׂיּוֹת מִצַּדִּיקִים הַקָּדוֹשׁ בָּרוּךְ הוּא עוֹשֶׂה לוֹ חֶסֶד.

Someone who recounts stories of the tzaddikim, the Holy One Blessed He does him kindness.

קעה. מַה שֶׁהַצַּדִּיק מַנְהִיג אֶת הָעוֹלָם, הוּא מֵחֲמַת יִרְאָה שֶׁבְּתוֹכוֹ.

That which the Tzaddik rules over the world people is due to the fear of GOD within him.

קעו. כְּשֶׁאָדָם נִתְבָּרֵךְ מִן הַצַּדִּיק צָרִיךְ לַעֲמֹד עַל רַגְלָיו.

When a man is being blessed by the Tzaddik, he should stand on his feet.

קעז. הַמֶּלֶךְ גּוֹבֶה מִן הָעָם.

A king is permitted to levy his expenses from the people.

קעח. עַל יְדֵי כָּבוֹד, שֶׁמְּכַבְּדִין אֶת בְּנֵי הַצַּדִּיקִים, נִתְעוֹרֵר רָצוֹן אֵצֶל הַשֵּׁם יִתְבָּרֵךְ שֶׁיָּבוֹא הַמָּשִׁיחַ.

Through the honor people extend to the children of the tzaddikim, the desire is aroused in the blessed GOD for the arrival of the Messiah

קעט. עַל יְדֵי הַהֲלִיכָה שֶׁהוֹלְכִים לַצַּדִּיק, מַכְנִיעִים אֶת הַשּׂוֹנְאִים.

Through the act of going - that people go to the Tzaddik, they subdue the wicked.

קפ. מִי שֶׁעוֹבֵר עַל הַצִּוּוּי שֶׁל הַצַּדִּיק, הוּא נוֹפֵל מֵחֲשִׁיבוּתוֹ.

One who transgresses the command of the Tzaddik, he falls from his importance.

קפא. מִי שמהנהו מִנְּכָסָיו כְּאִלּוּ מְהַנֶּה כָּל יִשְׂרָאֵל וְנִצּוֹל מִמִּיתָה.

One who gives the Tzaddik enjoyment or benefit from his property, is as if he benefited all of Israel, and he is saved from death.

קפב. מִי שֶׁמְּסָרֵב עַל דִּבְרֵי צַדִּיק כְּאִלּוּ שָׁאַל בַּקּוֹסְמִים.

Sefer HaMidot ספר הַמִדוֹת

One who disobeys by refusal to perform the words of the Tzaddik is as if he engaged in the asking of sorcerers.

קפג. עַל יְדֵי הַחָכְמָה ה' עִמּוֹ גַּם אֵימָתוֹ מֻטֶּלֶת עַל הַבְּרִיּוֹת.

Through wisdom, GOD is with one, and also the fear of him is cast upon the people.

קפד. מִי שֶׁסּוֹמֵךְ אֶת הַצַּדִּיק בְּכָל מִינֵי סְמִיכוֹת, הוּא סָמוּךְ וְקָרוֹב לוֹ לְעוֹלָם הַבָּא.

One who supports the Tzaddik with all types of support, he is close and near to him in the World to Come.

קפה. מִי שֶׁמִּתְגָּרֶה בַּצַּדִּיק, לַסּוֹף הוּא נִתְפָּס בִּמְצוּדָה רָעָה.

One who starts up with the Tzaddik, in the end he is caught in a bad trap.

קפו. מִי שֶׁמְּסַפֵּר מַעֲשִׂיּוֹת מַצַּדִּיקִים, מַזְכִּירִין לוֹ צִדְקוֹתָיו.

One who recounts the stories of tzaddikim, his righteousness is recalled.

קפז. הַצַּדִּיק יָכֹל לִתֵּן דָּבָר, שֶׁלֹּא בָּא לְעוֹלָם.

The Tzaddik can give something that has not yet come into the world.

קפח. הַצַּדִּיק, כָּל מָקוֹם אֲשֶׁר יִדְרֹךְ כַּף רַגְלָיו, הוּא קוֹנֶה.

The Tzaddik - everywhere his feet tread, he acquires.

קפט. מִי שֶׁנּוֹתֵן עֵצָה לַצַּדִּיקִים בְּעֵת הִתְנַגְּדוּת מַעֲשֵׂה יָדָיו קַיָּמִים, וְאֵין מְבַטֵּל אוֹתָם.

Someone who gives advice to tzaddikim at a time when they are facing opposition, the work of his hands endures, and will not be annulled.

קצ. בְּשָׁעָה שֶׁמִּסְתַּכֵּל עַל הַצַּדִּיק, יִסְתַּכֵּל בְּאֵימָה, כְּדֵי שֶׁלֹּא יַעַנְשׁוּ אוֹתוֹ מִן הַשָּׁמַיִם.

At the time when one looks upon the Tzaddik, he should look with dread, so that he will not be punished by Heaven.

קצא. עַל יְדֵי יִרְאַת שָׁמַיִם נִשְׁתּוֹקֵק הָאָדָם לְקָרֵב אֶת עַצְמוֹ לַצַּדִּיק.

Through fear of Heaven, a person gains a longing to draw himself close to the Tzaddik.

קצב. עַל יְדֵי יְשִׁיבָה אֵצֶל שֻׁלְחָן הַצַּדִּיק נִתְבַּטֵּל הַמִּלְחָמָה.

Through sitting at the table of the Tzaddik, war is annulled.

קצג. מִי שֶׁהוּא זַיְפָן, לְסוֹף שֶׁיִּתְחַבֵּר עִם הַמִּתְנַגְּדִים שֶׁחוֹלְקִים עַל הַצַּדִּיק.

One who is a forger, in the end he will join the opposers who stand against the Tzaddik.

קצד. לִפְעָמִים הַצָּרַעַת פּוֹרֵחַ לַצַּדִּיק, כִּי מְקָרֵב קָרֵב אֵיזֶה אָדָם בִּתְשׁוּבָה.

Sefer HaMidot   ספר המדות

Sometimes the plague of leprosy breaks out upon the Tzaddik, because he had recently brought someone back in repentance.

קצה. מִי שֶׁאוֹמֵר עַל הַצַדִּיק שֶׁהוּא רָשָׁע וְעַל הָרָשָׁע שֶׁהוּא צַדִּיק עַל יְדֵי זֶה יִפֹּל לַחֲלָשָׁה גַּם עַל יְדֵי זֶה חַמָּה וּלְבָנָה נִלְקִין.

Someone who says of a tzaddik that he is wicked, and of a wicked one that he is a tzaddik, through this he falls into a state of weakness, also the sun and moon are eclipsed.

קצו. הִתְקַשְׁרוּת לַצַדִּיק הוּא רְפוּאָה גְדוֹלָה.

Connection to the Tzaddik is a great healing.

קצז. קָשֶׁה לָאָדָם לְהַשִּׂיג אֵיזֶה תְּשׁוּעָה, כְּשֶׁיֵּשׁ צַדִּיק בָּעִיר וְאֵינוֹ מְבַקֵּשׁ מִמֶּנּוּ שֶׁיִּתְפַּלֵּל עָלָיו.

It is hard for a man to receive a salvation, when there is a tzaddik in the city, and he the man does not ask the tzaddik to pray for him.

קצח. לִפְעָמִים יֵשׁ אֶחָד, שֶׁמְּקוֹרָב בְּהִתְקָרְבוּת גָּדוֹל לַצַדִּיק וְאֵינוֹ מַרְגִּישׁ בְּעַצְמוֹ שׁוּם יִרְאַת שָׁמַיִם, יֵדַע, כִּי אִם לֹא הָיָה מְקֹרָב לֹא הָיָה רָאוּי לִחְיוֹת כְּלָל.

Sometimes a person comes very close to the Tzaddik, and yet does not feel within himself any fear of Heaven. He should know that if he had not come close, he would not be worthy of living at all.

קצט. לִפְעָמִים הַצַדִּיק מִתְבַּיֵּשׁ לְבַקֵּשׁ מֵהַקָּדוֹשׁ בָּרוּךְ הוּא עַל צַעֲרוֹ מַה עוֹשֶׂה הַקָּדוֹשׁ בָּרוּךְ הוּא מֵבִיא צַעַר כָּזֶה עַל רָשָׁע כְּדֵי כְּשֶׁהָרָשָׁע בָּא וּמְבַקֵּשׁ מִמֶּנּוּ שֶׁיִּתְפַּלֵּל עָלָיו עַל יְדֵי זֶה נִצּוֹל גַּם הַצַדִּיק מִצַּעֲרוֹ.

Sometimes a tzaddik is ashamed to pray to the Holy One Blessed He about his personal suffering. What does the Holy One Blessed He do? He brings similar suffering upon an evildoer, so that when the evildoer comes and asks from him the tzaddik to pray for him, and through this, the tzaddik is also saved from his suffering

ר. מִי שֶׁחוֹלֵק עַל הַצַדִּיק בְּפָנָיו בְּיָדוּעַ שֶׁאֵין בּוֹ יִרְאַת שָׁמַיִם.

One who disputes the Tzaddik in front of him, it is certain that he does not have fear of Heaven.

רא. לִפְעָמִים הַמַּחֲלֹקֶת עַל הַצַדִּיק הִיא הוֹכָחָה גְּדוֹלָה שֶׁהוּא צַדִּיק.

Sometimes the controversy surrounding a tzaddik is a great proof that he is a tzaddik.

Sefer HaMidot

רב. יֵשׁ רָשָׁע שֶׁמַּצְלִיחַ וּכְשֶׁרוֹדֵף אֶת הַצַּדִּיק אֲזַי הַקְּלִפּוֹת בְּעַצְמָם נוֹקְמִים מִמֶּנּוּ

There is an evildoer who is successful. But when he pursues or attacks, the Tzaddik, the klipos, husks - impure forces, themselves take revenge on him.

רג. הַחִלּוּק שֶׁבֵּין צַדִּיק לִירֵא שָׁמַיִם שֶׁהַיָּרֵא אֵין לוֹ רְשׁוּת לְגַלּוֹת מִסְתּוֹרָיו שֶׁל הַקָּדוֹשׁ בָּרוּךְ הוּא אֲבָל הַצַּדִּיק יֵשׁ לוֹ רְשׁוּת.

The difference between a tzaddik and one who has fear of Heaven, is that the one with fear does not have permission to reveal the mysteries of the Holy One Blessed He, whereas the tzaddik has permission.

רד. מִי שֶׁדּוֹבֵר. עַל הַצַּדִּיק בְּיָדוּעַ שֶׁהוּא גַּדְלָן.

One who slanders the Tzaddik, it is certain that he is arrogant.

רה. כְּשֶׁהַקָּדוֹשׁ בָּרוּךְ הוּא רוֹצֶה שֶׁהַצַּדִּיק יְלַמֵּד דֶּרֶךְ אֶת הָעָם מְרַמֵּז לוֹ בְּפַרְנָסָתוֹ.

When the Holy One Blessed He wants the Tzaddik to teach the people the Way of GOD, He hints this to him through his livelihood.

רו. הַצַּדִּיק כְּשֶׁמִּתְפַּלֵּל עַל הָאָדָם, הוּא מֵבִין עַל אֵיזֶה עֲבֵרָה בָּא עָלָיו הַפֻּרְעָנוּת הַזֹּאת.

The Tzaddik - when he prays on behalf of someone, he can discern from which sin this suffering came upon the person.

רז. מִי שֶׁשּׁוֹמֵר אֶת בְּרִיתוֹ בְּוַדַּאי מְחַבֵּב אֶת הַצַּדִּיק.

Someone who guards his covenant, sexual purity, will certainly have love for the Tzaddik.

רח. כְּשֶׁהַצַּדִּיק עוֹבֵד אֶת הַשֵּׁם יִתְבָּרַךְ וְאֵינוֹ מַשְׁגִּיחַ עַל הָמוֹן עַם לְלַמֵּד עַל יְדֵי זֶה נוֹפֵל מִמַּדְרֵגָתוֹ.

When the Tzaddik serves the blessed GOD, without supervising the masses to teach them, through this he falls from his level.

רט. עַל יְדֵי הַפַּרְנָסָה שֶׁמְּפַרְנְסִין אֶת הַצַּדִּיק נִמְחַל לָהֶם כָּל עֲווֹנוֹתֵיהֶם כְּמוֹ הַכֹּהֲנִים אוֹכְלִים וּבְעָלִים מִתְכַּפְּרִים.

Through the income people provide for the livelihood of the Tzaddik, all their sins are forgiven. Just as we find in the Torah the Cohanim priests eat of the sacrifices and by this the owners those that brought the sacrifices are atoned.

Sefer HaMidot

ספר המדות

חלק שני

א. עַל יְדֵי סִפּוּרֵי מַעֲשִׂיּוֹת שֶׁל צַדִּיקִים מַמְשִׁיכִין אוֹר שֶׁל מָשִׁיחַ בָּעוֹלָם וְדוֹחֶה הַרְבֵּה חֹשֶׁךְ וְצָרוֹת מִן הָעוֹלָם.

Through the stories of tzaddikim, one draws the light of Messiah into the world, and pushes out much darkness and hardship from the world.

ב. גַּם זוֹכֶה לִבְגָדִים נָאִים.

Also, one merits to nice clothing.

ג. בְּשִׁבְעַת יְמֵי אֲבֵלוּת שֶׁל הַצַּדִּיק, הַקָּדוֹשׁ בָּרוּךְ הוּא מַשְׁפִּיעַ עַל הַמִּתְאַבְּלִים עָלָיו מֵאוֹר הַגָּנוּז מִשֵּׁשֶׁת יְמֵי בְרֵאשִׁית.

In the seven days of mourning over the Tzaddik, the Holy One Blessed He dispenses on the mourners from the hidden light of the Six Days of Creation.

ד. אַל תִּתְמַהּ עַל הַחֵפֶץ, שֶׁהָאָדָם הוּא בְּרִיָּה קְטַנָּה וּבוֹ תָּלוּי כָּל הָעוֹלָמוֹת, כִּי כֵן בְּכָל מָקוֹם שֶׁהַשְּׁכִינָה שְׁרוּיָה, מוּעָט מַחֲזִיק אֶת הַמְרֻבֶּה.

Do not be puzzled on the scheme, that man is a small creature and all the worlds are contingent on him. For such is the way with every place wherein the Divine Presence pervades; the little holds the great and many.

ה. כָּל אָדָם מְצֻיָּר בְּזִיו פָּנָיו גַּן עֵדֶן שֶׁלּוֹ.

Every man has drawn in his visage his portion in gan eden [Heaven].

ו. עַל פִּי רֹב הַיְרֵאִים פַּרְנָסָתָם בָּא עַל יְדֵי טִלְטוּלִים.

For the most part, the GOD fearing - their livelihood comes through moving about.

ז. לִפְעָמִים הַצַּדִּיק בָּא. לְטִלְטוּלִים, כְּדֵי שֶׁיָּבֹא לְעוֹלָם הַבָּא יִזְכֹּר הַמְּקוֹמוֹת שֶׁהָיוּ בָּהֶם, וְעַל יְדֵי זֶה יָבוֹאוּ טוֹבוֹת לְאֵלּוּ הַמְּקוֹמוֹת.

Sometimes the Tzaddik comes to moving from place to place, so that when he comes to the World to Come, he will remember all the places he had been, and through this good will come to all those places.

ח. מִי שֶׁיּוֹדֵעַ שְׁמוֹת שֶׁל בְּנֵי הַצַּדִּיקִים שֶׁבַּדּוֹר, הוּא יוֹדֵעַ כָּל הַמְּאֹרָעוֹת שֶׁיִּהְיוּ.

Someone who knows the names of the children of the tzaddikim of the generation, he knows all the events that are yet to come.

ט. מִי שֶׁמַּצְדִּיק אֶת הַבְּרִיּוֹת, כָּל חֲפָצָיו נַעֲשִׂים בְּלִי שׁוּם מוֹנֵעַ.

Someone who justifies the people, all his interests are fulfilled without hindrance.

Sefer HaMidot

י. כְּשֶׁהַצַּדִּיק נֶחֱלָשׁ כֹּחוֹ, שֶׁאֵין יָכֹל לַעֲשׂוֹת רָצוֹן קוֹנוֹ כְּמִקֹּדֶם, יֵדַע, שֶׁאֵין הַקָּדוֹשׁ בָּרוּךְ הוּא רוֹצֶה עוֹד, שֶׁיּוֹרֶה דֶּרֶךְ תְּשׁוּבָה לָרְשָׁעִים.

When a tzaddik's strength is weakened, so that he cannot do the will of his Creator as before, he should know that the Holy One Blessed He no longer desires that he instruct the way of repentance to the wicked.

יא. עִקַּר כֹּחַ הַצַּדִּיקִים הוּא כְּשֶׁהַדִּין נִמְתָּק, הַיְנוּ: עַל יְדֵי אַחְדוּת הַשֵּׁם יִתְבָּרֵךְ.

The main strength of the tzaddikim comes when the judgment is sweetened, that is, through the unification of the blessed name of GOD.

יב. כְּשֶׁהַצַּדִּיקִים נִתְפַּרְסָמִים בָּעוֹלָם עַל יְדֵי זֶה נִתְחַדְּשִׁים נִגּוּנִים בָּעוֹלָם.

When the tzaddikim become famous in the world, through this there are new melodies in the world.

יג. מִי שֶׁמּוֹסֵר נַפְשׁוֹ בִּשְׁבִיל יִשְׂרָאֵל, דִּינָיו אֵינָם בְּטֵלִים, וְכַאֲשֶׁר יִגְזֹר כֵּן יָקוּם.

One who has self-sacrifice for the sake Israel, the judgments he passes are not annulled, and what he decrees will be fulfilled.

יד. עַל יְדֵי שִׁמּוּשׁ הַצַּדִּיק בָּא חֵרוּת וְנִתְבַּטֵּל הַקְּלָלוֹת.

Through serving the Tzaddik comes freedom, and the curses are annulled.

טו. אֵלּוּ הַמְקֹרָבִים לְיִרְאֵי הַשֵּׁם גַּם הֵם זוֹכִים לְיִרְאָה וְלָדַעַת.

Those who are close to GOD fearing, they also merit fear and cognizance.

טז. כְּשֶׁהַצַּדִּיק נִתְעַשֵּׁר עַל יְדֵי זֶה הָרְשָׁעִים חוֹזְרִים בַּתְּשׁוּבָה.

When a tzaddik becomes wealthy, through this the wicked return in repentance.

יז. כְּשֶׁהַקָּדוֹשׁ בָּרוּךְ הוּא רוֹאֶה אֵיזֶה צַדִּיק שֶׁיֵּשׁ כֹּחַ בְּיָדוֹ לְקָרֵב בְּנֵי אָדָם לַעֲבוֹדָתוֹ, אֲזַי מַעֲמִיד עָלָיו שׂוֹנְאִים כְּדֵי שֶׁיּוּכַל לְקָרֵב בְּנֵי אָדָם, כִּי הַצַּדִּיק שֶׁאֵין לוֹ שׂוֹנְאִים אֵין יָכֹל לְקָרֵב, כְּמוֹ בְּעֵת בִּיאַת הַמָּשִׁיחַ. יֵשְׁבוּ בְּשָׁלוֹם וְאֵין מְקַבְּלִים גֵּרִים.

When the Holy One Blessed He sees that a certain tzaddik has the power to draw people to His service, He stands up on him enemies, in order that he will be able to draw the people to GOD. Because a tzaddik who does not have enemies, he cannot draw people to GOD. This is comparable to the time of the arrival of the Messiah, they will reside in peace, and then converts will not be accepted.

Sefer HaMidot   ספר הַמִדוֹת

יח. יֵשׁ שְׁנֵי צַדִּיקִים שֶׁאֶחָד דְּבוּרָיו הֵם כַּחֲרִישָׁה, וְהַשֵּׁנִי דְּבָרָיו כִּקְצִירָה, אוֹ אֶחָד, דְּבָרָיו כַּהֲקָמַת הַבְּרִית לַזִּוּוּג, וְהַשֵּׁנִי דְּבָרָיו הֵם הַמַּמְשִׁיכִין אֶת הַזֶּרַע וּמְהַוִּים אֶת הַנּוֹלָד בְּבֶטֶן אִמּוֹ וּמְגַדְּלִין אוֹתוֹ. בְּכֵן כְּשֶׁיֵּשׁ מַחֲלֹקֶת בֵּין שְׁנֵי צַדִּיקִים הָאֵלּוּ אַל יִתְעָרֵב זָר בְּתוֹךְ דְּבוּרָיו שֶׁמְּדַבְּרִים זֶה עַל זֶה כְּדֵי שֶׁלֹּא יְקַלְקֵל הַמְכֻוָּן.

There are two tzaddikim, that one, his words are like plowing, and the second, his words are like harvesting. Or one, his words are like the erection of the covenant [male member] for conjugation, and the second, his words are what draws the seed to impregnation and form the fetus in its mother's womb and develop it. Thus, when there is an argument between these two tzaddikim, an outsider should not interfere in their words which they say against each other, so that he does not ruin the intended aim.

יט. כְּשֶׁהוֹלְכִים עַל קִבְרֵי צַדִּיקִים צָרִיךְ לָזֶה זְכוּת שֶׁיּוּכַל לֶאֱסֹף רוּחוֹ וְנִשְׁמָתוֹ לַקֶּבֶר, שֶׁיִּהְיֶה כְּאִלּוּ הוּא חַי, כִּי אִם אֵין זְכוּת, אֲזַי רוּחוֹ וְנִשְׁמָתוֹ עוֹלִים לְמַעְלָה לְתוֹךְ שְׁאָר הַצַּדִּיקִים.

When one goes to the tombs of the tzaddikim, one needs merit to be able to draw his the tzaddik's spirit and soul, to the tomb, so it will be, as if he is alive. For if there isn't merit, then his the tzaddik's, spirit and soul ascend to Heaven, to the midst of the other tzaddikim.

כ. עַל יְדֵי הַזְכָּרַת שְׁמוֹת הַצַּדִּיקִים יְכוֹלִים לְהָבִיא שִׁנּוּי בַּמַּעֲשֶׂה בְּרֵאשִׁית, כְּלוֹמַר לְשַׁנּוֹת הַטֶּבַע. וְסִימָן לַדָּבָר: אֵלֶּה תוֹלְדוֹת הַשָּׁמַיִם וְהָאָרֶץ וכו', וְאֵלֶּה שְׁמוֹת בְּנֵי יִשְׂרָאֵל וכו', גְּזֵרָה שָׁוָה.

Through mentioning the names of the tzaddikim, one can bring changes in the Creation, that is to say, to change nature do the supernatural. An indication for this matter is: "These arethe offspring or chronicles of the Heaven and the Earth", and "These arethe names of the children of Israel" - syllogism.

כא. מִי שֶׁיּוֹדֵעַ מֵאֶרֶץ יִשְׂרָאֵל, שֶׁטָּעַם בֶּאֱמֶת טַעַם אֶרֶץ יִשְׂרָאֵל, הוּא יָכֹל לְהַכִּיר בְּאַחֵר אִם הָיָה אֵצֶל צַדִּיק אֲמִתִּי עַל רֹאשׁ הַשָּׁנָה אִם לָאו, כִּי מִי שֶׁזּוֹכֶה לִהְיוֹת אֵצֶל צַדִּיק אֲמִתִּי עַל רֹאשׁ הַשָּׁנָה, אֲזַי בְּכָל מָקוֹם שֶׁהָאִישׁ הַזֶּה מִסְתַּכֵּל נַעֲשֶׂה אוֹתוֹ. הָאֲוִיר בְּחִינַת אֲוִירָא דְּאֶרֶץ יִשְׂרָאֵל, וְעַל כֵּן מִי שֶׁיּוֹדֵעַ מִטַּעַם אֶרֶץ יִשְׂרָאֵל כָּל אֶחָד לְפִי עֶרְכּוֹ, הוּא מְחֻיָּב לְהַרְגִּישׁ אֶרֶץ יִשְׂרָאֵל כְּשֶׁפּוֹגֵעַ וּמִתְוַעֵד יַחַד עִם זֶה הָאִישׁ שֶׁהָיָה אֵצֶל הַצַּדִּיק אֲמִתִּי עַל רֹאשׁ הַשָּׁנָה, כִּי עַל יָדוֹ נַעֲשָׂה הָאֲוִיר בִּבְחִינַת אֶרֶץ יִשְׂרָאֵל כַּנַּ"ל.

Sefer HaMidot

סֵפֶר הַמִדוֹת

One who knows from the Land of Israel, who has truly tasted the taste of the Land of Israel, he can recognize in another if he had been by a tzaddik on Rosh Ha Shana [the Jewish New Years] or not. Because one who merits to be by a true tzaddik on Rosh ha Shana, then in every place where this person looks, the air of that place becomes the aspect of the air of the Land of Israel. Therefore, one who knows from the taste of the Land of Israel, each according to his level, it is imperative for him to sense the Land of Israel, when he meets and gets together with this man who had been by the true tzaddik on Rosh Ha Shana. For at his hand the air becomes of the aspect of the Land of Israel, as explained above.

צדקה
Charity

חלק ראשון

א. כָּל צְדָקָה וָחֶסֶד שֶׁיִּשְׂרָאֵל עוֹשִׂין בָּעוֹלָם הַזֶּה, שָׁלוֹם גָּדוֹל וּמְלִיצֵי יֹשֶׁר בֵּין יִשְׂרָאֵל לַאֲבִיהֶם שֶׁבַּשָּׁמַיִם.

All the charity and kindness that the Jewish People do in this world engenders great peace and [the formation of] angelic advocates between Israel and their Father in Heaven.

ב. גְּדוֹלָה צְדָקָה שֶׁמְּקָרֶבֶת אֶת הַגְּאֻלָּה.

Great is charity, in that it brings the Redemption near.

ג. וּמַצֶּלֶת מִן הַמִּיתָה.

And saves from death.

ד. וּמְקַבֵּל פְּנֵי הַשְּׁכִינָה.

And causes the receiving of the Divine Presence.

ה. וְנַעֲשֶׂה מַלְוֶה לְהַקָּדוֹשׁ בָּרוּךְ הוּא.

And one is made a lender to the Holy Blessed One.

ו. וְנִתְרוֹמֵם מַזָּלוֹ.

And raises his fortune [mazal].

ז. וְנִקְרָא צַדִּיק גָּמוּר.

And he is called a tzaddik completely, that is an absolutely righteous person.

ח. עַל יְדֵי צְדָקָה נַעֲשֶׂה סוּר מֵרָע.

Through charity, a person becomes [a fulfillment of Biblical

Sefer HaMidot   ספר המדות

injuction] "avoid evil".

ט. מִצְוָה לָזוּן אֵלּוּ שֶׁעוֹסְקִים בַּתּוֹרָה יוֹתֵר מֵאֵלּוּ שֶׁאֵין עוֹסְקִין, אֲבָל לְעִנְיַן דִּינָא אֵין לְחַלֵּק.
It is a greater mitzva [good Torah deed] to provide food for those who study [literally - occupied with] the Torah than for those who do not study. However, from the standpoint of halachah [religious law], there is no grounds to differentiate.

י. כְּשֶׁמּוֹצִיא גְּזֵלָה מִתַּחַת יַד חֲבֵרוֹ, כְּאִלּוּ נָתַן צְדָקָה.
When one extracts stolen goods from the hands of his fellowman, it is as if he has given charity.

יא. הַפְּשָׁרָה הִיא מִשְׁפָּט, שֶׁיֵּשׁ בּוֹ צְדָקָה.
Compromise is a legal judgment wherein there is charity, translators note: that part which is forfeited to the other litigant.

יב. הַנּוֹתֵן צְדָקָה לְעָנִי שֶׁאֵינוֹ הָגוּן, אֵין מְקַבֵּל עַל זֶה שָׂכָר.
One who gives charity to an improper poor person is not rewarded for it.

יג. צָרִיךְ לְהַחֲזִיק טוֹבָה לַנּוֹתֵן, וְאַל תֹּאמַר שֶׁלֹּא נָתַן לְךָ מִשֶּׁלּוֹ.
It is necessary to be appreciative to one who gives, and you should not say that he didn't give of his own.

יד. שְׁקוּלָה צְדָקָה כְּנֶגֶד כָּל הַמִּצְווֹת.
Charity has the importance of all the other commandments combined.

טו. גָּדוֹל הַמַעֲשֶׂה יוֹתֵר מִן הָעוֹשֶׂה.
The one who brings another to do [that is give charity, that is the one collecting the charity] is greater than the one who does, who gives the charity.

טז. כָּל פְּרוּטָה וּפְרוּטָה מִצְטָרְפִין לְחֶשְׁבּוֹן גָּדוֹל.
Every penny and penny of charity one gives is added together into a large sum.

יז. גָּדוֹל הָעוֹשֶׂה צְדָקָה בַּסֵּתֶר יוֹתֵר מִמֹּשֶׁה.
One who gives charity in a hidden manner is greater than Moshe [Moses]. translators note: This has to be understood in context of the regular function of Moshe as the leader of Israel, because obviously Moshe also gave charity in a hidden manner.

יח. הַנּוֹתֵן פְּרוּטָה לְעָנִי מִתְבָּרֵךְ בְּשֵׁשׁ, וְהַמְפַיְּסוֹ מִתְבָּרֵךְ בְּאַחַת עֶשְׂרֵה.
One who gives a coin to a poor person is blessed with six

Sefer HaMidot ספר המדות

blessings, and one who placates him is blessed with eleven blessings.

יט. הָרוֹדֵף צְדָקָה, הַקָּדוֹשׁ בָּרוּךְ הוּא מַמְצִיא לוֹ מָעוֹת וּמַמְצִיא לוֹ בְּנֵי אָדָם מְהֻגָּנִים כְּדֵי לְקַבֵּל עֲלֵיהֶם שָׂכָר, וְזוֹכֶה לְבָנִים בַּעֲלֵי עֹשֶׁר, בַּעֲלֵי חָכְמָה, בַּעֲלֵי אַגָּדָה.

One who pursues opportunities to give charity, GOD provides him with money, and provides him with upright people in need of charity, in order that he should gain reward from giving charity to them, and he merits having children who are wealthy, wise, and masters of Aggadah

כ. בְּרֹאשׁ הַשָּׁנָה דָּנִין אֶת הָאָדָם כַּמָּה יַפְסִיד, וְאִם זָכָה נוֹתֵן זֶה הַמָּמוֹן לָעֲנִיִּים.

On Rosh HaShana, man is judged how much money he will lose, that is fail to keep. If he merits, he gives that money to the poor.

כא. יְרוּשָׁלַיִם נִפְדֵּית בִּצְדָקָה.

Jerusalem is redeemed with charity.

כב. עַל יְדֵי צְדָקָה נִתְכַּפֵּר לְאַחְאָב מֶחֱצָה.

Through charity, Achav - one of the most evil Kings of Israel, was forgiven half of his sins.

כג. הַכְנָסַת אוֹרְחִים מֵגֵן עַל חֵטְא עֲבוֹדָה זָרָה.

Hospitality protects one from the, punishment of the sin of idolatry.

כד. גְּדוֹלָה הַכְנָסַת אוֹרְחִים שֶׁמַּרְחֶקֶת אֶת הַקְּרוֹבִים וּמְקָרֶבֶת אֶת הָרְחוֹקִים.

Great is hospitality, in that makes those who are close to holiness distanced. tranlator's note: If the purpose of the hospitality was to bring the guest to sin, and brings near to holiness those who are distant.

כה. הַמַּזְמִין עכו"ם בְּתוֹךְ בֵּיתוֹ וּמְשַׁמֵּשׁ עָלָיו, גּוֹרֵם גָּלוּת לְבָנָיו.

One who invites a non-Jew into his house and serves him causes his children to be exiled.

כו. כְּשֶׁהָעוֹלָם אֵין נוֹתְנִים צְדָקָה, הַמַּלְכוּת גּוֹזֵר גְּזֵרוֹת רָעוֹת וְלוֹקֵחַ מָמוֹנָם.

When the people do not give charity, the government passes harsh decrees and takes their money.

כז. יִתֵּן לִצְדָקָה בִּשְׁתֵּי יָדַיִם, וְיִהְיֶה תְּפִלָּתוֹ נִשְׁמַעַת.

One should give charity with both hands which causes his prayer to be heard.

כח. עַל יְדֵי הַנְּדִיבוּת תִּהְיֶה לְךָ תְּקוּמָה.

Through generosity you will have a standing.

Sefer HaMidot

ספר המדות

כט. עַל יְדֵי צְדָקָה בָּא אֱמוּנָה.
Through charity comes faith.

ל. מִי שֶׁהוֹלֵךְ בִּשְׁבִיל צְדָקוֹת, הוּא מְשַׁכֵּךְ חֵמָה מִן הָעוֹלָם.
One who goes out for the benefit of charities, sedates rage from the world.

לא. גַּם זוֹכֶה לֶאֱמֶת.
Also, he merits to truth.

לב. עַל יְדֵי צְדָקָה יִהְיֶה לְךָ בָּנִים, וְיִהְיֶה שָׁלוֹם בֵּינֵיהֶם.
Through charity, you will have children, and there will be peace between them.

לג. עַל יְדֵי צְדָקָה הַפֵּרוֹת מַצְמִיחִין.
Through charity, the fruit proliferate.

לד. עַל יְדֵי צְדָקָה מְקָרֵב הַיְשׁוּעָה.
Through charity, one draws salvation close.

לה. בְּעֵת צָרָה מַזְכִּירִין לוֹ הַצְּדָקוֹת שֶׁנָּתַן.
In a time of trouble, the charity one did is remembered for him.

לו. עַל יְדֵי צְדָקָה שֶׁתִּתֵּן, גַּם הַשָּׂרִים וְהַמְּלָכִים יִהְיוּ עִמְּךָ בְּשָׁלוֹם.
Through the charity you give, officials and kings will also have peaceful relations with you.

לז. עַל יְדֵי צְדָקָה לֹא יִשְׁמַע אָדָם חָמָס וְשׁוֹד וָשֶׁבֶר.
Through charity a person will not hear know from theft, armed pillage, or hunger.

לח. עַל יְדֵי צְדָקָה זוֹכֶה אָדָם לְחֵן.
Through charity a person merits grace.

לט. מִי שֶׁמְּדַבֵּר לִבְנֵי אָדָם, שֶׁיִּתְּנוּ צְדָקָה, הוּא מַרְבֶּה יְשׁוּעָה.
One who urges people to give charity increases salvation.

מ. כְּשֶׁאֵין בָּעִיר מִי לִסְמֹךְ אֶת הָעֲנִיִּים, בָּא שְׂרֵפָה.
When there is not someone in a city to support the needy, fire comes upon it.

מא. בִּזְכוּת הַצְּדָקָה נִצּוֹל מִגַּאֲוָה.
In the merit of charity, one is saved from arrogance.

מב. אֱמוּנָה חָשׁוּב כִּצְדָקָה.
Faith is reckoned as charity.

מג. עַל יְדֵי צְדָקָה לְשֵׁם שָׁמַיִם בָּא לְמִדַּת בּוּשָׁה.
Through charity given for the sake of Heaven, one comes to the quality of holy shame.

מד. עַל יְדֵי הַנְּדִיבוּת יָבוֹא לְאַהֲבַת הַצַּדִּיקִים.

Sefer HaMidot

Through generosity one comes to love the tzaddikim.

מה. מִי שֶׁגּוֹזֵל אֶת הֶעָנִי.. בִּזְיוֹנוֹת בָּאִים עָלָיו.
One who steals from the poor, humiliation comes to him.

מו. מִי שֶׁנּוֹתֵן צְדָקָה, כְּאִלּוּ מֵבִיא קָרְבָּן.
One who gives charity is as if he offered a sacrifice.

מז. עַל יְדֵי צְדָקָה בָּא גֶּשֶׁם.
Through charity comes rain.

מח. עַל יְדֵי צְדָקָה אֵין מְגָרְשִׁין אֶת בְּנֵי יִשְׂרָאֵל מִמְּקוֹמָם.
Through charity the Jews are not banished from their place.

מט. כְּשֶׁאֲנָשִׁים נוֹתְנִים צְדָקָה, עַל יְדֵי זֶה הַפֵּרוֹת נִתְבָּרְכִין וְהַשָּׁלוֹם בָּעוֹלָם.
When people give charity, the fruits are blessed and there is peace in the world.

נ. עַל יְדֵי אֱמֶת רוֹאִים אֶת הַצְּדָקָה שֶׁאַתָּה עוֹשֶׂה.
Through truth, the charity you do is noted [lit. seen].

נא. צְדָקָה מֵגֵן עַל זַרְעוֹ שֶׁל אָדָם.
Charity protects a person's descendants.

נב. מִי שֶׁמִּתְפַּלֵּל עַל חֲבֵרוֹ, נֶחְשָׁב לוֹ כִּצְדָקָה.
One who prays for one's friend, it is reckoned for him as charity.

נג. מִי שֶׁיֵּשׁ לוֹ דֵי סִפּוּקוֹ, וְאַף עַל פִּי כֵן עֵינוֹ רָעָה בָּעֲנִיִּים, שֶׁבָּאִים וּפוֹשְׁטִים יְדֵיהֶם, שֶׁיִּתֵּן לָהֶם, גַּם מִי שֶׁנּוֹתֵן עַל מַחֲצִית שָׂכָר, וְהֵם עֲמֵלִים וּמְבִיאִים לוֹ מַחֲצִיתוֹ, וּכְשֶׁרוֹאֶה שֶׁהֵם מַרְוִיחִין וְיֵשׁ לָהֶם פַּרְנָסָתָם וְדַי סִפּוּקָם, הוּא מֵצֵר עַל זֶה, כִּי עֵינוֹ רָעָה, עָלָיו נִתְקַיֵּם הַנְּבוּאָה, הַנִּכְתָּב אַחַר פָּסוּק "בִּמְלֹאות שִׂפְקוֹ יֵצֶר לוֹ" עַד "זֶה חֵלֶק אָדָם רָשָׁע".

One who is materially well-off, and despite that, is miserly, literally, a bad eye, toward the poor who approach and beg him, literally, stretch out their hands, to give them; also, one who provides funding for a venture for half the profits, and they work and bring him his half, and when he sees that they are profiting and have an income and enough to suffice, he is irked by this due to his miserliness, literally, bad eye, on these will be fulfilled the prophecy beginning after the verse "In the fulfillment of his needs" until "This is the portion of a wicked man."

נד. מִי שֶׁעוֹשֶׂה חֶסֶד עִם אוֹהֲבֵי הַשֵּׁם יִתְבָּרַךְ, עַל יְדֵי זֶה מְתַקֵּן פְּגַם הַבְּרִית.
One who does kindness to those who love the Blessed GOD, through this he repairs the "spoiling of the Covenant" it is a referring to sexual transgressions.

Sefer HaMidot

נה. בִּזְכוּת עֲנִיִּים אָנוּ נִצּוֹלִים מִן הַגּוֹיִים.
In the merit of the poor, we are saved from the nations.

נו. כְּשֶׁאַתָּה עוֹשֶׂה מִצְוָה, תִּרְאֶה שֶׁהַמִּצְוָה לֹא תִּהְיֶה בְּחִנָּם, אֶלָּא בְּכֶסֶף מָלֵא.
When you do a mitzvah, a commandment or good deed, see to it that the mitzva is not for free, but that you pay with a full purse.

נז. בַּעֲוֹון תְּרוּמוֹת וּמַעַשְׂרוֹת הַשָּׁמַיִם נֶעֱצָרִים וְהַיֹּקֶר הֹוֶה.
Due to the sin of not giving the trumah and maaser portions and tithes given to the priests, leviites, and poor, the Heavens are held up and there is strong inflation.

נח. הַשִּׂמְחָה. בִּצְדָקָה הִיא סִימָן עַל לֵב שָׁלֵם.
The joy one feels in giving charity is a sign of a whole heart.

נט. עֲשֵׂה עַד שֶׁאַתָּה מוֹצֵא וּמָצוּי לְךָ וְעוֹדְךָ בְּיָדְךָ.
Give charity literally do, while you still have. the opportunity; that you, found a befitting recipient, and you have the money to give, and you are still in your own hands.

ס. כָּל הַמְשַׁגֵּר מַתְּנוֹתָיו לְכֹהֵן אֶחָד, מֵבִיא רָעָב לָעוֹלָם.
All who give their gifts to a specific Cohen. one of the Priestly tribes. that is always favoring him and never giving the gifts to a different Cohen, bring famine to the world.

סא. הַמַּטִּיל מָלֵאי לְכִיס שֶׁל תַּלְמִיד חָכָם, זוֹכֶה לֵישֵׁב בִּישִׁיבָה שֶׁל מַעְלָה.
One who provides merchandise for Torah scholars to profit from, merits to sit in the Yeshiva of Heaven.

סב. גְּדוֹלָה צְדָקָה יוֹתֵר מִכָּל הַקָּרְבָּנוֹת.
Charity is greater than all the sacrificial offerings.

סג. גְּדוֹלָה גְּמִילוּת חֲסָדִים מִן הַצְּדָקָה.
Doing acts of kindness is greater than giving charity.

סד. שֶׁמָּא תֹּאמַר כָּל הַבָּא לִקְפֹּץ וְלִתֵּן צְדָקָה, מַסְפִּיקִין בְּיָדוֹ, וּמַמְצִיאִין לוֹ אֲנָשִׁים מְהֻגָּנִים, תַּלְמוּד לוֹמַר: "מַה יָּקָר", צָרִיךְ לִטְרֹחַ וְלִרְדֹּף אַחֲרֵיהֶם, לְפִי שֶׁאֵינָם מְצוּיִים לִזְכּוֹת עִם מְהֻגָּנִים.
Lest you err and say that anyone who jumps to give charity, he is provided for, and there is produced for him proper needy people, to whom to give - the Torah says, "How precious...", meaning one needs to labor and chase after them, for the proper poor they are not readily found, to merit, giving charity, with the proper poor.

סה. הַצְּדָקָה הִיא בִּשְׁנֵי פָּנִים: כְּמַתְּנַת יָדוֹ וּכְבִרְכַּת ה'.
Charity is in two areas: According to one's generosity that is

Sefer HaMidot

ספר המדות

when a person doesn't have very much, it is up to his generosity, and according to what God has blessed with him, that is when a person isn't generous, he should still be giving according to his wealth.

סו. מִי שֶׁיֵּשׁ לוֹ וְאֵינוֹ רוֹצֶה לְהִתְפַּרְנֵס מִשֶּׁלּוֹ וּמְקַבֵּל מֵאֲחֵרִים, תֵּדַע שֶׁנִּפְרָעִין מִמֶּנּוּ לְאַחַר מוֹתוֹ, שֶׁנַּעֲשָׂה עֶבֶד לָזֶה שֶׁלָּקַח מִמֶּנּוּ.

One who has money, but does not want to use his own money for his expenditures, so he receives from others, know that they will collect from him after his death; that he will become a slave to one from whom he took.

סז. מִי שֶׁנּוֹתֵן צְדָקָה, אַף עַל פִּי כֵן יָכוֹל לִהְיוֹת שֶׁיֵּרֵד מִנְּכָסָיו.

One who gives charity, even still it is possible that he will be impoverished.

סח. כָּל הַמַּעֲלִים עֵינָיו מִן הַצְּדָקָה, כְּאִלּוּ עוֹבֵד עֲבוֹדָה זָרָה.

Anyone who averts their eyes from, seeing the need to give charity, it is as if he is serving idolatry.

סט. הַגּוֹזֵז נְכָסָיו, נִצּוֹל מִדִּינָהּ שֶׁל גֵּיהִנֹּם.

One who shears his possessions, to give charity, is saved from the judgment of Hell.

ע. אֲפִלּוּ עָנִי יִתֵּן צְדָקָה, וְאֵין מַרְאִין לוֹ סִימָנֵי עֲנִיּוּת.

Even a poor person should give charity, and he will not see further signs of poverty.

חלק שני

א. עַל יְדֵי נִאוּף נוֹפֵל לִתְפִיסָה אוֹ לָחֳלִי כְּאֵב רַגְלַיִם. גַּם תַּלְמִיד שֶׁלֹּא הִגִּיעַ לְהוֹרָאָה וּמוֹרֶה, נוֹפֵל לָזֶה,.. גַּם מַזִּיקִין שׁוֹלְטִין עָלָיו. סְגֻלַּת הַצְּדָקָה לְבַטֵּל כָּל אֵלּוּ הָעֳנָשִׁים.

Through sexual immorality one falls into imprisonment or diseases causing pain in the feet. Also, a student who has not reached the level of being able to rule, and rules, falls into this, also evil spirits attack [dominate] him. Charity has the segula [auspicious quality] to annul all these punishments.

ב. הַתּוֹרָה וְהַמַּעֲשֵׂר וְהַשַּׁבָּת הֵם נוֹתְנִים חַיִּים גַּשְׁמִיִּים גַּם כֵּן.

Learning Torah, giving tithes, and keeping the Shabbat give physical life as well' that is in addition to other benefits.

ג. עַל יְדֵי צְדָקָה בְּסִבָּה קַלָּה הוּא מַכְנִיעַ אֶת אוֹיְבָיו, וְהַקָּדוֹשׁ בָּרוּךְ הוּא מַצִּילוֹ מִסִּבּוֹת גְּדוֹלוֹת שֶׁל אוֹיְבָיו.

Through charity, with a simple maneuver he subdues his

Sefer HaMidot   ספר המדות

enemies, and the Holy Blessed One saves him from grand schemes of his enemies.

ד. לְסַיֵּעַ לְתַלְמִידֵי חֲכָמִים, בָּזֶה מְבַטֵּל הוֹרָאַת הַכּוֹכָבִים וּמַזָּלוֹת.
To aid Torah scholars, with this he annuls the ruling of the stars and constellations.

ה. עַל יְדֵי מְפַרְנְסֵי עֲנִיִּים נִצּוֹלִין הֲמוֹן עַם מִן הַמַּגֵּפָה בִּזְכוּתָם. גַּם בִּזְכוּתָם מֹחִין דְּגַדְלוּת קוֹדְמִין לְמֹחִין דְּקַטְנוּת.
Through those who support the poor, the masses are saved from plagues, in their merit. Also, in their merit, expanded consciousness precedes constricted consciousness.

ו. עַל יְדֵי צְדָקָה מַמְתִּיק הַדִּין שֶׁל לֶעָתִיד לָבֹא, הַיְנוּ יוֹם הַדִּין שֶׁלֶּעָתִיד לָבֹא.
Through charity, one sweetens the judgment of the Time to Come, that is, the Day of Judgment in the Time to Come. Breslovers understood the awesome import of this entry, because that future judgment will even take into account all the ramifications of that which was caused or triggered by one's deeds, our Sages revealed that even the Prophet Shmuel [Samuel] fears this judgement.

ז. אֵלּוּ גּוֹמְלֵי חֲסָדִים הָעוֹשִׂים חֶסֶד, וְלִפְעָמִים גּוֹרְמִים עִם הַחֶסֶד לְרָעָה, וְעוֹשִׂים עַצְמָן כְּאִלּוּ אֵינָם רוֹאִים הָרָעָה, הַצּוֹמַחַת מֵחַסְדָּם, וְזֶהוּ בְּחִינַת הָאַזְהָרָה שֶׁהִזְהִיר לַכֹּהֲנִים, בְּחִינַת חֶסֶד שֶׁלֹּא יַפְסִיעוּ פְּסִיעָה גַּסָּה, עַל יְדֵי זֶה גּוֹרְמִים, שֶׁהַדִּין שֶׁלְּמַעְלָה, חַס וְשָׁלוֹם, אֵינוֹ בִּמְתִינוּת. וְכֵן לְהֵפֶךְ כְּשֶׁמְּדַקְדְּקִים בְּחַסְדָּם, שֶׁלֹּא יִצְמַח רָעָה, עַל יְדֵי זֶה הַדִּין בִּמְתִינוּת.
Those who abound in doing kindnesses, but occasionally cause something bad through their kindness, and they pretend not to see the bad that sprouted as a result of their kindness - this is an aspect of the warning to the Cohanim [the Priests], who are the aspect of kindness, that they should not take overly large steps. Through this [failing, one] causes the Judgment Above, God forbid, to be unmoderated. The same is true in the converse, when in performing kindness one is careful that bad should not result, through this the Judgment will be moderated.

ח. מְחַדְּשֵׁי אוֹרַיְתָא צְרִיכִין לִלְמֹד קֹדֶם הַחִדּוּשׁ פּוֹסְקִים וְגַם אַחַר כָּךְ, וְהַתַּלְמוּד פּוֹסְקִים הוּא הַשְּׁמִירָה שֶׁל הַחִדּוּשִׁין, שֶׁלֹּא יִגַּע בָּהֶן זָר. גַּם כְּשֶׁרוֹצֶה לַעֲשׂוֹת צְדָקָה, צָרִיךְ. לַעֲשׂוֹת כֵּן כְּמוֹ בְּחִדּוּשִׁין.
Those who produce Torah novelty need to learn from the

Sefer HaMidot   ספר המדות

works of the halachic regulators before the novelty and also after, and this learning of the halachic regulators is the protection of the novelty, so that no strangers, people or forces inappropriate to such spiritual Light, touch them. Also, when one wants to give charity, it is necessary to do so - as with the novelty that is to learn halachah before and after.

ט. הַחִדּוּשִׁין דְּאוֹרַיְתָא וְהַצְּדָקָה, כָּל אֶחָד מְעוֹרֵר אֶת חֲבֵרוֹ.
Torah novelty and charity - one elicits the other.

י. גָּדוֹל כֹּחַ הַמַּעֲשֵׂר, שֶׁמְּהַפֵּךְ הַקְּלָלָה לִבְרָכָה.
Great is the power of tithing that it transforms curses to blessings.

יא. עַל יְדֵי מַעֲשֵׂר נִתְבַּטְּלִים הִרְהוּרֵי זְנוּת.
Through tithes, illicit sexual thoughts are annulled.

יב. הַגּוֹמֵל חֶסֶד, אֵין צָרִיךְ לִזְכוּת אָבוֹת.
One who does kindness does not need ancestral merit.

יג. עַל יְדֵי גְּמִילוּת חֶסֶד בָּא לַאֲרִיכוּת יָמִים.
Through doing kindness, one gains longevity.

יד. יֵשׁ תְּפִלּוֹת שֶׁאֵינָם נִתְקַבְּלִים לְמַעְלָה אֶלָּא עַד שֶׁנּוֹתְנִים כָּל כָּךְ מָעוֹת לִצְדָקָה כְּפִי מִסְפַּר הָאוֹתִיּוֹת שֶׁל הַתְּפִלָּה הַשַּׁיָּךְ לְזֶה הַדָּבָר. לְמָשָׁל, כְּשֶׁמִּתְפַּלֵּל אֵלּוּ הַתֵּבוֹת: "תֶּן לִי בָנִים", צָרִיךְ לִתֵּן צְדָקָה כְּמִסְפַּר אוֹתִיּוֹת "תֶּן לִי בָנִים".
There are prayers that are not accepted Above until one gives sufficient charity, according to the number of letters in the prayer related to the problem about which one is praying. For example, when one prays the words, "Give me children", one needs to give charity according to the number of letters of "Give me children".

טו. עַל יְדֵי צְדָקָה זוֹכֶה לְבָנִים.
Through charity one merits to have children.

טז. מִי שֶׁהוּא מְפַרְנֵס אֶת הָרַבִּים, עַל יְדֵי זֶה מַמְשִׁיךְ הַבְּרָכָה מֵאֶרֶץ יִשְׂרָאֵל לְחוּץ לָאָרֶץ.
One who sustains the many, draws blessing from the land of Israel to the rest of the world.

יז. עַל יְדֵי הַמָּמוֹן שֶׁנּוֹתֵן לַעֲנִיֵּי אֶרֶץ יִשְׂרָאֵל, עַל יְדֵי זֶה מָמוֹנוֹ נִתְקַיֵּם בְּיָדוֹ.
Through money one gives to the poor of the Land of Israel, through this one merits to retain his wealth.

יח. כְּשֶׁאָדָם בָּא לָעִיר לָדוּר, יִשְׁלַח בָּשָׂר לַעֲנִיֵּי הָעִיר, וְעַל יְדֵי זֶה יִשָּׂא חֵן בְּעֵינֵי שָׂרֵי הָעִיר.
When a man moves to a city, he should send meat to the poor

Sefer HaMidot

of that city, and through this he will find favor in the eyes of the city officials.

יט. עַל יְדֵי נְתִינַת שְׁקָלִים נִצּוֹל מִיֵּצֶר הָרָע.
Through the giving of "shekulim", the currency used in Biblical times, one is saved from the evil inclination.

קליפה
Spiritual Impurity

חלק ראשון

א. אוֹתִיּוֹת א'ת'ה' מַכְנִיעִים אֶת הַקְּלִיפּוֹת.
The letters Aleph-Tav-Heh א'ת'ה' subdue the evil husks.

ב. שְׁמִירָה לְיוֹלֶדֶת, שֶׁתִּכְתֹּב עַל קְלָף פָּסוּק: "ה' רָמָה יָדְךָ בַּל יֶחֱזָיוּן".
Protection for a woman giving birth is to write on parchment the verse "Hashem, your hand was lifted up high, they did not see; they shall see and be ashamed about Your jealously for the people, the very fire for Your enemies consumes them."

ג. בָּחֳרָבוֹת קְלִיפּוֹת שְׁכִיחִים.
Evil husks are found in ruins.

ד. הַנֵּר מַכְנִיעַ שְׁלִיטַת הַקְּלִיפּוֹת.
A candle subdues the dominion of the evil husks.

ה. מַזָּלוֹ. שֶׁל אָדָם שׁוֹמֵר אֶת הָאָדָם מִלִּהְיוֹת נִזּוֹק.
A person's good fortune protects him from being harmed.

ו. הַשִּׁבְעָה קוֹלוֹת שֶׁאָמַר דָּוִד עַל הַמַּיִם, בְּדבּוּרָן מַכְנִיעִין הָרוּחַ רָעָה.
The seven cries that David uttered at the water, when recited, subdue the evil spirit.

ז. מַזִּיקִין מְצוּיִּים בְּבוֹרוֹת כְּמוֹ שֶׁמְּצוּיִּין בַּשָּׂדוֹת.
Damaging forces are found in pits, just like they are found in fields.

ח. מָקוֹם שֶׁאֵין בְּנֵי אָדָם מְצוּיִּין, שְׁכִיחִים שָׁם שֵׁדִים אֲפִילוּ בַּיּוֹם, אֲבָל בָּעִיר אֲפִילוּ בַּלַּיְלָה לֹא חַיְשִׁינַן.
A place where people are not found, demons are common there even during the day. But in the city, even at night, we are not wary.

ט. לְצַד צָפוֹן הַשֵּׁדִים נִגְלִים לִבְנֵי אָדָם מְאֹד.
On the north side, demons are very much revealed to people.

Sefer HaMidot

י. סְגֻלָּה לְהַבְרִיחַ רוּחַ הַטֻּמְאָה, לִקְרוֹת פָּרָשַׁת נֹחַ.
A segula [auspicious] way to chase away the evil spirit is to recite the Torah portion of Noah.

יא. כְּשֶׁמְּדַבֵּר עִם רָשָׁע, עַל יְדֵי הֶבֶל פִּיו נִתְגַּשֵּׁם.
When speaking with a wicked person, through the breath of his mouth we become more coarse. more physical.

חלק שני

א. יֵשׁ שֵׁדִים שֶׁמְּצוּיִים בַּבָּתִּים, שֶׁהֵם מְקַלְקְלִין הַשָּׁלוֹם בַּיִת, וְעַל יְדֵי זֶה כַּעַס וּקְטָטוֹת בַּבַּיִת. וְעִקַּר הַבַּיִת הוּא הָאִשָּׁה כִּי בֵּיתוֹ זוֹ אִשְׁתּוֹ, וְעַל כֵּן עַל פִּי רֹב עִקַּר הַקְּטָטוֹת מִמֶּנָּה. וְלִפְעָמִים נֶאֱחָזִים בִּשְׁאָר בְּנֵי הַבַּיִת, וְעַל יְדֵי זֶה נַעֲשִׂים הַקְּטָטוֹת וְהַמְרִיבוֹת כַּנַּ"ל, וְעַל יְדֵי זֶה בָּאִים יִסּוּרִים עַל בְּנֵי הַבַּיִת. וְזֶה מְפֹרָשׁ בַּפָּסוּק: "בָּתֵּיהֶם שָׁלוֹם מִפַּחַד", וְדָרְשׁוּ רַבּוֹתֵינוּ, זִכְרוֹנָם לִבְרָכָה: מִפַּחַד אֵלּוּ שֵׁדִים, וְזֶהוּ "שָׁלוֹם מִפַּחַד" כִּי הַשָּׁלוֹם הֵפֶךְ הַפַּחַד, שֶׁהֵם הַשֵּׁדִים הַמְקַלְקְלִים הַשָּׁלוֹם כַּנַּ"ל, וְזֶהוּ: "וְלֹא שֵׁבֶט אֱלוֹהַּ" וְכוּ', הַיְנוּ הַיִּסּוּרִים כַּנַּ"ל.

There are demons that are found in homes which ruin peace in the home, and as a result there is anger and quarreling in the home. The mainstay of the home is the wife, because one's "house" is his wife. Therefore, in general, the quarreling mainly comes from her. Sometimes, [the demons] become attached to the other members of the home. and as a result, they create quarreling and complaints, as [in the case of the wife]. Through this, suffering comes to the members of the household. This is explained in the verse, "Their homes are at peace from fear...". Our sages of blessed memory explained: "from fear" refers to demons. Hence, "at peace from fear": because peace is the opposite of "fear", which are the demons that ruin peace. "... and the rod of GOD is not [upon them]", referring to the aforementioned suffering.

קללה
Curse

חלק ראשון

א. עַל יְדֵי הַקְּלָלוֹת בָּא אֲבֵלוּת, חַס וְשָׁלוֹם.
Curses cause a state of mourning, GOD forbid

ב. אֵין אָדָם רַשַּׁאי לְקַלֵּל אֶלָּא אִם כֵּן יָכוֹל לִרְאוֹת הַדּוֹרוֹת שֶׁיֵּצְאוּ מִמֶּנּוּ.

Sefer HaMidot

ספר המדות

One does not have permission to curse unless he can see the generations to come from the one [he is cursing].

ג. אַל תְּהְיֶה קִלְלַת הֶדְיוֹט קַלָּה בְּעֵינֶיךָ.
Do not take the curse of a common man lightly, in your eyes.

ד. הַקְּלָלוֹת הוֹלְכִים אַחַר הַכַּוָּנָה.
Curses affect according to the intention, with which they are said.

ה. לִפְעָמִים נִתְקַיֵּם קִלְלַת הַצַּדִּיק כָּל יְמֵי חַיָּיו וְלֹא לְאַחַר מוֹתוֹ.
Sometimes the curse of a tzaddik are fulfilled as long as he lives, but not after his passing.

ו. סוֹף שֶׁקִּלְלַת חִנָּם יָשׁוּב עַל הַמְקַלֵּל.
In the end, an unjustified curse returns upon the one who cursed.

ז. קִלְלַת חָכָם אֲפִילוּ בְחִנָּם וַאֲפִילוּ עַל תְּנַאי בָּאָה.
The curse of a Torah sage comes to pass, even if it was unjustified, and even if it was given conditionally.

ח. אֲפִילוּ נָכְרִי הַמְבָרֵךְ אֶת יִשְׂרָאֵל מִתְבָּרֵךְ.
Even a non-Jew who blesses the Jewish People is blessed.

חלק שני

א. אָדָם הָרָגִיל בִּקְלָלוֹת הוּא מֵעוֹלָם הַתֹּהוּ וְכֵן לְהֵפֶךְ, הָרָגִיל בִּבְרָכָה הוּא מֵעוֹלָם הַתִּקּוּן.
A man who is accustomed to curse is from the World of Disorder, and conversely, one accustomed to blessing is from the World of Repair.

ב. עַל יְדֵי הַחֲקִירוֹת בָּעוֹלָם הַתֹּהוּ, הַיְנוּ מַה לְמַעְלָה מַה לְמַטָּה וְכוּ', עַל יְדֵי זֶה גּוֹרֵם קְלָלָה, וְהַשּׁוֹמֵר אֶת עַצְמוֹ מֵחֲקִירוֹת הָאֵלּוּ גּוֹרֵם בְּרָכָה.
Investigating the World of Disorder, that is to say, speculating about what is Above and what is Below, etc., draws down curse; one who restrains himself from these investigations causes blessing.

ג. הָרָגִיל בִּקְלָלָה, עַל יְדֵי זֶה לֹא יִהְיֶה לוֹ בְּגָדִים עַל שַׁבָּת.
One accustomed to curse through this he will not have clothes for Shabbat.

ד. אֵין כֹּחַ הַקְּלָלָה חָל עַל מְיֻחָס.
The power of a curse do not have effect on one with [an honored] lineage.

ה. עַל יְדֵי שִׁמּוּשׁ הַצַּדִּיק בָּא חֵרוּת וְנִתְבַּטֵּל הַקְּלָלוֹת.

Sefer HaMidot

ספר המדות

Through serving the Tzaddik comes freedom and curses are annulled.

ו. עַל יְדֵי מַשָּׂא וּמַתָּן בֶּאֱמוּנָה נִתְבַּטְּלִים הַקְּלָלוֹת.
Through conducting business faithfully, curses are annulled.

ז. כְּשֶׁאָדָם מְקַלֵּל לַחֲבֵרוֹ בִּשְׁעַת חֲרָדָה, מַזִּיק לוֹ הַקְּלָלָה מְאֹד.
When a man curses his fellow during a time of dread, the curse is very damaging to him.

קנאה
Jealousy

א. כְּשֶׁיִּתְבַּטֵּל הַקִּנְאָה, אֲזַי יִהְיֶה קִבּוּץ גָּלֻיּוֹת.
When jealousy will be annulled, the Ingathering of the Exiles will take place.

ב. עַל יְדֵי קִנְאָה בָּא שְׂרֵפָה.
Through jealousy come fires burning.

ג. עַל יְדֵי קִנְאָה בָּא שְׁפִיכוּת דָּמִים.
Through jealousy comes bloodshed.

ד. עַל יְדֵי קִנְאָה בְּמָמוֹן חֲבֵרוֹ נַעֲשָׂה שׁוֹטֶה.
Through coveting the money of one's fellow, one becomes a fool.

ה. עַל יְדֵי בִּיאָתְךָ לַצַּדִּיק יִתְבַּטֵּל מִמְּךָ הַקִּנְאָה.
Through your coming to a tzaddik, your jealousy will be annulled.

ו. עַל יְדֵי קִנְאָה עַצְמוֹתָיו מַרְקִיבִין.
Through jealousy, one's bones rot.

ז. הַשּׁוּם מוֹצִיא קִנְאָה.
Garlic expels jealousy.

ח. דְּפָרַע קִנְאָה מַחֲרִיב בֵּיתוֹ.
One who takes revenge out of jealousy destroys his house.

ט. עַל יְדֵי קִנְאָה בָּא תְּשִׁישׁוּת כֹּחַ.
Through jealousy comes a weakening of strength.

קרי
Nocturnal Emission

חלק ראשון

א. קֶרִי בָּא עַל יְדֵי דִּבּוּר מִזְּנוּת גַּם עַל יְדֵי שֶׁנָּפַל מֵאֱמוּנָתוֹ.

ספר המדות   Sefer HaMidot

Nocturnal emission comes through talking about promiscuity, and also through a person falling from his faith.

ב. מִי שֶׁמּוֹצִיא קֶרִי, לְסוֹף הוֹלֵךְ עָרוֹם.

One who intentionally releases seed wastefully, in the end goes naked.

ג. עַל יְדֵי עַצְבוּת רוֹאֶה קֶרִי.

Through depression, one comes to having [lit. seeing] nocturnal emission.

ד. מִי שֶׁנִּזְהָר. לֶאֱכֹל מִשְׁאֶלֶת חָכָם, הוּא נִצּוֹל מִטֻּמְאַת קֶרִי.

One who avoids eating food whose kashrut [kosher status] was [for what ever reason, found questionable and was deemed necessary to be] asked to an authority, he is saved from the impurity of nocturnal emission.

ה. אֵין לוֹ לְאָדָם לֶאֱכֹל עַל שֻׁלְחָן הַצַּדִּיק, קֹדֶם שֶׁטָּבַל לְקֶרְיוֹ.

A person should not eat at the table of a tzaddik before he has immersed, in a mikva to purify himself from his emissions.

ו. תִּשְׂמַח בַּטּוֹב שֶׁבָּא עַל הַצַּדִּיקִים, וְזֶה תִּקּוּן לְקֶרִי.

Rejoice in the good that comes upon the tzaddikim, and this is a rectification for emissions.

ז. עַל יְדֵי הַלֵּיצָנוּת בָּא לְטֻמְאַת קֶרִי.

Through mockery, comes the impurity of nocturnal emission.

ח. קֶרִי בָּא מִקַּלּוּת רֹאשׁ.

Nocturnal emission comes from light-headedness.

ט. קֶרִי בָּא עַל יְדֵי אֲכִילַת שׁוּם וּבֵיצִים.

Nocturnal emission can result from eating garlic and eggs at night.

י. גַּם עַל יְדֵי דְּבָרִים בְּטֵלִים וְנִבּוּל פֶּה.

Also, as a result of pointless speech and foul language.

חלק שני

א. הַשִּׁכְרוּת גּוֹרֵם גָּלוּת גַּם גּוֹרֵם הוֹצָאַת זֶרַע לְבַטָּלָה.

Drunkenness causes exile, also it causes releasing seed wastefully.

ב. הַבִּזְיוֹנוֹת בָּאִים עַל יְדֵי קֶרִי.

Ridicule comes through keri.

ג. הַדִּבּוּר שֶׁאָדָם מְדַבֵּר בַּחֲצִי דִּבּוּר, שֶׁאֵינוֹ מוֹצִיא אוֹתִיּוֹת הַדִּבּוּר יָפֶה יָפֶה, זֶה בְּחִינָה כְּמוֹ בְּחִינַת קֶרִי.

Sefer HaMidot   ספר המדות

Speech that a person half-pronounces in that he does not enunciate the words clearly - this is an aspect similar to the aspect of nocturnal emissions.

ד. הַבָּנִים מֵתִים, חַס וְשָׁלוֹם, עַל יְדֵי רְאִיַּת קֶרִי.

One's children die, GOD forbid, through [lit. seeing - meaning having or experiencing] nocturnal emissions.

ה. תִּקּוּן גָּדוֹל לְמִקְרֶה, חַס וְשָׁלוֹם, לוֹמַר אֵלּוּ עֲשָׂרָה קַפִּיטְל תְּהִלִּים בְּאוֹתוֹ הַיּוֹם, שֶׁקָּרָה לוֹ, חַס וְשָׁלוֹם, וְאֵלּוּ הֵן: ט"ז "מִכְתָּם לְדָוִד", ל"ב "לְדָוִד מַשְׂכִּיל אַשְׁרֵי", מ"א "אַשְׁרֵי מַשְׂכִּיל אֶל דָּל", מ"ב "כְּאַיָּל תַּעֲרֹג", נ"ט "לַמְנַצֵּחַ אַל תַּשְׁחֵת", ע"ז "עַל יְדוּתוּן", צ' "תְּפִלָּה לְמֹשֶׁה", ק"ה "הוֹדוּ לַה' קִרְאוּ", קל"ז "עַל נַהֲרוֹת בָּבֶל", ק"נ "הַלְלוּ אֵל בְּקָדְשׁוֹ". וְתֵדַע נֶאֱמָנָה, שֶׁאֵלּוּ עֲשָׂרָה קַפִּיטְלִיךְ מְסֻגָּלִים מְאֹד מְאֹד. לְתִקּוּן עָוֹן זֶה, וְהַנִּזְהָר בָּזֶה לוֹמַר אוֹתָם כַּנַּ"ל, אֵין צָרִיךְ לְהִתְיָרֵא עוֹד כְּלָל, כִּי בְּוַדַּאי יְתֻקַּן בָּזֶה, כִּי הֵם תִּקּוּן גָּדוֹל מְאֹד.

A GREAT RECTIFICATION FOR A NOCTURNAL EMISSION, GOD forbid, to say these ten chapters of Tehillim [Psalms] on the same day that it occurred to him GOD forbid, and they are [chapter numbers plus words from the beginning of the chapter]: 16 "Mikhtam liduvid", 32 "Liduvid maskil ashrei", 41 "Ashrei maskil el dul", 42 ""Ki-ayal taarohg", 59 "Lamnatzayach al tashkhais" 77 "Al Yidusun", 90 "Tefilah liMoshe", 105 "Hodu Ladon -- oy keeroo", 137, "Al naharos Buvel", 150 "Hallilu Ail Bikudshoh" Be assured that these ten chapters are very very propitious for the rectification of this mistake, and one who is careful to say them as described above, does not need to fear anymore whatsoever, for certainly it will be rectified by this, for they are a very great rectification.

קשוי לילד
Difficulty in Childbirth

א. אִשָּׁה שֶׁאוֹכֶלֶת צְנוֹן בְּעִבּוּרָהּ, תֵּלֵד בְּקִשּׁוּי.

A woman who eats radishes while in pregnancy will have difficulties in childbirth.

ב. אִשָּׁה שֶׁהִיא מְקֻשָּׁה לֵילֵד, סְגֻלָּה שֶׁתִּתֵּן לָהּ לִשְׁתּוֹת מַיִם מִשִּׁבְעָה בְּאֵרוֹת.

A segulah for a woman having difficulty in childbirth is to give her to drink water from seven wells.

Sefer HaMidot

ספר המדות

ג. גַּם בָּנֶיהָ לֹא יִהְיוּ עִמָּהּ בַּבַּיִת.
Also, her children should not be with her in the house.

ד. גַּם. תִּלְחַשׁ לָהּ בְּאָזְנָהּ אוֹתִיּוֹת שֶׁל שֵׁם ס"ג.
Also, whisper in her ear the letters of the name Sa"g.

ה. גַּם מִטָּתָהּ לֹא תַּעֲמֹד בְּמַעֲרָב וּבְדָרוֹם.
Also, her bed should not stand in the west or the south.

ו. גַּם תִּתְלֶה עַל צַוָּארָהּ מִמָּרוֹר הַנִּשְׁאָר.
Also, hang from her neck bitter herbs left over from Passover.

ז. גַּם תִּלְחַשׁ לָהּ בְּאָזְנָהּ אוֹתִיּוֹת: פֵּא וָיו עַיִן הֵא.
Also, whisper to her in her ear the letters Pey - Vav - Ayin – Hey.

ראיה
Vision

א. אֵין הָעַיִן יָכוֹל לִרְאוֹת, אֶלָּא מַה שֶּׁנּוֹתְנִים לוֹ רְשׁוּת לִרְאוֹת, אֲפִילוּ שֶׁיִּהְיֶה הַדָּבָר לְפָנָיו, אֵינוֹ יָכוֹל לִרְאוֹת עַד שֶׁנּוֹתְנִים לוֹ רְשׁוּת מִן הַשָּׁמַיִם לִרְאוֹת.
The eye can only see what it is given permission to see. Even if an object is in front him, he will not be able to see, until Heaven grants him permission to see.

ב. חֶסְרוֹן הַלְּבָנָה וּלְקוּתָהּ מַזִּיק לַחֲלוּשֵׁי הָרְאוּת.
The waning of the moon, and its eclipse, are harmful to those with weak vision.

ג. קִדּוּשׁ הַחֹדֶשׁ מְסֻגָּל לִרְפָאוֹת חֲלוּשֵׁי הָרְאוּת.
Kiddush Levanah [Blessing over the New Moon] is effective [segula] for healing weak vision.

ד. תִּקּוּן חֲצוֹת מְסֻגָּל לַחֲלוּשֵׁי הָרְאוּת.
Saying Tikkun Chatzot, the Midnight Rectification, is effective for healing weak vision [The prayer is divided into two parts the Rectification of Rachel and the Rectification of Leah, the Bible says that Leah's eye's were worn out, so here - in Leah's rectification is a rectification for the eyes. This holds true with Rachel as well].

ה. עַל יְדֵי שְׁבוּעָה בָּא כְּאֵב עֵינַיִם.
Through an oath comes pain in the eyes.

ו. הַצְּבוּעִים גּוֹרְמִים כְּאֵב עֵינַיִם לַהֲמוֹן עַם, הַטּוֹעִים בָּם.

Sefer HaMidot   ספר המדות

Hypocrites cause pain in the eyes to the masses who are deceived by them.

ז. כְּשֶׁאָדָם גָּדוֹל מַרְגִּישׁ אֵיזֶהוּ כְּאֵב בְּעֵינָיו, יֵדַע שֶׁבְּנוֹ אוֹ תַּלְמִידוֹ עָשׂוּ אֵיזֶהוּ עֲבֵרָה.

When a great man feels some pain in his eyes, he should know that his son or his student has committed some sin.

ח. מִי שֶׁעוֹצֵם עֵינָיו מֵרְאוֹת בְּרָע, עַל יְדֵי זֶה נִצּוֹל מִבִּזְיוֹנוֹת.

One who closes his eyes to avoid seeing evil, through this he is saved from humiliation.

ט. כְּשֶׁאָדָם יוֹצֵא לַשּׁוּק וּמִתְיָרֵא, שֶׁלֹּא יָבוֹא לִידֵי הִרְהוּר עַל יְדֵי הָרְאִיָּה, שֶׁיִּרְאֶה נָשִׁים יָפוֹת, יֹאמַר הַפָּסוּק "הֵן אֶרְאֶלָּם צָעֲקוּ חֻצָה" וְכוּ', וְעַל יְדֵי זֶה יִנָּצֵל מֵרְאוֹת.

When a person goes out to the marketplace and fears he will come to [improper] thoughts through his vision - that he will see beautiful women, he should say the verse: "Hen errelum tzaaku chutza malachei shalom mar yivkuhyun, and through this he will be saved from seeing.

י. הִסְתַּכְּלוּת עַל אֶתְרוֹג הוּא רְפוּאָה לִכְאֵב עֵינַיִם.

Looking at the etrog [one of the four species taken on Succos - the citrus fruit] is a healing for pain in the eyes.

יא. הַזַּכֵּי הָרְאוּת יְכוֹלִין לִרְאוֹת עַל הַחֲלָפִים שֶׁל הַשּׁוֹחֲטִים אֶת הַכֵּלִי בֵּית הַמִּקְדָּשׁ.

Those with pure vision are able to see on the knives of the butchers the vessels of the Holy Temple.

יב. זַכֵּי הָרְאוּת יְכוֹלִין לְהַכִּיר אֶת הָאָדָם מִי רַבּוֹ, שֶׁלִּמְּדוֹ תּוֹרָה. וְדַוְקָא כְּשֶׁמַּכִּירִין אֶת תֹּאַר פְּנֵי הָרַב, כִּי עַל יְדֵי הַהֲלָכוֹת שֶׁלָּמַד מֵרַבּוֹ, נַעֲשֶׂה פְּנֵי הַתַּלְמִיד כְּתֹאַר פְּנֵי הָרַב, כִּי הַהֲלָכָה הִיא חָכְמָתוֹ, הַמֵּאִיר תֹּאַר פָּנָיו "חָכְמַת אָדָם תָּאִיר פָּנָיו". וּכְשֶׁמְּקַבֵּל הַהֲלָכָה, מְקַבֵּל חֵלֶק מִתֹּאַר פָּנָיו, וּלְפִי רִבּוּי הַהֲלָכוֹת כֵּן נִתְרַבָּה חֶלְקֵי. תֹּאַר פָּנָיו.

Those with pure vision can discern in a person who his rabbi is - who taught him Torah. This is true specifically when the viewer is already familiar with the visage of the rabbi. For through the religious laws one learned from his rabbi, the face of the pupil becomes like the visage of the rabbi, for the Torah laws are his wisdom which illuminates his face, 'the wisdom of a man radiates from his face' [Kohelet - Ecclesiastes 8:1]. When the student receives the law, he receives a degree [/part] of his rabbi's visage, and the more

Sefer HaMidot   ספר הַמִדוֹת

laws he learns, the more degrees [/parts] of his visage will be accumulated.

יג. כְּאֵב עֵינַיִם מַזִּיק לְעִתִּים.
Pain in the eyes is harmful at times.

יד. הַגְּנֵבָה מַזִּיק לָעֵינַיִם.
Theft is harmful to the eyes, The Talmud Tractate Bava Kama 79b says that the theft get additional punishment for making as if the Eye of Above does not see.

רחמנות
Mercy

חלק ראשון

א. מִי שֶׁמְרַחֵם עַל עֲנִיִּים, זוֹכֶה לִרְאוֹת בְּנֶחָמוֹת הַשֵּׁם יִתְבָּרַךְ.
One who has mercy on the poor, merits to see the comfort of GOD, may He be blessed.

ב. גַּם מְנַצֵּחַ תָּמִיד.
Also, he will always win.

ג. כְּשֶׁאֵין רַחֲמָנוּת, אֲזַי רָעָב בָּא לָעוֹלָם.
When there is no mercy, hunger comes to the world.

ד. גַּם גְּזֵלוֹת נִתְרַבָּה.
Also, thievery increases.

ה. מִי שֶׁמִּתְפַּלֵּל בְּכֹחַ,. זוֹכֶה לְרַחֵם עַל עֲנִיִּים.
One who prays with force merits to have mercy on the poor.

ו. מִי שֶׁאֵין לוֹ רַחֲמָנוּת נִשְׁתַּגֵּעַ.
One who does not have mercy goes insane.

ז. מִי שֶׁמְּשַׁלֵּם טוֹבָה תַּחַת רָעָה, מַאֲרִיךְ יָמִים וְשָׁנִים.
One who pays back good for evil, increases his length of days and years.

ח. עַל יְדֵי הָרַחֲמָנוּת יִתְבַּטֵּל מִמְּךָ תַּאֲווֹת.
Through having mercy, your base desires are annulled.

ט. כְּשֶׁאַתָּה רוֹאֶה, שֶׁאָחִיךָ בְּצָרָה, וְאֵין אַתָּה עוֹזֵר לוֹ, כְּאִלּוּ אַתָּה עָשִׂיתָ לוֹ הָרָעָה.
When you see that your brother is in pain, and you do not help him, it is as if you did the harm.

י. הָרוֹאֶה חֲבֵירוֹ בְּצַעַר, צָרִיךְ שֶׁיְּבַקֵּשׁ עָלָיו רַחֲמִים.
One who sees his friend in pain must ask for mercy on his

Sefer HaMidot   ספר הַמִדּוֹת

behalf.

יא. עַל יְדֵי בַּקָּשַׁת הָרַחֲמִים זוֹכֶה לַעֲשׂוֹת שִׁדּוּכִים טוֹבִים הֲגוּנִים.
Through asking for mercy, one merits to make marital matches which are good and honorable.

יב. הַדָּן אֶת בְּנֵי אָדָם לְכַף זְכוּת, יִזְכֶּה לְקַבֵּל אֶת הַמּוֹעֲדִים כַּנָּכוֹן.
One who judges people favorably merits receiving the festivals appropriately.

חלק שני

א. בִּשְׁבִיל שֶׁאֵין מְבַקְשִׁין רַחֲמִים עַל חֲבֵרוֹ, עַל יְדֵי זֶה נוֹפֵל לִתְפִיסָה. וְתִקּוּן לִתְפִיסָה שֶׁיְּפַרְנֵס אֵיזֶהוּ בַּעֲלֵי חַיִּים.
Due to not asking mercy for one's friend, through this one falls into imprisonment. A repair for being imprisoned is to feed some animal.

ב. כְּאֵב הַשִּׁנַּיִם בָּא עַל יְדֵי אַכְזָרִיּוּת עַל בַּעֲלֵי חַיִּים.
Toothache comes through cruelty to animals.

ג. סְגֻלָּה לְהָסִיר הָעַצְבוּת עַל יְדֵי הָרַחֲמָנוּת.
A segula [conducive] to remove sadness - through mercy.

ד. צָרִיךְ לִשְׁמֹר אֶת עַצְמוֹ מִלְּצַעֵר אֶת בַּעֲלֵי חַיִּים, כִּי יַזִּיק לוֹ.
It is necessary to guard one's self from causing animals pain, for it will harm him.

רפואה
Healing

א. דַּע, שֶׁיֵּשׁ לְכָל עֵשֶׂב וָעֵשֶׂב כֹּחַ מְיֻחָד לִרְפוּאוֹת לְאֵיזֶהוּ חוֹלַאת מְיֻחֶדֶת, וְכָל זֶה אֵינוֹ לְמִי שֶׁלֹּא שָׁמַר אֱמוּנָתוֹ וּבְרִיתוֹ, וְלֹא שָׁמַר אֶת עַצְמוֹ מִלַּעֲבֹר עַל "אַל תְּהִי בָּז לְכָל אָדָם". אֲבָל מִי שֶׁיֵּשׁ לוֹ אֱמוּנָה בִּשְׁלֵמוּת, וְהוּא גַּם כֵּן שׁוֹמֵר הַבְּרִית וּמְקַיֵּם "אַל תְּהִי בָּז לְכָל אָדָם", אֵין רְפוּאָתוֹ תּוֹלֶה בְּחֶלְקֵי עֲשָׂבִים הַמְיֻחָדִים לְחוֹלַאתוֹ, אֶלָּא נִתְרַפֵּא בְּכָל מַאֲכָל וְכָל מַשְׁקֶה בִּבְחִינַת "וּבֵרַךְ אֶת לַחְמְךָ" וְכוּ', וְאֵין צָרִיךְ לְהַמְתִּין עַד שֶׁיִּתְרַמּוּ לוֹ עֲשָׂבִים הַמְיֻחָדִים לִרְפוּאָתוֹ.
Know, that every herb has its unique power to heal a specific sickness. However, all this is only relevant for one who did not preserve his faith, his covenant [sexual purity], and did not guard himself from transgressing "Do not disdain anyone." However, one whose faith is complete, who guards his sexual purity and is wary not transgress "Do not

269

Sefer HaMidot

disdain…"- his healing is not dependent on herbs specific to his illness, rather, he can be healed by all foods and drinks, in the aspect of "and He will bless your bread," and he does not need to wait until the herbs specific to his disease are available to him.

ב. עַל יְדֵי עִיּוּן עָמֹק בְּסוֹדוֹת הַתּוֹרָה יָכוֹל לִפְקֹד עֲקָרוֹת וּלְרַפְּאוֹת חוֹלַאַת חָזָק.
Through in-depth study of the secrets of Torah, one can cause barren women to conceive and heal serious illnesses.

ג. לְצָרַעַת מַזִּיק דְּבָרִים מְלוּחִים וּרְפוּאָתוֹ מַיִם חַיִּים. וְסִימָן לַדָּבָר: "יְגָרַע נִטְפֵי מָיִם", הַיְנוּ צָרַעַת הַבָּא מֵהִתְגַּבְּרוּת הַדָּם עַל הַמַּיִם, שֶׁבּוֹ "יָזֹקּוּ מָטָר לְאֵדוֹ", [יָזֹקּוּ לְשׁוֹן הֶזֵּק].
For leprosy salty things are detrimental, and its healing is fresh [naturally flowing] water. A sign for this: "The diminishing of the drops of water," that is, the leprosy that comes from the overwhelming of the blood over the water [mixed in it], through which "Yazoku- sending - rain to it's cloud". [The word Yazoku signifies damage.] [Is seems that "rain to it's cloud" is an aspect of fresh water, thus leprosy can be seen as a deficiency of fresh water - thus establishing that it can be cured by fresh water and damaged by salty things which are the anti-thesis of fresh water].

ד. הִסְתַּכְּלוּת עַל אֶתְרוֹג הוּא רְפוּאָה לִכְאֵב עֵינַיִם.
Looking at the etrog is a healing for pain in the eyes.

שבועה
Oath

א. עִיר שֶׁיֵּשׁ בָּהּ שְׁבוּעוֹת תֶּחֱרַב וְתֵהָרֵס חַס וְשָׁלוֹם.
A city in which there are oaths will be ruined and destroyed, GOD forbid.

ב. עַל יְדֵי שְׁבוּעוֹת שֶׁקֶר נוֹפְלִים מֵאֱמוּנָה.
Through false oaths, people fall from faith.

ג. לִמּוּד מַסֶּכֶת שְׁבוּעוֹת מְסֻגָּל לִירִידַת הַגֶּשֶׁם.
Learning the Gemara tractate Shavuot [Oaths] is conducive to bring rainfall.

ד. עַל יְדֵי שְׁבוּעַת שֶׁקֶר. בָּאִין הִרְהוּרֵי נִאוּף.
Through a false oath comes thoughts of lewdness.

Sefer HaMidot — סֶפֶר הַמִדוֹת

ה. מִי שֶׁהוּא רָגִיל בִּשְׁבוּעוֹת, מַחֲשָׁבוֹת רָעוֹת בָּאִים לוֹ תָּמִיד.
Someone who is accustomed to making oaths, evil thoughts come to him constantly.

ו. עַל יְדֵי הַעֲבָרַת הַשְּׁבוּעָה אֵין תְּקוּמָה בַּמִּלְחָמָה.
Through transgressing an oath, there is no stance in war.

ז. מִי שֶׁעוֹבֵר עַל הַשְּׁבוּעָה, בְּיָדוּעַ שֶׁאֵינוֹ מְכַבֵּד יִרְאֵי הַשֵּׁם.
Someone who transgresses an oath, it is certain that he does not honor the GOD fearing.

ח. עַל כָּל עֲבֵרוֹת שֶׁבַּתּוֹרָה נִפְרָעִין מִמֶּנּוּ, וְכָאן מִמֶּנּוּ וּמִמִּשְׁפַּחְתּוֹ וּמִכָּל הָעוֹלָם כֻּלּוֹ, וּמִמֶּנּוּ נִפְרָעִין לְאַלְתַּר.
For all the sins in the Torah, they take retribution from him; and here - regarding oath transgressions, from him, and from his family, and from the whole world, and from him they take retribution immediately.

ט. דְּבָרִים שֶׁאֵין אֵשׁ וּמַיִם מְכַלִּין אוֹתָם, שְׁבוּעוֹת שֶׁקֶר מְכַלִּין אוֹתָן.
Things which even fire and water do not annihilate, false oaths annihilate them.

י. מַלְאָךְ גַּבְרִיאֵל הוּא מְמֻנֶּה עַל הַשְּׂרֵפָה לִשְׂרֹף גַּם לְהַצִּיל.
The angel Gavriel is appointed over fire, to burn and also to save.

שבת
Sabbath

א. הַתּוֹרָה וְהַמַּעֲשֵׂר וְהַשַּׁבָּת הֵם נוֹתְנִים חַיִּים גַּשְׁמִיִּים גַּם כֵּן.
The Torah, the tithes and the Shabbat, they give material life as well.

ב. הָרָגִיל בִּקְלָלָה, עַל יְדֵי זֶה לֹא יִהְיֶה לוֹ בְּגָדִים עַל הַשַּׁבָּת.
One accustomed to cursing, through this he will not have appropriate clothes for the Shabbat.

ג. עִיר שֶׁשּׁוֹמְרִין אֶת עַצְמָם. מִלָּלֶכֶת חוּץ לִתְחוּם שַׁבָּת, עַל יְדֵי זֶה שָׁם הַבָּשָׂר בְּזוֹל.
In a city where they guard themselves from going beyond the Shabbat boundary [2000 amot beyond the last houses], through this the meat is cheap.

ד. עַל יְדֵי שְׁמִירַת שַׁבָּת מַמְשִׁיךְ עַל עַצְמוֹ אוֹר שֶׁל מָשִׁיחַ גַּם עַל יְדֵי תְּשׁוּבָה.

Sefer HaMidot

ספר המדות

Through observing the Shabbat one draws upon oneself the light of the Messiah, also through repentance.

ה. עַל יְדֵי שְׁמִירַת שַׁבָּת הוּא כְּבֵן הַמִּתְחַטֵּא לִפְנֵי אָבִיו וְהוּא מְמַלֵּא שְׁאֵלוֹתָיו, גַּם הוּא גּוֹזֵר וְהַקָּדוֹשׁ בָּרוּךְ הוּא מְקַיְּמָהּ, גַּם הַקֶּרֶן שֶׁל הַמַּעֲשִׂים טוֹבִים שֶׁלּוֹ קַיָּמִים לָעוֹלָם הַבָּא, וְאֵינוֹ אוֹכֵל אֶלָּא מִפֵּרוֹתֵיהֶם.

Through observing the Shabbat, one is like a son who comes clean before his father, and his father fulfills his wants. Also, he decrees, and GOD enacts. Also, the principal reward for his good deeds is preserved for the World to Come, and [in the meantime] he benefits from their dividends.

שוחד
Bribery

א. עִיר שֶׁיֵּשׁ בָּהּ קַבָּלַת שֹׁחַד, חֲיָלוֹת בָּאִין עָלֶיהָ.

A city in which bribes are accepted, armies come upon it.

ב. עַל־יְדֵי שֹׁחַד גְּדֻלָּתוֹ מִסְתַּלֶּקֶת.

Through bribery, one's greatness departs.

ג. עַל־יְדֵי שֹׁחַד בָּא שְׂרֵפָה.

Through bribery come fires.

שוחט
Slaughterer

א. עַל יְדֵי שׁוֹחֲטִים הֲגוּנִים בְּנֵי אָדָם מְרַחֲמִים זֶה עַל זֶה, וְהוּא הַדִּין לְהֶפֶךְ.

Through morally upright shochtim people have mercy on each other, and the opposite is also true.

ב. הַשּׁוֹחֵט שֶׁהוּא מְקַיֵּם כִּבּוּד אָב, הַקָּדוֹשׁ בָּרוּךְ הוּא מְשַׁמְּרוֹ, שֶׁלֹּא לְהַאֲכִיל טְרֵפוֹת, וְהוּא הַדִּין לְהֶפֶךְ.

A shochet who fulfills the commandment to honor his father, the Holy One -Blessed is He - guards him from feeding people non-kosher meat, and the opposite is also true.

ג. עַל יְדֵי הַשּׁוֹחֲטִים, הָרְשָׁעִים הַמַּאֲכִילִין טְרֵפוֹת, הַגְּזֵלוֹת נִתְרַבָּה בָּעוֹלָם.

Due to wicked shochtim who feed - that is distribute non-kosher meat, robberies increase in the world.

ד. הַזַּכֵּי הָרְאוּת יְכוֹלִים לִרְאוֹת עַל הַחֲלָפִים שֶׁל הַשּׁוֹחֲטִים אֶת הַכְּלִי בֵּית

Sefer HaMidot

ספר הַמִדוֹת

הַמִקְדָּשׁ.
Those with pure vision can see on the knives of the shochtim the vessels of the Holy Temple.

ה. מִי שֶׁנִּתְאַלֵּם בְּפֶתַע פִּתְאוֹם, יַעֲבִירוּ עַל פִּיו חַלָּף כָּשֵׁר.
Someone who becomes suddenly mute, a kosher shochet's knife should be passed over his mouth.

שינה
Sleep

א. מִי שֶׁהוּא מְקֻדָּשׁ יוֹתֵר, הוּא רָחוֹק מֵהַשֵּׁנָה יוֹתֵר.
One who has more holiness, he is further away from sleep.

ב. עַל יְדֵי רִבּוּי הַשֵּׁנָה וְהַתְּנוּמָה, עַל יְדֵי זֶה דּוֹחֲפִין אוֹתוֹ מִמֶּרְכָּבָה דִקְדֻשָּׁה, וְנִשְׁתַּנֶּה פָּנָיו, וְנִתְקַלְקֵל צֶלֶם. אֱלֹהִים.
Through excessive sleeping and slumber, one is pushed out of the Merkava of Holiness - the chair of the Divine Presence, one's face changes, and one's GODly image is corrupted.

ג. חֲמִשָּׁה עָשָׂר "שִׁיר הַמַּעֲלוֹת" שֶׁבַּתְּהִלִּים מְסֻגָּלִים לְבַטֵּל הַשֵּׁנָה.
The fifteen Songs of Ascent that are in the book if Tehillim [Psalms chapters 120-134] are propitious to annul sleep.

ד. מִי שֶׁאֵינוֹ יָכוֹל לִישׁן, יַעֲלֶה עַל מַחֲשַׁבְתּוֹ אֱמוּנַת תְּחִיַּת הַמֵּתִים.
One who is unable to sleep should bring to mind faith in the Resurrection.

שכרות
Drunkenness

חלק ראשון

א. עַל יְדֵי שִׁכְרוּת נוֹפֵל מִמַּדְרֵגָתוֹ.
Through drunkenness, one falls from his level.

ב. עַל יְדֵי שְׁתִיַּת יַיִן, לְסוֹף שֶׁמְּקַבֵּל שֹׁחַד.
Through drinking wine, one ends up accepting bribes.

ג. הַשִּׁכְרוּת מֵבִיא לִידֵי כְפִירָה בָּאֱמֶת וּלְהוֹדוֹת לַשֶּׁקֶר.
Drunkenness brings one to deny truth and to attest to falsehood.

ד. הַקָּדוֹשׁ בָּרוּךְ הוּא אוֹהֵב מִי. שֶׁאֵינוֹ מִשְׁתַּכֵּר.

Sefer HaMidot   ספר הַמִדּוֹת

The Holy One, Blessed be He, loves one who never gets drunk.

ה. הַשֶּׁמֶן מְבַטֵּל הַשִּׁכְרוּת.
Oil nullifies drunkenness.

ו. הָרְאִיָּה מְשַׁכֶּרֶת בְּיוֹתֵר.
Vision intensifies drunkenness.

ז. עַל יְדֵי שִׁכְרוּת נוֹפֵל לְהִרְהוּרֵי נִיאוּף.
Through drunkenness, one falls to having promiscuous thoughts.

ח. הַשִּׁכּוֹר אֵין יְכֹלֶת בְּיָדוֹ לְהַמְתִּיק דִּינִים.
One who is drunk or a drunk, does not have the power to sweeten harsh judgments.

ט. הַשִּׁכּוֹר אֵין מְגַלִּין לוֹ רָזִין דְּאוֹרַיְתָא.
One who is drunk or a drunk, - secrets of the Torah are not to be revealed to him.

י. יַיִן עִם לְבוֹנָה מַטְרִיפִין דַּעְתּוֹ שֶׁל אָדָם.
Wine with the spice of frankincense confound a person.

חלק שני

א. מִי שֶׁלָּהוּט אַחַר עֲבוֹדַת אֲדָמָה, בָּא לִידֵי אֶחָד מִשְּׁלֹשָׁה, אוֹ לִידֵי שְׁפִיכוּת דָּמִים אוֹ לִידֵי צָרַעַת אוֹ לִידֵי שִׁכְרוּת.
One who is eagerly desirous to work the land, comes to one of three things; either murder, or leprosy, or drunkenness.

ב. הַשִּׁכְרוּת גּוֹרֵם גָּלוּת גַּם גּוֹרֵם הוֹצָאַת זֶרַע לְבַטָּלָה.
Drunkenness causes exile, and also causes spilling seed wastefully.

ג. אִי אֶפְשָׁר לְשִׁכְרוּת שֶׁלֹּא יָבִיא לְאֵיזֶה תַּקָּלָה.
It is impossible that drunkenness will not lead to some mishap.

ד. עַל יְדֵי שִׁכְרוּת הוּא שׁוֹכֵחַ בָּאַזְהָרוֹת מֹשֶׁה רַבֵּנוּ, כִּי מֹשֶׁה מְלֻבָּשׁ בְּרמ"ח אֵיבָרָיו שֶׁל אָדָם, וּבְכָל אֵיבָר וְאֵיבָר מַזְהִיר אֶת הָאָדָם בְּמִצְווֹת הַתְּלוּיוֹת בּוֹ, וּבִשְׁבִיל זֶה נִקְרָא "מְחֹקֵק" גִּימַטְרִיָּא רמ"ח.
Through drunkenness, one forgets the warnings of Moshe Rabbeinu. For Moshe is enclothed in the 248 limbs of a man, and in each and every limb, he warns the man regarding the mitzvos contingent to it. Because of this Moshe is called "Mechokek" [one who engraves] the law, which has the gematria numerical value of 248.

Sefer HaMidot ספר המדות

ה. עַל יְדֵי הַשִּׁכְרוּת מַפְשִׁיט אֶת הַדַּעַת מֵהַלְבוּשׁ חֲסָדִים, וּמַלְבִּישׁוֹ בִּגְבוּרוֹת חֲזָקוֹת, חַס וְשָׁלוֹם.

Through drunkenness, one removes the kindness which clothe the daas - realization of knowledge, and clothe it with intense harshness, GOD forbid.

ו. מִי שֶׁיֵּשׁ לוֹ שׂוֹנְאִים, יַזִּיר מִן הַיַּיִן, וְעַל יְדֵי זֶה נַעֲשָׂה רֹאשׁ לָהֶם.

One who has enemies should swear off wine, and through this he will become their head.

שלום
Peace

א. נֵרוֹת שֶׁל שַׁבָּת מַרְבִּין שָׁלוֹם.

The Shabbat candles increase peace.

ב. עַל יְדֵי רְדִיפַת שָׁלוֹם זוֹכִין לְכָבוֹד בָּעוֹלָם הַזֶּה וּלְחַיִּים בָּעוֹלָם הַבָּא.

Through pursuing peace, one merits honor in This World and life in the World to Come.

ג. כָּל שֶׁהוּא מִפְּנֵי דַּרְכֵי שָׁלוֹם אֵין בּוֹ מִשּׁוּם. "מִדְּבַר שֶׁקֶר תִּרְחָק".

Anything which is for the sake of the 'ways of peace' is not subject to the injunction to "distance yourself from something false".

ד. בְּנֵי אָדָם הַכּוֹפִים לִצְדָקָה, עַל יָדָם שְׁלוֹם הַמַּלְכוּת נִתְוַסֵּף.

People who press [others to give] charity, through them the peace with the government increases.

ה. עַל יְדֵי רְדִיפַת שָׁלוֹם בָּא לְבִטָּחוֹן.

Through pursuing peace, one comes to trust in GOD.

ו. שָׁלוֹם בָּא עַל יְדֵי אֱמֶת.

Peace comes through truth.

ז. בִּנְיַן יְרוּשָׁלַיִם תָּלוּי בְּשָׁלוֹם.

The building of Jerusalem is dependent on peace.

ח. עַל יְדֵי שָׁלוֹם בָּאִים בְּשׂוֹרוֹת טוֹבוֹת.

Through peace come good tidings.

ט. כְּשֶׁיֵּשׁ מוּסָר, יֵשׁ שָׁלוֹם.

When there is mussar [moral refinement], there is peace.

י. עַל יְדֵי לִמּוּד תִּינוֹקוֹת בְּבֵית רַבָּן נִתְרַבֶּה שָׁלוֹם.

Through the very young school childrens studying, peace is increased.

Sefer HaMidot

יא. עֲכִירַת הַמַּיִם הוּא סִימָן שֶׁאֵין שָׁלוֹם.
Turbidity of the water is a sign that there is no peace.

יב. כְּשֶׁאֵין שָׁלוֹם, הַתְּפִילוֹת אֵינָם מִתְקַבְּלִים.
When there is no peace, the prayers are not accepted.

יג. עַל יְדֵי שָׁלוֹם זוֹכִין לְהִתְגַּלּוּת אֵלִיָּהוּ.
Through peace, one merits to revelation of Eliyahu the Prophet.

יד. כְּשֶׁאֵין שָׁלוֹם, אֵין הַנָּשִׁים יוֹלְדוֹת זְכָרִים.
When there is no peace, the women do not give birth to male children.

טו. מִי שֶׁמַּשְׁאִיל לִבְנֵי אָדָם דְּבָרִים הַצְּרִיכִים לָהֶם, כְּשֶׁיֵּשׁ בְּרִיחָה בָּעוֹלָם, הוּא נִמְלָט.
One who lends to people things that they need, when [a crisis causing] mass fleeing comes to the world, he will be spared.

טז. הַשָּׁלוֹם הוּא סִימָן לְחַיִּים.
Peace is a sign of life.

יז. עַל יְדֵי רְדִיפַת שָׁלוֹם מַצִּיל לְבָנָיו מִמִּיתָה וּמִגָּלוּת.
Through pursuing peace, one saves his children from death and exile.

יח. הַבְּרָכָה בָּא עַל יְדֵי שָׁלוֹם.
Blessing comes through peace.

יט. כְּשֶׁיֵּשׁ שָׁלוֹם, אֵין פַּחַד.
When there is peace, there is no fear.

כ. עַל יְדֵי שֶׁיֵּשׁ שָׁלוֹם בֵּין הָרְשָׁעִים, עַל יְדֵי זֶה יֵשׁ לָהֶם כָּל טוּב.
Through that which there is peace among the wicked, through this, they have everything good.

כא. לִפְעָמִים הַקָּדוֹשׁ בָּרוּךְ הוּא עוֹשֶׂה שָׁלוֹם בֵּין יִשְׂרָאֵל עַל יְדֵי רְשָׁעִים.
Sometimes the Holy One, Blessed be He, makes peace among the Jewish People through evildoers.

כב. הַשָּׁלוֹם סִימָן לְשֹׂבַע.
Peace is an indication of satiety.

כג. כְּשֶׁהַשָּׂרִים שֶׁל מַעְלָה מִתְגָּרִים, תֵּכֶף הַאי תִּגְרָא נִתְהַוֶּה בֵּין הָאֻמּוֹת וּבֵין הַחֲכָמִים.
When the officials Above dispute with each other, immediately the same argument happens among the nations and among the scholars.

Sefer HaMidot

שִׂמְחָה
Joy

חֵלֶק רִאשׁוֹן

א. כְּשֶׁאָדָם עוֹשֶׂה מִצְוָה בְּשִׂמְחָה, זֶה סִימָן שֶׁלִּבּוֹ שָׁלֵם לֵאלֹקָיו.
When a person does a mitzva joyfully, it is a sign that his heart is whole with GOD.

ב. מֵחֲמַת שִׂמְחָה נִפְתָּח הַלֵּב.
Due to joy, the heart becomes opened.

ג. בְּרִבּוֹת הַשִּׂמְחָה נִתְחַזֵּק כֹּחַ הַשִּׂכְלִי, וְהַמַּאֲכָל וְהַמִּשְׁתֶּה הֵם סִבָּה גְּדוֹלָה לְשִׂמְחַת הַלֵּב וּלְהַרְחִיק הָעַצְבוּת וּדְאָגוֹת.
Through an increase in joy, the intellect is strengthened, and food and drink are powerful causes for joy in the heart, and distancing sadness and worry.

ד. עַל יְדֵי צְדָקָה בְּלֵב שָׁלֵם בָּא לִידֵי שִׂמְחָה.
Through giving charity with a full heart, one comes to joy.

ה. הַשִּׂמְחָה שֶׁל מִצְוָה הִיא מָעוֹז לָאָדָם.
Joy of performing mitzvot is strength for a man.

ו. כְּשֶׁאַתָּה רוֹאֶה, שֶׁהָרָשָׁע בְּפֶתַע פִּתְאוֹם הוּא שׂוֹחֵק, בְּיָדוּעַ שֶׁנָּפַל לוֹ אֵיזֶה עֵצָה עַל עֲבֵרָה.
When you see that an evildoer suddenly becomes lighthearted - or laughs, it is certain that he came upon some idea to commit a sin.

ז. עַל יְדֵי עֵצוֹת טוֹבוֹת שֶׁתִּתֵּן, תִּזְכֶּה לְשִׂמְחָה.
Through the good advice that you give, you merit happiness.

ח. עַל יְדֵי הָרִקּוּדִין וְהַתְּנוּעוֹת שֶׁאַתָּה עוֹשֶׂה בַּגּוּף, נִתְעוֹרֵר לְךָ שִׂמְחָה.
Through the dancing and movements that you do with your body, you are aroused to joy.

ט. כְּשֶׁנּוֹפֵל לְךָ שִׂמְחָה בְּלִבְּךָ בְּפֶתַע פִּתְאוֹם, זֶהוּ מֵחֲמַת שֶׁנּוֹלַד אֵיזֶהוּ צַדִּיק.
When joy suddenly enters your heart, this is because some tzaddik has just been born.

י. עַל יְדֵי יִרְאָה בָּא הִתְלַהֲבוּת.
Through fear comes fiery enthusiasm.

יא. מִי שֶׁמְּבֻזֶּה בְּעֵינֵי עַצְמוֹ, עַל יְדֵי זֶה יָבוֹא לְהִתְלַהֲבוּת.
One who is denigrated in his own eyes comes, through this, to enthusiasm.

יב. עַל יְדֵי כַּוָּנוֹת הַלֵּב בָּא שִׂמְחָה.
Through intentions of the heart comes joy.

Sefer HaMidot · ספר המדות

יג. מִי שֶׁהוּא רָגִיל בִּשְׂחוֹק, בְּיָדוּעַ שֶׁהוּא רָחוֹק מִגְּדֻלַּת הַשֵּׁם יִתְבָּרַךְ.
One who is accustomed to lightheartedness, it is certain that he is far from the greatness of GOD.

יד. עַל יְדֵי זֶמֶר תָּבוֹא לִידֵי שִׂמְחָה וְהִתְלַהֲבוּת.
Through music you will come to joy and enthusiasm.

טו. כְּשֶׁתְּשַׂמַּח אֶת הַצַּדִּיק, תּוּכַל לַעֲבֹד אֶת הַשֵּׁם יִתְבָּרַךְ בְּשִׂמְחָה.
When you give joy to the Tzaddik, you can serve GOD with joy.

טז. מִי שֶׁמְּפַרְסֵם אֶת הַצַּדִּיק, זוֹכֶה לְשִׂמְחָה.
One who publicizes the Tzaddik merits joy.

יז. עַל יְדֵי בִּטָּחוֹן בָּא שִׂמְחָה.
Through trust in GOD, one comes to joy.

יח. עַל יְדֵי תְּנוּעוֹת הַגּוּף בָּא הִתְלַהֲבוּת הַלֵּב.
Through movements of the body comes enthusiasm of the heart.

יט. עַל יְדֵי אֱמוּנָה שְׁלֵמָה תָּבוֹא לְמַדְרֵגָה שֶׁתִּתְאַוֶּה בְּגוּף וָנֶפֶשׁ לַעֲבוֹדַת הַשֵּׁם יִתְבָּרַךְ.
Through complete faith you will come to a level that you will desire, with body and soul, to serve GOD.

כ. מִי שֶׁמֵּשִׂים עַצְמוֹ כְּשִׁירַיִם, יִזְכֶּה לְהִתְלַהֲבוּת.
One who makes himself insignificant [lit. like leftovers] will merit enthusiasm.

כא. עַל יְדֵי שִׂמְחָה תְּפִיסַת הַמֹּחַ נִתְגַּדֵּל.
Through joy, one's mental capacity expands.

כב. הַשִּׂמְחָה הִיא. סִימָן שֶׁהוּא זֶרַע בֵּרַךְ ה'.
Joy is a sign that a person is of stock blessed by GOD.

כג. הַגְּשָׁמִים יוֹרְדִין בִּזְכוּת שִׂמְחַת חָתָן וְכַלָּה.
Rain falls in the merit of the joy of bride and groom.

כד. עַל יְדֵי שִׂמְחָה שֶׁל מִצְוָה הַקָּדוֹשׁ בָּרוּךְ הוּא מְסוֹכֵךְ עָלָיו.
Through joy of the mitzvot, GOD spreads over a person.

כה. עַל יְדֵי שִׂמְחָה בְּשִׂמְחַת תּוֹרָה זוֹכֶה לַעֲבֹד אֶת הַשֵּׁם יִתְבָּרַךְ בְּאַהֲבָה.
Through the joy one has on the holiday of Simchah Torah, one merits to serve GOD with love.

כו. כְּשֶׁהַשִּׂמְחָה בָּאָה לָאָדָם פִּתְאוֹם, בְּיָדוּעַ שֶׁיָּבוֹא לוֹ חֶסֶד וִישׁוּעָה.
When joy comes to a person suddenly, it is certain that kindness and salvation will come to him.

כז. עַל יְדֵי שִׂמְחָה נִתְגַּלֶּה כְּבוֹדוֹ שֶׁל אָדָם, גַּם יִזְכֶּה לְדַעַת.
Through joy, the honor of a person is revealed, and he also

Sefer HaMidot   סֵפֶר הַמִּדוֹת

merits knowledge.

חלק שני
א. מִי שֶׁהוּא שָׂמֵחַ תָּמִיד, עַל יְדֵי זֶה הוּא מַצְלִיחַ.
Someone who is always happy, through this he is successful.

ב. הַנְּדָרִים וְהַנְּדָבוֹת מְבִיאִין שִׂמְחָה.
Vows and pledges bring one to joy.

שרים
Officials

א. מִי שֶׁבָּאוּ מָהוּל בְּמַיִם, הַשָּׂרִים אֵינָם נוֹהֲגִים עִמּוֹ בְּיַשָׁרָנוּת.
One who's wine is diluted with water; the officials do not deal with him in a straight manner.

ב. מִי שֶׁאֵין דָּן אֶת חֲבֵרוֹ לְכַף זְכוּת, כְּאִלּוּ הֲרָגוֹ, גַּם הַשָּׂרִים אֵינָם נוֹהֲגִים עִמּוֹ בְּיַשָׁרָנוּת.
One who does not judge his fellow favorably is as if he killed him. Also, the officials do not deal with him in a straight manner.

ג. אֲמִירַת הַלֵּל וּצְדָקָה מְסֻגָּלִין לְחֵן בְּעֵינֵי הַשַּׂר.
Saying of Hallel and giving charity are a segula [special charm] for having favor in the eyes of the minister.

ד. עַל יְדֵי אֲכִילַת פַּת עַכּוּ"ם מוֹנְעִין הַיַּעַר מִלַּחְטֹב עֵצִים.
Through eating bread baked by a non-Jew, the forest is prohibited from having its trees cut down.

ה. בִּשְׁבִיל אַרְבָּעָה דְּבָרִים נִכְסֵי בַּעֲלֵי בָתִּים נִמְסָרִים לַמַּלְכוּת.
Due to four things, the property of householders is handed over to the government or monarchy. 1. Keeping a note of debt after it has been paid off; 2. Charging interest; 3. Remaining silent in a case where one should speak out against evil; and 4. Promising to make a donation in public and not carrying through.

תוכחה
Chastisement

חלק ראשון
א. הַמּוֹכִיחַ צָרִיךְ לוֹמַר תּוֹכַחְתּוֹ עַל יְדֵי הִתְקַשְּׁרוּת הַדִּבּוּר לְשָׁרְשׁוֹ, וְאָז נִתְקַבֵּל

Sefer HaMidot

סֶפֶר הַמִדוֹת

תּוֹכַחְתּוֹ.
One who chastises must give his reproof by connecting his speech to its root, and then his admonishment will be accepted.

ב. מִי שֶׁנִּשְׁתַּמֵּד, אַל תּוֹכַח אוֹתוֹ כִּי לֹא תּוֹעִיל.
An apostate Jew, do not admonish him, for it will be of no avail.

ג. עַל יְדֵי שֶׁאֵין מְקַבֵּל. תִּכָחוֹת, נֶחֱרָב מְעוֹנוֹ.
Through not accepting chastisement one's home is destroyed.

ד. מִי שֶׁמּוֹכִיחַ אֶת הָעוֹלָם שֶׁלֹּא בְּחָכְמָה, עַל יְדֵי זֶה מְעוֹרֵר, חַס וְשָׁלוֹם, גָּלוּת גָּדוֹל וְהַכְבָּדָה מֵהָאֻמּוֹת.
One who chastises the world, without wisdom, through this he instigates, God forbid, great exile and pressure from the nations.

ה. לְעוֹלָם אַל יוֹצִיא אָדָם אֶת עַצְמוֹ מִן הַכְּלָל.
A person should never exclude himself from the collective - group of Jews.

ו. מִפְּנֵי עֹנֶשׁ תּוֹכָחָה חוֹזֵר בּוֹ הַקָּדוֹשׁ בָּרוּךְ הוּא עַל הַטּוֹב, שֶׁיָּצָא מִפִּיו.
Due to punishment for a lack of chastisement, GOD retracts from the good He had said - He would bring.

ז. הֵיכָא דְּיָדַע דְּלֹא מְקַבְּלֵי תּוֹכָחָה, הַנַּח לָהֶם.
When you know that people will not accept chastisement, let them be.

ח. מִי שֶׁיָּרֵא מִבְּנֵי אָדָם לְהוֹכִיחַ אוֹתָם, לְסוֹף שֶׁהַקָּדוֹשׁ בָּרוּךְ הוּא שׁוֹבֵר אוֹתוֹ לִפְנֵיהֶם.
One who is fearful of people to chastise them, in the end GOD breaks him in front of them.

ט. מִי שֶׁיּוֹדֵעַ לְהַזְהִיר, וְאֵינוֹ מַזְהִיר, גַּם חֲבֵרוֹ מִיָּדוֹ נֶעֱנָשׁ [גַּם דַּם חֲבֵרוֹ מִיָּדוֹ נִדְרָשׁ].
Someone who is in a position to warn and does not warn, is also held accountable for the downfall [literally - blood] of his friend.

י. עַל יְדֵי צְדָקָה תִּזְכֶּה לְקַבֵּל מוּסָר.
Through giving charity, one merits to receive mussar [ethical criticism].

יא. מִי שֶׁאֵינוֹ מְקַבֵּל מוּסָר, נָדוֹן בְּמִיתָה.
One who does not accept mussar [ethical criticism] is

Sefer HaMidot

sentenced to death.

יב. עַל יְדֵי תּוֹכָחָה שֶׁתּוֹכִיחַ, תָּנוּחַ בַּקֶּבֶר בְּלֹא צַעַר גֵּיהִנּוֹם וְתִזְכֶּה לְגַן עֵדֶן.
Through the chastisement you give, you merit to rest in the grave without the pains of Hell, and you will merit to the Garden of Eden.

יג. מֻתָּר לִדְחוֹת בִּשְׁתֵּי יָדַיִם אֶת זֶה, שֶׁלֹּא קִבֵּל מִמְּךָ תּוֹכָחָה.
It is permitted to push away with both hands, one who did not accept chastisement from you.

יד. כָּל זְמַן שֶׁתּוֹכָחָה בָּעוֹלָם, נַחַת רוּחַ וְטוֹבָה וּבְרָכָה בָּאִין לָעוֹלָם.
As long as there is chastisement in the world, satisfaction, good, and blessing come to the world.

טו. עַל יְדֵי תּוֹכָחָה נִמְתָּק הַדִּין וְנִמְשָׁךְ הַחֶסֶד.
Through chastisement, judgments are sweetened, and kindness is drawn.

חלק שני

א. מִי שֶׁאֵין בְּמַעֲלוֹת הַצִּדְקוּת, וְגַם אֵין לוֹ זְכוּת אָבוֹת וְרוֹצֶה לְקָרֵב אֶת בְּנֵי אָדָם לַעֲבוֹדַת הַשֵּׁם יִתְבָּרַךְ, יִשְׁמֹר אֶת עַצְמוֹ מִנִּסְיוֹנוֹת, וּבִפְרָט שֶׁלֹּא יִתְקַנְּאוּ בּוֹ הָרְשָׁעִים.
One who has not reached a high level of righteousness, and does not have ancestral merit, yet wants to draw people to the service of GOD, should guard himself from tests, especially that the wicked should not envy him.

ב. מִי שֶׁמְּקָרֵב אֶת הָרְחוֹקִים לַעֲבוֹדַת הַשֵּׁם יִתְבָּרַךְ, הַבְּרָכוֹת מְסוּרִים בְּיָדוֹ.
One who draws close those who are far, to the service of the Blessed Lord, the blessings are given over to his hands - that is he is empowered to grant blessings.

ג. מִי שֶׁשּׁוֹמֵעַ תּוֹכָחָה וְאֵינוֹ נִתְקַבֵּל אֶצְלוֹ, יֵדַע שֶׁיִּצְטָרֵךְ לִלְווֹת אֵצֶל אֲחֵרִים, וְסִימָן לַדָּבָר: "בִּדְבָרִים לֹא יִוָּסֶר עָבֶד", "לֹוֶה לְאִישׁ מַלְוֶה".
One who hears chastisement and does not accept it, should know that he will need to borrow from others. A sign for this is: "A slave will not be corrected by words", and "A borrower is a slave to the one who lent him".

ד. אֵין מִי שֶׁיָּכוֹל לִזְרֹק דִּבּוּרִים לְתוֹךְ פִּיו שֶׁל חֲבֵרוֹ מֵרָחוֹק, אֶלָּא עַד שֶׁיַּכְנִיס אֶת חֲבֵרוֹ לִבְחִינַת עִבּוּר תְּחִלָּה.
No one is able to throw words into the mouth of his friend from a distance - a concept found in the Medrash on the verse, that GOD shot His words into Moshe's mouth. Not

Sefer HaMidot

ספר הַמִדוֹת

until he brings his friend first into the aspect of "fetus", that is, a state of spiritual renewal. This can be derived from the above noted verse, where God says he will "teach" Moshe what to say, and the Medrash offers to additional meanings for the word "teach": shooting - hence the first part of this dictum; and the second, to become pregnant with - hence the contingency of the second part of the dictum.

ה. בָּזֶה שֶׁיּוֹצְאִין לִקְרַאת אָדָם חָשׁוּב, נִתְעוֹרְרִין עֲשָׂרָה מַאֲמָרוֹת, שֶׁבָּהֶם נִבְרָא הָעוֹלָם, גַּם עַל יְדֵי קֵרְבַת הָרְחוֹקִים גַּם כֵּן.

With this, that people go out to greet an important man, the ten statements with which the world was created, are aroused. This is done also through drawing the far, close [to GOD].

תפילה
Prayer

חלק ראשון

א. צָרִיךְ אָדָם לִהְיוֹת נִכְסָף וּמִשְׁתּוֹקֵק לַטּוֹב הַכְּלָלִי, אַף עַל פִּי שֶׁיְּמַשֵּׁךְ לוֹ לְבַד הֶפְסֵד.

A person should yearn and long for the general good, even though it will draw for himself alone, a loss.

ב. הַמִּתְפַּלֵּל בְּבֵית הַכְּנֶסֶת, כְּאִלּוּ הֵבִיא מִנְחָה טְהוֹרָה.

One who prays in a synagogue, it is as if he brings a pure meal offering - mincha.

ג. הַקָּדוֹשׁ בָּרוּךְ הוּא. מָצוּי בְּבֵית הַכְּנֶסֶת.

The Holy One, Blessed be He, is found in the synagogue.

ד. עַל יְדֵי חֲנֻפָּה אֵין תְּפִילָּתוֹ נִשְׁמַעַת.

Due to adulation, one's prayer is not heard.

ה. עַל יְדֵי עֵסֶק הַתּוֹרָה מִתּוֹךְ דְּחַק תְּפִילָּתוֹ נִשְׁמַעַת.

Through engaging in Torah whilst under duress, one's prayer is heard.

ו. הַמִּתְפַּלֵּל עַל חֲבֵרוֹ, וְהוּא צָרִיךְ לְאוֹתוֹ דָּבָר, הוּא נַעֲנֶה תְּחִלָּה.

One who prays for his friend, and he himself needs the thing he is praying for he is answered first.

ז. מִי שֶׁדַּעְתּוֹ שְׁפָלָה עָלָיו, אֵין תְּפִילָּתוֹ נִמְאֶסֶת.

One who has a humble opinion of himself, his prayer is not

Sefer HaMidot   ספר המדות

despised.

ח. לְעוֹלָם יַקְדִּים אָדָם תְּפִילָּה לְצָרָה.
A person should always preempt prayer before trouble.

ט. כָּל הַמְאַמֵּץ עַצְמוֹ בִּתְפִילָּה לְמַטָּה, אֵין צָרִים יְכוֹלִים לְהַסְטִינוּ מִלְמַעְלָה.
Anyone who exerts himself in prayer below, enemies are not able to oppose him above.

י. לְעוֹלָם יְבַקֵּשׁ אָדָם רַחֲמִים, שֶׁיִּהְיוּ הַכֹּל מְאַמְּצִין אֶת כֹּחוֹ, וְשֶׁיְּסַיְּעוּהוּ מַלְאֲכֵי הַשָּׁרֵת לְבַקֵּשׁ רַחֲמִים, וְשֶׁלֹּא יִהְיוּ לוֹ מַסְטִינִים מִלְמַעְלָה.
A person should always beseech mercy, that everyone strengthens him, and that the ministering angels assist him in requesting mercy, and that they Or there should not oppose him from above.

יא. תְּפִילַת אַחֵר מוֹעִיל יוֹתֵר מִתְּפִילַת עַצְמוֹ, וַאֲפִילוּ צַדִּיק צָרִיךְ לִתְפִילַת אֲחֵרִים.
The prayer of another is more effective than one's own prayer, and even a tzaddik needs the prayers of others.

יב. מֻתָּר לְהִתְפַּלֵּל עַל בַּעַל לָשׁוֹן הָרַע, שֶׁיָּמוּת וְשֶׁיִּשְׁתַּכַּח תּוֹרָתוֹ וְשֶׁלֹּא יִהְיֶה לוֹ חֵלֶק לָעוֹלָם הַבָּא וְשֶׁלֹּא יִהְיוּ לוֹ בָּנִים חֲכָמִים.
It is permissible to pray regarding a habitual slanderer, that he should die, and that his Torah be forgotten, and that he should not have a portion in the World to Come, and that he should not have wise children.

יג. כָּל הָעוֹסֵק בַּתּוֹרָה, הַקָּדוֹשׁ בָּרוּךְ הוּא עוֹשֶׂה לוֹ חֲפָצָיו.
Anyone who engages in Torah, the Holy One, Blessed be He, fulfills his needs.

יד. יָפָה צְעָקָה לְאָדָם בֵּין קֹדֶם גְּזַר דִּין בֵּין לְאַחַר גְּזַר דִּין.
Crying out is good for a person, whether before the decree or after the decree.

טו. אַל יְבַקֵּשׁ אָדָם עַל שׁוּם דָּבָר יוֹתֵר מִדַּאי.
A person should not beseech excessively for anything.

טז. בְּיוֹם הַגְּשָׁמִים יְשׁוּעָה פָּרָה וְרָבָה בָּעוֹלָם, וּמְלִיצֵי זְכוּת נִכְנָסִין לְפָנָיו.
On a rainy day, salvation flourishes in the world, and advocates of merit enter before Him [GOD].

יז. תְּפִילַת יָחִיד אֵינָהּ נִשְׁמַעַת אֶלָּא אִם כֵּן לִבּוֹ מְכֻוָּן, וּתְפִילַת צִבּוּר נִשְׁמַעַת, אַף. עַל פִּי שֶׁאֵין לֵב כֻּלָּם שָׁלֵם.
The prayer of an individual is not heard unless he concentrates in his heart, but the prayer of a congregation is heard, even though all of them do not [pray with] a full heart.

Sefer HaMidot   סֵפֶר הַמִּדּוֹת

יח. לֹא מַצְלִינָן אַתַּרְתֵּי.
One should not pray for two things at once.

יט. אָסוּר לְהַטְרִיחַ אֶת הַשֵּׁם לְשַׁנּוֹת אֶת הַטֶּבַע.
It is forbidden to burden Hashem to change nature.

כ. מִי שֶׁמַּעֲבִיר עַל מִדּוֹתָיו, תְּפִילָּתוֹ נִשְׁמַעַת.
One who is forbearing, his prayer is heard.

כא. הַמְסַפֵּר בְּשִׁבְחוֹ שֶׁל מָקוֹם יוֹתֵר מִדַּאי, נֶעֱקָר מִן הָעוֹלָם.
One who excessively relates the praises of the Omnipresent One is uprooted from the world.

כב. בֵּית הַכְּנֶסֶת שֶׁמְּחַשְּׁבִין בּוֹ חֶשְׁבּוֹנוֹת, לְסוֹף שֶׁיָּלִינוּ בּוֹ מֵת מִצְוָה.
A synagogue in which financial calculations are made - in the end, the body of a met mitzvah - an anonymous corpse whose duty of burial falls on the congregation at large, will repose there.

כג. לְכָל דָּבָר שֶׁבִּקְדֻשָּׁה צָרִיךְ הֲכָנָה וְהַזְמָנָה.
Every matter of holiness requires preparation and invitation, this is done by reciting a short disclosure beforehand stating and praying that one's intent to do such and such a mitzva will be for the sake of unifying the Name of GOD, and at this time one should also bind one's self to the tzadikim.

כד. בִּשְׁאֵלַת צְרָכָיו אַל יָרִים רֹאשׁוֹ לִשְׁאֹל שְׁאֵלָה גְדוֹלָה, אֲבָל בַּתּוֹרָה וְיִרְאַת שָׁמַיִם יִשְׁאַל כָּל תַּאֲוָתוֹ.
In requesting one's needs, one should not be so bold [lit. raise one's head] as to ask for a huge request. However, in matters of Torah and fear of Heaven, one should request all that he desires.

כה. מִצְוָה לִהְיוֹת לוֹ בְּגָדִים מְכֻבָּדִים בִּשְׁעַת הַתְּפִילָּה.
It is a mitzva for one to have respectable clothing at the time of prayer.

כו. הִנְהִיגוּ בְּרָכוֹתָיו בָּעוֹלָם הַזֶּה, כְּדֵי לִהְיוֹת רְגִילִין לָעוֹלָם הַבָּא.
They instituted blessings to GOD in This World, so that people should become accustomed - to saying them, in the World to Come.

כז. יְבַקֵּשׁ אָדָם רַחֲמִים, שֶׁלֹּא יָבוֹא לִידֵי עֲנִיּוּת.
A person should ask for mercy, that he not come to poverty.

כח. עַל יְדֵי הַתְּפִילָּה יָכוֹל לְשַׁנּוֹת אֶת הַמַּזָּל.
Through prayer, one can change the fortunes, set by the constellations.

Sefer HaMidot

כט. הַדִּבּוּר בְּקוֹל רָם מֵבִיא הַרְגָּשָׁה וּתְנוּעָה בְּכָל הָאֵיבָרִים.
Speaking in a loud voice brings feeling and movement to all the limbs.

ל. מִי שֶׁעוֹלֶה עַל רוּחוֹ לְהִתְחַנֵּן לִפְנֵי הַשֵּׁם יִתְבָּרַךְ, עַל יְדֵי זֶה נוֹשֵׂא חֵן בְּעֵינֵי הַשֵּׁם יִתְבָּרַךְ.
One who is moved in his spirit to plead before Hashem, may He be Blessed, through this he finds grace in the eyes of Hashem, may He be Blessed.

לא. עַל יְדֵי בִּטָּחוֹן הַקָּדוֹשׁ בָּרוּךְ הוּא שׁוֹמֵעַ תְּפִילָּתוֹ.
Through having trust, the Holy One, Blessed be He, hears one's prayers.

לב. אַל תִּתְפַּלֵּל בְּבַיִת, שֶׁבָּנָה בַּעַל מַחֲלֹקֶת.
Do not pray in a house built by a conflict monger.

לג. קֹדֶם הַתְּפִילָּה תִּתֵּן צְדָקָה, וּתְקַשֵּׁר אֶת עַצְמְךָ לְצַדִּיקֵי הַדּוֹר.
Before the prayer, give charity, and bind yourself to the tzaddikim of the generation [this is done with a verbal disclosure, "I hereby bind myself to all the true tzadikim of the generation, and to all the true tzadikim who dwell in the earth, holy ones who are in the ground, and especially to our holy master, the tzadik foundation of the world, gushing river source of wisdom. And my mouth is as theirs, and all my thoughts and intentions are as theirs, and it should be desirable before the Master of All" - and in this way one should pray feeling the presence of the tzadikim praying with him.

לד. אָדָם מְקַבֵּל שֶׁפַע וְכֹחַ אֱלֹקִי כְּפִי אוֹתוֹ הַמָּקוֹם שֶׁמִּתְפַּלֵּל בּוֹ.
A person receives abundance and GODly power according to the place where he prays.

לה. כְּשֶׁהַצִּבּוּר. מִתְפַּלְלִים, הוּא עֵת רָצוֹן.
When a congregation prays, it is a time of Divine favor.

לו. מִי שֶׁיֵּשׁ לוֹ בֵּית הַכְּנֶסֶת, וְאֵינוֹ נִכְנָס לְשָׁם לְהִתְפַּלֵּל, גּוֹרֵם גָּלוּת לְבָנָיו.
One who has access to a synagogue, and does not enter there to pray, causes his children to be exiled.

לז. עַל כָּל הַדְּבָרִים, הֵן עַל דָּבָר גָּדוֹל הֵן עַל דָּבָר קָטָן, תִּתְפַּלֵּל.
For everything - whether for something big, or for something small - you should pray.

לח. אַקְדִּימוּ וַאֲחַשִּׁיכוּ לְבֵי כְנִישְׁתָּא כִּי הֵיכֵי דְּתַאֲרִיכוּ חַיֵּי.
Come early and stay late in the synagogue, for this is how

Sefer HaMidot

ספר הַמִדוֹת

you will lengthen your life.

לט. מִי שֶׁאֶפְשָׁר לוֹ לְבַקֵּשׁ רַחֲמִים עַל חֲבֵרוֹ וְאֵינוֹ מְבַקֵּשׁ, נִקְרָא חוֹטֵא.
One who has the ability to beseech mercy for his friend, and does beseech, is called a inadvertent sinner.

מ. הַנִּפְנֶה וְנוֹטֵל יָדָיו וּמַנִּיחַ תְּפִילִין וְקוֹרֵא קְרִיאַת שְׁמַע וּמִתְפַּלֵּל, כְּאִלּוּ בָּנָה מִזְבֵּחַ וְהִקְרִיב עָלָיו קָרְבָּן וּכְאִלּוּ טָבַל.
One who relieves himself, washes his hands, dons tefillin, recites the Shema and prays, it is as if he built an altar and offered a sacrifice on it, and it is as if he ritually immersed.

מא. מִי שֶׁנִּזְהָר לוֹמַר דִּבּוּר קָדוֹשׁ בְּבֵית הַטִּנֹּפֶת, יִזְכֶּה לַאֲרִיכוּת יָמִים.
One who is careful not to say words of holiness in a filthy house - a place where due to the filth Jewish law forbids speaking holy words, will merit length of days.

מב. גְּדוֹלָה תְפִילָּה מִמַּעֲשִׂים טוֹבִים וּמִן הַקָּרְבָּנוֹת.
Prayer is greater than good deeds and sacrifices.

מג. תּוֹרָה וּמַעֲשִׂים טוֹבִים וּתְפִילָּה וְדֶרֶךְ אֶרֶץ צְרִיכִין חִזּוּק.
Torah, good deeds, prayer, and good manners require encouragement.

מד. אַל תִּתְפַּלֵּל אֶלָּא בְּבַיִת שֶׁיֵּשׁ בּוֹ חַלּוֹנוֹת.
Only pray in house that has windows.

מה. עַל יְדֵי צְדָקָה בִּשְׁתֵּי יָדַיִם תְּפִילָתוֹ נִשְׁמַעַת.
Through giving charity with two hands, one's prayer is heard.

מו. בִּשְׁעַת תְּפִילָּה יִפְרֹשׂ כַּפָּיו, כְּאִלּוּ מְקַבֵּל אֵיזֶה דָּבָר.
During prayer, one should spread out one's hands or palms, as if he is receiving something.

מז. עַל יְדֵי גֶּזֶל אוֹ מְבַיֵּשׁ פְּנֵי חֲבֵרוֹ, אֵין תְּפִילָתוֹ נִשְׁמַעַת.
Due to stealing, or embarrassing one's fellow man, one's prayer is not heard.

מח. שַׁבָּת וְרֹאשׁ חֹדֶשׁ יוֹתֵר מְסֻגָּל לְהַעֲלוֹת הַתְּפִילָּה.
Shabbat and Rosh Chodesh [the first of the Jewish month] are more conducive [segula] to bring up the prayer.

מט. כְּשֶׁאָדָם נֶעֱצָר, זֶה סִימָן שֶׁאֵין תְּפִילָתוֹ נִתְקַבֶּלֶת.
When a person is constipated, this is a sign that his prayer is not accepted.

נ. עַל יְדֵי הַהִשְׁתּוֹקְקוּת שֶׁאָדָם מִשְׁתּוֹקֵק בַּלַּיְלָה לְשֵׁם יִתְבָּרַךְ, עַל יְדֵי זֶה בְּנָקֵל לוֹ לְהִתְפַּלֵּל בַּבֹּקֶר.
Through the longing that a person longs at night for Hashem,

Sefer HaMidot

may He be Blessed, through this it is easy for him to pray in the morning.

נא. תְּפִילָה. שֶׁהִיא בִּדְמָעוֹת הִיא נִתְקַבֶּלֶת.
Prayer which is tearful, it is accepted.

נב. כְּשֶׁאַתָּה מְבַקֵּשׁ אֵיזֶה דָּבָר, תַּזְכִּיר זְכוּת אָבוֹת.
When you pray for something, you should mention ancestral merit.

נג. כְּשֶׁהַקָּדוֹשׁ בָּרוּךְ הוּא מַעֲנִישׁ אֵיזֶה רָשָׁע שֶׁיּוֹדֵעַ בּוֹ, שֶׁלֹּא יַעֲשֶׂה עוֹד תְּשׁוּבָה, וְהַצַּדִּיק מִתְפַּלֵּל עָלָיו יוֹתֵר מִדַּאי, עַל יְדֵי זֶה נֶעֱנָשׁ הַצַּדִּיק.
When the Holy One, Blessed be He, punishes an evildoer that He knows will not ever repent, and the Tzaddik prays too much for him, through this the Tzaddik is punished.

נד. כְּשֶׁהַמִּתְפַּלֵּל נוֹפֵל לְקַטְנוּת, זֶה סִימָן שֶׁלֹּא יִתְבַּלְבֵּל [יִתְקַבֵּל] תְּפִילָתוֹ.
When someone praying falls into small-mindedness, this is a sign that his prayer will not be accepted - the original text has a noted mistake - confused.

נה. כְּשֶׁאֵין לְךָ שָׁלוֹם עִם הָעוֹלָם, אֵין נִתְקַבֵּל תְּפִילָתְךָ.
When you are not at peace with the world, your prayer is not accepted.

נו. צָרִיךְ לְהִתְפַּלֵּל בִּשְׁלוֹם הָעִיר, אֲשֶׁר אַתָּה דָּר בָּהּ.
You should pray for the peace of the city in which you live.

נז. מִי שֶׁמִּתְפַּלֵּל בְּשִׂמְחָה, הַקָּדוֹשׁ בָּרוּךְ הוּא מְכַבֵּד אוֹתוֹ וּפוֹקֵד אֶת לוֹחֲצָיו.
Someone who prays joyfully, the Holy One, Blessed be He, honors him and punishes his oppressors.

נח. עַל יְדֵי תִּקּוּן חֲצוֹת מַזְכִּירִין אֶת [לִפְנֵי] הַקָּדוֹשׁ בָּרוּךְ הוּא אֶת הַטּוֹבוֹת, שֶׁהִבְטִיחַ לְיִשְׂרָאֵל.
Through saying Tikkun Chatzot [the Midnight Rectification], one reminds the Holy One, Blessed be He, of the favors He promised to do for Israel.

נט. מִי שֶׁמְּלַמֵּד זְכוּת עַל יִשְׂרָאֵל, עַל יְדֵי זֶה מְעוֹרֵר תְּשׁוּעָה, וְהַתְּשׁוּעָה בָּאָה עַל יָדוֹ.
One who educes merit of Israel especially where circumstances would seemingly deem the culpable, through this, he arouses salvation, and the salvation comes through his hand.

ס. מִי שֶׁאֵין מִתְפַּלֵּל עַל צָרַת יִשְׂרָאֵל, נִקְרָא חוֹטֵא.
One who does not pray concerning the suffering of Israel is called a inadvertent sinner.

Sefer HaMidot   ספר המדות

סא. צָרִיךְ אָדָם לְהִתְפַּלֵּל עַל זַרְעוֹ וְעַל כָּל הַבָּאִים אַחֲרָיו.
A person needs to pray for his offspring, and for all those who will come after him.

סב. אָסוּר לָאָדָם שֶׁיִּהְיֶה כְּפוּי טוֹבָה בֵּין לְיִשְׂרָאֵל בֵּין לְגוֹי.
It is forbidden for a person to be ungrateful, neither to a Jew nor to a Gentile.

סג. מִי שֶׁמִּתְפַּלֵּל עַל יִשְׂרָאֵל, הַקָּדוֹשׁ בָּרוּךְ הוּא מְכַפֵּר לוֹ עַל כָּל עֲווֹנוֹתָיו.
Someone who prays on for the sake of Israel, the Holy One, Blessed be He, atones for all his sins.

סד. הַחוֹלֶה שֶׁמִּתְפַּלֵּל עַל עַצְמוֹ בִּדְמָעוֹת, בְּוַדַּאי הַקָּדוֹשׁ בָּרוּךְ הוּא יְרַפֵּא אוֹתוֹ וִיקַבֵּל תְּפִילָתוֹ.
A sick person who prays for himself with tears, the Holy One, Blessed be He, will certainly heal him and accept his prayers.

סה. כְּשֶׁאַתָּה רוֹצֶה. לִשָּׂא תְּפִילָתְךָ, תִּתְפַּלֵּל בְּעַד יִשְׂרָאֵל.
When you want to uplift your prayer, pray for the sake of Israel.

סו. הַקָּדוֹשׁ בָּרוּךְ הוּא מְבַקֵּשׁ אֶת הָאָדָם שֶׁיִּתְפַּלֵּל לְפָנָיו.
The Holy One, Blessed be He, requests of a person to pray before Him.

סז. מִי שֶׁמַּצִּיל אֶת הֶעָנִי מֵחָזָק מִמֶּנּוּ, הַכֹּחַ הוּא בְּנָקֵל בְּאוֹתִיּוֹת הַתְּפִילָה.
Someone who saves a poor person from someone physically stronger than him, koach - strength, power, conviction - perhaps also an allusion to the 28 letters of creation. is easily in the letters of the prayer.

סח. עַל יְדֵי בִּטָּחוֹן תְּפִילָתוֹ שֶׁל אָדָם נִשְׁמַעַת.
Through having trust in GOD, a person's prayer is heard.

סט. מִי שֶׁהוּא עָנָו, יָכוֹל לִצְעֹק בִּתְפִילָתוֹ מִן הַלֵּב.
Someone who is humble is able to cry out in his prayer from the heart.

ע. עַל יְדֵי שִׂמְחָה תָּבוֹא תְּפִילָתְךָ בְּהֵיכַל מֶלֶךְ.
Through joy, your prayer will come into the palace or chamber of the King.

עא. מִי שֶׁאֵין לוֹ הֲנָאָה מִתְּפִילָתוֹ, יִתְפַּלֵּל בְּרִנָּה.
One who derives no pleasure from his prayer, should pray with glad song.

עב. מִי שֶׁמִּתְפַּלֵּל בְּכֹחַ, הַקָּדוֹשׁ בָּרוּךְ הוּא שׁוֹמֵעַ תְּפִילָתוֹ.
One who prays with intensity, the Holy One, Blessed be He, hears his prayer.

Sefer HaMidot   סֵפֶר הַמִדּוֹת

עג. מִי שֶׁנָּדַר אֵיזֶהוּ נֶדֶר, אֵין מְקַבְּלִין תְּפִלָּתוֹ עַד שֶׁיְשַׁלֵּם אֶת נִדְרוֹ.
One who took a vow upon himself, his prayer is not accepted until he fulfills his vow.

עד. מִי שֶׁאֵין בּוֹ אֱמוּנָה, אֵין תְּפִלָּתוֹ נִשְׁמַעַת.
One who does not have faith, his prayer is not heard.

עה. מִי שֶׁמְשַׂמֵּחַ אֶת הַצַּדִּיק, תְּפִלָּתוֹ נִשְׁמַעַת.
One who makes the tzadik happy, is prayer is heard.

עו. צָרִיךְ קֹדֶם הַתְּפִלָּה לְדַבֵּק אֶת רוּחוֹ בַּבּוֹרֵא, וּמֵחֲמַת הַדְּבֵקוּת יֵצְאוּ הַדִּבּוּרִים מֵעַצְמָן מִפִּיו.
Before praying, one should attach one's spirit to the Creator, and due to the attachment, the words will emerge from his mouth of their own accord.

עז. כְּשֶׁתִּשְׁמַע חֶרְפָּתְךָ וְתִשְׁתֹּק, תִּזְכֶּה שֶׁיַעֲנֶה הַקָּדוֹשׁ בָּרוּךְ הוּא בַּקָּשָׁתְךָ.
When you hear yourself being humiliated and you are silent, you merit that the Holy One, Blessed be He, will answer your request.

עח. מִי שֶׁמִּתְפַּלֵּל עַל חֲבֵרוֹ, עַל יְדֵי זֶה הַקָּדוֹשׁ בָּרוּךְ הוּא כּוֹפֵל לוֹ אֶת טוֹבָתוֹ.
One who prays for his friend, through this the Holy One, Blessed be He, doubles for him the good he receives.

עט. תְּפִלָּה שֶׁאֵינָהּ נִתְקַבֶּלֶת לְמַעְלָה נִשְׂרָפֶת.
Prayer that is not accepted above is burned.

פ. מִי שֶׁמִּתְפַּלֵּל עַל הַחֻרְבָּן, עַל יְדֵי זֶה יִזְכֶּה לְהִתְפַּלֵּל בְּלֵב וָגוּף.
One who prays about the destruction of the Temple, through this, he will merit to pray with heart and body.

פא. תְּפִלָּה שֶׁהִיא בְּשִׂמְחָה הִיא עֲרֵבָה וּמְתוּקָה לַשֵּׁם יִתְבָּרַךְ.
Prayer done with joy is pleasing and sweet to Hashem, may He be Blessed.

פב. מִי שֶׁיֵשׁ לוֹ עֲנָוָוה, אֲפִלּוּ כְּשֶׁמִּתְפַּלֵּל בְּמַחֲשָׁבָה, הַקָּדוֹשׁ בָּרוּךְ הוּא עוֹשֶׂה מַחֲשַׁבְתּוֹ.
One who has humility - even when he prays only in thought, the Holy One, Blessed be He, fulfills his thought.

פג. לִפְעָמִים הַקָּדוֹשׁ בָּרוּךְ הוּא אֵין מְקַבֵּל תְּפִלַּת הַצַּדִּיק, כְּשֶׁמִּתְפַּלֵּל עַל אֵיזֶה אָדָם, כִּי הַקָּדוֹשׁ בָּרוּךְ הוּא יוֹדֵעַ, שֶׁיַמְשִׁיךְ זֶה הָאָדָם לְאַחַר זְמַן אֶת הַצַּדִּיק בַּחֲטָאִים מֵחֲטָאָיו.
Sometimes, the Holy One, Blessed be He, does not accept the prayer of a tzaddik when he prays for some person. For the Holy One, Blessed be He, knows that in the course of time, this man will draw the tzaddik into the some of the sins

Sefer HaMidot

ספר המדות

that he himself commits.

פד. אֵין הַמַּחֲשָׁבָה הוֹלֶכֶת אֶלָּא אַחַר הָעוֹבֵד. [פֵּרוּשׁ מִי שֶׁעוֹבֵד הַשֵּׁם, אַחֲרָיו הוֹלְכִים וְנִמְשָׁכִים הַמַּחֲשָׁבוֹת לְבַלְבֵּל יוֹתֵר מִשְּׁאָר בְּנֵי אָדָם, וְזֶהוּ אֵין הַמַּחֲשָׁבָה הוֹלֶכֶת אֶלָּא אַחַר הָעוֹבֵד].

Thoughts only follow after one who is serving. [Explanation: One who serves Hashem, thoughts follow and are drawn after him, to confuse him more than other people. And this is: "Thoughts only follow after one who serves".] [The above explanation is found in the original text. This explanation actually takes the adage out of the simple context which is a Talmudic ruling regarding the offering of a sacrifice which needs certain purity of thought, and there is question as to whose thoughts can effect the sacrifice].

חלק שני

א. בִּשְׁבִיל שֶׁאֵין מְבַקְשִׁין רַחֲמִים עַל חֲבֵרוֹ, עַל יְדֵי זֶה נוֹפֵל לִתְפִיסָה, וְתִקּוּן לִתְפִיסָה שֶׁיְּפַרְנֵס אֵיזֶהוּ בַּעֲלֵי חַיִּים.

Due to not asking mercy upon one's friend, one falls into incarceration. The rectification for incarceration - that he should provide for animals.

ב. הַתְּפִילָה מְעֻלָּה [מוֹעִילָה], כְּשֶׁפָּנָיו כְּלַפֵּי מַעְלָה.

Prayer is paramount [another text: is effective] when one's face is turned upward.

ג. מִי שֶׁמְּבַקֵּשׁ רַחֲמִים עַל בְּנֵי דוֹרוֹ, זוֹכֶה לְגִלּוּי שְׁכִינָה.

One who requests mercy for the members of his generation merits revelation of the Divine Presence.

ד. עַל יְדֵי שִׁירוֹת וְתִשְׁבָּחוֹת מַמְשִׁיכִין שְׁכִינָתוֹ לְמַטָּה.

Through songs and praises, one draws down the Divine Presence.

ה. תְּפִילַת שְׁלִיחַ צִבּוּר יֵשׁ בָּהּ בְּחִינַת מִלְחָמָה.

The prayer of the leader of the prayer service possesses the aspect of war.

ו. מִי שֶׁמְּקַיֵּם "יְהִי מָמוֹן חֲבֵרְךָ חָבִיב עָלֶיךָ כְּשֶׁלָּךְ", עַל יְדֵי זֶה זוֹכֶה לְהִתְפַּלֵּל בְּכַוָּנַת הַלֵּב.

One who fulfills the maxim "Your fellow man's money should be as dear to you as your own", through this he merits to pray with heartfelt intention.

ז. אֲמִירַת תְּהִלִּים סְגֻלָּה לְהוֹרִיד גְּשָׁמִים. "תְּהִלִּם" ל'מְטַר ה'שָּׁמַיִם תִּ'שְׁפָּה

Sefer HaMidot

ספר הַמִדוֹת

מַיִם.

The saying of Tehilim [Psalms of kink David] is conducive [segula] to causing rain to fall. This is learned from the Hebrew letters of the word.

ח. כָּל הַמֵּצֵר בְּצָרוֹת יִשְׂרָאֵל וּמִתְפַּלֵּל עֲלֵיהֶם, אַף עַל פִּי שֶׁמֵּטִיחַ דְּבָרִים כְּלַפֵּי מַעְלָה אֵינוֹ נֶעֱנָשׁ.

Anyone who is troubled by the sufferings of the Israel and prays for them, even though he slams his words [slightly disrespectfully] towards Heaven, he is not punished.

ט. יֵשׁ תְּפִלּוֹת שֶׁאֵינָם נִתְקַבְּלִים לְמַעְלָה. אֶלָּא עַד שֶׁנּוֹתְנִים כָּל כָּךְ מָעוֹת לִצְדָקָה כְּפִי מִסְפַּר הָאוֹתִיּוֹת שֶׁל הַתְּפִלָּה הַשַּׁיָּךְ לָזֶה הַדָּבָר. לְמָשָׁל, כְּשֶׁמִּתְפַּלֵּל אֵלּוּ הַתֵּבוֹת: "תֵּן לִי בָּנִים", צָרִיךְ לִתֵּן צְדָקָה כְּמִסְפַּר אוֹתִיּוֹת "תֵּן לִי בָּנִים".

There are prayers that are not accepted Above until one gives the amount of charity equal to the number of letters in the prayer relevant to the matter. For example, when one prays with the words "Give me children", one needs to give charity according to the number of the letters in the words "Give me children" [The number of the levels probably means the gematria- numerical value - in the example given this would be 592, in Hebrew letters this would spell out the word - you give the set amount].

י. עַל יְדֵי תְפִלָּה יָכוֹל לְשַׁנּוֹת זִוּוּגוֹ הַנִּכְרָז בַּשָּׁמַיִם.

Through prayer, one can change the marital match proclaimed for him in Heaven.

יא. הַתְּפִלָּה שֶׁל רַבִּים נִשְׁמַעַת יוֹתֵר כְּשֶׁהֵם בְּכְנוּפְיָא מִמַּה שֶּׁהֵם מְפֹרָדִים.

The prayers of the many are heard more when they are gathered together, then to when they are scattered about.

יב. לִפְעָמִים אֵינָהּ בָּאָה הַיְשׁוּעָה אֶלָּא עַד שֶׁיִּתְפַּלְלוּ כַּמָּה בְּנֵי אָדָם, וְלֹא דַּי בִּתְפִלַּת יָחִיד.

Sometimes salvation does not come until several people pray, and the prayer of an individual is not enough.

יג. מִי שֶׁיֵּשׁ לוֹ שׂוֹנְאִים, קָשֶׁה לוֹ לְכַוֵּן דַּעְתּוֹ בִּתְפִלָּה.

One who has enemies, it is difficult for him to concentrate in prayer.

יד. צָרִיךְ אָדָם לְהִזָּהֵר, בְּשָׁעָה שֶׁמַּזְכִּיר אֶת הַשֵּׁם, שֶׁיִּהְיֶה בִּקְדֻשָּׁה וּבְטָהֳרָה, הַיְנוּ שֶׁיְּקַדֵּשׁ רוּחַ פִּיו כָּל כָּךְ שֶׁיְּהֵא בִּבְחִינַת רוּחַ נְבוּאָה, וְאָז הָרוּחַ הַזֶּה הוֹלֵךְ וּמַפִּיל אוֹתָם, הַבּוֹטְחִים בְּשָׁוְא וּבְהֶבֶל, וְזֶהוּ: בְּ'שֵׁם יְ'הוה אֱ'לֹקֵינוּ נַ'זְכִּיר הֵמָּה כָּרְעוּ וְנָפָלוּ.

Sefer HaMidot   ספר המדות

One must be careful when one mentions the Name of GOD, that it be said in holiness and purity. That is, he should sanctify the breath of his mouth to such a degree that it becomes the aspect of the spirit of prophecy. Then, this spirit goes out and casts down those who trust in falsehood and vanity. This is [hinted at in the first letters of the verse] BShem"Y'KVK'A'elokainu'N'azkir ["With the Name of the Lord our GOD we mention"] [NAB'Y Prophet. And the next verse continues:] "They bowed and fell."

תשובה
Repentance

חלק ראשון

א. הַתַּעֲנִית מוֹעִיל לְכָל דָּבָר.
Fasting helps for everything.

ב. מִי שֶׁהוּא עָרוֹם מִמַּעֲשִׂים טוֹבִים, אֵינוֹ יָכוֹל לְהַפְרִישׁ אֲחֵרִים מֵרִשְׁעָתָם.
One who is bereft of any good deeds cannot separate others from their evil.

ג. הַתַּעֲנִית קָשָׁה מֵחֶרֶב.
A fast is stronger than a sword.

ד. הַתְּשׁוּבָה רָאוּי, שֶׁתִּהְיֶה בְּאוֹתוֹ דָּבָר עַצְמוֹ.
It is fitting that repentance should be done through the very same matter [wherein one sinned].

ה. כְּשֶׁאָדָם. חוֹשֵׁב: כָּךְ וְכָךְ אֶעֱשֶׂה, כָּךְ וְכָךְ תַּעֲלֶה בְּיָדִי, עַל יְדֵי זֶה אֵין מַחֲשַׁבְתּוֹ נִתְקַיֵּם.
When a person thinks, 'I will do such and such; such and such I will attain', through this his thought is not fulfilled.

ו. גָּלוּת מְכַפֶּרֶת עַל הַכֹּל.
Exile atones for everything.

ז. מִי שֶׁדַּעְתּוֹ שְׁפֵלָה, כְּאִלּוּ הִקְרִיב כָּל הַקָּרְבָּנוֹת.
One who is humble, it is as if he offered all the sacrifices.

ח. כָּל הַמִּתְוַדֶּה, יֵשׁ לוֹ חֵלֶק לָעוֹלָם הַבָּא.
Anyone who confesses has a portion in the World to Come.

ט. הַמְלַמֵּד אֶת בֶּן חֲבֵרוֹ תּוֹרָה, כְּאִלּוּ עֲשָׂאוֹ וּכְאִלּוּ עֲשָׂאוֹ לְדִבְרֵי תוֹרָה וּכְאִלּוּ עֲשָׂאוֹ לְעַצְמוֹ.
One who teaches his friend's son Torah is as if he created

Sefer HaMidot   ספר המדות

him, and as if he made the words of Torah, and as if he made himself.

י. רַב פָּפָּא יָתִיב בְּתַעֲנִיתָא, עַל שֶׁקָּרָא לְתַלְמִיד חָכָם בְּלָשׁוֹן גְּנַאי.
Rav [Rabbi] Papa fasted for having referred to a Torah scholar in a disparaging fashion.

יא. יִשְׁמֹר אָדָם אֶת פִּיו מִלּוֹמַר: אֶעֱשֶׂה הָעֲבֵרָה הַזֹּאת אֲפִילוּ בְּדֶרֶךְ לֵיצָנוּת, כִּי דִּבּוּרוֹ מַכְרִיחַ אוֹתוֹ לְמַעֲשֶׂה.
A person should guard his mouth from saying, "I will do such and such a sin", even mockingly, for his words force him to do the action.

יב. כָּל הַבּוֹכֶה בַּלַּיְלָה, קוֹלוֹ נִשְׁמָע, וְכוֹכָבִים וּמַזָּלוֹת בּוֹכִין עִמּוֹ.
Anyone who cries in the night, his cries are heard, and the stars and the constellations cry with him.

יג. חַיָּבֵי כְּרִיתוּת שֶׁלָּקוּ, נִפְטְרוּ מִידֵי כְּרִיתָתָן.
Those liable to kurais [lit. cut off - this is a Divine punishment of early death] who received lashes, they are absolved from kurais.

יד. כְּשֶׁבָּא צַעַר לָעוֹלָם, יַחֲשֹׁב שֶׁבִּשְׁבִיל חֶטְאוֹ בָּא זֹאת הַצָּרָה.
When suffering comes to the world, one should think it is because of his sins that this suffering came.

טו. הַמַּלְבּוּשִׁין שֶׁעוֹשִׂין לַצַּדִּיק, כָּל מַלְבּוּשׁ יֵשׁ לוֹ סְגֻלָּה בִּפְנֵי עַצְמוֹ לְכַפֵּר.
The clothes that are made for the Tzaddik - each garment has its own unique segula [power] to atone.

טז. כֵּיוָן שֶׁנָּשָׂא אָדָם אִשָּׁה, עֲווֹנוֹתָיו מִתְפַּקְּקִין.
When [lit. since or because] a man marries a woman, all his sins are forgiven [literally, sealed off].

יז. כְּשֶׁרוֹאֶה אוֹ שֶׁשּׁוֹמֵעַ אֵיזֶה יִסּוּרִים, שֶׁבָּא עַל גּוֹי, יְהַרְהֵר בִּתְשׁוּבָה.
When one sees or hears about some suffering that befell a non-Jew, he should have thoughts of repentance.

יח. הַדָּר בְּאֶרֶץ יִשְׂרָאֵל, שָׁרוּי בְּלֹא עָוֹן.
One who lives in Israel fares without sin.

יט. יֵשׁ לְהָקֵל אֹפֶן הַתְּשׁוּבָה עַל הַחוֹטְאִים.
It is appropriate to lighten the conditions of repentance on the sinners.

כ. הֶעָוֹן מַכְחִישׁ כֹּחוֹ שֶׁל אָדָם.
Sin weakens the strength of a man.

כא. כְּשֶׁבָּאִין שְׁנֵי מִצְווֹת לְיָדְךָ, תַּעֲשֶׂה זֹאת הַמִּצְוָה שֶׁיֵּשׁ בָּהּ כְּפִיַּת הַיֵּצֶר יוֹתֵר.
When two mitzvos – commandments or good deeds come to

Sefer HaMidot   ספר המדות

your hands, do that mitzva that demands greater restraint of your desires.

כב. צְרִיכִין לְהִתְעַנּוֹת, כְּשֶׁמְּצַעֲרִין אֶת הַצַּדִּיק.
It is necessary to fast when causing suffering to the Tzaddik.

כג. צַעַר הַלֵּב הוּא קָרוֹב לְהוֹרִיד דְּמָעוֹת.
Pain in the heart is close to shedding tears.

כד. הַמַּחֲזִיר בְּנֵי אָדָם, בִּתְשׁוּבָה זוֹכֶה וְיוֹשֵׁב בִּישִׁיבָה שֶׁל מַעְלָה, וְהַקָּדוֹשׁ בָּרוּךְ הוּא מְבַטֵּל הַגְּזֵרָה בִּשְׁבִילוֹ.
One who brings others back in repentance merits to sit in the Yeshiva Above, and the Holy One, Blessed is He, annuls a harsh decree for him.

כה. חֲלִישׁוּת דַּעְתּוֹ שֶׁל הָאָדָם הוּא גְדוֹלָה מִתַּעֲנִית.
A person's despondence is greater than a fast.

כו. הָעוֹשֶׂה דְּבַר עֲבֵרָה וּמִתְחָרֵט בָּהּ, מוֹחֲלִין לוֹ עַל כָּל עֲווֹנוֹתָיו.
One who does a sin and then regrets it, all his sins are forgiven.

כז. הַנּוֹשֵׂא וְנוֹתֵן בֶּאֱמוּנָה, מוֹחֲלִין לוֹ עַל כָּל עֲווֹנוֹתָיו.
One who does business dealings faithfully, all his sins are forgiven.

כח. תְּחִלַּת הַמַּחֲשָׁבָה עוֹזֶרֶת לָאָדָם לְאֶמְצַע וְסוֹף הַמַּעֲשֶׂה, שֶׁיְּמַשֵּׁךְ בִּקְדֻשָּׁה, וְאִם לֹא חָשַׁב בִּקְדֻשָּׁה בִּתְחִלָּה, אָז יְאָרַע תַּקָּלָה בְּאֶמְצַע וּבַסּוֹף.
The first thoughts help a person through the execution and finishing of the project, that it should be carried out in holiness. However, if he did not think in holiness at the beginning, then mishaps will arise in the middle and at the end.

כט. שֻׁלְחָן בְּהַכְנָסַת אוֹרְחִים מְכַפֶּרֶת.
A table to which guests are invited atones.

ל. הַגְּדֻלָּה מְכַפֶּרֶת.
Greatness atones.

לא. לִפְעָמִים כְּשֶׁמַּתְחִיל לַעֲשׂוֹת תְּשׁוּבָה, בָּאִין לוֹ יִסּוּרִים, זֶה מִפְּנֵי שֶׁשָּׁהָה מִלַּעֲשׂוֹת תְּשׁוּבָה.
Sometimes when a person starts to repent, sufferings come upon him. This is because he delayed repenting.

לב. עַל יְדֵי אֲנָחָה שֶׁנֶּאֱנַח, נַעֲשָׂה בְּרִיָּה חֲדָשָׁה.
Through the sigh that that is sighed, one becomes a new being.

לג. עַל יְדֵי אַהֲבַת צַדִּיקִים יְכוֹלִין הַצַּדִּיקִים לְהַחֲזִיר אֶת הָעָם בִּתְשׁוּבָה.

Sefer HaMidot

סֵפֶר הַמִדּוֹת

Through having love for the tzaddikim, the tzaddikim are able to bring the people back in repentance.

לד. מִי שֶׁמַּחֲזִיר אֶת הָעָם בִּתְשׁוּבָה, בִּזְכוּתוֹ אֵין פַּחַד וּמַחֲלֹקֶת בָּעוֹלָם.

One who brings back the people in repentance, in his merit there is no fear and contention in the world.

לה. מִי שֶׁעוֹזֵר לִיתוֹמִים, עַל יְדֵי זֶה מְשַׁבֵּר כֹּחָם שֶׁל הָאֻמּוֹת וְעַל יְדֵי שְׁבִירָתָן, רִשְׁעֵי יִשְׂרָאֵל חוֹזְרִין בִּתְשׁוּבָה.

One who helps orphans, subdues [lit. breaks] the power of the nations through this, and through their being subdued [lit. broken], the wicked of the Jews return in repentance.

לו. מִי שֶׁמַּחֲזִיר בְּנֵי אָדָם בִּתְשׁוּבָה, נִצּוֹל מִבֵּית הָאֲסוּרִים.

One who brings people back in repentance is saved from jail.

לז. גַּם הוּא מְכֻבָּד בְּעֵינֵי הַשֵּׁם.

Also, he is honorable in GOD's eyes.

לח. גַּם זוֹכֶה לִהְיוֹת. מְפֻרְסָם בֵּין הָאֻמּוֹת.

Also, he merits becoming famous among the nations.

לט. מִי שֶׁדַּרְכּוֹ תָּמִיד לְהַחֲזִיר בְּנֵי אָדָם בִּתְשׁוּבָה, בִּזְכוּתוֹ מְבַטֵּל מַחֲשָׁבוֹת זָרוֹת מִגְּדוֹלֵי הַדּוֹר.

One who's way is to constantly bring people back in repentance, in his merit foreign thoughts desist from the leaders [lit. great] of the generation.

מ. מִי שֶׁמַּחֲזִיר רְשָׁעִים בִּתְשׁוּבָה, יִזְכֶּה לִשְׁמִירַת שַׁבָּת.

One who brings back evildoers in repentance will merit to observe [lit. guard] the Shabbat.

מא. גַּם אֵינוֹ נִזּוֹק מִנָּחָשׁ.

Also, he will not be harmed from a snake.

מב. כְּשֶׁתְּלַמֵּד אֶת בֶּן רָשָׁע דֶּרֶךְ טוֹב, עַל יְדֵי זֶה תּוּכַל לְבַטֵּל גְּזֵרוֹת.

When you teach the son of a wicked person the good way and proper conduct, through this you will be able to annul harsh decrees.

מג. עַל יְדֵי שֶׁקֶר מַחֲזִיק יְדֵי רְשָׁעִים.

Through falsehood one strengthens the hands of the wicked.

מד. מִי שֶׁעוֹשֶׂה תְּשׁוּבָה בְּכָל לֵב, הַקָּדוֹשׁ בָּרוּךְ הוּא נוֹתֵן לוֹ לֵב לָדַעַת אוֹתוֹ.

One who repents with all his heart, the Holy One - Blessed is He - gives him a heart to know Him.

מה. עַל יְדֵי שְׁמִיעַת קוֹל שׁוֹפָר מֵאָדָם כָּשֵׁר הַיֵּצֶר הָרָע נִשְׁבָּר, וְנִתְעוֹרֵר תְּשׁוּבָה בָּעוֹלָם.

Through hearing the shofar blown by an upright [lit. kosher]

Sefer HaMidot

man, the evil inclination is broken, and repentance is aroused in the world.

מו. מִי שֶׁרוֹצֶה לָשׁוּב, יִזָּהֵר מִלִּהְיוֹת בַּעַל חוֹב.

One who wants to repent should take precation of being in debt.

מז. מִי שֶׁאוֹהֵב אֶת הַצַּדִּיקִים, יָכוֹל לְהַחֲזִיר אֶת בְּנֵי אָדָם בִּתְשׁוּבָה.

One who loves the tzaddikim is able to bring people back in repentance.

מח. מִי שֶׁמִּתְוַדֶּה, הַקָּדוֹשׁ בָּרוּךְ הוּא אוֹהֵב אוֹתוֹ אַהֲבַת נְדָבָה וּמֵשִׁיב מִמֶּנּוּ חֲרוֹן אַפּוֹ.

One who confesses, the Holy One - Blessed is He - loves him with a munificent love, and withdraws His anger from him.

מט. הָאֻמּוֹת הֵם קְרוֹבֵי תְּשׁוּבָה.

The nations are close to repentance.

נ. לִמּוּד הַתּוֹרָה הִיא מְכַפֶּרֶת.

Learning the Torah atones.

נא. מִי שֶׁהוּא בְּמַדְרֵגָה גְּדוֹלָה, יָכוֹל לְהַשִּׂיג שְׁלֵמוּתוֹ בִּמְעוּט פְּעֻלּוֹת.

One who is on a high level can reach his perfection with a minimum of actions.

נב. כְּשֶׁאֵיזֶה צַעַר בָּא עָלֶיךָ, תְּפַשְׁפֵּשׁ בְּמַעֲשֶׂיךָ.

When some suffering comes upon you, examine your deeds.

נג. מִי שֶׁרוֹצֶה לַעֲשׂוֹת מַעֲשִׂים טוֹבִים וְיֵשׁ לוֹ מְנִיעוֹת, הַקָּדוֹשׁ בָּרוּךְ הוּא מְשַׁלֵּם לוֹ שָׂכָר כְּאִלּוּ עָשָׂה, וּמִי שֶׁאֵינוֹ עוֹשֶׂה לְפִי יְכָלְתּוֹ, אֲזַי מְקַבֵּל עֹנֶשׁ עַל זֶה.

One who wants to do good deeds but is prevented with impediments, the Holy One - Blessed He- rewards him as if he had done them. But one who does not do as much as he could, he receives punishment for this.

נד. מִי שֶׁמְּזַכֶּה אֶת הָרַבִּים, נַעֲשָׂה שֻׁתָּף לַקָּדוֹשׁ בָּרוּךְ הוּא בְּמַעֲשֵׂה בְרֵאשִׁית.

One who causes the people to gain merit becomes a partner with GOD in the Creation of the World.

נה. אֵין עֵרֶךְ לְמִצְוָה שֶׁעוֹשֶׂה אָדָם לְעַצְמוֹ לְבַד, אֲפִילוּ שֶׁתִּהְיֶה רַבָּה, לְמִצְוָה שֶׁתְּמַשֵּׁךְ מִמֶּנָּה זְכוּת לָרַבִּים, אֲפִילוּ שֶׁתִּהְיֶה קְטַנָּה.

There is no comparison between a mitzva commandment and good deed, one does for himself alone, even if it be great, to a mitzva which will bring merit to the people, even if it be small.

נו. הַפַּרְנָסָה וְהַשּׂוֹנְאִים וְהַחוֹלָאַת וְרִבּוּי הָעֹשֶׁר הֵן הַמּוֹנְעִין לְאָדָם מֵהַגִּיעַ אֶל

Sefer HaMidot ספר המדות

הַשְּׁלֵמוּת וְהַתַּכְלִית.

The demand to earn a living, and enemies, and disease, and overabundant wealth prevent a man from reaching perfection and the ultimate purpose.

נז. כְּשֶׁאַתָּה עוֹשֶׂה אֵיזֶה הֶזֵּק, זֶה הַסִּימָן שֶׁיֵּצֶר הָרָע שׁוֹלֵט עָלֶיךָ.

When you do some damage, it is a sign that the evil inclination dominates over you.

נח. מִי שֶׁמֵּסִית אֶת חֲבֵרוֹ מִדֶּרֶךְ הַטּוֹב, שְׂרֵפָה בָּא עָלָיו.

One who tempts his fellowman away from the good path, fire [lit. burning] comes upon him.

נט. מִי שֶׁאֵינוֹ יָכוֹל לִבְכּוֹת, הַסְּגֻלָּה שֶׁיֵּשֵׁב בְּמָקוֹם, שֶׁשּׁוֹפְכִים שָׁם שְׁנֵי נְהָרוֹת בְּיַחַד.

One who is unable to cry, the segula [propitious] for this is - he should sit in a place where two rivers pour out together.

ס. מִי שֶׁמַּחֲזִיר אֶת בְּנֵי אָדָם בִּתְשׁוּבָה, זוֹכֶה לְחָכְמָה.

One who returns people back in repentance merits wisdom.

סא. עַל יְדֵי הָעַצְלוּת נִדְמָה לְאָדָם, שֶׁנִּסְתָּר מִמֶּנּוּ דֶּרֶךְ הַתְּשׁוּבָה.

Through laziness, it appears to a person that the way of repentance is hidden from him.

סב. מִי שֶׁמְּגַלֶּה סוֹדוֹתָיו, אֲזַי קָשֶׁה לַדָּבָר הַזֶּה לְהִתְקַיֵּם.

One who reveals his secrets, it becomes hard for the thing, he revealed, to endure, or be fulfilled.

סג. מִי שֶׁבּוֹשׁ עַל עֲווֹנוֹתָיו, הַקָּדוֹשׁ בָּרוּךְ הוּא עוֹשֶׂה עִמּוֹ צְדָקָה.

One who is ashamed of his sins, the Holy One - Blessed is He- deals with him charitably.

סד. הַתַּעֲנִית שֶׁהוּא בְּלֹא דַעַת אֵינוֹ תַּעֲנִית.

A fast that is without cognizance is not considered a fast.

סה. מִשָּׁעָה שֶׁאָדָם חוֹשֵׁב לַעֲשׂוֹת תְּשׁוּבָה, אֲזַי מְקַבְּלִין תְּפִילָּתוֹ, אַף עַל פִּי שֶׁלֹּא עָשָׂה עֲדַיִן.

From the moment a person thinks of repenting, his prayers are accepted, even if he has not yet actually repented.

סו. כְּשֶׁתִּרְצֶה לַעֲשׂוֹת תְּשׁוּבָה, תְּבַקֵּשׁ מֵהַצַּדִּיק, שֶׁהוּא יַכְנִיס אוֹתְךָ לִפְנֵי הַשֵּׁם יִתְבָּרַךְ.

When you want to repent, ask the Tzaddik to bring you before the Blessed GOD.

סז. עַל יְדֵי חֶסֶד וֶאֱמֶת יְכֻפַּר עָוֹן.

Through kindness and truth, sins are forgiven.

סח. עַל יְדֵי שֶׁתְּבַקֵּשׁ מֵהַשֵּׁם יִתְבָּרַךְ, שֶׁיִּתֵּן לְךָ אַהֲבָה, עַל יְדֵי זֶה יְכַסֶּה הַקָּדוֹשׁ

Sefer HaMidot

בָּרוּךְ הוּא פְּשָׁעֶיךָ.
Through your asking GOD to give you love, GOD covers over your sins.

סט. מִי שֶׁמִּתְוַדֶּה עַל עֲווֹנוֹתָיו, יִזְכֶּה שֶׁלֹּא יִצְטָרֵךְ לִמְכֹּר מִנַּחֲלַת אֲבוֹתָיו.
One who confesses his sins will merit that he will not have to sell from the inheritance or estates of his forefathers.

ע. כְּשֶׁאַתָּה מוֹכִיחַ אוֹתָם, שֶׁלֹּא תִּקְּנוּ חַטֹּאת נְעוּרִים, תִּכְלֹל אֶת עַצְמְךָ עִמָּהֶם, וְעַל יְדֵי זֶה יְקַבְּלוּ מִמְּךָ.
When you chastise those, who have not corrected the sins of their youth, include yourself with them, and through this they will accept from you.

עא. עִקַּר תִּקּוּן פְּגַם עֲווֹנוֹתָיו עַל יְדֵי הַכְנָעָה.
The main rectification for the blemish from one's sins is through submission.

עב. צָרִיךְ אָדָם לְהוֹכִיחַ אֶת עַצְמוֹ בְּכָל בֹּקֶר.
A person should rebuke himself every morning.

עג. הָעַבְדוּת שֶׁאָדָם עוֹבֵד אֶת הַשֵּׁם בְּבַחֲרוּתוֹ כָּל יוֹם, עֶרְכּוֹ יָקָר מִשָּׁנִים רַבּוֹת שֶׁל עֲבוֹדָה לְעֵת זִקְנָתוֹ.
The service with which a man serves GOD in his youth, every day of service - its value is much greater than many years of serving GOD in his old age.

עד. אִי אֶפְשָׁר שֶׁיֵּדַע אָדָם בְּחַיָּיו, אִם נִתְקַבֵּל תְּשׁוּבָתוֹ.
It is impossible for a man to know in his lifetime, if his repentance was accepted, Even though the actual repentance has to be strong enough that even GOD guarantees that he will not repeat the offense again, that still doesn't guarantee that it was accepted.

עה. מַה שֶּׁאָנוּ רוֹאִים, שֶׁמִּי שֶׁמַּתְחִיל לַעֲבֹד אֶת ה', יִסּוּרִים בָּאִין עָלָיו, זֶה מֵחֲמַת שֶׁהִתְחִיל מִתּוֹךְ יִרְאָה שֶׁל צֶדֶק.
That which we see, that someone who begins to serve GOD, suffering comes upon him, this is because he began with fear of justice.

עו. הַמַּתְחִיל לַעֲבֹד אֶת ה', הַקָּדוֹשׁ בָּרוּךְ הוּא אוֹמֵר לוֹ: יוֹדֵעַ אֲנִי, שֶׁחֶפְצְךָ וּרְצוֹנְךָ לַעֲבֹד אוֹתִי, אֲבָל מַה הוּא הַבִּטּוּחוֹת שֶׁמָּא לְמָחָר תַּעֲזֹב אוֹתִי, אִם כֵּן אֵיךְ אֲקָרֵב אוֹתְךָ בִּשְׁבִיל הָרָצוֹן שֶׁרְצִיתָ, וְאֵיךְ אֲגַלֶּה לְךָ תֹּקֶף דְּבָרִים נִסְתָּרִים, אֶלָּא כֵּן תַּעֲשֶׂה: בַּתְּחִלָּה אֱהַב אוֹתִי כָּךְ וְתַעֲשֶׂה מִצְווֹתַי, אַף עַל פִּי שֶׁאֵין אַתָּה יוֹדֵעַ הַשֵּׂכֶל שֶׁל הַמַּצְנָה, וַעֲבֹד אוֹתִי פָּשׁוּט. בְּלֹא חָכְמוֹת, וּכְשֶׁתַּעֲבֹד אוֹתִי כַּמָּה זְמַנִּים, אֲזַי אַאֲמִין לְךָ וַאֲגַלֶּה לְךָ טַעַם וְשֵׂכֶל שֶׁל כָּל דָּבָר וְדָבָר וַאֲקָרֵב אוֹתְךָ

ספר המדות / Sefer HaMidot

בְּכָל מִינֵי הִתְקָרְבוּת, כִּי הַזְּמַן הָרַב שֶׁעֲבַדְתָּ אוֹתִי מִקֹּדֶם הוּא בְּטוּחוֹת, שֶׁלֹּא תַּעֲזֹב אוֹתִי [הֵן אֱמֶת].

One who starts to serve GOD, the Holy One - Blessed is He- says to him, "I know that your longing and desire is to serve Me. But what assurance do I have that tomorrow you will not leave me? So how can I draw you close for the wish you desire, and how can I reveal to you hidden things right away? Rather do the following: In the beginning, love Me this way and do my commandments, even though you do not know the reason [lit. intellect] of the mitzva, and serve Me simply without sophistication. When you serve Me this way for a long time [lit. many times], I will believe you, and reveal to you the reason and the intellect of every matter, and I will draw you close with every form of bonding. For the long period that you served Me beforehand, is assurance that you will not desert Me."

עז. בָּזֶה יוֹדֵעַ הָאָדָם, שֶׁבֶּאֱמֶת הוּא רוֹצֶה לַעֲבֹד, כְּשֶׁאֵינוֹ רוֹצֶה בְּפִרְסוּמוֹ.

Through this a person can know if he truly wants to serve GOD - when he has no interest in his own renown.

עח. מִי שֶׁאֵינוֹ יוֹדֵעַ דֶּרֶךְ הַשֵּׁם, יַקְטִין אֶת עַצְמוֹ.

One who does not know the Way of GOD should belittle himself.

עט. עַל יְדֵי תְּפִילָה שֶׁהִיא בְּשַׁוְעָה יִמְחַל לְךָ הַקָּדוֹשׁ בָּרוּךְ הוּא.

Through prayer that is expressed intensely [Raised voice and uplifted eyes - Zohar], GOD will forgive you.

פ. עַל יְדֵי שְׁקָרִים אֵין אָדָם יָכוֹל לְהֵיטִיב מַעֲשָׂיו.

Due to falsehoods, a person cannot improve his behavior.

פא. מִי שֶׁאֵינוֹ יָכוֹל לְבַטֵּל אֶת הַיֵּצֶר הָרָע עַל יְדֵי הַמְשָׁכַת אוֹתוֹ לְבֵית הַמִּדְרָשׁ, יֵדַע שֶׁעֲדַיִן בְּרִשְׁעָתוֹ קַיָּם.

One who cannot annul his evil inclination through drawing it to the hall of study should know that he is still in a state of wickedness.

פב. הַקָּדוֹשׁ בָּרוּךְ הוּא חָפֵץ בְּמִצְווֹת, שֶׁעוֹשֶׂה בָּהֶם גַּם רְצוֹן הַבְּרִיּוֹת, יוֹתֵר מִבְּמִצְווֹת שֶׁבֵּין אָדָם לְקוֹנוֹ.

The Holy One - Blessed is He- desires the mitzvos in which a person also does the will of people, more than those mitzvos which are matters between man and his Creator.

Sefer HaMidot

פג. מוּטָב לָאָדָם לְקַיֵּם הַמִּצְוָה כְּפִי הָאֶפְשָׁר, מִלְהַנִּיחַ לְגַמְרֵי.
It is better for a person to fulfill the mitzva however much possible, than to abandon it altogether.

פד. תִּקּוּן הַגּוּף קֹדֶם תִּקּוּן הַנֶּפֶשׁ.
Repairing the body comes before repairing the soul.

פה. הַבּוֹכֶה וּמִתְאַבֵּל עַל אָדָם כָּשֵׁר, מוֹחֲלִין לוֹ עַל כָּל עֲווֹנוֹתָיו.
One who cries and mourns over a kosher man is forgiven for all his sins.

פו. מִצְוָה לְהַחֲזִיר [לְהַזְהִיר] אֶת בְּנֵי אָדָם עַל כָּל דְּבַר פֶּשַׁע, וְאִם אַתָּה יָרֵא, שֶׁלֹּא יִשְׁמַע לְךָ תֹּאמַר דְּבָרֶיךָ בְּשֵׁם צַדִּיק אַחֵר, כְּדֵי שֶׁיִּשְׁמְעוּ אוֹתְךָ.
It is a mitzva to cause people to repent [alternate text: to warn people] regarding every sin. If you fear that they will not listen to you, say your words in the name of a different tzaddik, so that they will listen to you.

פז. כָּל הָאוֹמֵר "וַיְכֻלּוּ" בְּכַוָּנָה וּמִתְפַּלֵּל בְּכַוָּנָה, מַלְאֲכֵי הַשָּׁרֵת מְבַקְשִׁין מֵהַשֵּׁם יִתְבָּרַךְ שֶׁיְּכַפֵּר לוֹ.
All who say Vayechulu - which is customarily said as part of the prayers on the Shabbat night, with intention, and pray with intention, the Ministering Angels ask GOD to forgive them.

פח. הָעוֹנֶה "אָמֵן יְהֵא שְׁמֵהּ רַבָּא" בְּכָל כֹּחוֹ, אֲפִילוּ יֵשׁ בּוֹ שֶׁמֶץ שֶׁל עֲבוֹדָה זָרָה, מוֹחֲלִין לוֹ.
One who answers Amen Yehey Shmey Rabah - This is a response in the Kadish, where the chazon, leader of the service, says. The great name of GOD should be aggrandized and sanctified, in the world that He created as He willed, and His monarchy should be established.... To this proclamation everyone responds: Amen, the great Name should be greatly blessed forever and ever] with all his might - even if he has a smudge of idol worship, he is forgiven.

פט. אֵלּוּ אֵין רוֹאִין פְּנֵי גֵּיהִנֹּם: דִּקְדּוּקֵי עֲנִיּוּת וְחוֹלִי מֵעַיִם וּמִי שֶׁיֵּשׁ לוֹ נוֹשִׁים וְעֹל מַלְכוּת.
The following do not see the face and presence of Hell: Those in extreme poverty, and those with stomach illness, and someone who has creditors, and someone who has burden or pressure or persecution, of the sovereignty.

צ. הִתְחַזֵּק בַּמִּצְווֹת יוֹתֵר מִמַּה שֶּׁהַיְכֹלֶת בְּיָדְךָ.
Strengthen yourself in doing mitzvos, beyond what is in

Sefer HaMidot ספר המדות

your power to do.

צא. הֶפְסֵד מָמוֹן מְכַפֵּר עַל גּוּפוֹ.
Monetary loss atones for one's body.

צב. הַצִּמָאוֹן הוּא תִּקּוּן דְּבָרִים בְּטֵלִים.
Thirst is a rectification for unnecessary speech.

צג. הַתְּשׁוּבָה מְבִיאָה רְפוּאָה לָעוֹלָם.
Repentance brings healing to the world.

צד. תְּשׁוּבָה מִיִּרְאָה זְדוֹנוֹת נַעֲשִׂין כִּשְׁגָגוֹת, וּמֵאַהֲבָה נַעֲשִׂין כִּזְכֻיּוֹת.
By doing repentance out of fear, one's deliberate sins become as if they were inadvertent. By repenting out of love, they become like merits.

צה. תְּשׁוּבָה מְקָרֶבֶת אֶת הַגְּאֻלָּה וּמַאֲרֶכֶת יָמָיו וּשְׁנוֹתָיו שֶׁל אָדָם.
Repentance brings close the Redemption, and lengthens the days and the years of a man.

צו. עַל יְדֵי תְּשׁוּבַת יָחִיד מוֹחֲלִין לוֹ וּלְכָל הָעוֹלָם כֻּלּוֹ.
Through repentance of an individual, he is forgiven, and the whole entire world.

צז. הַקָּדוֹשׁ בָּרוּךְ הוּא נִתְפַּיֵּס עַל יְדֵי וִדּוּי, וְדוֹמֶה כְּאִלּוּ בָּנָה מִזְבֵּחַ וְהִקְרִיב קָרְבָּן.
The Holy One - Blessed is He- is pacified by confession, and the one who confesses, is as if he built an altar and offered a sacrifice.

צח. מִי שֶׁמַּעֲבִיר עַל מִדּוֹתָיו, מַעֲבִירִין לוֹ עַל כָּל פְּשָׁעָיו.
One who is resilient in how people treat him, GOD overlooks all his sins.

צט. הַתּוֹרָה וּגְמִילוּת חֲסָדִים מְכַפְּרִין.
The learning of Torah and doing acts of kindness atone.

ק. צְעָקָה וּבְכִיָּה בַּלַּיְלָה יוֹתֵר נִשְׁמַעַת לְרַחֵם.
Crying out and weeping in the night has more influence in arousing mercy - Elsewhere we learn that the arousal of mercy should be undertaken only in the second half of the night.

קא. בַּעַל תְּשׁוּבָה יִתְפַּלֵּל עַל הַגֶּשֶׁם, וְעַל יְדֵי זֶה מְכַפְּרִין לוֹ עַל עֲווֹנוֹתָיו.
A ba'al tshuvah [someone who has returned in repentance] should pray for rain, and through this all his sins are atoned.

קב. כְּשֶׁיִּשְׂרָאֵל מִתְעַנִּין, אֵין נַעֲנִין, עַד שֶׁיִּהְיוּ עִם רְשָׁעִים בָּאֲגֻדָּה.
When the Jewish People fast, they are not answered until evildoers are included in the union.

Sefer HaMidot

ספר המדות

קג. הַדֶּרֶךְ שֶׁיָּבוֹר לוֹ הָאָדָם, שֶׁיֶּאֱהַב אֶת הַתּוֹכָחוֹת. וְיַחֲזִיק בֶּאֱמוּנָה יְתֵרָה.

The path a person should select is to love rebuke - given to him, and to hold himself in or to more or extra faith.

חלק שני

א. יוֹם שֶׁהָאָדָם עוֹשֶׂה תְּשׁוּבָה הוּא לְמַעְלָה מֵהַזְּמַן וּמַעֲלֶה כָּל הַיָּמִים לְמַעְלָה מֵהַזְּמַן, וְכֵן יוֹם הַכִּפּוּרִים הוּא לְמַעְלָה מֵהַזְּמַן.

The day that a person repents is beyond [lit. above] time, and it raises all the days beyond [lit. above] time, and so, Yom Kippur is beyond [lit. above] time.

ב. גַּם עַל יְדֵי תְּשׁוּבָה הָרוּחַ שֶׁל מָשִׁיחַ מְנַשֶּׁבֶת עַל גְּזֵרוֹת הַמַּלְכֻיּוֹת וּמְבַטְּלָן.

Also, through repentance, the Spirit of Messiah whisks upon the decrees of the nations [lit. kingdoms] and annuls them.

ג. גַּם עַל יְדֵי תְּשׁוּבָה נִתְבַּטֵּל הַחַמִּימוּת הַגְּדוֹלָה.

Also, through repentance, great heat is annulled.

ד. הַנְּעָרִים הוּא בְקַל לְהָשִׁיב אוֹתָם לְהַשֵּׁם יִתְבָּרַךְ מִזְּקֵנִים.

The young are easier to return to the Blessed GOD than the elderly.

ה. צָרִיךְ לִכְפּוֹת אֶת הָרְשָׁעִים בִּכְפִיַּת מָמוֹן, שֶׁיַּחְזְרוּ בִּתְשׁוּבָה.

One must force the wicked with monetary pressure so that they return in repentance.

ו. עַל יְדֵי תְּשׁוּבָה הַפַּרְנָסָה בְּנָקֵל.

Through repentance, livelihood comes easily.

ז. עַל יְדֵי מֻפְלְגֵי וַחֲרִיפֵי הַדּוֹר מְאִירִין אֶת הַיִּרְאָה, וְעַל יְדֵי הַיִּרְאָה מִתְנוֹצֵץ זְכוּת אָבוֹת, וְעַל יְדֵי הִתְנוֹצְצוּת הָאָבוֹת נִתְעוֹרֵר תְּשׁוּבָה בָּעוֹלָם.

Through the exceptionally brilliant and sharp of the generation, awe is aroused [lit. illuminated], and through the awe, the merit of the forefathers is kindled [lit. sparks or sparkles], and through the sparkling of the forefathers, repentance is aroused in the world.

ח. הַקָּדוֹשׁ בָּרוּךְ הוּא עוֹשֶׂה שְׁבִילִין בַּיָּם, כְּדֵי לִכְבֹּשׁ עֲווֹנוֹתֵינוּ וּלְהוֹצִיא צִדְקוֹתֵינוּ.

The Holy One, Blessed is He- creates paths in the sea, in order to overpower our sins and to extract our righteousness.

ט. כְּשֶׁהַצַּדִּיק נִתְעַשֵּׁר, עַל יְדֵי זֶה הָרְשָׁעִים חוֹזְרִים בִּתְשׁוּבָה.

When the Tzaddik becomes wealthy, through this the wicked return in repentance.

Sefer HaMidot   סֵפֶר הַמִּדּוֹת

י. עַל יְדֵי שְׁמִירַת שַׁבָּת מַמְשִׁיךְ עַל עַצְמוֹ אוֹר שֶׁל מָשִׁיחַ גַּם עַל יְדֵי תְּשׁוּבָה.
Through observing the Shabbat, one draws on oneself the light of the Messiah, also through repentance.

www.ingramcontent.com/pod-product-compliance
Lightning Source LLC
Chambersburg PA
CBHW070129080526
44586CB00015B/1618